사회복지법제론

박용순 · 송진영 · 김화영

창지사

머 리 말

우리 사회는 IMF 이후에 빠른 속도의 사회적 · 경제적 변화를 겪고 있고, 이에 따라 다양한 형태의 사회복지에 대한 욕구가 표출되고 있다. 특히 중산층의 붕괴와 함께 확대된 빈부의 양극화 현상이 심각한 사회갈등으로 나타나고 있다. 따라서 이를 해결하는 문제가 정부의 최우선 과제가 되고 있다. 즉, 빈곤층의 기본생활을 보장하고, 헌법상의 생존권 이념인 모든 국민의 인간다운 생활 및 인간으로서의 존엄성에 상응한 건강하고 문화적인 생활을 보장하기 위한 사회복지제도를 확립하는 것은 국가의 중요한 책무이고 목표이다.

우리나라의 사회복지제도는 1990년 이후에 확립되고 시행되어 그 역사가 매우 짧다. 하지만 우리 사회의 급격한 경제성장과 인구구조의 변화 등으로 인해 사회복지제도는 빈번히 보완되거나 신설되고 있다. 이러한 이유로 인해 이를 규율하는 사회복지 관련 법제에 대한 통일성 및 체계성이 절실히 필요하지만, 기본적으로 법의 복잡성 때문에 사회복지법제를 종합적으로 정리한다는 것은 그리 쉽지 않다. 그동안 사회복지법에 관한 많은 교재들이 저술되었고, 그중에는 학문적인 깊이나 법의 체계성 관점에서 사회복지법을 법리적으로 해석해 낸 출중한 저서들이 출간되었다.

그럼에도 불구하고 본서를 집필하게 된 것은, 첫째, 필자가 지난 수십 년간 학교에서 사회복지법제 관련한 다양한 과목을 강의하고 실천해 오면서, 사회복지를 전공하는 학생은 물론이고 현장에서 사회복지실천에 종사하고 있는 사회복지전문가 또는 실무자들에게 사회복지법에 대한 학습이 매우 중요하다고 여겼기 때문이다. 둘째, 본서를 접하는 독자들에게 사회복지법을 쉽게 이해하고 간결하게 설명할 수 있는 교재를 제공하고 싶었기 때문이다. 따라서 저자들의 주관적 관점을 최대한 배제하고 최대한 법의 기본 원리를 바탕으로, 사회복지법을 공부하는 사회복지전공학생 및 현장의 사회복지실천가, 그리고 사회복지에 관심 있는 일반 독자가 활용할 수 있는 실용적인 정보를 제공하는 데 목적을 두고 교재를 집필하였다.

본서는 학생들과 독자들이 사회복지법제에 대해 종합적이고 체계적이며 쉽게 이해할 수 있도록 전체 내용을 2부로 나누어 '총론', '각론'으로 제시하였다.

제1부 '총론'에서는 법의 기본적인 이해를 바탕으로, 사회복지법에 대한 이념과 역사적 배경, 사회복지법의 권리성, 타법과의 관계, 그리고 해석과 적용을 제시하고 있다. 이에 따라,

제1장 사회복지법의 이해, 제2장 사회복지법의 법원, 제3장 사회복지법의 등장과 전개, 제4장 한국사회복지법의 형성과 발전, 제5장 사회복지법의 체계 및 타법과의 관계, 제6장 사회복지법의 해석과 적용, 제7장 사회복지법의 권리성, 제8장 사회복지사의 법적 지위와 권한 등으로 구성하였다.

제2부 '각론'에서는 사회복지기본법에서 시작하여, 그의 세 가지 하위 법인 사회보험법, 공공부조법, 그리고 사회서비스법을 제시하였다. 이에 따라 제9장 사회보장법, 제10장 사회보험법, 제11장 공공부조법, 제12장 사회서비스법 Ⅰ, 제13장 사회서비스법 Ⅱ 등으로 구성하였다. 특히 사회서비스법은 사회복지실천현장을 고려하여 영역별로 구체화시켰다. 즉, 현장을 기준으로 「사회사업법」, 「영유아보육법」, 「아동복지법」, 「노인복지법」, 「장애인복지법」을 사회서비스법 Ⅰ로 구성하였으며, 기타 관련법으로서 「건강가정기본법」, 「한부모가족지원법」, 「정신보건법」, 「다문화가족지원법」, 「가정폭력방지 및 피해자보호 등에 관한 법률」을 사회서비스법 Ⅱ로 분류하여 제시하였다.

본서를 집필하면서 독자에게 유익한 사회복지법제에 대한 내용을 제공하기 위해 나름대로 노력하였으나 미흡한 부분이 많음을 고백하지 않을 수 없다. 독자 제현의 비판적 충고와 넓은 학문적 가르침을 진심으로 기대한다.

이 책을 출간하면서 먼저 학문적, 인격적, 신앙적으로 이끌어 주신 故 어윤배 총장님께 머리 숙여 감사드리며, 필자에게 항상 힘이 되어 주신 주삼식 총장님께 깊은 감사를 드린다. 이 책의 집필을 위해 함께 힘든 작업을 하면서 소중한 시간을 할애해 준 송진영 공동 저자에게 진심으로 고마움을 전하면서, 앞으로 지속적으로 사회복지 관련 분야에서 사회복지 관련 저서를 집필하면서 사회복지를 공부하는 학생들에게 전문적으로 도움을 주는 저자가 되기를 바란다. 또한 저자에게 학문적 지지와 격려를 아끼지 않으신 사회복지학과 교수님들에게도 뜨거운 감사를 드린다.

끝으로 적극적으로 출판을 맡아 주신 김기섭 사장님, 출판을 위해 많은 협조와 수고를 아끼지 않으신 이상대 부장님과 편집부 여러분에게도 깊은 감사를 드린다. 특히 학문 정진에 묵묵히 힘이 되어 준 가족들의 고마움을 잊을 수 없다.

2015년 2월

수리산 기슭의 연구실에서

대표저자 **박 용 순**

머리말 • 3

제1부 총 론

제1장 사회복지법에 대한 이해_ 13

제1절 법의 이해 ······ 13
제2절 법의 목적과 이념 ······ 18
제3절 사회복지법의 이해 ······ 22
제4절 사회복지법의 이념 ······ 26

제2장 사회복지법의 법원_ 33

제1절 사회복지법의 법원 개념 ······ 33
제2절 성문법으로서의 법원 ······ 34
제3절 불문법으로서의 법원 ······ 38

제3장 사회복지법의 등장과 전개_ 43

제1절 자본주의 전개와 사회복지법의 형성 ······ 43
제2절 영국의 사회복지의 발달 ······ 45
제3절 독일의 사회복지의 발달 ······ 50
제4절 미국의 사회복지의 발달 ······ 54

제4장 한국 사회복지법의 형성과 발전_ 59

제1절 정부 수립 이전의 사회복지법 ······ 59
제2절 제1·2공화국 시대의 사회복지법 ······ 66
제3절 제3·4공화국 시대의 사회복지법 ······ 68
제4절 제5공화국 이후의 사회복지법 ······ 72

제5장 사회복지법의 체계와 타법과의 관계_ 77

제1절 사회복지법의 분류체계 개요 ······ 77
제2절 사회복지법의 체계 ······ 81
제3절 사회복지법과 타법과의 관계 ······ 85

제6장 사회복지법의 해석과 적용_ 91

제1절 사회복지법의 해석 ········· 91
제2절 사회복지법의 적용 ········· 97
제3절 사회복지법의 분류 ········· 99

제7장 사회복지법의 권리성_ 103

제1절 사회복지수급권의 개념 ········· 103
제2절 사회복지수급권자의 권리와 의무 ········· 108
제3절 사회복지수급권의 권리실현 ········· 112

제8장 사회복지사의 법적 지위와 권한_ 119

제1절 사회복지사의 의의 및 자격 ········· 119
제2절 사회복지사의 법적 지위 ········· 123
제3절 사회복지사의 권한과 책임 ········· 126

제1부 각 론

제9장 사회보장기본법_ 137

제1절 사회보장기본법의 의의 ······ 137
제2절 사회보장기본법의 입법 배경 ······ 138
제3절 사회보장기본법의 내용 ······ 140

제10장 사회보험법_ 155

제1절 사회보험법의 의의 ······ 155
제2절 국민연금법 ······ 157
제3절 국민건강보험법 ······ 174
제4절 고용보험법 ······ 182
제5절 산업재해보상보험법 ······ 191
제6절 노인장기요양보험법 ······ 200

제11장 공공부조법_ 213

제1절 공공부조법의 의의 ······ 213
제2절 국민기초생활 보장법 ······ 216

제3절 의료급여법 ······ 233
제4절 기초연금법 ······ 240

제12장 사회서비스법 Ⅰ_ 247

제1절 사회서비스법의 의의 ······ 247
제2절 사회복지사업법 ······ 249
제3절 영유아보육법 ······ 274
제4절 아동복지법 ······ 294
제5절 노인복지법 ······ 315
제6절 장애인복지법 ······ 334

제13장 사회서비스법 Ⅱ_ 349

제1절 건강가정기본법 ······ 349
제2절 한부모가족지원법 ······ 356
제3절 정신보건법 ······ 365
제4절 다문화가족지원법 ······ 386
제5절 가정폭력방지 및 피해자보호 등에 관한 법률 ······ 391

참고문헌_ 407
찾아보기_ 409

SOCIAL WELFARE AND LAW

제1부 총 론

제1장 사회복지법에 대한 이해
제2장 사회복지법의 법원
제3장 사회복지법의 등장과 전개
제4장 한국 사회복지법의 형성과 발전
제5장 사회복지법의 체계 및 타법과의 관계
제6장 사회복지법의 해석과 적용
제7장 사회복지법의 권리성
제8장 사회복지사의 법적 지위와 권한

제 1 장 사회복지법에 대한 이해

SOCIAL WELFARE AND LAW

법의 개념을 한 마디로 정의하는 것은 쉽지 않다. 그 이유는 학자마다 개인적인 사상, 이념 등에 따라 다양한 정의를 내리기 때문이다. 사회복지법은 산업화와 자본주의의 발달, 그리고 정치적 변동에 따라 나타난 사회복지제도와 함께 형성되고 발전한 법이다. 특히, 우리나라는 산업화, 의학기술의 발달, 저출산 및 고령화 등으로 인해 기존 도덕, 관습, 종교 등으로 해결해 왔던 수많은 문제들이 이제는 법으로 해결해야 하는 시대가 되었다. 이러한 시대적 상황에서 사회복지실천의 근거가 되는 사회복지 및 관련법에 대한 이해는 매우 중요하다. 따라서 본 장에서는, 첫째, 법의 이해, 둘째, 법의 목적과 이념, 셋째, 사회복지법의 이해, 넷째, 사회복지법의 이념 등을 중심으로 법과 사회복지법을 개념적으로 살펴보고자 한다.

제1절 법의 이해

1. 사회와 규범

법(法)은 질서를 유지하고 사회정의를 실현함을 직접 목적으로 하며, 국가의 강제력을 수반하는 사회규범이다. 법은 인류 공동생활에서 사회를 유지하고 통제하는 하나의 수단이다. 흔히 말하듯이 인간은 사회적 존재이다. 인간은 태고시대부터 본능적인 자기 보전과 자기 발전의 수단으로 한곳에 모여서 집단을 이루며 살아왔으며, 이와 같이 집단이 사회화되어 있는 곳에는 반드시 법이 있을 수밖에 없다. 즉, 사람의 수가 늘어남에 따라 그중에는 질서를 어지럽히고 안녕과 평화를 파괴하는 반사회적 행동을 하는 사람을 제재할 필요가 있게 된다. 또한 인류의 문명

이 발달함에 따라 인위적인 질서 유지 방법을 강구할 필요가 생기게 된다. 이러한 반사회적 행위를 막고 사회질서 유지의 방법을 강구하여 사회로 하여금 마땅히 있어야 할 모습을 지니게 하는 규범에는 종교, 도덕, 법 등 여러 가지가 있다. 모든 사람이 순박하고 사회도 단조로웠던 시대에는 종교나 도덕만 가지고도 충분히 사회질서를 지켜 나갈 수 있었지만, 이해(利害)의 대립이 커지고 사회가 복잡해지면 종교나 도덕과 같은 신(神)에 대한 두려움이나 가슴 속의 양심에 주로 호소하는 규범만 가지고는 사회의 평화를 누리기가 어렵게 되었다. 이에 일정한 질서를 지킬 것을 명령하고 그것에 따르지 않을 경우에는 가슴에 손을 대고 뉘우치게 하는 데 그치지 않고, 한 걸음 더 나아가 밖에서 강제적으로 제재를 가할 수 있는 규범이 필요하게 된다.

인간의 일상생활은 다른 사람과 더불어 살아가는 관계에서 그의 생활을 유지하기 위해서는 끊임없이 재화를 획득하여 이용하거나 소비하게 되는데, 이때 무한한 욕망을 가진 인간은 유한한 재화의 획득이나 이용에 있어서 여러 가지 분쟁을 야기한다. 이러한 분쟁을 해결하고 사회생활의 질서를 유지하기 위해서는 인간에게 "~하지 말라."는 규범을 위반한 자는 "~벌을 과한다."라는 강제규범과 같은 일정한 행동 규범이 필요하게 된다. 우리의 사회생활은 가정생활, 직장생활, 경제생활, 종교생활 등이 있다. 이것은 법률관계의 측면에서 보면 부부관계, 소유관계, 임대차관계, 노동관계, 혼인, 친자 등 많은 법률관계에서 생활하고 있음에도 그것을 느끼지 못하고 있을 뿐이다. 그러나 법은 우리의 사회생활을 규율하면서 우리의 생활 속에 있으며, 사람은 법이 지배하는 사회 속에 생활하고 있는 것이다. 따라서 법은 사회생활의 성립요건이며, 법 없는 사회는 존재할 수 없다. 이는 법이 인간생활의 방법이고 사회의 공동생활을 규율하는 규범이기 때문이다. 이러한 사회규범이 법이다.

따라서 법은 사람의 행동을 사회가 기대하는 일정한 모습에 합치하도록 통제하는 수단으로서의 역할을 담당하게 된다. 법은 정치, 경제, 사회, 종교, 도덕, 언어 등과 마찬가지로 인간 문화의 일부분이다. 즉, 사람이 살고 있는 환경 중에서 사람이 만들어 낸 인위적인 부분이다. 또한 법은 다른 문화와 서로 의존하는 밀접한 관계가 있다. 예컨대, 법은 국가 권력을 배경으로 하여 만들어지기 때문에 정치와 관계가 깊으며, 정치권력은 법에서 그 합법성, 즉 정당성의 근거를 찾아 자체의 존재를 누리게 된다. 또한 법은 경제생활을 규율하지만 거꾸로 경제생활이 법을 끌고 나가기도 한다.

법은 문화의 일부분이므로 다른 분야의 문화와 마찬가지로 역사적 산물이다. 우리나라의 법제도는 옛날 로마법을 바탕으로 한다. 따라서 로마법은 대한민국 법의 중요한 역사적 배경이 된다. 예로부터 내려온 중국시대의 당, 송, 명 계통의 전통적인 법은 현대 우리나라의 법과는 형식상 인연을 끊은 것으로 되어 있다. 하지만 그들의 역사성은 민족성과 결부된다. 밖으로 나타나는 법의 형식에서 고유법의 요소가 사라졌더라도 수천 년을 두고 민족의 체질 속에 박힌 내면적 법의식(法意識) 속에는 전통적인 요소가 흐르고 있다.

법은 사회정의를 구현하는 수단이다. 고대 그리스 시대부터 철학자와 법학자들은 법에서의 절대성 내지 보편성을 인정하는 데 가담하여 왔다. 그들은 법을 자연법칙의 일부분이라고 하고, 신(神)의 의사라고도 하며, 인간의 본성에 합치하는 것이라고도 설명하여 객관적 정의의 존재를 긍정하고 모든 인류에 공통된 법이 있다고 하였다. 이것이 자연법사상이라고 말하는 것이며, 19세기 후반 특히, 제2차 세계대전 후에 이르러 경험적 방법에 의하여 새로운 각도에서 세계의 공통법을 찾아보려는 학문적 · 실제적 노력이 행해지고 있다.

2. 법의 정의

"법이란 무엇이냐?"라는 물음은 법제론에 있어 가장 기본적인 질문이다. 그 동안 여러 학자에 의하여 사회적 · 실증적으로 연구된 학설을 종합해 보면 '법은 국가 또는 정치적으로 조직된 사회에 있어서 정립되고, 그 구성원에 대하여 물리적 강제력을 가지고 스스로를 실현하는 것을 이념으로 하는 사회규범'이라고 할 수 있다.

1) 법은 사회규범이다

법은 사회규범이다. 사회규범이란 사회적 목적을 달성하기 위하여 사회의 구성원이 준수해야 할 준칙 내지 법칙을 의미하며, 인류의 공동생활에 있어서는 이 법칙에 의해 사회가 유지되고 보전된다. 인간은 혼자서는 살아갈 수 없고 반드시 다른 사람들과 함께 살아가는 사회적 존재로서 공동생활을 할 수밖에 없는데, 이러한 과정에서 서로 이해의 충돌과 대립이 발생될 수 있다. 이러한 상황에서 사회가 혼란 없이 질서를 유지하기 위해서는 모종의 약속이 있어야 한다. 이 질서유지를 위한 약속이 사회규범으로서의 법이다. 이러한 사회규범에는 법 이외에 도덕, 종교, 관습 등이 있다.

사회규범은 "모든 사람은 죽는다.", "물은 높은 곳에서 낮은 곳으로 흐른다."와 같이 예외가 인정되지 않는 필연적 현상인 필연의 법칙 또는 존재의 법칙이라는 자연법칙과 다르게 "살인하지 말라.", "네 부모를 공경하라." 등과 같이 무엇을 행하지 말라 또는 무엇을 행하라고 규정하는 명령 또는 금지에 관한 법칙이다. 즉, 마땅히 해야 할, 또는 해서는 안 될 당위규범이다. 따라서 자연법칙에서는 위반을 생각할 수 없으나, 당위규범으로서의 법에서는 위반이 있을 수 있다.

2) 법은 강제규범이다

법은 강제규범이다. 법은 스스로의 목적을 관철시키기 위하여 강제라는 수단을 동원하기도 한다. 강제가 있다는 점에서 법은 도덕이나 종교 또는 관습과 구별된다. 법은 사회질서의 유지수단인 사회통제의 기술로서 작용하고, 권력 그 자체를 통제하는 기술로서도 작용한다. 그러나 법에 이러한 강제력이 있다는 것은 법 일반원칙에 관하여 말할 수 있는 것일 뿐, 개개의 법규가 완벽한 강제력을 갖는 것은 아니다. 법학자 예링(R. V. Jhering, 1818~1892)은 "강제가 없는 법은 타지 않는 불꽃과 같다."고 말할 정도로 법의 강제적 속성을 중요시하였다.

3) 법은 문화규범이다

법은 문화규범이다. 인간은 현실에 항상 만족하지 아니하고, 보다 나은 이상을 향하여 부단히 노력한다. 이때 보다 나은 가치로서 업적을 문화라고 할 수 있다. 학문 그 자체가 진리는 아니지만 진리를 향하여 노력하고 있다는 데 학문성을 찾을 수 있다. 마찬가지로 법도 정의 그 자체는 아니지만, 정의라는 가치를 향하여 노력하고 있는 점에서 법이 법다운 것으로 인식될 수 있다. 그러나 현실에서 법은 정의로운 법만 있는 것이 아니라 악법도 있고 불법도 있다. 그러나 악법도 법인 것은 법이 정의 그 자체는 아니지만 정의를 향하여 노력하여야 한다는 점에서, 법은 정의라는 법이념을 향한 하나의 문화 개념으로서 '문화규범'이라고 할 수 있다. 따라서 법은 그 국가의 문화적 수준과 직결되는 문화의 척도가 된다.

4) 법은 행위규범이다

법은 행위규범이다. 법이 행위규범이라는 것은 법의 대상이 되는 것은 행위라는 의미이다. 인간의 행위는 일반적으로 의사에 기인하여 발현되지만, 의사만 있고 그 의사가 외부행위로 표현되지 않는다면, 인간의 내적 · 심리적 작용은 원칙적으로 문제 삼지 않는다. 따라서 행위규범이란 사람에게 어떠한 행위를 명하거나 금지하는 것에 관련한 판단의 근거가 되는 준칙이다.

5) 법은 조직규범이다

법은 조직규범이다. 법은 국가기관의 조직과 그 조직의 권한과 역할을 부여하는 사항을 규정하는 규범이 된다. 국가의 기본적인 조직규범은 헌법이지만, 헌법의 추상적인 조항을 위임받아서 다시 국가기관의 조직과 규정을 구체적으로 규정하는 모든 법, 예를 들어, 국회법, 법원조직법, 정부조직법, 지방자치법이 형성된다.

6) 법은 재판규범이다

법은 재판규범이다. 재판규범이라 함은 재판할 때 판결의 기준을 제시해 주는 규범을 말한다. 법조항이 행위규범적 성격을 지닌 경우, 대개는 동시에 재판규범적 성격을 가진다. 즉, 행위규범과 재판규범은 원칙적으로 동일한 법규범을 다른 측면에서 본 것에 불과하다고 할 수 있다. 그러나 어떤 법조항은 행위규범적 성격은 전혀 없고, 오직 재판규범적 성격만 있는 경우도 있다. 예를 들어, 「민법」 제828조(2012년 2월 10일 삭제됨)는 "부부 간의 계약은 혼인 중에 언제든지 부부의 일방이 이를 취소할 수 있다."라고 규정하고 있는데, 이는 "부부 간의 약속은 언제든지 파기하라."라고 행위를 명하기보다는 부부 간에 이러한 문제로 인해 소송이 제기될 경우, 법관은 이 조항을 토대로 재판해 줄 수 있다는 것뿐이다. 따라서 이 규정은 재판할 경우에만 의미가 있는 것으로서 재판규범의 전형적인 예라고 할 수 있다(조선대학교 법학연구소, 2009: 51-52).

제2절 법의 목적과 이념

모든 법에는 각각의 목적이 있다. 목적이란 실천의 목표가 되는 하나의 이념가치이고, 이념가치는 행위의 목표이며, 이것은 인간의 행위를 통하여 이루어진다. 즉, 법은 현실의 사회생활 관계를 규율하기 위한 것이므로, 법의 목적은 그것을 통하여 실현하려는 인간의 목적에 기여하는 것이라 할 수 있을 것이다.

그렇다면 인간의 목적은 무엇일까? 영국의 철학자이자 법학자인 벤담이 말한 '최대다수의 최대행복'(J. Bentham, 1748~1832)의 실현이라 하였다.

이러한 목적을 달성하기 위해서는 사회질서가 필수적으로 유지되어야만 한다. 그러므로 질서는 법의 기본이념이다. 독일의 법학자 라드브루흐(G. L. Radburch, 1878~1949)는 질서의 올바른 판단기준이 되어야 할 법의 이념으로서, 정의, 합목적성, 법적 안정성의 세 가지를 제시하였다.

1. 정의(正義)

정의는 법의 이념이며, 법은 정의실현을 기본 사명으로 하는 사회규범이다. 독일의 철학자 칸트(I. Kant, 1724~1804)는 "정의가 소멸되면 인간이 지상에 존재해야 할 어떠한 목적도 존재하지 아니한다."라고 하여 정의실현을 법의 종국적인 목적으로 보았으며, 형벌도 정의의 실현을 위한 응보라고 하였다. 그에 의하면, 정의의 이념이 없는 법은 단순한 폭력에 불과할 뿐이다.

그리스의 철학자 아리스토텔레스(Aistoteles, B.C. 384~B.C. 322)는 정의의 개념을 광의의 개념으로서 일반적 정의와 협의의 개념으로서 평균적 정의, 배분적 정의로 구분하였다.

1) 일반적 정의

일반적 정의는 사회의 일원인 개인으로 하여금 사회를 위하여 공동생활의 일반원칙에 따라 의무를 다하는 것으로서, 국가의 위기해결을 위한 순국(殉國)이 이런 경우에 해당한다. 즉, 일반적 정의는 개인이 단체에 대하여 지는 의무를 말한다.

2) 평균적 정의

평균적 정의란 개인 상호 간의 거래에 있어서 급부와 반대급부, 손해와 배상, 범죄와 형벌 등이 공정한 균형을 이루도록 손해득실을 평균화하여 조정하는 것이다. 이는 개인적 구별을 도외시한 객관적 이해로서, 그 자체가 조정의 평등이므로 산술적 비례에 의한 평등이다. 절대적 평등 내지 형식적 평등을 그 본질로 한다.

3) 배분적 정의

배분적 정의란 단체가 개인 각자의 능력 및 공적에 따라 공정하게 명예와 재산을 분배하는 것이다. 배분적 정의는 각자의 가치, 능력에 따른 개인차를 인정하고, 그 개인차는 국가, 사회에 공헌하는 비율에 따라 결정하게 된다는 것이다. 즉, 빈부에 따른 차등과세, 능력과 책임에 상응하는 보수지급 등과 같이 상대적 평등, 비례적 평등으로서 실천적 평등을 그 목표로 이루어진다.

동양에서는 정의를 '의(義)'라고 하였으며, 법치주의(法治主義)보다는 덕치주의(德治主義) 및 예치주의(禮治主義)가 성행하여 도덕규범을 중시하였으며, 논어(論語)에는 "이로운 것을 보면 의를 생각한다(見利思義).", "얻는 것을 보면 의를 생각한다(見得思義)."라고 하여 무엇을 얻으려고 할 때는 반드시 의에 맞도록 해야 한다고 하였다.

2. 합목적성(合目的性)

법의 이념으로서의 정의는 같은 것을 같게, 다른 것을 다르게 취급하라는 형식적인 이념이므로, 같은 것과 같지 않은 것을 구별할 표준은 다른 곳에서 구할 수밖에 없다. 따라서 법의 이념으로서의 합목적성이 필요한 것이다. 합목적성은 정의와 함께 법의 이념이다. 합목적성이란 가치관에 구체적으로 합치되는 것으로서, 정의의 내용을 정하는 실정법의 가치기준이다. 합목적성은 그 사회가 가지는 가치관이 어떠한 것인가에 따라 정의를 평가하는 기준을 다르게 가진다. 또한 합목적성은 사회의 가치관에 따라 달라지는 상대적인 개념인 것이다. 따라서 법은 정의의 실현만이 아니고 복지국가의 요청에 있어서와 같이 합목적적인 것, 즉 기술적인 것도 포함된다.

3. 법적 안정성(法的 安定性)

법적 안정성이란 법에 따라 안심하고 생활할 수 있는 상태, 즉 법에 의하여 보호되는 사회생활의 질서와 안정을 말한다. 따라서 법은 사회질서의 안정성에 대한 요구 외에 법 자체의 안정성도 동시에 요구한다. 법 자체가 자의적으로 통용된다면 사회질서는 유지될 수 없어 법의 실효성은 보장되지 못한다. 따라서 법의 실효성을 확보하기 위해서는 법의 내용이 명확하여야 하고, 쉽게 변경되어서는 안 되며, 실제로 실행이 가능한 것이어야 한다. 또한 법은 국민의 법의식에 합치되어야 한다는 등의 사항이 요청되고 있다. 예를 들어, 소멸시효(「민법」 제162조), 민법상의 점유(「민법」 제192조), 취득시효(「민법」 제245조), 선의의 취득 및 국제법에서의 현상유지이론 등도 법적 안정성을 위한 것이다. 또한 법률불소급의 원칙이나 일사부재리의 원칙 등도 법적 안정성의 요청에 의한 것이라고 할 수 있다.

정의, 합목적성, 법적 안정성의 세 이념은 상호 무관한 독자적인 이념이 아니라 상호 긴장과 협조의 관계에 있다. 정의는 사람을 자의적인 불평등한 취급을 금지하고 합리적 기준에 따라 공평하게 대우할 것을 요구한다는 점에서 그것을 실증적으로 보장하는 법적 안정성을 요구한다. 반면, 정의와 법적 안정성은 상반될 수 있는데, 법적 안정성은 실정법을 원하지만, 실정법은 정의 및 합목적성을 고려하지 않고 효력을 가질 것을 원할 수도 있기 때문이다. 예를 들어, 소멸시효, 취득시효, 사법상의 보호 등은 정의보다 법적 안정성을 우선시하는 사례라고 할 수 있다. 또한 정의와 합목적성은 서로 상반될 수 있는데, 그 이유는 정의는 평등을 중시하지만, 합목적성은 가능한 개별화되지 않으면 안 되기 때문이다.

이 세 가지의 법의 이념은 시대에 따라 각각 비중을 다를 수 있으며, 시대 또는 사회에 따라 그 내용이 상대적으로 변화될 수 있다. 즉, 자연법 시대에는 목적적 의미로서 정의의 이념이 강조되었으나, 경찰국가 시대에는 국가의 목적을 위한 수단적 의미로서 합목적성의 이념을 강조하는 반면, 정의나 법적 안정성은 희생시킨다.

법실증주의 시대에는 법적 안정성을 유지하기 위하여 정의나 합목적성이 소홀히 되었다. 또한 법체계에 있어서도 형법에서는 정의의 이념이, 행정법에서는 합목적성이, 민법이나 소송법에서는 법적 안정성이 강조된다.

제3절 사회복지법의 이해

사회복지법은 사회복지에 관한 법으로서, 법적인 성격과 틀을 가지고 있으며, 내용은 사회복지를 다루는 법이라 할 수 있다. 사회복지법제는 사회복지실천을 규정하는 법적 규범이다. 따라서 사회복지 실무자는 규정된 사회복지법제의 테두리 안에서 사회복지실천의 내용과 형태를 가진다. 어떤 사회에 있어서도 사회복지법의 법적 규정을 벗어나서 사회복지실천이 이루어지거나 서비스가 제공되기는 어렵다. 물론 경우에 따라서는 사회변동에 따라 새롭게 생겨난 욕구나 문제에 대처하기 위해서 일시적으로 민간 차원에서 사회복지실천이 이루어지고 서비스가 제공되기는 하지만, 대부분은 '사회복지법' 내의 실정법이나 이와 연관된 행정지침 등에 의거하여 사회복지가 이루어지기 때문에, 사회복지법제의 학습이 그만큼 중요한 것이다.

1. 사회복지법의 정의

사회복지법은 사회복지에 관한 법으로서 법적인 성격과 틀을 가지고 있다. '사회복지'는 '인간의 아름다운 삶을 달성시키기 위한 사회적 노력'을 말하며, '법'은 '도덕, 윤리, 관습과 같은 규범으로 인간의 행위를 안내하는 행위규범'이다. 따라서 '사회복지법'은 '사회적 관계 속에 있는 인간다운 삶을 달성시키기 위한 인간의 행위규범'이다.

그러나 사회복지법의 개념과 범위에 따라 사회복지법의 범위가 달라지기 때문에 '사회복지' 개념의 정의는 매우 필요한 작업이지만 어려움이 따른다. 그 이유는 사회복지법이 다른 법과 달리 최근에 출현하여 빠른 속도로 변화되고 있고, 정의자의 개인적 철학과 가치관을 반영하며, 국가에 따라, 시대에 따라, 이념에 따라 사회복지법의 개념이 다양하게 나타나고 있기 때문이다.

사회복지법의 의미는 연구자에 따라 사회법, 사회보장법, 사회복지법, 사회복지서비스법 등의 형태로 다양하게 불리고 있다. 또한 연구대상의 범위에 따라 사회법, 사회보장법, 사회복지법규, 사회복지관련법, 사회보험법, 공공부조법, 사회복지서비스법, 사회보장법 등의 형태로 다양하게 사용되고 있다(장동일, 2008: 16).

2. 사회복지법의 개념 및 범주

사회복지법의 이론적 체계를 확립하기 위해서는 일차적으로 사회복지법의 존재의 범주를 확정짓는 것이 필요하다. 사회복지의 개념이 다양한 만큼 사회복지법에 대한 개념적 정의도 매우 어려운 작업이다. 사회복지법의 개념에 대한 기존의 입장은 다음과 같다.

첫째, '사회복지법과 사회보장법의 분리설'로서, 사회복지를 협의의 개념으로 이해하여 사회복지법을 사회보장법과 구별되는 다른 법으로 보는 입장이다. 그러나 사회복지서비스의 중요성을 강조한다고 해서 사회복지서비스법이 사회복지법이라고 본다든가, 사회복지법을 사회복지사업법상의 사회복지사업(동법 제2조)에 국한한다면, 사회복지를 너무 좁게 파악한다고 할 수 있다.

둘째, '사회보장법의 하위개념으로서 사회복지법'을 파악하여 사회보장법이 사회보험법, 공공부조법, 사회복지법 등으로 구성된다고 보는 입장이 있다. 그러나 이러한 입장은 사회보장법 속에 사회복지사업법을 다루고 있지 않으며, 사회복지의 범위를 사회복지서비스 분야에만 고정시키는 한계가 있다.

셋째, '사회법'과 동의어로서 '사회보장법'을 파악하여 노동법을 제외하고 사회보장법만을 협의의 사회법으로 파악하는 입장이 있다. 그러나 시민법과 대비되는 사회법이 단순히 사회보장법만을 가리킨다는 것은 한계가 있다.

넷째, '사회복지법'의 대체용어로서 '사회사업법'을 선호하는 입장이 있다.

이와 같이 사회복지법의 개념과 범주가 복잡하게 된 이유는 영국과도 한때 동맹관계를 유지하였고 패전 이후 미국의 지배를 받았으며, 이러한 영향으로 독일법 체계뿐만 아니라 영미식 사회복지 관련 용어들을 도입한 일본에서 사용한 용어들이 우리나라에 그대로 전해 온 것 때문이라고 할 수 있다.

3. 사회복지법의 구분

1) 형식적 의미의 사회복지법과 실질적 의미의 사회복지법

사회복지법은 일반적 분류방법인 법의 존재형식에 따라 형식적 의미의 사회복지법과 실질적 의미의 사회복지법으로 분류할 수 있다.

형식적 의미의 사회복지법은 사회복지법전이라는 외적 형식을 가진 성문 법규를 말한다. 우리나라는 독일의 사회법전이나 민법전과 같은 법전의 형식의 총괄법전은 없다 하더라도 사회복지 관련 개별 실정법들을 형식적 의미의 사회복지법으로 볼 수 있다.

실질적 의미의 사회복지법은 형식보다는 법규범의 내용, 목적, 기능 등이 사회복지 목적인 사회정의, 사회통합, 인간다운 생활, 행복추구권 등과 같이 사회복지법의 규범에 내재하는 공통된 법원리의 가치에 부합되는 법규를 의미한다.

따라서 사회복지법은 실질적 의미의 사회복지법 개념으로 파악하는 것이 바람직하며, 이는 협의의 사회복지법과 광의의 사회복지법으로 구분할 수 있다(최정섭, 2010: 91).

2) 협의의 사회복지법과 광의의 사회복지법

협의의 사회복지법은 소극적 · 보충적 사회복지에 관한 법을 의미한다. 이는 윌렌스키와 르보(Wilensky & Lebeaux, 1965)의 보충적 개념에 따른 사회복지에 관한 법이라 할 수 있다. 길버트와 스펙트는 기본적으로 정치, 경제, 사회문화, 종교 등의 기능이 원활히 잘 돌아갈 때를 제도적 복지가 잘 되었다고 하였다(Gilbert & Specht, 1986). 하지만 이 기능 중 하나라도 결여되면 국가가 이를 보충하는 개념으로 사회복지라는 기능이 그 욕구를 충족하기 위해 활동을 개시하며, 일정 기능을 충족하여 시장이 제 기능으로 돌아오면 사회복지는 활동을 중지한다. 즉, 어떤 욕구를 필요로 하는 사회적 취약계층으로 한정하여, 보충적으로 응급조치 성격의 사회복지를 제공하는 개념이 협의의 사회복지의 개념이다. 하지만 보충적 사회복지는 시혜, 자선 등과 같은 낙인(stigma)을 수반하게 된다. 보충적 사회복지법으로는 「노인복지법」, 「아동복지법」, 「영유아보육법」, 「장애인복지법」과 같은 사회복지서비스법과 「국민기초생활 보장법」, 기초노령연금 등과 같은 공적부조 등이 해당된다.

광의의 사회복지법은 적극적 · 보편적 사회복지에 관한 법을 의미한다. 이는 제도적 사회복지에 따른 사회복지에 관한 법이라 할 수 있다(Wilensky & Lebeaux, 1965). 제도적 개념의 기본적인 개념은 길버트와 스펙트의 주장과 같이, 정치, 경제, 사회문화, 종교 등과 같은 기능이 원활히 작동되어 개인이나 지역사회가 만족할 만한 수준의 삶을 산다는 것을 전제한다. 윌렌스키와 르보는 사회복지의 제도적 개념에서는 현대사회의 복잡성을 인정하며, 개인이 가족이나 시장을 통해 모든 욕구를 충족할 수 없기 때문에 사회복지의 대상이 되는 것은 정상적이며, 따라서 복잡한 현대사회에서의 사회복지는 최일선의 기능을 수행해야 한다고 강조하였다. 따라서 윌렌스키와 르보는 전체 사회구성원을 사회복지대상으로 보고, 사회복지를 각 개인이나 집단 및 지역사회가 만족할 만한 수준의 삶과 건강을 누릴 수 있도록 돕기 위한 사회복지제도의 조직화된 체계로 보았다. 제도적 사회복지법에서는 오명이나 일시적인 기능회복 등을 수반하지 않으므로, 현대 산업사회에서 각 개인의 자아

완성을 돕기 위해 타당하고 정당한 기능을 수행하며, 따라서 국가의 보다 많은 역할을 강조한다. 제도적 사회복지법으로는 사회복지의 보충적 개념의 법을 모두 포함하고, 추가하여 사회보험법, 보건, 주거, 교육, 고용 등 인간다운 생활을 보장할 수 있도록 지원하는 각종 관련 복지제도에 관한 법률들을 포함한다.

제4절 사회복지법의 이념

사회복지법의 이념이란 사회복지법이 추구하고자 하는 가치의 총체 또는 사회복지법이 구현하고자 하는 목표를 말한다. 오늘날 복지국가에서 사회복지법의 이념은 국민의 기본권 중 하나인 생존권 보장에 있다. 즉, 헌법상 보장된 기본권 중에서 과거에는 자유권에 무게가 있었으나 현대에는 생존권 보장이 중시되고 있다.

1. 생존권의 의의

18~19세기의 기본권으로서의 자유권은 전근대적인 모든 제약(신분제도 및 종교적 속박)에서 시민을 해방하였고, 자본주의가 경제질서의 이념이 되어 고도의 번영과 발전이 기대되었다. 그러나 고도로 발달한 자본주의는 빈부 격차, 계급 간 대립 격화, 실업자 급증 등 많은 사회문제를 야기함으로써 실질적인 부자유, 불평등을 초래하였다.

이에 20세기에 접어들면서 가난한 국민의 인간다운 생활 보장 위해서는 국가의 자유 보장 대신 국가의 적극적인 개입에 의해 실질적 자유를 보장해야 한다는 주장이 제기되기 시작하였다. 이러한 자유권적 이념의 수정에서 생긴 것이 생존권이다.

생존권은 헌법상 권리로서, 국민이 자신의 최저생활유지를 위하여 필요한 조건을 국가로 하여금 확보해 주도록 요구할 수 있는 권리를 말하며, 생존권이 보장되기 위해서는 인간이 살아가기 위한 기본적인 조건, 즉 소득의 보장, 의료의 보장 등과 심리적 · 사회적 욕구도 반드시 충족될 수 있어야 한다(장동일, 2006: 36).

생존권이 최초로 헌법에 규정된 것은 1919년 독일의 바이마르 헌법이다. 이 헌법은 제1차 세계대전 이후 혁명의 결과로 탄생한 법이며, 민주주의 원칙 위에 선 독일의 통일을 지도이념으로 하고, 또 사회국가적 색채를 가진 헌법으로, 그 뒤 민주주의 국가들에 강한 영향을 주었다. 또한 이 헌법은 소유권의 의무성을 인정하고 생존권을 보장하는 점에서 20세기 민주주의 헌법의 전형이다. 이 헌법의 전문을 살펴보면, 제151조제1항에서 "경제생활의 질서는 모든 사람들에게 인간다운 생활을 보장하는 목적을 갖는 정의의 원칙에 적합하지 않으면 안 된다.", 동조 제2항에는 "경제 생활의 질서는 모든 사람에게 인간다운 생활을 보장할 목적으로서 정의의 원칙에 적합하지 않으면 안 된다."고 규정함으로써 사회권적 기본권을 강조하였다. 제153조에서는 "소유권은 의무를 수반한다. 그 행사는 공공복리를 위하여 하여야 한다.", 제163조제2항에는 "모든 독일 국민에게는 경제적 노동에 의하여 생활자료를 구할 수 있는 기회가 부여된다. 적정한 근로의 기회가 부여되지 않는 자에게는 필요한 생계비를 지급한다."고 규정함으로써 사회권적 기본권을 강조하였다.

바이마르 헌법은 2차 세계대전 후 세계 각국의 헌법, 세계인권선언, 유럽사회헌장 등에 계승되었으며, 우리나라에서도 건국 이래 헌법에 생존권적 기본권이 규정되어 있다.

2. 생존권의 법적 성격

우리나라의 헌법은 제10조 행복추구권(모든 국민은 인간으로서의 존엄과 가치를 가지며, 행복을 추구할 권리를 가진다)을 토대로, 제34조의 인간다운 생활을 할 권리와 기본권, 교육의 권리(제31조), 근로권(제32~33조), 가족권 및 건강권(제36조) 등 생존권을 규정하고 있다. 또한 기본권으로서의 생존권의 법적 성질을 어떻게 이해하느냐에 따라 국민의 복지실현을 위한 해답이 달라질 수 있다. 이와 같은 생존권의 법적 성질은 프로그램 규정설과 법적 권리설로 크게 나누어지며, 법적 권리설은 다시 추상적 권리설, 구체적 권리설, 불완전한 구체적 권리설로 분리된다.

1) 프로그램 규정설

헌법상 생존권 규정은 구체적 · 현실적 권리가 아니고, 단지 국가의 사회정책적 목표 내지 입법의 방향을 선언한 프로그램 규정에 지나지 않는다고 보는 관점이다. 따라서 국가가 생존권 실현에 필요한 입법을 하지 않는 한, 헌법 규정만으로 재판상 국민은 국가에 대하여 의무이행을 청구할 수 없으며, 또한 입법 태만을 헌법 위반이라 하여 사법적 구제를 청구할 수도 없다는 입장이다.

2) 법적 권리설

헌법상 규정된 생존권을 단순히 프로그램 규정으로 보는 것은 생존권의 본질적 이념에 불성실한 것이라고 보는 견해로서, 생존권의 헌법 규정은 국민의 국가에 대한 법적 권리를 규정한 것으로, 국가는 이에 대응하는 법적 의무를 진다고 이해한다. 법적 권리설은 법적 성격을 어떻게 이해하느냐에 따라 학설이 추상적 권리설, 구체적 권리설, 불완전한 구체적 권리설 등으로 구분된다.

(1) 추상적 권리설

생존권이 헌법에 명시적으로 규정되어 있는 이상 추상적이기는 하나 법적 권리이며, 국가는 생존권 보장을 위한 입법 등을 강구할 추상적 의무를 진다고 보는 설이다. 추상적 권리설은 현재 우리나라의 다수설이며, 헌법재판소도 기본적으로 이 입장을 취하고 있다.

프로그램 규정설이 기본적으로 생존권의 권리성을 부인하고, 국가의 의무도 강제할 수 없으며 단지 정치적 · 도덕적 책임으로 해석함에 반하여, 추상적 권리설은 생존권이 추상적이기는 하지만 원칙적으로 법적 권리이고, 국가의 의무이행이 재판에 의하여 강제될 수는 없더라도 헌법에 기인한 법적 의무가 있다고 보는 것이다.

프로그램 규정설과 추상적 권리설은 구체적인 입법이 없는 한, 생존권은 현실적 권리로서 사법적 구제를 받을 수 없다고 보는 점에서 일치하고 있으며, 실질적인 내용에는 차이가 없다.

(2) 구체적 권리설

생존권에 관한 헌법상의 규정은 그것을 구체화하는 입법이 존재하지 않는 경우에도 현실적으로 국가에 대하여 일정한 급부를 청구할 수 있는 구체적 권리이며, 국가는 이를 적극적으로 보장할 법적 의무를 진다고 보는 설이다. 즉, 생존권을 구체화하기 위한 입법이 존재하지 않더라도 현실적 효력을 가지는 완전한 권리로 보는 것이다.

생존권을 구체적 권리로 이해하는 한, 이것은 자유권적 기본권과 마찬가지로 구체적 입법이 없이도 헌법 규정 그 자체에 의해 재판상 구제를 받을 수 있는 권리가 되어야 한다고 한다. 다만, 어느 정도로 재판규범으로서의 효력을 인정할 것인가는 견해가 나뉠 수 있다. 이런 종류의 권리구제소송이 현행법상의 소송유형에는 존재하지 않기 때문에 이런 권리구제소송을 수용하기 위해서는 그에 관한 헌법소송법을 제정할 필요가 있다는 설, 「행정소송법」 제1조의 규정에 따라 국가의 부작위위법확인소송 또는 작위의무화소송을 제기할 수 있다는 설, 헌법상 보장되는 권리가 절차법이라는 하위법의 흠결 때문에 보장될 수 없다는 것은 역 논리이며, 기본적 침해에 대해서는 반드시 법적 구제가 가능해야 한다는 설 등이 있다.

(3) 불완전한 구체적 권리설

생존권을 불완전하나마 구체적 권리로 파악하는 적극적인 입장으로서, 이유는 다음과 같다. 첫째, 모든 헌법 규정은 헌법생활에서 반드시 실현되어야 할 재판규범이라는 점이다. 즉, 어떤 규정은 재판규범이고 어떤 규정은 프로그램 규정이라는 해석은 헌법에 명문규정이 없는 한 독단적 · 자의적 해석일 수밖에 없다는 것이다. 둘째, 경제적으로 열악한 상황에 처한 절대빈곤층, 사회적 빈곤층에게는 자유권이나 정치적 기본권이 아니라 생존권의 실질적 보장이 절실한 의미를 가지기 때문이다. 셋째, 복지국가적 성격을 지향하는 국가는 생존권의 실현에 중점을 두지 않으면 안 된다. 즉, 국가의 성격을 복지국가의 원리구현에 두면서 생존권을 프로그램적인 것 또는 추상적 권리로 이해한다는 것은 논리적 모순일 수밖에 없다는 것이다. 넷째, 헌법재판제도가 확립된 경우 헌법재판을 통해 헌법불일치, 입법촉구결정을 하는 것이 불가능한 일은 아니라는 것 등이다(권영성, 2006: 641).

생존권은 자유권처럼 직접적으로 효력을 발생하는 완전한 의미에서의 구체적 권리는 아니지만, 일부 청구권적 기본권이나 정치적 기본권과 동일한 수준의 권리로 이해하고 있다. 따라서 이 입장의 특징은 입법이 없거나 불완전한 경우에 헌법재판소는 헌법불합치결정은 물론 입법촉구결정까지 할 수 있다는 점을 강조한다.

결론적으로 생존권 특히, 인간다운 생활을 할 권리가 정신적 자유에 못지않게 중요한 의미를 가진다는 점을 감안하고, 생존권의 법적 권리성에 관하여 보다 적극적인 이론구성이 필요하다는 입장에서, 생존권을 불완전하나마 구체적인 법적 권리의 범주에 속하는 것으로 해석할 수 있다(권영성, 2006: 653).

3. 생존권의 내용과 구조

우리나라의 「헌법」 제10조에서 모든 기본권 보장의 이념적 전제와 목적으로서 인간의 존엄성 존중과 행복추구권을 규정하고 있다. 제34조제1항에서는 생존권 원칙을 밝힘과 동시에 인간다운 생활을 할 권리를 선언하고, 동조 제2항은 국가의 사회보장과 사회복지의 증진의무를 규정하고 있으며, 동조 제3~6항에서는 여자, 노인, 청소년, 장애인, 생활무능력자에 대한 국가의 보호정책 실시의무와 법률이 정하는 바에 의한 국가의 보호의무를 규정하여 적극적인 국가의 책임을 규정하고 있다.

또한 제119조제2항에서는 국가가 생존권적 기본권을 보장하기 위하여 경제에 관한 규제와 조정을 할 수 있다고 규정하고 있으며, 그 밖에 교육을 받을 권리(제31조), 근로의 권리(제32조), 근로3권(제33조), 환경권(제35조), 보건권(제36조제3항) 등 생존권의 이념과 목적을 구체적으로 실현하기 위한 수단으로서의 성격을 갖는 개별적 생존권들을 규정하고 있다.

4. 인간다운 생활을 할 권리

「헌법」 제34조제1항은 "모든 국민은 인간다운 생활을 할 권리가 가진다."라고 하여 인간다운 생활권을 보장하고 있는데, 인간다운 생활권 조항은 일련의 생존권적 기본권의 핵심이며, 이념적 · 총칙적 규정이라고 할 수 있다.

「헌법」 제34조제1항의 인간다운 생활을 할 권리의 주체는 국민이다. 이때의 국민 중에는 자연인만 포함되고 법인은 포함되지 않는다.

1) 인간다운 생활을 할 권리의 내용

「헌법」 제34조제1항은 「헌법」 제10조 규정의 인간으로서의 존엄과 가치의 유지에 상응하는 건강하고 문화적인 생활을 말한다. 이에 대한 구체적 수준은 역사적 단계에 따라 그 사회의 경제 · 문화적 구조에 따라 상이하기 때문에 어느 수준의 생활이 이 권리의 내용을 구성하는가를 일률적으로 규정하기는 어렵다. 그러나 헌법에 규정된 인간다운 생활의 내용을 불확정적 · 추상적 개념이라고 법적 평가 대상에서 제외한다면, 권리의 내용은 불안정한 것이 될 것이다.

우리나라의 헌법재판소는 "인간다운 생활이란 그 자체가 추상적이고 상대적인 개념으로서 그 나라의 문화의 발달, 역사적 · 사회적 · 경제적 여건에 따라 어느 정도는 달라질 수 있는 것이다. 또한 최소한도의 조치 역시 국민의 사회의식의 변화, 사회 · 경제적 상황의 변화에 따라 가변적인 것이므로, 국가가 인간다운 생활을 보장하기 위한 생계급여의 수준을 구체적으로 결정함에 있어서는 국민 전체의 소득수준과 생활수준, 국가의 재정규모와 정책, 국민 각 계층의 상충하는 갖가지 이해관계 등 복잡 다양한 요소를 함께 고려해야 한다."고 판시하였다(헌재 2004. 10. 28 [2002 헌마 328]).

2) 국가의 인간다운 생활을 보장해야 할 의무

「헌법」 제34조제1항에서 규정한 모든 국민의 인간다운 생활을 보장하기 위하여, 동조 제2항에서 "국가는 사회보장 · 사회복지의 증진에 노력할 의무를 진다."라고 규정하여 사회보장 및 사회복지의 증진의무를 국가에 부과하고 있다. 이 조항에서 사회보장 및 사회복지는 국민의 생존권을 보장하기 위한 국가의 종합적인 시책이다. 특히, 저소득층이나 근로자계층 등 모든 국민의 생활안정을 위한 정책이나 제도를 말하며, 의료보장, 소득보장뿐만 아니라 사회복지서비스를 통한 재활과 사회복귀까지 보장하는 것이다. 동조 제1항과 제2항은 국민 일반에 대하여 기술하고 있지만, 제3~6항은 여자, 노인, 청소년, 장애인, 빈곤자 및 재해자의 특별한 보호를 규정하고 있다. 이들의 보호를 위한 법으로는 「국민기초생활 보장법」, 「의료급여법」, 「사회복지사업법」, 「군사원호보상법」 등 다양하다.

국민의 인간다운 생활을 보장하기 위해서 경제질서에 관한 규제와 조정의 방법을 이용할 수 있다. "헌법은 개인과 기업의 경제상의 자유와 창의를 존중함을 경제질서의 기본으로 삼는 한편(제119조제1항), 국가는 균형 있는 국민경제의 성장 및 안정과 적절한 소득의 분배를 유지하고, 시장의 지배와 경제력의 남용을 방지하며, 경제 주체 간의 조화를 통한 경제의 민주화를 위하여 경제에 관한 규제와 조정을 할 수 있다(제119조제2항)."고 규정한 것이 그것이다.

생각해 볼 문제들

1. 법을 규범적 속성으로 구분하여 설명해 보라.

2. 법의 이념으로서의 정의, 합목적성, 법적 안정성을 시대사적 변천에 따라 설명해 보라.

3. 사회복지법을 협의적, 광의적으로 구분하여 설명해 보라.

4. 사회복지법을 생존권적 기본권 관점에서 설명해 보라.

제 2 장 사회복지법의 법원

SOCIAL WELFARE AND LAW

사람의 욕구가 점차 다양해지고 광범위한 분야로 확산되어 감에 따라 사회복지법의 수정이 빈번히 이루어지고 있다. 따라서 사회복지법을 잘 이해하고 분석하기 위해서는 사회복지의 법원에 대한 이해와 체계에 대한 분류가 선행되어야 한다. 사회복지법의 법원은 사회복지에 관한 실정법의 인식근거 내지 존재형식을 말한다. 이에 본 장에서는, 첫째, 사회복지법의 법원 개념, 둘째, 성문법으로서의 법원, 셋째, 불문법으로서의 법원 등을 중심으로 사회복지법의 법원에 대한 내용을 살펴보고자 한다.

제1절 사회복지법의 법원 개념

법원이란 법의 연원을 줄여서 말한 것으로서, 일반적으로 법의 존재형식, 법을 인식하는 수단 내지 자료를 뜻하는 좁은 의미의 법원을 말한다. 따라서 사회복지법의 법원은 사회복지에 관한 실정법의 인식근거 내지 존재형식으로서, 사회복지와 관련하여 그 급여의 내용, 서비스를 제공하기 위한 조직과 관리 · 감독의 기준이 법률 등에 의하여 어떠한 형식으로 표현되고 있는가를 나타내는 것이다. 또한 사회복지 또는 사회복지와 관련된 용어로 된 단일한 법률의 명칭으로 규정되어 있지 않더라도 법의 일부 조항이 사회복지에 대해 규정하고 있다면 사회복지법의 법원으로 보아야 하고, 법의 내용이 성문법으로 규정되어 있지 않더라도 성문의 사회복지법을 보충하는 기능을 수행할 수 있는 불문법이 있다면 그것 역시 사회복지법의 법원으로 인정하여야 할 것이다.

사회복지법의 법원은 그 존재형식에 따라 성문법과 불문법으로 나누어진다. 성문법에는 헌법, 법률, 명령. 규칙, 자치법규(조례, 규칙), 국제법(국제조약, 국제법규) 등이 있다. 불문법에는 관습법, 판례법, 조리 등이 있다.

제2절 성문법으로서의 법원

성문법이란 문서로 표현되어 일정한 형식과 절차에 따라서 공포된 법을 말하며, 제정법 또는 실정법이라고도 한다. 성문법을 취하는 국가를 성문법주의 국가라고 하는데, 오늘날 대부분의 국가는 원칙적으로 성문법을 법원으로 하고, 예외적으로 불문법을 병용하고 있다. 성문법의 장점은 문서의 형식으로 표현되므로 내용이 명백하고 국민에게 예측 가능성과 법적 안정성을 보장해 준다는 것이다. 반면, 형식적이고 고정적이어서 사회 변천에 적절히 대응할 수 없다는 단점이 있다.

성문법원의 효력은 상위법이 하위법에 우선한다. 성문법원의 단계적 효력은 헌법, 법률, 명령(시행령, 시행규칙), 자치법규(조례, 규칙), 행정규칙(훈령, 예규, 지침, 고시, 기준 등)순으로 되어 있다.

1. 헌 법

헌법은 국가의 기본 조직과 통치 작용의 원칙을 정하고, 국민의 기본권을 보장하는 규정을 가진 국가 최고의 기본법이다. 헌법은 국가의 최상위법으로서, 가장 강력한 효력을 가지므로 하위법인 법률이나 명령 등은 헌법에 위반되어서는 안 된다. 우리나라 헌법은 1948년 7월 12일에 제정되어 동년 7월 17일에 공포되었다. 사회복지에 대한 국가의 책임이자 의무를 규정한 생존권적 기본권은 1919년 독일의 바이마르 헌법에서 최초로 규정되었고, 우리나라는 제헌헌법부터 생존권에 관한 규정을 두고 있는데, 이는 사회복지법의 법원이자 기본 근거가 되고 있다.

생존권을 규정한 헌법 규정을 보면, 「헌법」 전문, 제10조 인간의 존엄성과 행복추구권, 제31조 교육을 받을 권리, 제32조 근로의 권리, 제33조 노동기본3권, 제34조 인간다운 생활을 할 권리, 제35조 환경권, 제36조 혼인과 가정생활의 보호, 모성의 보호 및 보건권 등이 있다. 「헌법」 제34조는 좁은 의미의 생존권 규정이며, 「헌법」 제34조를 제외한 「헌법」 제31조부터 제36조까지는 넓은 의미의 생존권 규정으로, 인간의 기본적인 인권과 생활보장에 관한 국가행정의 근거가 되는 동시에 재판규범으로서도 중요시되며, 사회복지 관련 하위법규의 존립근거가 된다.

2. 법 률

법률이란 국민의 대표기관인 국회의 의결을 거쳐 제정 · 공포된 법을 말한다. 법률은 헌법 다음의 법원이므로 헌법을 위반하여 제정될 수 없다. 정부에 이송된 법률은 15일 이내에 대통령이 공포하며, 법률에 특별한 규정이 없으면 법률은 공포한 날로부터 20일이 경과하면 효력이 발생한다.

사회복지법의 법원으로서의 법률은 실질적으로 사회복지의 구체적인 내용을 규정하고 있는 대부분의 법규가 이에 해당한다. 이러한 개별 사회복지법률 등에 의해서 국민의 생존권이 실현되고 있다. 현대 법치주의 국가에서의 국민의 권리, 의무에 관한 중요한 사항은 반드시 법률로써 규정할 것을 요구하므로 사회복지에 있어서 사회복지법은 가장 중요한 법원이 될 것이다. 앞으로 사회복지법의 분야가 계속 확대되고 복잡해질 것이므로 체계적 연구가 이루어져 사회복지의 실천과 행정에 기여함으로써, 국민의 인간다운 생활을 보장하여야 할 것이다.

3. 명령, 규칙

명령과 규칙은 입법기관인 국회의 의결을 거치지 않고 권한 있는 행정기관에 의하여 제정된 성문법을 말한다. 입법권은 국회에 있는 것이 원칙이지만 국회는 근본적인 중요한 사항만 법률의 형식으로 정하고 실제로 법률을 집행하는 데 필요한 세부적인 사항을 각 행정기관으로 하여금 정하도록 하고 있는데, 그것이 명령과 규칙이다. 명령은 법률의 하위법이므로 헌법 또는 법률을 개폐하지 못한다.

명령에는 제정 주체에 따라 대통령령, 총리령, 부령 등이 있고, 명령의 목적에 따라서 집행명령과 위임명령으로 나누어진다. 대통령은 법률에서 구체적으로 범위를 정하여 위임받은 사항에 관해서는 위임명령을 발하고, 법률을 집행하기 위하여 필요한 사항에 관해서는 집행명령을 대통령령으로 발할 수 있는데, 이를 일반적으로 시행령이라 한다(「헌법」 제75조). 국무총리, 행정 각 부의 장은 소관사항에 관하여 법률이나 대통령령의 위임 또는 직권으로 총리령 또는 부령을 발할 수 있는데, 이를 보통 시행규칙이라 한다(「헌법」 제96조).

오늘날 사회복지의 내용이 복잡성, 다양성, 전문성, 기술성을 요구하기 때문에 국회에서 입법을 하는 데는 일정한 한계가 있다. 따라서 국회에서는 원칙을 정하고, 세부사항은 행정기관에서 명령이나 규칙으로 정하는 경우가 많이 있기 때문에, 이들은 사회복지법의 법원으로서 중요한 역할을 하게 된다. 사회복지법의 법원으로서의 명령과 규칙은 보통 개별 법률의 시행령(대통령령) 및 시행규칙(부령)으로 표현된다. 국민건강보험법 시행령, 국민건강보험법 시행규칙 등이 그 예이다.

시행규칙의 하위법규로 행정규칙이 있다. 행정규칙은 행정기관에서 법률에 근거한 행정적 실천을 구체적으로 이행하기 위해 제정한 법규로서 훈령, 예규, 지침, 고시, 기준 등의 명칭으로 사용되고 있다. 행정규칙이 재판규범으로서의 법원성이 있느냐의 여부에는 논란이 있다. 그러나 오늘날 사회복지실천현장에서 대부분의 구체적인 사회복지사업들이 이 행정규칙에 의하여 운영되고 있으며, 〈사회복지관 설치운영규정〉이 행정규칙의 하나의 사례이다.

4. 자치법규

지방자치단체는 주민의 복리에 관한 사무를 처리하고 재산을 관리하며, 법령의 범위 내에서 자치에 관한 규정을 제정할 수 있다(「헌법」 제117조). 이와 같이 지방자치단체가 자치권에 의하여 제정하는 법령을 자치법규라고 한다. 자치법규는 그 자치단체의 지역 안에서만 효력을 가진다. 자치법규는 조례와 규칙을 나누어지는데, 조례는 지방자치단체의 의회가 법령에 반하지 않는 범위 내에서 그 권한에 속하는 사항에 대하여 의결로서 제정한 것이며, 규칙은 지방자치단체의 장이 법령과 조례에 반하지 않는 범위 내에서 그 권한에 속하는 사항에 관하여 제정한 것이다. 조례와 규칙과의 관계는 법률과 명령과의 관계와 같이 상하관계에 있으므로 조례에 위반하는 규칙은 제정할 수 없다. 지방자치단체가 제정하는 조례와 규칙이 사회복지에 관한 내용을 규정한 것이라면, 이러한 자치법규는 마땅히 사회복지법의 법원으로 인정된다.

조례와 규칙이 제정되어야 하는 이유는 법률이 추상성이나 보편성을 띠고 있고, 시행령이나 시행규칙은 중앙정부의 판단과 사정에 따라 제정되어 지역에 거주하는 사람들의 사정을 충족시키기 어렵기 때문이다.

5. 국제법

국제법은 국제조약과 국제법규로 구성되어 있다. 조약은 국제관계에 속하는 사항에 관하여 문서로 행해진 국가 사이의 합의로서 국제법의 일종이다. 조약의 체결은 국가대표기관에 의하여 체결되고, 국회의 동의와 대통령의 비준과 공포로 성립된다. 이와 같은 절차를 밟아서 체결 · 공포된 조약은 국내법과 동일한 효력이 있다(「헌법」 제6조제1항).

국제조약은 조약, 협정, 약정 등 그 명칭이 어떠하더라도 국가와 국가 간, 국가와 국제기관 사이에 법적 효력이 있는 합의를 의미하며, 국제법규는 자국이 당사국이 아닌 조약으로 국제사회에서 일반적으로 승인된 법규를 의미한다. 우리나라는 「헌법」 제6조제1항에 의해 체결 · 공포된 조약과 일반적으로 승인된 국제법규는 국내법과 같은 효력을 가진다고 규정하고 있어 사회복지와 관련된 것이면 사회복지법의 법원으로서 인정해야 한다.

제3절 불문법으로서의 법원

불문법은 성문법 이외의 법, 즉 성문법과 같이 입법기관에 의하여 문서로서 제정·공포되지 아니한 법을 말한다. 사회가 복잡하게 변화해 가는 오늘날에는 질서의 명확화라는 요청에서 성문법이 중요하지만, 성문법으로서 모든 생활관계를 전부 규율하기에는 적당하지 못한 분야도 있으므로 불문법의 역할이 필요하다.

1. 관습법

관습법이란 입법기관이 제정한 법이 아니고 사회에서 어떠한 사항에 대하여 상당히 오랜 기간 동안 동일한 행위가 반복되어 생긴 관행이 법적 확신 내지는 법적 인식을 얻어서 다수인에게 법처럼 지켜지는 것을 말한다. 이러한 관습법은 사회에 있어서 가장 직접적이고 근원적인 법의 발현형식이다. 아무리 성문법을 완비하였더라도 관습법의 생성을 막지 못한다. 이는 사회생활의 유동성에서 오는 필연적인 결과이다.

관습법이 성립하기 위해서는, 첫째, 관습(관행)이 존재할 것, 둘째, 관습이 법률로서의 확신을 가질 것, 셋째, 관습이 사회질서에 위반되지 않을 것, 넷째, 관습이 법령의 규정에 의하여 인정되는 것이거나 또는 법령에 규정이 없는 사항에 관한 것이어야 한다. 이러한 관습법은 일반적으로 성문법의 규정이 없거나 충분하지 못한 경우에 성문법을 보충하는 보충적 효력을 가진다. 사회복지법에서도 성문법규가 없는 경우 관습법의 내용이 사회복지법을 보충하는 것이라면 마땅히 사회복지법의 법원으로 인정되어야 한다.

우리나라의 경우, 사회복지법의 역사가 짧아 사회복지의 관행을 사회복지법의 법원으로 인정한 사례는 거의 없다. 하지만 사회복지법의 미비점이 많아 보충적으로 관습법을 활용해야 할 것이며, 또한 사회복지에 대한 소송이 계속 증가될 것으로 예상되기 때문에 사회복지에 대한 관습법이 사회복지법의 법원으로서 중요시될 것이다.

2. 판례법

판례법이란 구체적인 법률 문제에 대한 법원의 판결이 이후 동종 또는 유사한 사건에 계속 반복하여 적용됨으로써 성문화되지는 않았지만 일반적 법규범으로 인정될 수 있는 법칙을 말한다. 판례는 재판의 선례가 이후의 재판을 구속할 때 판례는 법원으로 되며, 이를 판례법이라고 한다. 판례법의 형성은 최고 법원인 대법원의 판례가 하급심을 구속하므로 주로 대법원의 판례에 의하여 형성된다.

우리나라의 경우, 성문법주의 국가로서 판례의 법원성을 부정하고 있다. 이의 근거가 되는 법원조직법에 따르면 "상급법원의 재판에 있어서의 판단은 당해 사건에 관하여 하급심을 구속한다(「법원조직법」 제8조)."고 규정되어 있어 상급법원의 판단은 오직 당해 사건에 한정될 뿐이므로 일반적으로 하급심을 구속하는 효력은 없다. 판례의 법률적 구속력은 인정되지 않지만 상급법원의 판례가 사실상의 구속력을 가진다는 점은 부인할 수 없는 사실이며, 이 사실상의 힘을 통해서 대륙법계 여러 국가에서도 사실상 많은 판례법이 생기는 것이다. 그 이유는 무엇보다도 법적 안정성을 기하기 위해서이다. 따라서 자연히 하급법원은 상급법원의 판례에 따르게 되며, 판례는 사실상의 구속력을 가지게 되는 것이다. 이러한 의미에서 판례는 법원으로 인정될 수 있다. 사회복지에 관한 판례가 있다면 판례법으로서 법원성을 인정받게 될 것이다.

사회복지에 관한 역사가 짧아 사회복지에 관한 판례법으로 인정된 사례는 지금까지는 거의 없다. 하지만 앞으로 사회복지권이 구체적인 권리로 인정되고, 국민의 복지 의식이 고양될수록 재판을 통한 권익보호활동이 활발히 전개될 것으로 전망된다. 그 때문에 판례법은 사회복지법의 보충적 법원으로서의 중요성이 더욱 커질 것으로 보인다.

3. 조 리

조리란 사물의 합리성, 사물의 본질적 법칙, 사물의 이치를 의미하며, 인간의 이성과 사물의 본성에 기하여 인정된 사회공동생활의 원리이다. 바꾸어 말하면 일반 사회인이 보통 인정하는 객관적인 원리 또는 법칙이다. 모든 법 생활은 조리에 적합하도록 해야 하는 것으로, 조리는 실정법 및 계약의 내용을 해석 · 결정하는 데 표준이 될 뿐만 아니라 특히 법(성문법이나 관습법)이 흠결되었을 때 조리가 재판의 기준이 된다. 사회생활은 복잡하고 끊임없이 변화하고 있으므로 아무리 완벽한 성문법이 있고, 관습법이 발달하였더라도 모든 법률사건을 완전히 망라할 수는 없다. 그러나 법원은 구체적인 사건에 적용할 법규가 없다는 이유로 재판을 거부할 수 없다. 이 때문에 법원은 조리에 의해 재판하여 법의 결함을 보충할 수 있다.

우리나라 「민법」 제1조 법원의 내용은 "민사에 관하여 법률에 규정이 없으면 관습법에 의하고 관습법이 없으면 조리에 의한다."라고 규정됨으로써, 조리의 법원성을 명문으로 인정하고 있다. 사회복지법에서도 조리법은 중요한 법원이 되는데, 그 이유는 현행 사회복지법이 대상자들의 욕구를 적절히 수렴하지 못하고, 법체계의 미비와 개별 법률의 모호한 내용 때문에 조리에 의해 판단 내지 해석할 수밖에 없는 법령, 조항, 용어가 많기 때문이다. 특히 조리는 사회복지법이 가지는 법의 미비점을 보충해 줄 뿐만 아니라 사회복지법의 이념인 인간다운 생활의 보장을 위한 사회복지법의 법원으로서 매우 중요한 의미를 가진다.

생각해 볼 문제들

1. 사회복지법의 법원을 존재형식에 따라 구분해 보라.

2. 성문법으로서의 법원의 종류를 나열하고 그 내용을 설명해 보라.

3. 불문법으로서의 법원의 종류를 나열하고 그 내용을 설명해 보라.

제 3 장 사회복지법의 등장과 전개

SOCIAL WELFARE AND LAW

사회복지법의 현재를 이해하고 미래를 알기 위해서는 사회복지법이 형성되어 온 역사적 과정을 이해하여야 한다. 이는 사회복지법이 각 시대의 정치적 · 경제적 · 사회적 · 문화적 체제와 환경의 변화에 따라 역동적으로 변화를 계속하여 왔으며, 앞으로도 계속될 것이기 때문이다. 따라서 사회복지법의 형성과정을 논함에 있어 선진복지국가들이 역사적으로 서로 다른 배경에서 어떻게 사회복지를 발전시켜 왔는지를 검토하는 것은 사회복지법을 이해하는 데 도움이 된다. 이에 본 장에서는, 첫째, 자본주의 전개와 사회복지법의 형성, 둘째, 영국의 사회복지의 발달, 셋째, 독일의 사회복지법, 넷째, 미국의 사회복지법 등을 중심으로 사회복지법의 역사적 배경을 살펴보고자 한다.

제1절 자본주의 전개와 사회복지법의 형성

전통적인 농경사회에서는 개인의 기본적 욕구의 충족이 주로 가족과 지역사회라는 공동체 내에서 이루어졌다. 생산수단인 토지를 소유한 일종의 경영주인 가장이 가족원을 총체적으로 지휘하면서 가족구성원의 무상 노동을 지배하였다. 당시 가족의 생활 및 소비지출은 가장이 관리하고 지배하였고, 농업경영에 의한 수입에 의존하였다. 이에 가장은 소유, 경영, 수입 등에 지배적인 권능과 책임을 가지면서 동시에 가족구성원의 생활보장까지 담당하였던 것이다. 따라서 이 시기에서 가족이란 가장의 지배와 관리 하에서 생산, 경영, 소비생활의 공동체로서 존재하였다. 가족구성원의 노동은 경제적 의미에서는 무상노동이 아닐지 모르나 법적으로는 경제적 노동관계처럼 대등한 당사자 사이의 권리와 의무는 아니었다.

18세기 말부터 19세기 초에 성립된 시민사회는 자본주의와 민주주의를 기초로 하고, 헌법, 민법, 상법, 형법 등의 실체법과 민사소송법, 형사소송법 등의 절차법을 시민법으로 하는 법체계의 사회였다. 이러한 시민법은 국민의 권리와 의무를 규제하는 공법체계와 개인 간의 계약관계를 규제하는 사법체계의 완성으로 볼 수 있다. 그러나 자본주의 사회가 산업자본주의와 독점자본주의의 단계를 거치면서 사용자와 노동자의 대립이라는 갈등상황을 노출시켰다. 그리하여 노동법이 중심이 된 사회법의 필요성이 주장되었고, 20세기에 들어서면서 사회법은 공법과 사법에 대한 제3의 법 영역으로 인정되어 실정법화되었다. 그러나 노동법으로 성립된 사회법은 노동으로 인하여 발생하는 재해로부터의 보호, 질병에 따른 의료보호, 부모가 없거나 생계가 불가능한 아동의 보호, 노후의 생활보호라는 문제와는 그 성격이 다르기 때문에 사회보장법이 출현하게 되었다.

사회보장법은 생존권적 기본권을 보장하려는 헌법상의 규정을 근거로 한 독자적이 법 영역이지만, 노동법으로부터 분리되었기 때문에 일정한 부분은 노동법과 중복되기도 한다. 그러나 노동법이 노동계약관계를 매개로 노동자의 생존권적 기본권을 실현하는 것이 그 목적으로 하는 법체계인 데 반하여, 사회보장법은 모든 국민에 대하여 직접적인 생존권을 실현하기 위한 구체적인 제도의 확립을 목적으로 하는 법체계라는 점에서 그 성격이 다르다. 사회보장법은, ① 공공부조, ② 사회보험, ③ 사회서비스를 3대 구성부분으로 하지만, 사회보장이라는 용어보다는 사회복지라는 용어를 많이 사용하다 보니 사회복지가 사회보장을 의미하는 용어로 사용되기도 한다.

이와 같이 사회복지법은 산업화와 자본주의의 발달, 그리고 정치적 변동에 상응하여 나타난 사회복지제도와 함께 형성되고 발달해 온 법이다. 사회복지법은 다른 법과는 달리 매우 최근에 전개 · 발전한 법으로서 그 자체의 법리와 체계, 특징 및 내용을 지니고 있다. 사회복지법은 시민법의 한계에 대한 비판적 견지에서 비롯된 사회법으로서, 독립된 법 영역을 확보해 나가고 있다. 물론 시민법은 그 사회의 정치 · 경제적 여건을 배경으로 대두되었기 때문에 이러한 배경에 관한 역사적 검토가 필요하다. 자본주의 사회에서 임금이란 노동력의 가격일 뿐 노동력을 소유한 인간과 그 가족에 대한 배려는 하지 않는다. 따라서 시민사회의 가족법상 부양 책임과 자본주의의 분배기제 사이에 모순이 발생하게 되었으며, 이는 사회적 차원에서 생존과 부양에 대한 새로운 법리를 요구하게 되었다. 이처럼 자본주의의 발전으로 기존의 법체계인 시민법으로는 해결할 수 없는 새로운 문제현상에 대응하기 위해 사회복지법이 출현하게 되었다. 여기서 새로운 문제현상이란 사회적 위험을 의미하며, 또한 비복지(diswelfare)를 의미한다. 결국 사회복지법은 가해자를 확인하기 힘든 사회적 위험이 사회 전체로 확산되고 각종 사회보장제도와 대인서비스 등이 등장하면서부터 생겨났다고 볼 수 있다.

제2절 영국의 사회복지의 발달

영국은 1601년 구빈법(Poor Law Act)을 제정하여 빈민구제에 관한 국가책임을 가장 먼저 확립한 국가이다. 하지만 구빈법 자체를 사회복지법으로 보기는 어렵다. 이 법은 영국 자본주의의 본원적 축적기에 있었던 빈민의 대량 발생과 질서유지와 치안방위적인 입장에서 제정된 빈민관리법과 조례들을 집대성한 것에 지나지 않기 때문이다. 이후 수차례의 구빈법 제정과 기타 빈민구제 관련 입법을 통하여 공공부조제도를 발전시켰으며, 베버리지 보고서를 계기로 실업, 빈곤 등 사회문제를 국민부조나 임의보험과 더불어 사회보험제도를 발전시켰다.

1. 엘리자베스 구빈법 이전과 구빈법 시대의 사회복지법 형성과정

영국의 엘리자베스 1세는 1601년 엘리자베스 구빈법을 제정하였다. 이 법은 1598년 마련된 초안을 입법화한 것으로, 최초로 구빈의 책임을 교회가 아닌 정부가 졌다는 점에 큰 의의가 있으나 실제 내용상으로는 빈민구제보다는 빈민을 통제하고 관리하기 위한 법이었다.

구빈법은 빈민을 세 종류로 구분하고 각각을 구분해 처우하였다. 첫째, 노동능력이 있는 빈민(the able-bodied poor)이다. 이들은 도움을 받을 만한 가치가 없는 빈민이며, 스스로 생활을 영위할 수 있는 노동능력을 가진 사람들로서, 구빈원에서 일을 하도록 하였다. 반면, 노동능력이 있는데도 불구하고 일하려고 하지 않는 사람들은 감옥을 보냈다. 둘째, 노동능력이 없는 빈민(the impotent poor)이다. 이들은 장애인이나 노인, 즉 도움을 마땅히 받을 만한 가치가 있는 빈민들로서, 구빈원 또는 자선원에 수용되어 제한된 보호를 받도록 하였다. 셋째, 부모의 양육을 받을 수 없는 빈곤아동(dependent children)이다. 의지할 곳 없는 고아, 기아 또는 부모가 양육능력을 상실한 아동은 도제와 입양을 통하여 보호하였다.

다음은 구빈법 형성과정을 정리한 것이다.

〈표 3-1〉 구빈법 이전의 사회복지법의 형성과정

년도	형성 과정
1348	페스트라는 전염병 재해 → 노동력 부족 → 급격한 임금상승
1351	에드워드 3세는 '노동자법(The Statute of Laborers)'[1]을 제정
1388	'노동자법'은 '빈민법(the Poor Law Act)'[2]으로 구체화되었음
1517	종교개혁 → 빈민구제에 대한 국가적 인식이 나타남 → 구빈법 제정으로 법제화
1531	헨리 8세 '걸인과 부랑인 처벌에 관한 법'[3]을 제정
1536	정부의 후원 하에 최초의 공공구호계획이 법으로 제정
1547	헨리 사망 후, '부랑자의 처벌 및 빈민과 노동 불능자의 구제에 관한 법률'[4]제정
1562	'장인법(The Statute of Artificers)'[5] 제정
1576	'빈민구제법(The Poor Relief Act)'[6] 제정

1) 임금에 상한선을 두고, 그들이 살고 있는 교구를 떠나지 못하게 하였다. 위반할 경우 감금, 채찍질, 낙인, 귀나 코를 절단, 노예선으로 보내거나 교수형에 처하였다.
2) 임금상승을 야기하는 노동자의 이주를 금지하였다.
3) 교구가 책임을 지고 보호할 노인과 걸인들의 상황을 조사하여 제한된 구역 내에서만 구걸할 수 있도록 등록하고 당국의 허락을 받도록 하였다. 그러나 신체가 건장한 자가 걸식행위를 할 경우

2. 엘리자베스 구빈법 이후의 사회복지법 형성과정

찰스(Charles) 2세는 빈민의 소속교구를 분명히 하고, 빈민들의 도시유입을 막기 위해 1662년 교구에 정착해 거주할 수 있는 자격을 규정한 정주법[7](The Settlement Act of Charles II)을 제정하였다. 이 법은 극단의 교구주의 내지 지방할거주의의 표현인 동시에, 농촌노동자의 이농을 막아 농촌노동력을 확보하기 위한 방책이기도 하였다. 이후 1722년 제정된 작업장선서법(혹은 나치블법)은 빈곤자와 실업자도 기회가 주어지면 국부의 원천이 될 수 있다고 봄으로써, 빈민을 직접 구제하는 대신 작업장에서의 노동을 통해 그들의 근로의욕을 강화시키는 데 초점을 맞추었다.

1782년 제정된 길버트법은 구빈법 개혁 조치의 하나로, 일종의 작업장 개선 운동이었다. 길버트 법의 특징은 구빈세 부담을 경감시킴으로써 구빈세의 계속적 증가를 방지하였고, 노동능력이 있는 근면한 빈곤자들이 자신의 집에서 공공부조를 받게 되는 원외구제 제도를 창시하였다는 것이다. 이러한 특징은 구빈법과 차이가 있는 부분이기도 하다. 또한 1793년 원시적 사회보험 기능을 수행하는 공제조합을 장려하는 '우애조합장려와 구제에 관한 법'이 제정되었다. 이를 통해 노동자나 농민의 자발적인 상호부조조직인 우애조합들이 상호 협력하여 빈곤에 대처하는 공제 활동을 적극적으로 전개하게 되었다.

1795년 5월 스핀햄랜드의 버크셔카운티는 임금보충방안을 채택하고 이에 보충방안인 '급여수당척도'를 도입하기로 결정하였다. 이 제도에서 교구는 빵 가격과 가족 중 아동의 수에 따라 노동자들에게 그들의 임금을 생존수준까지 보충하여 주

채찍으로 태형을 가한 후 강제 추방하였다.

4) 일하지 않는 부랑자에 대한 벌칙을 강화하였다.

5) 임금, 노동시간, 도제제도를 법으로 명시, 12~60세 사이의 걸인들을 종으로 고용하는 것을 일반인에게 허용하였다.

6) 노동력이 있는 빈민이 빈민구제를 원할 때, 반드시 근로를 하도록 하는 것을 강조함으로 '근로조건부 복지제공 내지 근로연계복지'를 시행하였다.

7) 정착·거주할 수 있는 자격은 교구 내에서 출생하였거나, 여자인 경우 결혼을 하였거나, 1년 1일 동안 교구 내에서 일하고 있는 사람으로 제한하였다.

도록 하였다.

1834년 개정 구빈법(신 구빈법)이 제정되었다. 개정 구빈법은 빈곤구제의 책임은 국가에 있다고 인정하기는 하였지만, 근본적으로 빈곤의 원인은 개인의 도덕적 문제나 나태에 있다는 일종의 사례 빈곤으로 보았기 때문에 사회 구조적 개혁을 시도한 제도적인 빈곤 구제법이 아니라 사회 통제적이고 잔여적인 빈곤구제법이었다.

개정 구빈법의 원칙은 네 가지의 원칙으로 다음과 같다. 첫째, 작업장 수용의 원칙이다. 둘째, 피구제자의 생활수준은 최하급 독립 노동자의 상태 이하여야 한다는 열등 처우의 원칙이다. 셋째, 작업장 조사 또는 작업장 심사의 원칙이다. 넷째, 균일처우의 원칙이다.

구빈법 원칙이 실질적으로 폐지되고 공공부조가 확립된 것은 두 가지에 의해서라고 볼 수 있다. 첫째는 1929년 '지방정부법'에 의해서이다. 이 법은 교구연합의 구제위원회를 폐지하고, 그 기능을 시군의 공공부조위원회로 이관시켰다. 공공부조위원회는 구제 및 관련 사업을 실시하였고, 위원회의 구성은 지방의회의원과 임명된 시민들로 구성되었다. 둘째는 제2차 세계대전 이후 베버리지의 구상을 시작으로, 전후 1945년 총선거에서 압승한 노동당 정부에 의하여 출현된 베버리지 보고서 이후 구체적으로 입법화되어 이후 사회복지법으로 발전하였다.

1908년 무갹출하는 노령연금법이 제정되었다. '노령연금제도'는 무갹출제 연금으로, 영국에 거주한 지 20년 이상의 남녀 70세 이상의 자 중에서 연간소득 31파운드 10실링 이하의 소득을 가진 자로서, 소득에 따라 차등 지급되었다. 이 제도의 특징은 전과 등의 경우에는 수급을 제한하는 수급제한 규정이 있었고, 자산조사 등을 통해 빈곤이 객관적으로 증명되어야만 수급될 수 있었다. 또한 이 제도는 일종의 노령부조로서 여러 가지 의미에서 제한적인 성격을 가지고 있었다. 1911년 영국 최초의 사회보험법인 '국민보험법'[8]이 제정되어 전국 단일 국가보험 형태로 정착하

8) 국민보험이 제정된 것은 종전까지 운영하던 구빈법 체제로서는 정부의 비용부담이 크고, 민간에 맡겨 두면 보험료 납부의 문제가 있었기 때문에 강제성을 띤 사회보험인 국민보험을 제정하게 된 것으로, 이면에는 당시 자유당정권의 사회개혁사상이 반영되었다.

였다. 이 법은 사회보험이 처음 도입되었다는 측면에서 영국 복지국가의 기원으로 평가되기도 하지만 여러 가지 제한적인 측면도 있다. 또한 국민보험법은 국민건강보험[9]과 실업보험[10]으로 구성되어 있었다.

1921년 국민보험법을 개정하여 '실업보험법'을 제정하였다. 1930년 대량 실업의 문제로 당시 실업급여는 6개월간 지급되도록 되어 있었으나 그 후에도 일자리를 구하지 못하는 사람들이 많이 있었으므로, 그 결과 수많은 실업자가 지방당국에 의해 자산조사 후에 지급되는 구빈제도에 의존하게 되어 중앙정부의 책임이 강조되었다. 그에 따라 1934년에는 전국의 실업자에 대한 부조를 책임지는 실업 부조국이 창설되었다. 1929년 시작된 대공항으로 실업보험에 가입되지 않은 자의 구제가 무제시 되자, 영국 정부는 1934년 실업법을 새로이 제정하여 실업보험제도와 실업부조제도를 새로이 만들었다. 이 법은 실업으로 인해 빈곤에 빠지면, 노동능력이 있는 자라도 그들의 생활을 국가가 국가재원을 활용해 보호해 주는 것으로, 실질적으로 현대적 의미의 공공부조제도라고 할 수 있다.

1945년 15세 미만의 부양아동, 재학 중인 15~18세의 아동, 15세 이상의 비근로아동들이 있는 경우 가족수당, 아동소득공제를 제공하는 '가족수당법'을 제정하였다. 1946년 제정된 '국민보험 산업재해법'은 균일하게 갹출하고, 최저 생활수준 이하의 연금을 균일하게 지급하도록 규정하고 있다. 1946년 제정된 '국민보건서비스법'은 병원을 국영화하고 의료서비스를 무료로 제공하도록 규정하고 있으며, 국민보건서비스 방식에서는 재원의 대부분이 국세 및 지방세로 조달되고, 의료 공급체계도 국가의 책임 하에 조직화되어 있어, 전 국민이 동등하게 이 제도의 혜택을 받게 되었다. 1948년 '국민부조법'이 제정되었는데, 이 법은 형식상으로 폐지되었던 구빈법을 실질적으로 완전히 폐지하게 결정적인 역할을 하였으며, 국가적인 관점에서

9) 16~70세의 모든 근로자를 대상으로 하고 있고, 조합설립은 기존의 공제조합 노동조합 또는 민간보험회사가 할 수 있었고, 근로자는 어느 조합이든지 가입만 하면 되었다.

10) 저임금에 매우 불안정한 고용형태로 알려져 있던 건축, 토목, 조선 등의 직종 종사자들을 대상자로 하였고, 실업 시 노동자들에게 1년 15주간으로 남녀 차별 없이 1주에 7실링을 지급하였다. 보험금지급은 보험료를 완납한 자에 한하였다.

최소한이란 이념에 기반을 둔 공공부조제도이다. 1970년 제정된 '지방자치단체 서비스법'은 노인복지서비스, 장애인복지서비스 등 개별 사회복지서비스에 관한 기본법이다. 이 법은 분립되어 담당하던 사회복지 프로그램과 기구를 통일하고, 지방세와 국민보건서비스 예산을 주된 재원으로 하여 운영하였다.

1979년 집권 이후 장기집권에 성공한 대처 정부는 영국병의 원인이 과대한 사회보장제도에 있다고 보고, 경제성장을 제1의 국가정책으로 삼았으며, 이를 위해 1986년 사회보장법을 제정하였다. 사회보장법은 연금, 소득보조, 주택급여, 가족크레디트, 사회기금, 비자산조사급여, 출산수당 등으로 구성되어 있다. 이후 대처 수상은 1992년 '사회보장의 갹출과 급여에 관한 법'을 제정하였다. 이 법에 의하면, 16세 이상 65세(여자는 60세) 미만의 영국에 거주하는 모든 국민에게 이 제도가 적용되어 보험료 납부의 의무가 발생하였다. 피보험자는 피용자, 자영업자, 임의가입자로 분류되고 각각 갹출이 의무화되어 있다. 1992년 '사회보장관리법'을 제정하여 과부급여, 급여지급, 산업재해급여, 장애근로수당 등에 관한 사회보장을 관리하였다. 1997년 사회보장사기행위를 방지하기 위한 입법이 추가되었다.

1999년에는 '사회보장기여법'이 제정되었다. 이 법에 따라 국가보험기여금, 국민보험기금, 질병급여, 출산급여 등과 관련된 기능을 국무장관으로부터 국세청장이나 재무장관으로 이전시키도록 규정하였다. 1999년 복지개혁과 연금법이 제정되었다. 이 법은 연금과 사회보장에 관한 개혁입법으로, 스테이크 홀더[11] 연금제도를 도입하였다.

제3절 독일의 사회복지의 발달

후발 산업국가인 독일은 산업화가 빠른 속도로 진행되면서, 급속한 도시화, 노

11) 스테이크 홀더 연금제도는 이해관계자란 말로, 사회구성원 간의 상호의존과 협동을 통해 모두의 이익을 도모하는 것을 지향한다.

동계급의 형성, 사회주의 사상의 영향으로 전통적인 지주, 신흥자본가, 노동자 사이에 치열한 계급갈등이 전개되었다(윤창영, 2001: 27).

독일에서 세계 최초로 사회보험제도가 출현하게 된 배경은 노동계급의 성장과 국가주의적 전통에 있다. 당시 독일의 집권자인 비스마르크(Bismarck, 1815~1898)는 지주계급 출신으로, 사회주의 운동을 전개하는 노동계급을 1878년 '사회주의자 진압법'이라는 한시법을 통해 억압하면서 동시에 경쟁계급인 자본가계급을 통제하고 노동계급을 끌어들이기 위해서 질병보험법(1883), 산재보험법(1884), 노령 및 폐질보험법(1889) 등의 사회보험의 입법을 추진하였다. 즉, 산업화의 진전에 따라 노동자의 도시집중현상이 나타나고, 다시 사회경제적으로 물가인상, 노동조건의 악화, 주택난의 문제를 야기하면서 강력한 사회주의 운동과 노동 운동을 초래하게 되었다. 이러한 사회주의 운동에 대응하여 비스마르크는 탄압과 회유의 이중정책을 실시한 것이다.

1. 비스마르크 시대의 사회복지법 형성과정

급속한 경제성장의 과정에서 노동자들이 도시에 집중하게 되면서 발생한 사회적 혼란을 잠재우기 위해 1878년 '사회주의자 진압법'을 제정하였다. 비스마르크의 사회정책은 '채찍과 당근'으로 비유되는데, 비스마르크의 이 법은 채찍정책으로 사회복지와 관련된 내용을 직접 포함하고 있지는 않지만, 사회주의 운동에 가담하지 않는 노동자를 회유하기 위한 당근정책으로서 사회보장입법을 실행하는 계기가 되었다.

1883년 제정된 '질병보험법'은 비스마르크의 사회보험입법 가운데 가장 먼저 제정된 사회보험으로, 질병에 걸린 노동자에 대한 무료치료와 질병수당을 지급하는 의료보험제도이며, 세계 최초의 사회보험이다. 1884년 제정된 '재해보험법'은 광산, 공장, 건설업 등에 종사하는 저소득노동자를 의무적인 가입대상으로 하여, 업무상 노동자에게 발생하는 재해에 대하여 사용자가 전적으로 책임질 것을 규정하였다. 1889년 제정된 '노령 및 폐질보험법'은 공무원과 일부 직종의 도제를 제외한 저소득노동자를 의무가입대상으로 하였으며, 70세 이상 노동자에게는 노령연금을, 자신의 과오가 아닌 이유로 노동이 불가능하게 된 노동자에게는 폐질연금을 지급하였다.

2. 비스마르크 시대 이후의 사회복지법 형성과정

1991년 '질병보호법', '재해보호법', '노령 및 폐질보험법'을 통합하여 '제국보험법'을 제정하였다. 이들 세 개의 법을 단일화시켰지만 적용대상의 범위나 조직 및 재정 면에서의 일원화는 이루지 못하였다. 하지만 세 가지 법률에서 공통되는 부문을 추출하여 통합적인 법률을 제정하였으며, 적용대상자의 범위가 확대되고 이후 새로운 제도들이 도입되었다.

1) 사회보험의 구성에 관한 법률, 수공업자보험법, 사회법원법

① 사회보험의 구성에 관한 법률(1934) : 기존의 폐질보험, 직원보험 및 광업조합보험법을 연금보험법이라는 명칭으로 통합하였다.
② 수공업자보험법(1938) : 경영자에게도 보험가입의 길이 열려 수공업자들도 연금보험에 가입하게 되었다.
③ 사회법원법(1953) : 사회보장문제를 전담하는 법원을 설립하였다.

2) 아동수당법, 연금법 개정, 연방사회부조법

① 아동수당법(1954) : 아동수당제도를 시행하였다.
② 연금법(1957) : 연금법이 개정되어 연금액이 임금상승과 연계되었다.
③ 연방사회부조법(1961) : 기존의 공적보호법을 대체하였으며, 사회부조급여에 대한 권리에도 청구권적 성격이 명시되었다.

3) 주택수당법, 연금보험법, 임금지속지불법, 고용촉진법

① 주택수당법(1965) : 주택수당의 지급은 신청을 하여 허가를 받아야 하였다.

② 연금보험법(1969) : 연금보험을 개정하였다.

③ 임금지속지불법(1969) : 노동자도 사무직노동자와 마찬가지로 질병에 걸릴 경우 최초 6주간 임금을 전액 수취할 수 있게 되었다.

④ 고용촉진법(1969) : 실직노동자에 대하여 실업급여를 지급하고, 적극적인 고용촉진정책을 추진하였다.

4) 사회법전, 연방학업장려법, 연금조정법, 조기은퇴법

① 사회법전(1970) : 기존에 제국보험법 등에 산재되어 있던 각종 사회보장법률을 체계화시키기 위하여 사회법전을 편찬하였다. 사회법전은 공적인 사회적 급여에 관련된 모든 개별법을 포괄하고 있으며, 법조항 개정이 있을 경우 수시로 보완하였다.

② 연방학업장려법(1971) : 학업장려법과 통합하였다.

③ 연금조정법(1978) : 연금재정 건전화 조치를 실시하였다.

④ 조기은퇴법(1984) : 젊은이들에게 많은 일자리를 주기 위하여 피고용자들의 조기은퇴를 유도한 법이다.

5) 질병보험구조개혁법, 연금개혁법, 통화 · 경제 · 사회통합의 창출에 관한 조약, 개호보험

① 질병보험구조개혁법(1988) : 의료보험의 본인부담금을 인상하기 위한 법이다.

② 연금개혁법(1989) : 연금수급개시연령을 단계적으로 인상하기 위한 법이다.

③ 통화 · 경제 · 사회통합의 창출에 관한 조약(1990) : 구서독 사회보장법규를 구동독 주민에게 확대 적용하였다.

④ 개호보험(1994) : 개호보험의 가입대상자는 법정질병보험의 가입자 및 임의

가입자로서, 기존의 의료보험과는 다른 사회보험이다.

제4절 미국의 사회복지의 발달

1. 미국의 사회복지 발달 개요

사회보장(National Security)이라는 용어를 최초로 사용한 나라는 미국이다. 루즈벨트(F. D. Roosevelt, 1882~1945)는 뉴욕 명문가 출신의 변호사로, 1933년 대공황에 대한 대응책으로서 뉴딜정책을 선언하면서 대통령에 당선되었다.

미국은 전통적으로 개인주의 성향이 강하고 지방분권의 전통을 갖고 있기 때문에 사회보험의 강제가입과 연방정부의 중앙관리를 내용으로 하는 사회보험제도의 도입을 반대하여 왔었다. 1900~1930년대까지의 30년간을 미국에서는 진보와 개혁의 시대라고 한다. 이 시기에는 공적구호를 제공하기 위한 주정부법들이 제정되기 시작하였으며, 공공복지청이 탄생하기도 하였다. 1930~1940년대는 제도의 성립시기로서, 대공황으로 인한 사회경제적 문제를 해결하기 위한 방편으로 정부 차원의 공공복지가 획기적으로 발전하였다. 대공황의 결과, 루스벨트 대통령의 사회보장법이 탄생하였다. 1940~1970년대는 사회복지제도는 점진적으로 발전, 케네디 대통령과 존슨 대통령에 의해 빈곤과의 전쟁이 수행되었다. 1975~1985년대는 제도의 위기시대로, 위기에 대처하기 위해 대대적인 사회보장제도 개정작업이 실시되었다. 1990년대에는 클린턴 대통령이 복지개혁을 단행하여 PRWORA(Personal Responsibility and Work Opportunity Reconciliation Act)법을 제정하여 장기간 복지에 종속된 자들의 문제를 해결하기 위해 TANF(Temporary Assistance for Needy Families)프로그램을 실시하였다.

2. 미국의 사회복지법

1) 노동자재해보상법, 모자부조법

① 노동자재해보상법(1911) : 워싱턴 주를 시작으로 1920년 43개 주에서 제정되었다.

② 모자부조법(1911) : 일리노이 주를 시작으로 1926년 40개 주로 확대되었다.

2) 사회보장법(1935년 제정)

루즈벨트 대통령이 경제공황을 극복하기 위해 실시한 뉴딜정책은 3Rs(Relief, Reform, Recovery)로 구체화되었는데, 이 가운데 구제(Relief)의 일환으로 사회보장법이 제정되었다.

3) 부양아동원조법, 공민권법

① 부양아동원조법(1935) : 대공황시기에 가난한 과부와 자식들을 도와주기 위해 제정되었다.

② 공민권법(1964) : 장애로 인한 고용차별을 금지하는 법이다.

4) 식품권법(1964)

정부가 빈민들이 건강한 문화생활을 누릴 수 있을 정도의 영양수준을 유지하도록 하기 위해 만들어진 쿠폰으로, 사용 용도가 법에 의해 제한되었으며, 정부가 지불을 보증한 식료품 교환권이다.

5) 주택 및 지역사회개발법, 노령미국인법, 고용 시 연령차별금지법(ADEA)

① 주택 및 지역사회개발법(1965) : 가족 전체의 소득이 거주지역 중위소득의 80% 이내인 저소득 세대에 대하여 주택임대료의 일부를 지급하는 법이다.

② 노령미국인법(1965) : 60세 이상의 모든 노인에게 의료, 주거, 시설수용 등 종

합적인 복지서비스를 제공하는 보편주의적인 법이다.

③ 고용 시 연령차별금지법(ADEA : Age Discrimination in Employment Act, 1967) : 40세 이상 65세 이하의 자에 대하여 차별하지 못하도록 제정하였다.

6) 사회보장법(SSA), 재활법, 장애아교육법, 연방실업세법, 미국장애인법(ADA)

① 사회보장법(SSA : Social Security Act) 개정(1965) : 의료보험을 입법하였고, 1983년 사전지출액결정제도를 도입하였으며, 보충적 소득보장제도를 도입하였다.

② 재활법(1973) : 연방정부와 계약을 체결한 기업에게 유자격 장애인을 적극적으로 고용하고 승진시켜야 할 의무를 지게 하였다.

③ 장애아교육법(1975) : 3세부터 18세 이하의 아동에 대하여 공교육을 무료로 제공하였다.

④ 연방실업세법(1985) : 모든 사용자는 세금을 납부하도록 하였다.

⑤ 미국장애인법(ADA : Americans with Disabilities Act, 1990) : 장애인의 고용안정을 위해 장애인근로자가 취업이 된 이후 고용주가 이들에게 합당한 배려를 하도록 규정하였다.

7) 개인의 책임과 근로기회 조정에 관한 법(PRWORA)

개인의 책임과 근로기회 조정에 관한 법인 PRWORA는 1996년 제정되었으며, 복지개혁법이라 불린다. 이 법은 임시적 빈곤가정원조프로그램(TANF)이 기존의 아동부양세대보조(AFDC : Aid to Families with Dependent Children)를 대체할 수 있는 제도를 마련하였다. 클린턴 대통령이 서명한 PRWORA는 국가의 복지제도를 '일정 기간 동안만 기간을 제한해서 원조를 제공하는 대신에 수혜자에게 반드시 근로할 것을 요구하는 복지제도'로 변화시키려는 내용을 포함하였다.

생각해 볼 문제들

1. 자본주의 전개와 사회복지법의 형성과정을 설명해 보라.

2. 영국의 사회복지의 역사적 배경을 설명해 보라.

3. 독일의 사회복지의 역사적 배경을 설명해 보라.

4. 미국의 사회복지의 역사적 배경을 설명해 보라.

제 4 장 한국 사회복지법의 형성과 발전

SOCIAL WELFARE AND LAW

사회복지법은 국가의 근본법인 헌법의 하위법으로, 사회복지와 관련된 기본 원리를 사회복지제도와 현상에 적합하도록 구체화한 법이다. 헌법의 기본 원리 가운데 사회복지법의 지도 원리로 원용이 되는 기본 원리는 복지국가주의, 기본권존중주의, 사회적 시장 경제주의 등을 들 수 있으며, 사회복지법의 법령을 해석함에 있어 기준을 제공할 뿐 아니라 법령의 흠결이 있을 때 이를 보완하는 원리가 되며, 사회복지 관련 입법이나 사회복지정책을 결정할 때 방향을 제시해 주고, 모든 국민과 공무원을 비롯한 국가기관이 사회복지법을 존중하고 수호하도록 하는 지침이 된다. 하지만 사회복지법을 개정함에 있어 사회복지법의 기본 원리는 개정의 한계가 될 수도 있다. 이에 본 장에서는, 첫째, 정부 수립 이전의 사회복지법, 둘째, 제1·2공화국 시대의 사회복지법, 셋째, 제3·4공화국 시대의 사회복지법, 넷째, 제5공화국 이후의 사회복지법 등을 중심으로 우리나라 사회복지법의 형성과 발전과정을 살펴보고자 한다.

제1절 정부 수립 이전의 사회복지법

1. 삼국시대

삼국시대에는 천재지변 등의 각종 재난이 있을 때, 왕이 어진 정치를 베푸는 한 방편으로 관가의 비축양곡을 내어 백성들에 대한 구제사업을 펼쳤다. 삼국사기에 의하면 신라의 제2대 남해왕 15년(A.D. 18)에 백성들이 기근으로 굶주릴 때 국고를 열어 이들을 구제하였으며, 제3대 유리왕 5년(A.D. 28)에는 빈곤한 백성을 조사하여 구제하였으며, 백제에서도 온조왕 43년(A.D. 14)에 한재로 인하여 굶주린 백성들에게 곡물을 풀어 구제하였다는 기록이 있다.

고구려의 제9대 고국천왕 16년(A.D. 194)에는 을파소에 의해 진대법이 제정되었다. 이 법은 토지가 없는 농민들을 보호하여 귀족의 노예로 전락하는 것을 막고, 국가의 공민을 확보하고자 하였다. 그 내용은 춘궁기(3~7월)에 가구수에 따라 관곡을 대여하고 추수기(10월)에 회수하는 정책을 시행하였으며, 영농자본을 대여하여 농민의 실농을 방지하고, 일반 국민의 생활을 안정시켰으며, 관곡을 사장시키지 않고 적절히 사용하는 등 궁핍한 농민들을 위한 구휼정책을 실시하였다. 하지만 진대법은 왕권을 강화하기 위한 방책, 즉 왕권에 대항하는 귀족세력들과 농민들과의 결탁을 저지하고, 농민들을 적극적으로 포섭하려는 정책적인 배려 측면도 있었다.

이외에도 삼국시대에는 각종 재해로 인한 이재민을 구제함과 더불어 환 · 과 · 고 · 독의 사궁(늙고 아내가 없는 자 · 늙고 남편이 없는 자 · 어리고 부모가 없는 자 · 늙고 자녀가 없는 자) 또는 늙거나 병든 사람들에 대한 구제를 많이 실시하였다. 이와 같이 우리나라의 사회복지 역사도 오랜 구빈의 역사를 갖고 있음을 알 수 있다(남기민, 2004: 112).

2. 고려시대

고려시대는 관료적 봉건체제가 확립된 시기로서, 역대 왕들은 구제사업을 나라를 다스리며 백성을 이끄는 국가적 사업으로 인식하여 점차 구제사업을 담당하는 전문기관을 마련하고 그 기관을 통해 구제사업을 전개하였다. 고려사회는 불교의 영향이 오래되고 깊어서 중생에게 사랑을 베푸는 자비사상이 일반 민중과 지도층에 널리 퍼져 있었기 때문에 역대 왕들은 물론 승려층과 양반 부호들도 구제사업을 행하는 것을 자랑거리로 생각하였다.

1) 입 법

〈표 4-1〉 고려시대의 입법

	종 류	내 용
입법	훈요십조 8조	『농민의 요역과 세금을 가볍게 하여 민심을 얻고 국부안민을 이루라』[12]
	노비안검법 (광종 956년 시행)	- 본래 양인이었다가 노비로 된 자를 조사하여 다시 양인으로 되돌아가게 하는 것 ⇒ 호족세력 약화와 국가 수입 기반을 확대하기 위함
	면재법 (성종)	- 수한상충 등으로 인해 전답의 피해 손실이 4분 이상 조 면재, 6분 이상 조포 면재, 7분 이상은 조포역을 다 면재해 줌
	진대법 (태조)	- 춘궁기에 농민에게 곡식을 대여하고 추수 후에 이를 회수 - 집행기관 : 흑창(빈민구제 위한 창고 → 성종 때 의창[13]으로 바뀜)

2) 행 정

〈표 4-2〉 고려시대의 행정

공공부조행정	사면지제	개국, 즉위, 순행, 경사, 난후시기에 조세감면 등 은전을 베푸는 것
	재면지제	천재지변이나 질병으로 이재민들이 발생했을 때 조세, 부역 및 형벌을 전부 혹은 일부를 감면
진휼사업	환과고독	빈곤해 자활할 수 없는 홀아비, 과부, 고아 및 노인에 양곡이나 주거를 제공하여 보살피는 것
	수한질여 진대지제	천재지변이나 질병으로 이재민들이 발생했을 때 각종 물품과 의료, 주택 등을 급여하는 사업
	납속보관지제	국가재정의 부족을 보충하기 위해 일정한 금품을 납입한 자이게 일정한 관직을 주는 제도로서 충목왕 때 흉년이나 재해 발생 시 백성을 구휼하기 위한 재원조달방법

12) 임금이 백성의 신망을 얻기 위해서 백성들에게 적당한 시기를 가리고 부역을 가볍게 하며, 조세를 감면하고, 백성들이 편안하게 생활하도록 하여야 한다.

13) 의창 : 농민구제를 위하여 각 지방에 설치한 창고로 매년 3~7월 사이에 가구 수에 따라 관곡을 대여하고 10월에 회수하였다.

3. 조선시대

조선시대는 건국 초부터 불교를 멀리하고 유교를 지도이념으로 삼았으며, 유교의 왕도사상을 근본으로 모든 국가의 제도를 확립하였다. 조선 초기의 빈민구제의 원칙은, ① 빈민구제는 왕의 책임으로 하고, ② 구제의 신속을 중시하며, ③ 일차적인 구빈행정 실시책임은 지방관이 지게 하고, ④ 중앙정부는 수시로 구제에 대한 교서를 내리며 필요한 관계법을 제정 · 공포하고 지방 구빈행정을 지도 · 감독하는 것으로 되어 있다. 이에 대한 내용을 구체적으로 살펴보면 다음과 같다.

〈표 4-3〉 조신시대의 사회복지

시기		구제 내용
태종	1406	- 연호미법 제정 ㉠ 원인 : 조선 초 의창이 대출된 환자의 회수불능, 관리의 부정부패, 백성의 낭비, 진제곡 명목의 무상배급 등 ⇒ 의창의 대출 재원인 원곡이 줄어들었기 때문 ㉡ 상호, 중호, 하호로 구분하여 민간에서 곡식을 거두어 의창미로 충당
세종	1419	- 이재민 구제에 관한 교서 공포 ㉠ 수재, 한해, 풍해 및 상설해 등의 재해로 인하여 빈곤하게 된 난민들을 관곡 또는 국비로 구제 ㉡ 관계지방관리가 구제행정을 등한시한 경우 문책 또는 엄벌함
	1423	- 군자곡 106만 9615석 의창에 이관 ⇒ 주자사창모미법에 의해 대여곡 1석에 3승의 모를 보태어 수납하도록 함
	1438	- 옥수비호법 제정 ㉠ 옥수가 사망하였을 때 시체를 엄밀히 검사하여 옥리의 죄를 논하고 때로 사인 규명을 위하여 시체를 한성부로 하여금 재검케 하는 규정 ㉡ 죄수들의 질병 방지에 관한 규정
	1439	- 하장자구기법 시행 : 시식소에서 죽을 쑤어 독에 담아 두었다가 굶주린 사람들에게 급식
	1446	- 공법 시행 ㉠ 농민부담 줄이기 위해 시행 ㉡ 전조를 최고 20두, 최하 4두로 낮춤

성종	1485	– 경국대전 ㉠ 이전의 경관직조 : 의료 구제기관인 혜민서와 활민서를 두도록 하고 있음 ㉡ 호전의 상평창조 : 서울과 지방에 상평창 두어 국민의 경제안정 도모 비황조 : • 지방관에게 흉년에 대비하여 소금과 해초 준비 지시 • 지방관이 구호행정을 소홀히 하여 굶주린 자들이 사망한 경우 보고하지 아니한 경우 지방관을 중죄에 처함 ㉢ 혜휼조 : 아동과 노인 구휼에 관한 내용 규정 ㉣ 예전조 : 월령의[14]는 한성부 5부에 빈곤한 질병인이 있을 경우 월령의를 파견하여 치료케 하고 약값을 지불할 능력이 없는 자에게는 관에서 그 비용을 지불하고 예조에 보고하였음
영조	1744	– 경국속전에 민간 수양에 관한 규정 제정 : 국가에서 수용하지 못하여 민간에 수양하여 양자를 삼거나 노비를 삼는 것을 허용함에 따라 인신매매, 유아유괴 등의 문제를 초래하여 금지하였으나 고아나 유기아 또는 흉년에 아동들을 유한한 국가비용으로 관부에서 수용하기 어려워 점차 허용하게 됨
정조	1783	– 자휼전칙 공표 : 무의탁한 사궁의 구제에 관한 구호사업준칙
	1794	– 혜정연표[15] 작성

4. 일제강점기

일제시대의 구제사업은 근대적인 복지이념에 의해 시행되었다기보다는 그들 식민정책의 일부로서, 우리 국민에게 충성을 하게끔 하려는 정치적인 목적을 가진 시혜 또는 자선의 의미가 컸다고 할 수 있다. 이 시기의 사회복지 입법의 특성은 매우 단편적이고 사후적이었으며, 공공부조제도와 관련해서는 노동능력의 유무를 기준으로 구분하여 처우하였다. 즉, 노동능력이 없는 빈민 또는 일시적 각종 재해를 당한 사람을 위한 구호사업과 농촌빈민, 화전민 등 노동능력이 있는 빈민을 대상으로 하였다.

14) 월령의 : 일종의 방문 구료의.
15) 역대 구호행정에 관한 기록을 조진관으로 하여금 편찬하게 한 것.

〈표 4-4〉 일제강점기의 사회복지 입법

시기	내용
1847	일본에서 휼구규칙에 따라 구빈행정 시행 ⇒ 1929년 구호법 재정
1914	은사이재구조기금관리규칙 제정
1916	한국에 배부한 20만 엔으로 은사진휼자금 만듦
	궁민구조규정 공포, 관리방침 규정
	은사진휼자금 궁민구조규정에 의해 빈민구료사업 실시 ㉠ 은사진료 – 구료상 : 공립병원이나 공의가 없는 농촌지역에 구료상자 설치 – 진료권 : 공립병원이나 공의가 없는 지역 빈민들에게 인근 병원 또는 공의로부터 진료받을 수 있도록 발급 ㉡ 시료 : 재정을 은사금이 아닌 국비나 지방비로 공립병원에서 진료 ㉢ 실비진료 : 저렴한 비용으로 진료 ㉣ 특종진료
1917	임시은사금 기금으로 행려병인구호자금관리 규칙 제정 – 이자로서 행려병인, 사망인 또는 그 동반자 구조
1926	은사진휼자금궁민규정, 행려병인 구호자금관리규칙, 군사원호법을 조선에 시행
1927	경성부방면위원규정을 경성부고시 제49호로 공포하고 방면위원제도 실시 ㉠ 방면위원 : 빈민의 생활상태를 상세히 조사, 진상파악 ⇒ 빈곤 원인 판명 ⇒ 개개의 사정에 따라 적절한 선도·교화·구제 방법 강구, 생활향상 도모 ㉡ 사업내용 : 빈민생활상태조사, 상담지도, 보호구제, 보건구호, 주선, 호적정리
1936	일본에서 빈민구호 위해 방면위원령 실시(그러나 조선에서는 시행되지 않음)
1942	전시재해구호법 – 전시재해로 피해를 당한 사람이나 가족에게 구조, 부조 및 급여금의 지급 규정
1944	일본에서 1929년 제정된 구호법을 원용하여 조선구호령 실시 – 일본의 구호법 + 모자보호법과 의료보호법 부분적 부가 – 형식상으로 근대적 의미의 공공부조가 우리나라에 최초로 제도화 – 「국민기초생활 보장법」의 전신인 「생활보호법」의 모태 ㉠ 적용대상 : 65세 이상의 노쇠자, 13세 이하의 유아, 임산부, 불구·폐질·질병·상이·기타 정신 또는 신체장애로 인하여 노동에 지장 있는 자 ㉡ 급여내용 : 생활주보, 의료, 조산, 생업부조, 장제부조 등 ㉢ 신청주의에 의해 구호 실시 ⇒ 자산조사 거치도록 규정 ㉣ 거택보호를 원칙으로 하며 예외로 구호시설수용, 위탁수용 할 수 있도록 규정

5. 미군정시대

미군정시기는 8 · 15 해방 후 3년간에 걸친 기간으로, 일제시대와 대한민국이라는 독립국가 형성 사이의 과도기적 단계이다. 즉, 열악한 경제적 상황에서 많은 월남 · 귀환민을 중심으로 광대한 빈곤이 형성되었으며, 노동운동을 중심으로 한 파업과 소요 및 폭동 등의 투쟁양상이 있었다. 이에 심각한 소요를 예방하고, 소련의 영향력을 배제하는 수단의 일환으로 구제부흥계획에 대한 원조를 적극적으로 실시하였다.

이 시기의 구호 행정의 법적 · 제도적 근거는 미군정법령 및 몇 가지 업무처리준칙에 의해 형식상 일제시대의 관계법을 계승하였다. 빈곤정책으로는 광범위한 요구호자들의 긴박한 필요에 대응하는 임시적 구호사업을 중심으로 이루어졌으며, 구호사업으로는 월남한 피난민과 국내 거주의 요보호 빈민에게 식량 · 의료 및 주택공급에 치중하였다. 보건후생정책으로는 기아의 방지, 최소한의 서민 생계유지, 보건위생 및 치료, 응급주택의 공급을 실시하였다. 구호준칙으로는, ① 후생국보 3호 C항[16) : 공공구호 규정, ② 후생국보3A호[17) : 이재민과 피난민에 대한 구호 규정, ③ 후생국보3C호[18) : 궁민과 실업자에 대한 구호규칙 등이 있었으며, 구호행정은 1946년 보건후생부 중심으로 이루어졌다.[19)

16) 65세 이상 된 자, 6세 이하의 부양할 소아를 가진 모, 13세 이하의 소아, 불치의 병자, 분만 시 도움을 요하는 자, 정신적 · 육체적 결함이 있는 자로 구호시설에 수용되지 않고 가족이나 친척의 보호가 없고, 노동할 수 없는 자를 대상으로 한다. 구호로는 식량, 주택, 연료, 의류, 의료, 매장으로 분류한다.

17) 구호내용: 식량, 의류, 숙사, 연료, 주택부조, 긴급의료, 매장, 차표제공 등.

18) 구호내용: 거택구호 시 세대인원에 대한 지급한도액 규정.

19) 직무: 사변재해의 구제, 일반 빈곤자의 공공구조, 아동의 후생 및 기타 필요한 보호, 노무자의 후생 및 은급제도, 주택문제, 귀국 및 실직한 한국인 보호 및 귀향, 한국 내 점령군의 목적달성에 필요한 공공후생계획, 경영.

제2절 제1 · 2공화국 시대의 사회복지법

우리나라는 1948년 5월 10일 남한지역만이 총선거를 실시하여 제헌국회를 구성하고, 이어 7월 17일 헌법이 공포되고, 7월 20일에는 국회에서 간선으로 대통령과 부통령을 선출하여 제1공화국을 탄생시켰다. 이후 끊임없는 정쟁으로 인한 정치적인 혼란과 사회적 불안, 그리고 경제적인 궁핍으로 생활을 고통스럽게 만든 시기이다. 이에 우리나라의 공화국의 역사를 살펴보면 다음과 같다.

제1공화국	: 제1~3대	이승만 대통령(1948.7.~1960.4.)
제2공화국	: 제4대	윤보선 대통령(1960.8.~1962.3.)
제3 · 4공화국	: 제5~9대	박정희 대통령(1963.12.~1979.10.)
	제10대	최규하 대통령(1979.12.~1980.8.)
제5공화국	: 제11~12대	전두환 대통령(1980.9.~1988.2.)
제6공화국	: 제13대	노태우 대통령(1988.2.~1993.2.)
	제14대	김영삼 대통령(1993.2.~1998.2.)
	제15대	김대중 대통령(1998.2.~2003.2.)
	제16대	노무현 대통령(2003.2.~2008.2.)
	제17대	이명박 대통령(2008.2.~2013.2.)
	제18대	박근혜 대통령(2013.2.~2018.2.)

제1 · 2공화국 시대는 정부 수립과 한국전쟁 전후 시기로, 이 시기의 사회복지정책은 외원물자의 분배업무와 수많은 고아원시설을 지원하는 사업이 주류를 이루었다. 이 시기의 사회복지 입법은 개념적 정의를 내리지 못한 상태에서 실시되었다. 즉, 사회복지 입법이 법률적 · 입법적 근거에 의해서 시행된 것이 아니라 정부의 관계부처, 즉 사회부의 행정명령에 의해서 시행되었던 것이다. 물론 제헌헌법

에 생존권 조항이 명시되어 있긴 하지만 하위 법률규정이 없어 실제로 생존권은 보장되지 못하였다.

〈표 4-5〉 정부 수립과 한국전쟁 전후 시기의 사회복지 관련법

	법	내 용		
1	제헌헌법 (1948.1.17.)	국민생활의 균등한 향상을 기하고 자유와 행복을 확보할 것을 결의함으로 복지국가를 지향함	19조	공공부조에 관한 사항 규정
			5조	공공복리 위한 국가의 의무 명시
			28조	공공복리를 위해 국민의 자유와 권리는 제한할 수 있음
			17조	국민의 근로권과 여자와 소녀의 근로에 대한 보호 규정
2	대한적십자사 조직법 (1949.4.)	재해, 생계 어려움으로 고통받는 이웃을 위해 인도주의정신에 입각하여 다양한 구호사업과 복지사업 실시	1903	최초 적십자 조약 육지전투에 있어서 군대부상자의 상태개선에 관한 제네바 협약 가입
			1905	고종 황제 칙령 제17호 대한적십자사 규칙 반포
			1909	일본침략으로 폐지 ⇒ 일본적십자사로 합병
			1919	중국임시정부 수립(4월) ⇒ 대한적십자회 설립인가로 부활(7월13일)
			1949 4.30.	법률 제25에 의해 대한 적십자사조직법 제정 및 공포
			1950	6·25 동란 발생 – 부산에서 전시구호 활동
			1955	5.26 ICRC 승인 및 9.28 연맹 가입 ⇒ 국제적십자 회원국 됨
			1987 12.4.	대한적십자사조직법 내용 개정 및 법률 제3988호로 공포
3	군사원호법 (1950)	6·25 동란으로 상이군경과 전몰군경, 그 유가족의 생활문제에 대처하고, 군경의 사기진작을 위해 제정[20]		

20) 1951년 「경찰원호법」 제정되어 1961년 「군사원호보상법」에 의해 대체됨.

4	후생시설설치 기준령 (1950)	6·25 동란으로 전쟁고아, 월남피난민 등 요구호자들의 급증으로 복지시설의 무분별한 운영, 피수용자의 인권유린을 방지, 수용아동의 양호를 기하기 위해 후생시설로서 갖추어야 할 최소한도의 요건을 규정
	법입설립 허가신청에 관한 규칙	복지시설운영재단법인 설립기준을 기본재산과 운영자금에 관한 사항을 규정하고, 시설설립을 허가제로 전환, 외원에 의존하며 난립한 고아원 등의 지도·감독·통제를 위해 법인설립허가신청에 관한 규칙 공시
	후생시설 운영요강 (1952)	후생시설운영요령 각 시에 전달 ⇒ 시설운영과 감독에 관한 규칙 세우며, 효과적인 구제방법 모색, 아동시설과 성인특수시설, 노인보호시설로 구분하여 시설 종류의 체계화
5	근로기준법 (1953)	근로자의 기본적 생활보장, 향상, 균형 있는 국민경제의 발전 도모를 위해 제정 – 근로조건, 근로계약, 퇴직금제도 명시 및 고용주 책임제 근로복지대책 마련

제3절 제3·4공화국 시대의 사회복지법

1. 제3공화국 이전 혼란기 시대 및 1960년대

1962년 군사정권이 사회복지에 대한 관심을 가지고 공식적으로 표명하였으며, 시정연설에서 의료균점시책을 수립하고, 사회보장제도의 기틀을 마련함으로써 국민생활 향상과 복지사회건설에 기할 것을 언급하였으나, 실질적으로 사회복지를 위한 투자는 비생산적이고 경제성장을 저하시키는 요인으로 간주하였다.

1960년대에 우리나라는 전례 없이 사회보험 및 생활보호를 중심으로 한 근대적인 사회복지법제를 마련하였는데, 이 시기의 사회복지법제는 내용상으로는 비교적 장기적인 안목과 효율적인 합리성을 결하고 있었으며, 적어도 형식적인 사회복지법제의 도입이라는 측면에서는 신기원을 이룩하였다고 평가할 수는 있다. 지금까지의 구빈적·단편적 성격으로부터 벗어나 국가 중심의 체계적인 사회복지제도로 자리 잡는 계기가 되었다고 할 수는 있지만, 제도의 시행 측면에서는 성공적이지는 못하였다(장인협, 1986: 101).

〈표 4-6〉 제3공화국 이전 혼란기 시대 및 1960년대의 사회복지 관련법

<table>
<tr><td>제3공화국헌법[21]</td><td colspan="2">정치·경제·사회·문화의 모든 영역에 있어서 각인의 기회를 균등히 하고 의무를 완수하게 하여 안으로는 국민생활의 균등한 향상을 기하고 밖으로는 항구적인 세계평화에 이바지함으로 국민의 안전과 자유와 행복을 영원히 확보할 것을 다짐(동법 제30조[22] 참고) ⇒ 인간다운 생활을 할 권리가 헌법조항에 신설</td></tr>
<tr><td>공무원연금법[23]
(1959)</td><td colspan="2">공무원의 퇴직 또는 사망과 공무로 인한 부상·질병·폐질에 대하여 적절한 급여를 실시함으로 공무원 및 유족의 생활안정과 복리향상에 기여</td></tr>
<tr><td>갱생보호법[24]
(1961)</td><td colspan="2">1961년 갱생보호법 제정되어 갱생보호회 설립되고 1963년 개정됨에 따라 제외대상인 소년원의 퇴원자 및 가퇴원자까지도 갱생보호 대상에 포함시키면서 법무부장관 감독하의 중앙갱생보호회 설립하여 각 갱생보호회 중앙회의 지부로 개편, 비주산하의 기구의 정비를 단행
1986년 개정으로 갱생보호 대상자의 자립의식의 고취와 경제적인 자립기반의 조성을 통해 사회복귀를 시킴으로 재범 방지 및 보호사업의 건전한 육성 도모함</td></tr>
<tr><td>군사원호보상법
(1961)</td><td colspan="2">1961년 군사원호법과 경찰원호법 통합하여 제정 ⇒ 국가와 사회를 위하여 헌신한 자에 대해 국가사회가 보상해야 한다는 보상원리에 근거 ⇒ 연금, 수당, 직업알선, 세금감면 등</td></tr>
<tr><td rowspan="2">생활보호법
(1961.12.30)</td><td>목적: 생활 유지의 능력이 없거나 생활이 어려운 자에게 필요한 보호를 행하여 최저생활을 보장하고 자활을 조성함으로 사회복지의 향상에 기여</td><td rowspan="2">1982년 개정: 보호 대상자 범위 일부 확대
㉠ 영세민을 법정 보호대상 범위에 포함
㉡ 보호대상자가 생활 유지·향상 위해 자산, 근로능력 최대한 활용할 것 전제
㉢ 친족부양우선주의 명백히 함
㉣ 보조수준: 건강하고 문화적인 최저생활 유지
㉤ 자활보호와 교육보호 추가</td></tr>
<tr><td>의의: 우리나라 빈곤구제 정책이 정착되고 공공부조사업이 본격적 실시 시작</td></tr>
<tr><td rowspan="2">아동복리법
(1961)</td><td rowspan="2">목적: 아동이 건강하게 출생하여 행복하고 안전하게 자라나도록 복지를 보장함 ⇒ 우리나라 보육사업의 본격적 실시</td><td>법정시설로서 탁아소 인정 및 보육시설의 설치기준, 종사자 배치기준, 보육시간, 보호내용 구체적 규정</td></tr>
<tr><td>1968.3.14. 미인가탁아시설임시조치령 공포 ⇒ 보육시설의 운영주체를 완화하여 많은 시설인가와 탁아소의 명칭이 어린이집으로 바뀌고 정부지원이 시작됨</td></tr>
<tr><td>선원보험법
(1962)</td><td colspan="2">선원과 가족의 복지증진 기여 위해 제정 ⇒ 시행령을 제정하지 않아 사문화 됨</td></tr>
<tr><td>재해구호법
(1962)</td><td colspan="2">국가와 지자체가 비상재해가 발생하였을 때 공적자금을 활용하여 응급구호 ⇒ 피해지역 재해복구, 이재민 생존 보호, 사회질서 유지 위해 제정</td></tr>
</table>

국가유공자 특별원호법 (1962)	국가를 위해 공헌·희생한 국가유공자와 유족에 대해 국가가 응분의 예우를 행함 ⇒ 국가유공자와 유족의 생활안정·복지향상 도모, 국민의 애국정신 함양 (1984 국가유공자등예우및지원에관한법률에 의해 폐지)
군인연금법 (1963)	군인이 성실히 퇴직하거나 시민의 장애로 퇴직 또는 사망, 공무상의 질병·부상으로 요양 때에 본인이나 유족에게 적절한 급여 지급 ⇒ 생활안정과 복리향상
산업재해보상 보험법 (1963)	근로기준법이 효력이 없자 1962년 산업재해보상보험 수립을 준비하여 1963년 11월 법률 제1438호로 산업재해보상보험법 제정·공포 – 사업장에서 일하는 근로자들의 업무수행 중 또는 업무수행과 관련된 부상·질병·신체장애·사망 경우 사회보험방식으로 근로자 본인의 치료나 본인 및 부양가족의 생계를 보장하기 위한 제도
사회보장에 관한법률 (1963.11.5.)	국민의 인간다운 생활을 도모하기 위한 사회보장제도 확립과 효율적인 발전을 위해 제정되었으나 실제적 의미를 갖기에는 미비하여 1995.12.30. 사회보장기본법이 제정되면서 폐지
의료보험법 (1963.12.)	국민의 질병·부상·분만·사망에 대해 보험급여를 실시함으로 국민보건 향상과 사회보장의 증진 도모를 목적으로 한다. 1965년 의료보험조합의 형성으로 한국 의료보험의 효시를 이루었으나 실효를 거두지 못하고 1970년 8월 강제가입과 임의가입을 가미시킨 개정법률이 마련되었지만 정부의 소극적인 태도와 의료계의 반대로 시행령을 개정하지 못하고 실시가 유보
자활지도 사업에관한 임시조치법 (1968.7.23.)	1968.7.23. 제정됨으로 근로능력이 있는 영세민에 대한 근로구호를 실시 – 근로능력이 있는 영세민에게 근로구호를 실시함과 동시에 구호용 양곡의 적정한 관리를 기함으로 자활을 조성하고 지역사회 개발을 기여

21) 「헌법」 제5차 개정은 5.16군사 쿠데타에 의하여 이루어짐으로써 국가재건최고회의는 군정실시 1년 후 민정이양을 위한 헌법 개정 작업을 시작하여 1962년 12월 26일 헌법을 확정·공포함– 정부형태가 대통령제가 되고 법원이 위헌법률심사권을 가지며 국회는 단원제로 환원됨.

22) 모든 국민은 인간다운 생활을 할 권리를 가지고 국가는 사회보장의 증진에 노력할 의무를 가지며, 생활능력이 없는 국민은 법률이 정하는 바에 의하여 국가의 보호를 받는다고 규정 ⇒ 복지권 내지 인간다운 생활을 할 권리와 이를 보장할 국가의 의무 규정.

23) 1949.8. 「지방공무원법」 제정 ⇒ 1950년 6·25 동란 이후 국가재정의 부족 및 화폐가치의 급격한 변동 등 사회경제적 사정 때문에 연금제도가 지연 ⇒ 1959년 중앙인사행정기관 국무원 사무국에서 「공무원연금법」 제정 ⇒ 1960.1.1. 공포·시행

24) 1995.1.5. 보호관찰 등에 관한 법률(보호관찰법+갱생보호법) 제정 ⇒ 갱생보호회의 명칭을 한국갱생보호공단으로 개칭, 법인관계규정 개정 ⇒ 1995.5.20. 한국갱생보호공단의 설립등기 마침 ⇒ 1995.8.21. 직제, 인사규정 ⇒ 1995.9.20. 갱생보호의 실시에 관한 규칙 제정.

2. 제4공화국과 1970년대

1972년 10월 17일 전 박정희 대통령은 전국에 비상계엄령을 선포하고, 국회해산 및 정당활동 중지, 헌법의 일부 효력 정지 및 비상국무회의 소집 등의 비상조치를 발표하였다. 정부는 11월 21일 국민투표를 실시하여 유신헌법을 확정하고, 이 법에 따라 같은 해 12월 15일 국민의 직접선거로 통일주체국민회의 대의원 선거를 실시하였다. 같은 해 12월 23일 임기 6년인 2,359명의 대의원들로 구성된 통일주체국민회의는 제1차 회의를 열고 이른바 '체육관 선거'로 대통령을 선출하였고, 12월 27일 제8대 대통령에 취임하였다. 이와 더불어 유신헌법을 공포함으로써 제4공화국이 정식 출범하였다.

제4공화국 시대는 민중 수준에서 서민 근로자들에 의한 최초의 노동운동으로서, 민주노조운동이 시작되었다고 할 수 있으며, 외원단체의 원조활동이 점차로 줄고 정부의 재정부담이 늘어나면서 사회복지제도의 토착화의 기반을 조성하였다.

〈표 4-7〉 제4공화국과 1970년대의 사회복지 관련법

사회복지 사업법 (1970.1.1.)	사회복지를 필요로 하는 사람의 인간다운 생활을 할 권리를 보장하고 사회복지의 전문성을 높이고 사회복지사업의 공정, 투명, 적정을 기함으로 사회복지 증진에 기여 - 보호사업, 복지사업, 선도사업, 복지시설 운영
국민복지 연금법 (1973.12.24.)	국민에게 사회적 위험이 발생할 경우를 대비하여 가입자의 갹출금을 주된 재원으로 연금급여를 실시하여 국민의 생활안정과 복지 증진 기여 - 형식상으로 1988년 시행된 국민연금의 기초
개정의료보험법 (1976)	의료보험법이 개정되어 500인 이상 사업장 근로자에게 강제 적용됨으로써 의료보험이 실시
의료보호법 (1977.12.31.)	생활유지능력 없고 일정 수준 이하의 저소득층을 대상으로 국가재정에 의해 기본적인 의료혜택을 제공하여 국민보건향상, 사회복지 증진에 이바지
공무원 및 사립학교 교직원의료보험법 (1977.12.31.)	공무원, 사립학교 교직원 및 그 부양가족의 질병, 부상, 분만, 사망 등에 대해 보험급여 실시함으로 건강을 향상시키고 사회복지 증진을 도모
제5공화국 헌법	헌법의 기본권 조항에 행복추구권 추가

제4절 제5공화국 이후의 사회복지법

1. 제5공화국과 1980년대

1979년 10월 26일 사태 후 전국에 비상계엄령이 선포되고 학원 자율화, 민주화 시위 등이 격렬하게 이루어졌다. 이후 12대 대통령으로 당선된 전두환 전 대통령은 정부 수립 이후 최대의 정부기구 축소작업을 단행하고 개방화 정책을 실시하였으며, 남북 간에 상호교류를 전개하였다.

제5공화국 후반부터는 한국형 복지모형이 등장하기 시작하였다. 한국형 복지모형이 등장하게 된 배경은 1970년 중반 이후 선진 복지국가에서 복지국가위기론이 대두되고 있었기 때문이다. 한국에서도 자칫 잘못하면 복지병을 유발할 수 있다는 정책관련자들의 우려 때문이었다고 볼 수 있다. 이러한 한국형 복지모형에서 제6차 계획의 기본 방향은, ① 우리의 경제, 사회발전의 수준에 맞는 복지시책이어야 하고, ② 가족과 지역사회의 복지기능을 최대한 조장하며, ③ 자립정신에 입각한 복지시책을 전개하고, ④ 민간의 복지자원을 최대한 동원한다는 것 등이다. 이후 1980년대 후반부터는 시설수용 위주의 복지사업으로부터 탈피하여 지역복지와 재가복지가 강조되기 시작하였다.

〈표 4-8〉 제5공화국과 1980년대의 사회복지 관련법

사회복지사업기금법 (1980.12.31.)	사회복지사업을 효과적으로 수행하기 위해 사회복지사업기금을 설치·운용함으로 사회복지 증진에 기여 위해 제정
아동복지법 (1981.4.13.)	아동이 건전하게 출생하여 행복하고 건강하게 육성되도록 그 복지를 보장하기 위해 제정하고 아동의 보호·양육·육성 위한 국민과 국가 및 지방자치단체의 책임 규정과 어린이날 제정
심신장애자복지법 (1981)	1981년 제정되어 1989년 「장애인복지법」으로 개정 – 장애자: 지체장애, 시각장애, 청각장애, 언어장애, 정신지체 등 정신적 결함으로 인하여 장기간에 걸쳐 일상생활 또는 사회생활에 상당한 제약을 받는 자

노인복지법 (1981.6.5.)	핵가족화된 현대적 산업사회로 변화됨에 따라 노인문제가 발생하자 노인의 건강 유지, 생활안정을 꾀함으로 사회문제를 해결하고 노인의 복지증진 위해 제정
진폐의예방과 진폐근로자의 보호등에관한법률 (1984.12.31.)	진폐의 예방과 분진작업에 종사하는 근로자에 대한 건강관리를 강화하고 진폐에 걸린 근로자 및 유족에 대한 위로금 지급에 관한 사항 정함으로 근로자의 건강보호와 복지 증진, 이바지 위해 제정
국민연금법 (1986.12.31.)	국민의 노령·폐질·사망에 대하여 연금급여를 실시함으로 국민생활안정과 복지증진에 기여함을 목적으로 국민복지연금법을 개정하여 1988년부터 실시
최저임금법 (1986.12.31.)	노동자에 대하여 임금의 최저수준을 보장함으로 근로자의 생활안정과 노동력의 질적 향상을 통한 국민경제의 건전한 발전에 이바지함
보호관찰법 (1986.12.31.)	죄를 범한 자로서 재범방지를 위해 보호관찰, 사회봉사, 수강 및 갱생보호 등의 처우가 필요하다고 인정되는 자에 대해 지도·원호함으로 건전한 사회복귀를 촉진, 효율적 범죄예방활동으로 개인·공공복진 증진과 사회보호 위해 제정
모자복지법 (1989.4.1.)	모자가정이 건강하고 문화적인 생활을 영위할 수 있도록 모자가정의 생활안정과 복지증진에 기여하기 위해 제정
장애인복지법 (1989.12.20.)	1981년 심신장애자복지법을 개정하여 장애인복지대책의 종합적 추진을 도모하고 장애인의 자립 및 보호에 관하여 필요한 사항을 정함으로 장애인의 생활안정에 기여하는 등 장애인의 복지증진에 기여하기 위해 제정

2. 제6공화국과 1990년대

1990년대는 국제적으로 미국을 중심으로 한 신세계질서가 확립되고 유럽, 일본, 중국 등이 나름대로의 국제질서의 한 중심을 잡아 가는 평화공존시대였으며, 국내적으로는 민정, 민주, 공화의 3당이 합당하여 민자당이 창당되었고, 남북관계는 호전되어 분단 이후 처음으로 남북고위급회담이 서울과 평양에서 각각 개최되었다.

〈표 4-9〉 제6공화국과 1990년대의 사회복지 관련법

법률	내용
영유아보육법	보호자의 보호를 받기 어려운 영유아의 보호, 교육에 관해 규정한 법률로서 그 당시 야당의 탁아복지법안과 각 계층의 의견을 수렴하여, 1990.11.20. 국회에 제출되었으며, 법률 명칭을 「영유아의 보호, 교육에 관한 법률」에서 「영유아보육법」으로 하고, 보육교사의 자격을 직접 법률에서 규정하는 등 몇 가지 수정을 거쳐 확정
사내근로복지기금법 (1991.8.10.)	사업주로 하여금 사업 이익의 일부를 재원으로 사내근로복지기금을 설치하여 이를 효율적으로 관리·운영하게 함으로써 근로자의 생활안정과 복지증진에 이바지하도록 하기 위하여 제정
고용보험법 (1993.12.27.)	고용보험의 시행을 통하여 실업의 예방, 고용의 촉진 및 근로자의 직업능력의 개발, 향상을 도모하고, 국가의 직업지도, 직업소개기능 강화와 근로자가 실업한 경우에 생활에 필요한 급여를 실시함으로, 근로자의 생활의 안정과 구직활동을 촉진하여 경제·사회 발전에 이바지
고용정책기본법 (1993.12.27.)	국가가 고용에 관한 정책을 종합적으로 수립·시행함으로써 국민 개개인이 그 능력을 최대한 개발·발휘할 수 있도록 하고, 노동시장의 효율성의 제고와 인력의 수급균형을 도모하여, 고용의 안정, 근로자의 경제적·사회적 지위의 향상 및 국민경제, 사회의 균형 있는 발전에 이바지
성폭력범죄의 처벌 및 피해자보호 등에 관한 법률 (1994.1.5.)	성폭력범죄를 예방하고 그 피해자를 보호하며, 성폭력범죄의 처벌 및 그 절차에 관한 특례를 규정함으로써 국민의 인권신장과 건강한 사회질서의 확립에 이바지함을 목적
보호관찰등에 관한법률 (1995.1.5.)	갱생보호법을 폐지하고, 「보호관찰등에관한법률」이 제정되어 법률 제4933호로 공포되어 시행되면서 갱생보호법하의 관찰보호가 보호관찰로 일원화되고, 성인법까지로 보호관찰의 적용범위가 확대
사회보장기본법 (1995.12.30.)	사회보장에 관한 국민의 권리와 국가 및 지방자치단체의 책임을 정하고, 사회보장제도에 관한 기본적인 사항을 규정함으로써 국민의 복지증진에 기여 목적
정신보건법 (1995.12.30.)	정신질환의 예방과 정신질환자의 의료 및 사회복귀에 관하여 필요한 사항을 규정함으로써 국민의 정신건강 증진에 이바지함을 목적
사회복지공동모금법 (1997.3.27.)	사회복지사업을 지원하기 위하여 국민의 자발적인 성금으로 공동모금된 재원을 효율적으로 관리·운용함으로써 사회복지의 증진에 이바지하기 위하여 제정
청소년보호법 (1997.3.7.)	점차 심각해지고 있는 청소년유해 매체물과 유해약물 등이 청소년에게 유통되는 것을 막고, 청소년 유해업소에 청소년이 출입하는 것 등을 규제함으로써 성장과정에 있는 청소년을 각종 유해한 사회환경으로부터 보호하고, 청소년을 건전한 인격체로 성장할 수 있도록 하기 위해 제정

가정폭력방지 및 피해자 보호 등에 관한 법률 (1997.12.31.)	가정폭력을 예방하고 가정폭력의 피해자를 보호함으로써 건전한 가정을 육성하기 위하여 제정
국민의료보험법 (1997.12.31.)	국민의 질병, 부상, 분만 또는 사망 등에 대하여 보험급여를 실시함으로써 국민보건을 향상시키고 사회보장의 증진을 도모하기 위하여 제정, 국민의료보험의 시행으로 227개 지역의료보험조합과 공무원·교직원 의료보험관리공단이 통합됨
임금채권보장법 (1998.2.20.)	경기의 변동 및 산업구조의 변화 등으로 사업의 계속이 불가능하거나 기업의 경영이 불안정하여 임금 등을 지급받지 못한 상태로 퇴직한 근로자에게 그 지급을 보장하는 조치를 강구함으로써 근로자의 생활안정에 이바지함을 목적
국민건강보험법 (1999.2.8.)	국민의 질병, 부상에 대한 예방, 진단, 치료, 재활과 출산, 사망 및 건강증진에 대하여 보험 급여를 실시함으로써 국민보건을 향상시키고 사회보장을 증진시키기 위하여 제정
국민기초생활 보장법 (1999.9.7.) ⇒ 2000년 10월부터 실시	IMF사태 이후 초유의 대량실업으로 절대빈곤계층이 대량 발생하여 사회 전체적으로 위기에 처하여 기존의 생활보호제도가 이차적 사회안전망으로서 제 기능을 다하지 못하고 있는 현실적 문제를 타개하기 위해 생활보호제도를 대폭 확충하여 사회안전망의 사각지대에 살고 있는 저소득계층을 생존위기로부터 보호하기 위한 근본적 변화가 필요하게 됨

3. 2000년대 이후

2000년대에도 국제적으로 정보화사회, 디지털사회, 세계화 등이 본격적으로 전개되고, 지구공동화가 더욱 촉진되었으며, 월드컵의 성공적 개최로 국민의 자긍심이 높아진 시기이다. 사회적으로는 '제3의 길'이 사회적 관심을 불러일으키기도 하였다. 국내적으로는 IMF외환위기를 탈출하였으며, 생산적 복지, 적극적 노동시장 정책 등이 국가의 주요 정책방향으로 제시되었다. 고령화가 급속히 촉진되어 사회문제로 대두되었으며, 장애인 고용문제에 대한 이슈가 지속적으로 제기되었고, 남녀평등 및 모성보호에 대한 관심이 고조된 시기이다.

〈표 4-10〉 2000년대 이후의 사회복지 관련법

장애인고용촉진 및 직업재활법 (2000.1.12.)	장애인이 그 능력에 맞는 직업생활을 통하여 인간다운 생활을 할 수 있도록 장애인의 고용촉진과 직업재활 및 직업안정을 도모하기 위하여 제정하고 기존의 장애인고용촉진등에관한법률은 장애인고용촉진및직업재활법으로 그 명칭이 바뀜
의료급여법 (의료보호법을 2001.5.24. 개정)	저소득 국민의 건강을 증진하기 위하여, 1) 의료급여수급기간의 제한 폐지 ⇒ 연중 기간 제한 없이 의료급여를 받음 2) 예방, 재활 등에 대해 의료급여를 받음 3) 수급권자의 진료편의를 도모하기 위하여, 의료급여기관에 대한 업무정지 처분에 갈음하여 과징금을 부과할 수 있도록 함으로써 현행 제도의 운영상 나타난 미비점을 전반적으로 개선·보완
사회복지 공동모금회법 (2001.5.24. 기존 사회복지공동모금법 개정)	기부문화의 활성화 및 사회복지공동모금사업 재원의 안정적 확보를 통한 민간복지지원체계의 발전을 도모하기 위하여 사회복지공동모금회로 하여금 복권을 발행할 수 있는 법률적 근거를 규정하여하여 공포
국민건강보험재정 건전화특별법 (2002.1.19.)	국민건강보험의 재정적자를 조기에 해소하고 재정수지의 균형을 이루도록 함으로써 보험재정을 건전화하는 데 필요한 국민건강보험법 등에 대한 특례를 정하기 위해 제정
건강가정기본법 (2004.2.9.) (2005.1.1. 시행)	건강한 가정생활의 영위와 가족의 유지 및 발전을 위한 국민의 권리, 의무와 국가 및 지방자치단체 등의 책임을 명확히 하고, 현대사회에서 제기되는 다양한 가정문제의 적절한 해결방안을 강구하며, 가족원의 복지 증진에 이바지할 수 있는 지원정책을 시행함으로써 건강가정을 구현하고, 나아가 사회통합에 기여하도록 하려는 목적으로 제정
노인장기요양법 (2008.7.1. 시행)	치매, 중풍, 파킨슨 등의 노인성 질환이 있는 65세 이상 또는 미만을 대상으로 실시하는 보편적인 노인복지서비스

생각해 볼 문제들

1. 정부 수립 이전의 한국의 사회복지법의 형성과정을 설명해 보라.
2. 제1·2공화국 시대의 한국의 사회복지법의 형성과정을 설명해 보라.
3. 제3·4공화국 시대의 한국의 사회복지법의 형성과정을 설명해 보라.
4. 제5공화국 시대 이후의 한국의 사회복지법의 형성과정을 설명해 보라.

제 5 장 사회복지법의 체계와 타법과의 관계

SOCIAL WELFARE AND LAW

사회복지법의 분류를 체계화하기 위해 여러 학자들이 다양한 사회복지법의 체계론을 제시하였다. 사회적 급여의 종류와 기여금의 부담 여부에 따라, 사회적 위험의 종류와 사회복지법의 제정 목적에 따라, 사회복지법의 사회복지정책을 직·간접적으로 실현하는지에 따라 다양한 분류와 체계가 가능하며, 시대, 지역, 사람에 따라서도 각각 다르게 분류 및 체계화를 할 수 있다. 초기에는 법학자에 의하여 사회복지법의 분류와 체계화가 시도되었지만, 최근에는 사회복지학자에 의해 사회복지법의 체계화가 이루어지고 있다. 이에 본 장에서는, 첫째, 사회복지법의 분류체계 개요, 둘째, 사회복지법의 체계, 셋째, 사회복지법과 타법과의 관계 등을 중심으로 우리나라 사회복지법의 체계와 타법과의 관계성을 살펴보고자 한다.

제1절 사회복지법의 분류체계 개요

1. 각국의 사회복지법 체계

1) 독일의 사회복지법 체계

독일은 전통적으로 학문적 체계보다는 실정법적 체계에 따라 사회보험법, 사회원호법, 사회부조법 등으로 체계화해 왔다. 그러나 사회법전이라는 통일법전을 제정한 이후에는 사회보상의 개념이 강조되어, 다양한 관점하에서 체계화가 시도되고 있다. 독일의 사회복지법 체계는, 첫째, 기여금의 존재 여부에 따라 사회보험법과 공공부조법으로 분류하는 방법, 둘째, 사회급여의 기능, 셋째, 사회복지법의 기본 원리에 따라 분류 및 체계화되어 있다.

사회급여의 기능에 따른 사회복지법의 체계는 2분설과 3분설로 나누어진다. 2분설은 사회급여가 발생한 손실에 대한 급여인지 또는 특별한 경제적 부담을 경감시켜 주거나 원호 및 장려·촉진을 위한 급여인지에 따라 각각 손실에 대한 급여체계와 불이익에 대한 급여체계로 분류하며, 3분설은 사회급여의 기능을 예방급여체계, 보상급여체계, 원호 및 장려급여체계로 분류한다.

사회복지법의 기본 원리를 보험의 원리, 보상의 원리, 원호의 원리로 구분하고, 이 세 가지 원리에 근거하여 사회복지법을 사회보험법, 사회보상법, 사회원호법 등으로 분류하여 체계화하는 방법이 있는데, 이것은 사회복지법의 기본 원리에 따른 분류체계 방법이다.

2) 일본의 사회복지법 체계

일본의 사회복지법 체계는 독일의 영향을 많이 받았으며, 일본의 사회복지법 체계의 분류는, 첫째, 편제에 따른 분류, 둘째, 욕구 충족에 대응한 분류, 셋째, 사회보상급여의 성격과 기능에 따른 분류, 넷째, 사회복지행정의 대상에 따른 분류로 구분된다.

(1) 편제에 따른 분류

편제에 따른 분류는 사회복지서비스에 연관되는 제반 법률을 「사회복지사업법」, 「후생설치법」, 「민생위원법」, 「지방자치법」, 「사회사업급여에 대한 보장에 관한 법」 등의 편제를 중심으로, 이들 법에 의한 급여를 행정기능에 따라 분류하는 방식이다.

(2) 욕구에 따른 분류

욕구에 의한 분류 방법은 사회복지법을 화폐적 욕구(현금급여체계)와 비화폐적 욕구(비현금급여체계)를 포함한 욕구의 충족에 대응하여 제정된 것으로 보는 분류 방식이다.

(3) 행정대상에 따른 분류

행정대상에 따른 사회복지서비스법 분류체계는 일본 후생성이 감수한 사회복지 8법의 분류방식에 따른 것으로서, 사회복지 일반에 관한 것과 서비스 전체에 관한 것으로 구분된다. 사회복지 일반에 관한 법체계에는 「사회복지사업법」, 「사회복지사업진흥법」, 「민생위원법」 등이 있으며, 서비스급여 전체에 관련된 법체계에는 「생활보호법」, 「아동복지법」, 「모자복지법」, 「모자보건법」, 「정신박약자복지법」, 「노인복지법」, 「노인보건법」, 「신체장애자복지법」, 「매춘방지법」, 「재해구조법」, 「소비생활협동조합법」, 「공익전당포법」, 「전상병자원호법」 등이 있다.

3) ILO와 미국의 보건후생성의 사회복지법 체계

ILO(국제노동기구)는 사회보장의 최저기준에 관한 조약에 의거하여 의료, 질병, 실업, 노령, 산업재해, 가족, 분만, 폐질, 유족 등 9부문으로 사회적 위험을 분류하고, 이를 기준으로 사회복지법을 체계화하였다. 미국의 보건후생성이 발간하고 있는 세계사회보장프로그램은 노령 · 폐질 · 유족, 질병 · 분만, 산업재해, 실업, 자녀 등 5가지 부문으로 사회적 위험을 나누어 사회복지법을 체계화하였다. 실제로 미국의 사회복지법 체계는 각각 연금보험 · 의료보험 · 산업재해보상보험 · 실업보험 등 사회보험과 자녀급여에 관한 급여의 체계로 국제노동기구의 체계와 유사하다.

2. 법전 및 이론에 따른 체계론

1) 법전에 따른 체계론

박석돈(2005)은 법전을 출판하는 현암사가 발행하는 '법전'의 분류체계를 따르고 있다. 이 방법은 법제처에서 정한 법령분류에 따른 '사회복리' 편에 속하는 사회복지법을 사회복지 일반에 관한 법률과 사회복지서비스에 관한 법률로 분류하고 있다. 또한 법령의 명칭이나 내용으로 볼 때 내용의 상당한 부분이 다른 법체제로 분류되어 있지만 부분적으로 광의의 사회복지에 관련되는 법령들이 있을 때에는 기타 관련법으로 포함해야 한다고 주장한다.

2) 가치기준의 체계론

이 분류는 다른 체계론에 비하여 좀 더 이론적인 체계화의 시도로서, 사회정책상의 가치를 기준으로 사회복지법을 체계화하려는 것이다. 여기에서 사회복지법이란 사회보험법, 공공부조법, 협의의 사회복지법을 포함한다. 이러한 법들이 사회정책을 구성하는 것이며, 사회복지법을 체계화하기 위해서 사회정책의 가치를 기준으로 해야 한다는 주장이다.

3) 수평 · 수직체계론

윤찬영(2004)은 사회복지법의 체계화를 위한 새로운 방법론을 시도하였는데, 이 방법은 현행법을 중심으로 수직적 체계와 수평적 체계로 분류하였다.

첫째, 수직적 분류체계는 우선 사회복지법을 법 단계에 따라 헌법과 법률로 구분한다. 헌법 내에서도 최고의 규범인 「헌법」 제10조와 그 규정을 받는 제34조제1항, 그리고 그 하위에 위치시킬 수 있는 제34조의 나머지 조항들과 제30조 이하 제36조 등 사회복지 관련 조항을 수직적 위계질서에 따라 배치하였다. 그리고 법률의 단계에서는 「사회보장기본법」을 중심으로 일반 법률을 하위에 배치하였다.

둘째, 수평적 분류체계는 일반 법률을 대상자가 가지고 있는 욕구의 성격과 급여의 법률관계를 중심으로 여섯 가지 모델(귀속적 욕구에 관한 법률에서 인과적 분류와 합목적적 분류, 보상적 욕구에 관한 법률에서 인과적 분류와 합목적적 분류, 평가적 욕구에 관한 법률에서 인과적 분류와 합목적적 분류)을 중심으로 수평적인 분류를 행하고 각 범주에 속하는 법률들의 내용에 따라 다시 상 · 하위법으로 구분하였다.

셋째, 국제법의 경우에는 헌법과 법률에 각각 상응하는 규범들이 있으므로 별도로 배치하였다.

제2절 사회복지법의 체계

바이마르 헌법이 인간다운 생활의 보장이라는 생존권 규정을 최초로 헌법상 명문으로 규정한 이래, 세계 각국의 헌법에 생존권을 규정하기 시작하여 이제는 보편적인 현상이 되었다. 생존권사상은 현대국가로 하여금 사회법[25]을 제정하도록 하였다. 사회복지법은 사회법(3가지 분야－노동법 분야, 경제법 분야, 사회복지법 분야)의 일환으로 발전되었다. 현대복지국가는 모든 국민의 인간다운 생활을 보장하기 위하여 사회복지제도를 수립하였다. 국가는 사회복지제도의 체계를 구성하고, 국민의 권리와 의무에 관한 사항, 기타 중요한 사항을 규정하기 위하여 사회복지법을 제공하고 공포한다. 헌법의 생존권 이념하에서 사회법이 발전되고 여러 영역으로 분화되어 가면서 사회복지법이 하나의 독립된 법규로서 체제를 형성하게 되었다. 사회복지학은 응용과학이고, 학제적인 특징을 갖고 있기 때문에 인접 학문영역과 밀접한 관련을 가지고 있다. 따라서 노동법, 민법, 행정법, 세법, 가족법 등 다른 영역의 법과 상호 밀접한 관계를 유지하고 있다.

1. 일반 법체계와 사회복지법

일반적으로 법은 일정한 조직체계를 이루고 존재한다. 법은 일정한 제정절차를 거쳤느냐의 여부에 따라 자연법과 실정법으로 대별되고, 실정법은 다시 국제법과 국내법으로 대별된다.

1) 자연법

자연법이란 시간과 공간을 초월하는 영구불변의 초경험적이고 이상적인 법을

25) 사회법 : 자본주의의 구조적 모순에서 발생하는 사회적 부조리를 해결하여 자본에서 소외된 사회적 약자에게 실질적 자유와 권리를 확보해 주기 위하여 제정된 실정법 질서.

말하며, 정의의 이념을 그 내용으로 하고 있기 때문에 법의 근원이 된다.

자연법은 실정법(實定法)에 대비되는 법 개념이다. 실정법이 민족이나 사회에 따라 내용이 달라지는 것에 비해, 민족, 사회, 시대를 초월해 영구불면의 보편타당성을 지니는 것이 특징이다. 이러한 사상은 시대에 따라 다양한 형태로 존재해 왔으며, 특히 고대 그리스시대에는 실정법과의 관계에 대해 많은 이견이 있었다. 이를테면, 아리스토텔레스는 자연법은 항상 똑같은 효력을 지니므로 인간의 판단에 근거한 실정법의 정의와 항상 일치하는 것은 아니라고 보았다. 반면에 스토아학파는 자연법이야말로 '올바른 이성'에 맞는 완전히 평등한 법이라고 보았고, 키케로 역시 '진정한 법은 모든 인간 안에 스며 있는 올바른 이성'이라고 주장하였다. 이후 자연법에 관한 논란은 실증주의적 사상의 우위와 산업사회의 발전 및 가치관의 다양화 등 여러 사상적 · 사회적 요인으로 영향력을 잃어 갔다. 현대에 와서는 실정법을 형식적으로 규정한 것을 자연법이라고 한다.

2) 실정법

실정법은 인간사회의 질서유지를 목적으로 사회적 상황에 따라 생성 · 발전되었다. 역사적인 사실에 의해 성립되고, 현실적인 제도로서 시행되고 있는 제정법, 관습법, 판례법 등이 실정법에 해당한다. 따라서 실정법은 국가적 · 역사적 · 시대적 상황에 따라 다른 모습으로 변천 · 발전하였다. 실정법은 크게 국내법과 국제법으로 나뉜다.

국내법은 한 국가에 의하여 인정되어 그 국가의 주권이 미치는 범위 내에서만 일정한 절차에 의해 효력을 가지는 법이다. 또한 국내법은 사인과 사인 간, 사인과 국가 또는 공공단체 간의 법률관계를 규율하는 법이다. 국내법은 공법과 사법, 그리고 사회법으로 구분한다. 공법은 공익적 또는 국가적 관계를 규율하는 법으로 그 내용이 강행규정으로 구성되어 사법에 비하여 강제성이 강하다. 사법은 사인 간의 이해관계를 규율하는 법으로서, 평등과 당사자의 의사가 존중되는 법규범이다. 사회법은 공법과 사법의 어느 것에도 속하지 않는 양자의 중간에 있는, 즉 양자의 성질을 동시에 겸유하고 있는 제3의 법 영역이다. 대표적인 사회법으로는 경제법, 노동법, 사회복지법 등이 있다.

국제법은 국제단체에 의하여 인정되어 국가와 국가 사이에 행해지는 법을 말한다. 또한 국제사회의 법으로 원칙적으로 국가 간의 합의에 의해 성립하고 국가 간의 관계를 규율한다. 국제법에서는 관습법이 많은 역할을 하고 있으며, 국제조약과 국제관습법은 동일한 효력을 가진다.

2. 일반 법체계하의 사회복지법

사회복지법은 지역적인 적용범위를 기준으로 볼 때 국내에서만 적용되는 국내사회복지법과 국가 간에 적용되는 국제사회복지법으로 분류될 수 있다. 사회복지제도는 대부분 각 국가가 자국의 영역 내에서 입법에 의하여 제도체계를 창설하고, 그 국민을 대상으로 하여 실시하기 때문에, 제도의 내용은 나라에 따라 다르다.

1) 국내사회복지법

사회복지법은 일반 법체계하에서 실정법에 속하며, 주로 제도상 입법권을 가지는 자에 의하여 만들어지고, 그 내용이 문서로서 작성되어 일정한 형식과 절차를 밟아서 공포된 제정법(성문법)에 속한다. 사회법인 사회복지법은 제정법 가운데 공법인 헌법의 테두리 안에서 구체적인 법률로서 국회에서 제정되며, 사회복지 관련 법률을 실시하기 위하여 권한 있는 행정기관이 세부적인 시행을 위한 명령이나 규칙을 제정한다.

2) 국제사회복지법

세계화 시대에 사회복지에 관한 국제법규에 관한 이해는 그 추세를 이해하는 데 도움이 된다. 사회복지 관련 국제법규는 상징적인 각종 선언문에 의해 영향을 받으며, 주로 국제조약으로 구체화되고 있다. 또한 사회복지법은 다양한 원인으로 국제화되고 있으며, 이러한 국제화 과정에서 국제기구들과 국제적인 선언들도 중요한 역할을 수행하고 있다. 하지만 최근에는 개별 국가들 간에 일종의 사회복지에 관한 조약인 독자적인 사회복지협약이 보다 활발하게 체결되어 협약에 비준한 국가 간에 상호주의에 입각하여 자국민에 준하는 사회복지혜택을 상대국 국민에게도 부여하고 있다.

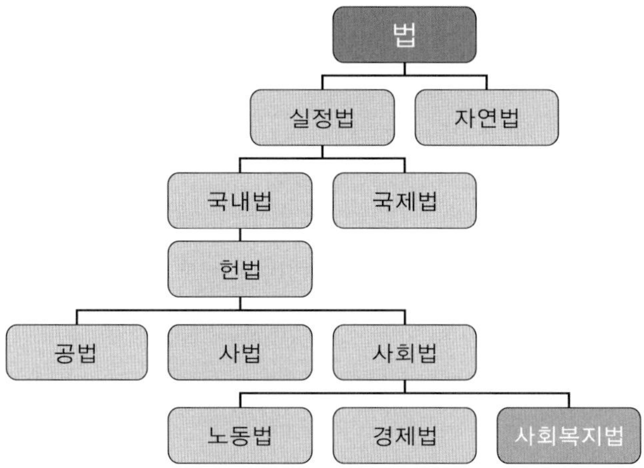

[그림 5-1] 사회복지법의 체계 I

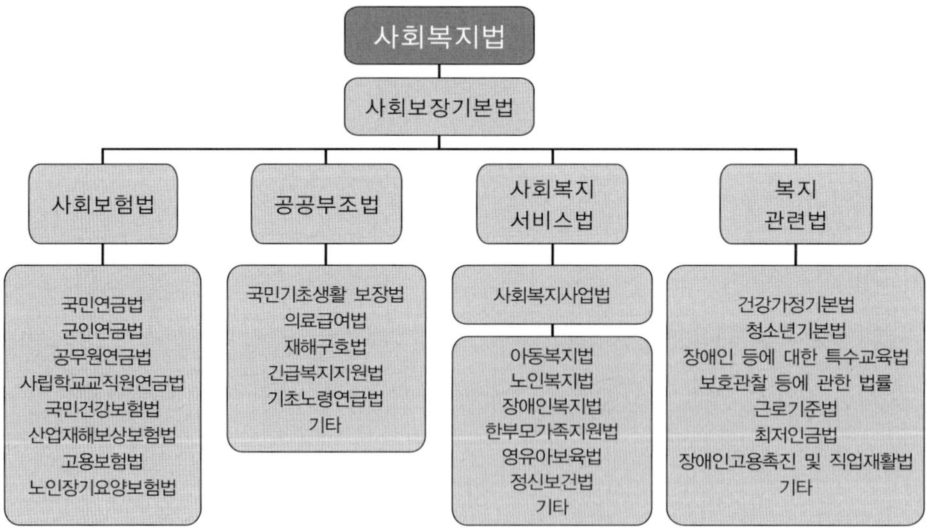

[그림 5-2] 사회복지법의 체계 II

제3절 사회복지법과 타법과의 관계

1. 헌법과 사회복지법

헌법은 국가통치체계의 기초를 정한 근본법으로, 1919년 독일의 바이마르 헌법 이래 헌법상 생존권 조항이 규정됨으로써 헌법은 가장 중요하고 기본적인 사회복지법의 법원이 되었다. 우리나라의 헌법의 기본원리는 국민주권주의, 자유민주주의, 평화통일주의, 문화국가주의, 국제평화주의, 기본권존중주의, 복지국가주의, 사회적 시장경제주의, 군의 정치적 중립성 보장 등의 내용을 담고 있다. 모든 헌법의 원리가 사회복지법을 지도하고 있지만, 그 가운데 사회복지법의 주된 법원리로 채택할 수 있는 것은 기본원리－복지국가주의, 기본권존중주의, 사회적 시장경제주의 등이다.

또한 헌법은 기본권 보장에 있어서 자유권적 기본권의 보장에만 그치는 것이 아니라 생존권 보장에도 중점을 두어 복지국가의 건설을 꾀하고 있다. 복지국가란 국민 전체의 복지증진과 행복추구를 국가의 가장 중요한 사명으로 삼고 있는 국가이며, 우리나라 헌법은 복지국가주의를 실질화(국민생활 균등 향상 선언, 사회보장, 사회복지 국가의무 규정 등)하고 있으며, 복지국가의 달성을 위하여 경제조항을 두어 사회적 시장경제주의의 원칙을 선언하고 있다.

따라서 사회복지법은 상위규범인 헌법에 위배되게 규정될 수 없으며, 헌법의 추상성을 구체화시켜 주는 역할을 수행한다. 우리나라 「헌법」 제34조에서는 "모든 국민은 인간다운 생활을 할 권리가 있다."고 규정함으로써 국민의 사회복지권을 보장하는 규정을 마련하고 있다.

2. 노동법과 사회복지법

노동법과 사회복지법의 관련성은 두 법이 인간다운 생활을 보장하기 위한 생존권적 기본권에 기초함으로써, 현대 사회법 원리를 실현하기 위한 목적상의 동질성을 가진다. 또한 이 두 법은 모두 빈민법을 그 기원으로 한다. 즉, 노동력이 있는 빈민을 대상으로 발전한 법이 노동법이고, 노동력이 없는 사람을 대상으로 발전한 법이 공공부조법이다.

이 두 법의 차이점은 다음의 [그림 5-3]과 같다.

노동법	사회복지법
• 고용관계를 매개로 노동자의 생존권 실현을 목적 • 노동자와 동시에 노동조합을 대상 • 적극적 소득재분배를 지향하지 않음 • 시민법상 계약자유의 원칙에 대해 국가 개입을 통해 이를 수정·보완한 법 • 근로계약하의 노동자를 보호 • 노동자라는 신분을 가지고 있는 대상	• 모든 국민에 대해 직접적으로 생존권을 실현하기 위한 법 • 특정 개개인, 나아가 국민 전체를 대상 • 보험료 차등부과, 조세 통한 급여 제공 등 소득재분배 지향 • 계약자유의 원칙을 근본적으로 수정한 법(예 : 사회보험의 강제가입 원칙, 사회보험료의 차등부과 등) • 실업, 노령, 질병 등 근로계약이 중단되거나 종료되었을 때 노동자를 보호 • 노동자 이전의 모든 생활인과 그 가족을 대상

[그림 5-3] 노동법과 사회복지법의 차이점 비교

3. 행정법과 사회복지법

행정법과 사회복지법의 관련성은 사회복지법의 대부분이 국가의 주요 행정의 일부로서 행정관청에 의하여 실시해 왔다는 점이다. 이 두 법은 인간다운 생활의 보장이 국가의 강한 행정행위에 의하여 실현된다는 점에서 동일하며, 사회복지급여는 국가에 의한 사회복지행정을 통해 국민에게 전달된다는 점에서 기본적으로 행정법적 속성을 가지고 있다고 본다.

이 두 법의 차이점은 다음의 [그림 5-4]와 같으며, 따라서 이 두 법은 다른 법이므로 사회복지법 특성상 행정법의 원리를 그대로 사회복지법의 원리에 적용해서는 안 된다.

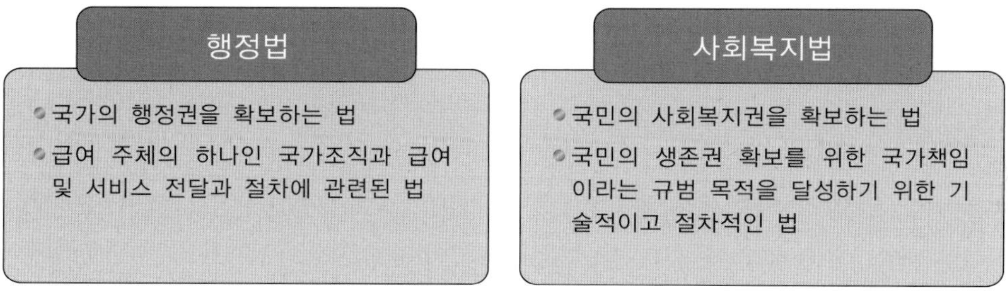

[그림 5-4] 행정법과 사회복지법의 차이점 비교

4. 조세법과 사회복지법

조세법과 사회복지법의 관련성은 그 본래의 목적에 유사성이 있다. 예를 들어, 조세법상 소득공제제도, 조세감면제도, 부(負)의 소득세제도(NIT : Negative Income Tax) 등은 소득의 재분배(특히 수직적 재분배)가 가능하다는 측면에서 소극적이긴 하지만 적극적인 사회복지법상의 급여제도와 유사하다. 부의 소득세제도는 우리나라에는 없는 선진국형 제도로서, 소득이 최저생계비에 미달할 때 국가가 이를 조세의 환부(마이너스 세금)와 같은 방법으로 지급하는 사회보장제도이다.

이 두 법은 사회보험에서의 기여금(보험료)과 직접세인 소득세의 양태가 매우 유사하다. 이는 사회보험의 강제성으로 인하여 기여금이 조세화되고 있다는 것을 뜻한다. 그러나 이 두 법은 다음 [그림 5-5]에서 볼 수 있는 차이로 인해 다른 법이라고 할 수 있다.

조세법

- 입법의 목적이 국가가 국민들로 하여금 구체적 대가 없이 조세를 강제 징수하여, 불특정 다수의 국민을 위한 사업을 활용하는 데 있음
- 국민이 국가에 대해 구체적으로 반대급부를 요구할 수 없음

사회복지법

- 입법의 목적이 특정인을 대상으로 급여를 제공하는 데 있음
- 보험료를 납부한 대신 보험급여에 대한 권리를 가짐(기여, 위험, 급부)

[그림 5-5] 조세법과 사회복지법의 차이점 비교

5. 민법과 사회복지법

「사회복지사업법」 제32조 '다른 법률의 준용'에 따르면 "법인에 관하여 이 법에서 규정한 사항을 제외하고는 「민법」과 「공익법인의 설립 · 운영에 관한 법률」을 준용한다."고 규정되어 있다. 특히, 민법 중 친족 또는 가족에 대한 규정이 사회복지법과 밀접한 관계가 있다. 친족법은 일반적으로 부양의무자로 하여금 피부양자를 부양하도록 규정되어 있는데, 이것은 피부양자의 인간다운 생존을 목적으로 하는 사회복지법과 상호 보완적이면서도 중복되는 측면이 있다.

「국민기초생활 보장법」 제5조를 보면 '부양의무자가 없거나 부양의무자가 있어도 부양 능력이 없는 자'만이 급여 수급권자가 될 수 있다고 규정하고 있는데, 이것은 친족법에서와 같이 일반적으로는 부양의무자가 피부양자를 부양해야 하는 것으로 해석할 수 있다. 민법은 개인 당사자 간의 법률관계를 규정하고 있으며, 따라서 사법적인 요소가 강하다. 반면, 사회복지법은 국가와 개인 간의 법률관계를 규정하고 있으며, 따라서 공법적 요소가 강한 차이가 있기 때문에, 이 두 법은 다른 법으로 볼 수 있다.

6. 경제법과 사회복지법

경제법과 사회복지법의 유사점은 경제법은 사회적 시장경제원리를 기반으로 국민 경제 전체의 이익을 도모하고 경제질서의 실질적 민주화를 도모하며, 근로자의 경제적·사회적 최저생활을 보장한다는 점과 국가의 적극적 개입을 추구하는 공법과 사법의 혼합 분야로서의 사회법의 영역에 속한다는 점이다. 반면, 경제법은 경제정책적 입법으로서의 성격이 강하지만, 사회복지법은 사회정책적 입법으로서의 성격이 강하다는 차이가 있다.

결론적으로 사회복지법과 연관이 있는 법들은 동질성을 가지면서도 법체계의 이념이나 대상에서 차이가 있으며, 때로는 독자성을 가진다는 특징이 있다.

생각해 볼 문제들

1. 사회복지법의 분류체계를 국가별로 비교해서 설명해 보라.

2. 사회복지법의 체계를 설명해 보라.

3. 사회복지법과 관련법을 역사적 관점에서 비교·설명해 보라.

제 6 장 사회복지법의 해석과 적용

SOCIAL WELFARE AND LAW

일반적으로 법규정은 구체적인 사회생활에서 널리 적용하기 위해 일반적이고 추상적인 용어를 사용한다. 법해석은 사회생활에서 발생하는 구체적 사실관계에 대하여 법을 적용하기 위하여 일반적이고 추상적인 법규정의 의미와 내용을 명확히 밝히는 것이다. 사회복지법의 해석은 실정법적인 성격에 따라 달라진다. 사회복지법은 실정법적 차원에서 상위법과 하위법, 일반법과 특별법, 강행법과 임의법, 원칙법과 예외법, 신법과 구법 등으로 분류될 수 있다. 적용하려는 법이 어느 분류에 속하느냐에 따라 적용과 해석의 차이가 있을 수 있다. 이에 본 장에서는, 첫째, 사회복지법의 해석, 둘째, 사회복지법 적용, 셋째, 사회복지법의 분류 등을 중심으로 우리나라 사회복지법의 해석과 적용에 대해 살펴보고자 한다.

제1절 사회복지법의 해석

1. 법철학

법철학은 법의 본질을 추구하고 법의 이상 또는 이념을 분명히 하여 법학의 방법론을 확립하는 것을 목적으로 한다. 사회복지법의 법철학적 연구방법은 사회복지법의 본질을 추구하고 사회복지법의 이상 또는 이념을 분명히 하며, 나아가서 사회복지법학연구의 방법론을 확립하는 것을 목적으로 한다. 즉, 사회복지의 이상과 이념이 되고 있는 '인간다운 생활'을 실현하기 위한 '법의 이념이 무엇인가?'라는 문제를 해결하려 노력하는 것이다.

사회복지법의 이념과 목적은 인간다운 생활에 대한 권리의 확보이다. 이러한 차원에서 사회복지법의 법철학적 접근에서 주로 거론할 수 있는 주제들은 인간다운 생활을 실현하기 위한 법의 이념은 무엇인가?, 생존권 또는 복지권이란 무엇이며, 법적으로 어떻게 실현되어 왔는가?, 복지국가의 이념과 사상, 정치 · 경제적 배경에 관한 연구, 평등, 형평, 사회적 적절성 등에 관한 연구, 생존권과 헌법 규정, 그리고 국가의 역할 등일 것이다.

2. 법해석학

법해석학이란 법규범으로 정립된 실정법의 해석과 적용에 관한 연구를 말한다. 법해석학은 당위의 명제인 법규범을 대상으로 그 의미를 명확히 설정하고, 법규범과 명제 사이의 상호관계를 논리적으로 체계화하며, 나아가 불명확하거나 흠결이 있는 부분에 관하여 해결방안을 제시하는 것을 목표로 한다.

따라서 사회복지법의 법해석학적 접근은 사회복지법규범을 해석하여 사회복지현상에 적용시키기 위해서 사회복지법의 내용, 의미 또는 한계 등을 설명하고, 사회복지에 관한 정책이 지닌 목표를 명확하게 표현하는 것이다. 법해석학은 법연구의 보편적인 연구방법이다. 사회복지학이 가치지향의 학문이기 때문에 법해석 면에서 국민의 기본권을 중심으로 해석이 가능해야 하므로 사회복지학에서 매우 중요한 분야이다.

사회복지법의 연구에 있어서 법해석학은 사회복지현상을 체계적으로 포착하고, 국가나 사회의 사회복지에 관한 정책의지와 목표를 명확하게 파악할 수 있게 한다. 이러한 점에서 사회복지법은 국가의 사회복지정책에 대한 목표의 표현인 동시에 국가 내의 모든 사회복지활동을 지도하는 강제력을 가진 법규범인 것이다.

우리나라의 많은 사회복지법의 연구에서 해석학적 접근의 발달이 부진한 이유는 외국에 비해 사회복지학이 늦게 도입된 점과 사회복지관계법의 법적 효력이 강행적이라기보다는 임의적 성격이므로 사회복지개념이 구빈법적 자선개념으로 인식되었고, 사회복지에 대한 국가의 기능도 소극적, 억압적으로 이해되는 경우가 많았기 때문이다.

3. 법의 해석

법해석은 법의 적용을 위하여 일반적이고 추상적인 법규정의 의미를 분명하게 밝히는 것이다.

1) 성문법의 불완전성

법규정은 구체적인 사회생활에서 널리 적용되기 위하여 일반적이고 추상적인 용어로 표현된다. 또한 법제정 당시에 제정권자는 법에 그 사회의 공동선을 목적으로 하는 합리적인 가치요소들을 반영하고자 하지만, 실제로는 그렇지 못할 수도 있으며, 제정 당시의 법이 변화하는 사회 속에서 새로운 사회상에 맞지 않게 되었을 수도 있다. 따라서 법해석을 통해서 사실관계에 적용될 법규의 내용을 명료화하고 구체화하며 법적인 의미를 정확히 밝혀내는 작업이 필요하다. 이처럼 법해석은 법의 내용이 현실화되는 과정이다.

2) 법해석의 지도원리

법의 해석이 해석하는 사람에 따라 자의적으로 이루어진다면 객관성을 상실할 것이다. 따라서 해석의 객관성을 유지시켜 주는 법해석의 지도원리에 따라 각종의 해석방법을 취사선택하거나 이를 종합하여 가장 타당한 해석을 시도하여야 한다. 이를 위해서는 법해석의 목적과 구체적 타당성, 법적 안정성을 고려하여야 한다.

(1) 법해석 목적의 고려

법해석의 목적을 입법자의 의사에 두는 견해와 법률의사에 두는 견해가 있다. 즉, 법은 입법자의 의사를 표현한 것이므로 법해석은 그 입법의사를 탐구하여 이를 명백히 하는 것이라는 주장과 법률은 제정 당시의 입법의사를 떠나서 이제는 독자적, 객관적으로 존재하므로 법해석은 그 법률에 내재하는 합리적인 내용을 밝히는 것이어야 한다는 논리이다. 이 합리적인 내용에서는 법의 목적, 정신, 취지 등을 고려하게 된다.

(2) 구체적 타당성과 법적 안정성의 조화

법은 다양한 사회관계를 어느 정도 획일적, 형식적으로 규율하여 사회의 질서유지와 행위의 예측 가능성을 제공하려는 목적을 지니고 있다(법적 안정성). 그러나 다양한 사회관계 속에서 각각의 사례들은 독특한 특징을 지니고 있으므로 법을 획일적, 형식적으로 그대로 적용하기에는 한계가 있다(구체적 타당성). 따라서 법해석에 있어서는 이 두 가지 가치의 조화를 추구해야 하는데, 구체적으로 양자의 조화점을 어디에 두느냐는 그 당시의 시대적 요청과 법 영역의 성질에 따라 개별적으로 검토해야 한다.

3) 법해석의 방법

법의 해석방법에는 법을 제정하거나 적용하는 권한이 있는 국가기관의 해석인 유권해석과 법률학적인 관점에서 해석하는 학리해석(무권해석)이 있다.

(1) 유권해석

유권해석은 법을 제정하거나 적용하는 권한이 있는 국가기관의 해석이다. 유권해석에는 입법해석, 사법해석, 행정해석이 있다.

① 입법해석

입법해석은 법령을 통해서 법령의 용어를 해석하는 경우이다. 「사회보장기본법」 제3조제4호의 “사회서비스란 국가 · 지방자치단체 및 민간부문의 도움이 필요한 모든 국민에게 복지, 보건의료, 교육, 고용, 주거, 문화, 환경 등의 분야에서 인간다운 생활을 보장하고 상담, 재활, 돌봄, 정보의 제공, 관련 시설의 이용, 역량 개발, 사회참여 지원 등을 통하여 국민의 삶의 질이 향상되도록 지원하는 제도를 말한다."는 규정이 입법해석에 해당한다. 이 해석은 그 자체가 법규정이므로 절대적인 강제력을 가진다.

② 사법해석(재판해석)

사법해석(재판해석)은 법원에 의한 법의 해석을 말한다. 우리나라의 경우, 성문법주의 국가이지만 전술한 바와 같이 대법원의 판결(법적 해석)이 하급법원의 판결을 기속하므로 그 범위 내에서 사법해석이 인정된다고 볼 수 있다.

③ 행정해석

행정해석은 행정관청에 의해서 이루어지는 해석이다. 이 해석은 법집행의 형식이나 상급관청의 하급관청에 대한 회답, 훈령의 형식으로 이루어지기 때문에 법집행적 행정단계에서 매우 강력한 힘을 발휘한다. 그러나 잘못된 법의 집행은 법원의 판결로 시정될 수 있다는 점에서 최종적인 권위를 가진다고 볼 수 없다.

(2) 학리해석

학리해석은 개인의 학리적 사고에 기초하여 법규의 의미를 밝히는 것으로 문리해석과 논리해석이 있다.

① 문리해석

문리해석은 법규의 자구와 문장의 문법적 의미를 기초로 법규의 의미를 해석하는 것을 말한다. 성문법은 자구와 문장으로 구성되어 있으므로 문리해석이 매우 중요하며, 다른 방법에 비해 기초적인 해석방법이다. 하지만 법규의 문자적 성질에 너무 의존하다 보면 법의 목적을 간과하게 될 위험성이 있다.

② 논리해석

논리해석은 법규의 문법적 의미에 얽매이지 않고, 논리적 법칙에 따라 해석하는 것을 말한다. 이 방법은 법해석의 객관성은 보장하지만, 지나친 형식논리에 치우치게 될 경우 현실세계에 적합하지 아니한 모순이 발생될 수 있다.

- 확장해석 : 법문의 문리적 의미가 법의 목적에 비추어볼 때 너무 좁다고 생각하는 경우, 법문의 자구를 보통의 의미보다 넓게 해석하여 법규 속에 잠재하고 있는 진의를 탐구하여 내리는 해석방법이다. 예를 들어, "공원 안에 있는 수목을 꺾지 말라."는 언어적 표현에는 화초도 포함한다고 해석할 수 있다.
- 축소해석 : 법문의 문리적 의미가 너무 넓기 때문에 입법 취지에 비추어 법문의 자구를 보통의 의미보다는 좁게 해석하여 법적 타당성을 확보하려는 해석방법이다.
- 반대해석 : 법문에 일정한 사항이 규정되어 있는 경우에 기타의 사항에 대하여는 그 법이 규정한 것과 반대로 해석하는 해석방법이다. 예를 들면, "거마(車馬)의 통행을 금지한다."는 규정에 대하여 사람은 통행해도 된다고 해석하는 것을 말한다.
- 물론해석 : 법문에 일정한 사항이 규정되어 있는 경우에 법문으로 명기되어 있지 않는 사항이라 할지라도 사물의 성질상 또는 입법정신에 비추어보아 당연히 그 규정에 포함된 것이라고 해석하는 해석방법이다. 예를 들어, '마차통행금지'에는 우차가 포함됨은 물론 자동차도 당연히 포함된다고 해석하는 것이다. 확장해석은 법문의 자구 외로 확장 · 해석하는 것인 반면, 물론해석은 법문의 자구 중에 다른 사항이 당연히 포함되어 있다고 해석하는 차이가 있다.
- 보정해석(보충해석) : 법문의 자구에 오류나 착오가 있어 의미전달에 문제가 발생할 때에 이를 보충하여 법의 참뜻에 맞도록 해석하는 해석방법이다.
- 연혁해석 : 법안의 이유서, 초안, 입법경과, 의사록, 전문가의 보고서 등 입법 당시의 기초자료를 활용함으로써 법의 의미를 밝히는 해석방법이다.
- 유추해석 : 어떤 특정한 사항에 관하여 법령에 규정이 있으나 이와 유사한 다른 사항에 관해서는 법령에 규정이 없는 경우, 그 법령 규정의 입법취지 등을 고려하여 법령에 규정이 없는 사항에 관하여 성질이 유사한 다른 사항에 관한 법령 규정을 적용, 동일한 법적 효과를 인정하는 해석방법이다. 유추는 준용과 구별되어야 한다. 유추는 법해석의 방법이지만, 준용은 입법기술상의 방법으로서 차이가 있다. 또한 준용은 비슷한 사항에 관하여 법률을 제정하는 경우에 중복

적으로 규정하는 번거로움을 피하기 위하여 비슷한 법규를 그대로 적용할 것을 규정한 것이다.

제2절 사회복지법의 적용

1. 법의 적용

사회복지법의 적용이란 사회복지법의 내용을 사회복지현상의 구체적인 사실관계에 실현시키는 것을 말한다. 일반적으로 법은 그 성질상 일반적 · 추상적 규범내용으로 표현되기 때문에 어떤 구체적인 사실에 대해서 법률효과가 발생하려면 법의 적용이라는 과정을 거쳐야 한다.

법의 적용순서는 먼저 법이 적용될 구체적 사실을 확정하고, 확정된 사실에 적용될 법조문을 찾아내며 그 구체적 사실에 대하여 법을 적용하는 삼단논법적 추리를 사용한다. 일반적으로 사실확정의 문제를 사실문제라고 하며, 법의 발견, 해석, 적용의 문제를 법률문제라고 한다.

2. 사실확정의 방법

법의 적용은 우선 사실관계가 확정되어야 한다. 사실관계의 확정이란 법의 적용을 받게 될 사실이 존재하는가, 그리고 어떠한 형태로 존재하는가를 확정하는 일이다. 사실의 인정이나 확정은 사회에 실제로 발생한 사건을 있는 그대로 자연적으로 인식하는 것이 아니라 법적으로 가치 있는 사실만을 선택하여 확정하는 법적 인식작용이다(홍성찬, 2002: 153). 여기서 사실존재의 주장, 근거가 되는 것이 증거이다. 간혹 증거의 입증을 면하기 위하여 법은 사실의 존재 또는 부존재를 추정하거나 의제하는 경우가 있다.

추정이란 법이 당사자의 입증 불편을 피하기 위하여 사실의 존재 또는 부존재를 일단 가정하고 법률효과를 부여하는 경우를 말한다. 의료급여비용의 예탁에 대해서 "급여비용의 지급업무가 위탁된 경우 시 · 도지사는 기금에서 보건복지부령으로 정하는 바에 따라 추정급여비용을 급여비용지급기관에 예탁하여야 한다."는 한 규정(「의료급여법」 제27조제1항)은 추정의 예이다. 그런데 추정은 일정한 사실이 불명확한 상태에서 보통의 상태를 기본으로 그 사실의 존재를 가정하여 거기에 일정한 법적 효과를 인정하는 것이므로 그로 인해 불이익을 당하는 자가 반증을 제시하면 전복될 수도 있다.

간주란 공익 또는 기타 이유로 일정한 사실을 확정적으로 규정한 경우를 말한다. 법령에서 사용된 '간주한다' 또는 '본다'라는 용어가 이에 해당된다. 예를 들면, "시 · 군 · 구 복지담당공무원은 「사회복지사업법」에 의한 보호대상자가 누락되지 아니하도록 하기 위하여 관할지역 안에 거주하는 보호대상자의 보호를 직권으로 신청할 수 있는데, 이 경우 보호대상자의 동의를 얻어야 하며 동의를 얻은 경우에는 보호대상자가 신청한 것으로 본다."는 규정(「사회복지사업법」 제33조의2제2항)에서 확인할 수 있다. 하지만 간주는 추정처럼 상대적인 법률효과를 인정하는 것이 아니고 절대적인 법률효과를 추정하는 것이므로 반증에 의해서 전복될 수 없다.

3. 법규범의 발견

확정된 구체적 사실에 적용될 법규범을 찾는 일은 성문법주의를 채택한 우리나라의 경우 성문법규에 의해서 쉽게 달성될 수 있다. 즉, 관심이 있는 사회복지적 사실에 사회복지의 성문법들, 예를 들어, 「사회보장기본법」, 「산업재해보상보험법」, 「사회복지사업법」, 「장애인복지법」 등을 적용시키면 된다. 하지만 구체적 사실에 직접 적용할 만한 성문법규가 없거나, 있다 하더라도 그 표현이 모호한 경우에는 무엇이 해당 법규범인지를 확정하기가 어렵다. 따라서 법의 적용이 모호한 경우에는 모든 관계사항, 법이론, 선례 등을 고려하여 합리적인 판단을 하고, 법이 없는 경우에는 불문법규(관습법, 판례법, 조리)를 따를 수밖에 없다.

구체적 사실에 대해서 적용할 법규범이 없는 경우를 '법의 흠결'이라고 한다. 재판과정에서 이런 경우가 나타나면 유추에 의해서 해결하는 것이 일반적이다. 유추적용이란 어떤 구체적 사실에 직접 적용할 법규가 없을 경우, 유사한 사실에 법규칙을 적용하는 경우를 말한다. 이것은 "같은 근거 또는 같은 이유에는 같은 법이 적용된다."는 법언에서 나타나듯이, 두 가지 사실이 비슷하고 공통된 요소를 갖고 있다는 점에 근거한다. 형법에서는 죄형법정주의로 인해 이러한 유추적용이 불가능하지만, 사회복지법에서는 복지대상자에 대한 서비스 이익의 제공이라는 차원에서 법의 흠결문제에 대해 유추적용이 기능할 수도 있다.

제3절 사회복지법의 분류

사회복지법의 해석은 법의 실정법적인 성격에 따라 달라진다. 사회복지법은 실정법 차원에서 상위법과 하위법, 일반법과 특별법, 강행법과 임의법, 원칙법과 예외법, 신법과 구법으로 분류할 수 있다. 적용하려는 법이 어느 분류에 속하느냐에 따라 적용과 해석의 차이가 있을 수 있다(김훈, 2004: 126-129).

1. 상위법과 하위법

법은 수직적 체계를 이루고 있다. 우리나라의 법체계를 보면 헌법, 법률, 시행령, 시행규칙, 자치법규의 순서로 위계를 갖고 있다. 그러므로 법들은 상위법과 하위법의 관계에 있다.

사회복지법들도 하나의 법이기 때문에 수직적 체계를 이루고 있다. 즉, 헌법은 국가의 기본법으로서 다른 법들의 상위법이다. 따라서 헌법의 규정을 위반한 하위의 법률은 위헌법률이 되며, 그 효력이 상실된다. 법의 해석에서 해당규정이 상위법에 근거하는가, 상위법의 위임을 받을 것인가, 상위법의 허용범위 내에 있는 것인가를 판단해야 한다.

2. 일반법과 특별법

법은 법적용 및 효력의 범위에 따라서 일반법(보통법)과 특별법으로 구별된다. 법적용 및 효력의 범위가 넓은 법을 일반법이라고 하며, 제한된 영역에서 적용되는 법을 특별법이라고 한다. 이 구분은, 첫째, 법이 적용되는 '사람'을 기준으로 일반 국민에게 적용되는 법(「국민건강보험법」)과 특정 신분에 적용되는 법(「의료급여법」), 둘째, 법이 적용되는 '사항의 범위'를 기준으로 일반적 사항에 적용하는 법(「사회복지사업법」)과 특별한 사항에 적용하는 법(「노인복지법」), 셋째, 법이 적용되는 '지역적 범위'를 기준으로 전국적 지역에 적용되는 법과 특정지역에만 적용되는 법 등 세 가지 형태로 구별된다.

일반법과 특별법의 관계는 법률들 간에 적용될 뿐만 아니라 같은 법률 속에서도, 조문과 조문 사이에도 존재한다. 일반법과 특별법의 구분의 실익은 '특별법은 일반법을 우선한다'는 원칙에 의해서 우선 특별법을 적용하고, 그 보충으로 일반법을 적용한다는 점에 있다. 예를 들면, 아동의 입양에 관해서 「아동복지법」이 일반법이고, 「입양촉진 및 절차에 관한 법」이 특별법이 된다. 그러므로 아동입양에 관해서는 「아동복지법」보다는 「입양촉진 및 절차에 관한 법」이 우선 적용된다.

3. 강행법과 임의법

법은 법률 또는 법조문의 적용이 '강제적이냐, 인의적이냐'에 따라 강행법 또는 임의법으로 구별된다. 강행법은 법률행위 당사자의 의사에 관계없이 적용되는 법이며, 임의법은 법률행위 당사자의 의사로 적용이 배제될 수 있는 법이다. 임의법을 인정하는 이유는, 원래 법은 권력관계를 근거로 강행되는 것이지만, 공적 질서와 무관한 개인적 관계에 대해서는 당사자의 의사를 존중하여 그 가치를 허용하는 것이 오히려 사익과 사회질서 유지에 적합하고 법의 목적에도 합치되기 때문이다. 보통 공법(헌법, 행정법, 형법 등)이 강행법에 해당하고 사법(민법, 상법 등)은 임의법에 해당한다. 사회복지에 관한 법의 경우 사회법의 영역이므로 사회법의 성격에 따라 구별될 것이다.

그런데 강행법과 임의법의 구별기준으로 법률의 공·사법적 성격도 중요하지만, '법문의 표현, 기타 법규가 가지는 가치 등을 고려하여 구체적으로 판단'할 필요가 있다. 사회복지에 관한 법에서 규정하고 있는 각종 사회복지급여규정에 있어서 수급자의 권리성을 인정한다는 면에서 보면 강행규정적 성격을 지니고 있지만, 만약 해석상 수급권의 반사적 이익을 인정한다면, 그 점에서는 사회복지급여규정의 임의성을 인정하게 되는 것이다.

4. 원칙법과 예외법

원칙법은 일정한 사항에 대해서 일반적으로 적용되는 법을 말하며, 예외법은 그 일정한 사항에 관하여 사정이 있는 경우 그 예외를 인정하는 법을 말한다. 일반법과 특별법의 관계와 달리 예외법은 원칙법의 적용을 완전히 배제하므로 원칙법이 예외법에 대해서 보충관계에 있지 않다.

일반적으로 여러 가지의 법령에서 보이는 단서규정은 대체로 예외법이라고 할 수 있다. 예를 들어, 「사회복지사업법」 제34조제2항의 "국가 또는 지방자치단체 외의 자가 시설을 설치·운영하고자 하는 때에는 보건복지법령이 정하는 바에 의하여 시장·군수·구청장에게 신고하여야 한다."는 내용은 사회복지시설의 설치주체에 관한 원칙법에 해당하고, "다만 제40조에 따라 폐쇄명령을 받고 3년이 경과하지 아니한 자는 시설을 설치·운영·신고를 할 수 없다."라는 단서부문은 예외법에 해당한다.

원칙법과 예외법을 구별해야 하는 이유는 법해석의 원칙으로서 예외법은 원칙법과 달리 특히 엄격하게 해석하여야 하고 이를 함부로 해석하여서는 안 된다는 점에 있다.

5. 신법과 구법

신법은 새로 제정된 법을 말하고 구법은 신법에 의해 폐지되는 법을 말한다. 우리의 사회현상은 항상 진행과정에 있으므로 어느 순간에 완벽하게 새로운 법이 적용될 수 있는 변화된 모습으로 나타나는 것은 아니다. 따라서 신법의 시행시기와 구법의 종료시기에서는 상호불일치가 존재할 수 있다. 이러한 불일치를 해결하기 위하여 신법에 규정된 경과규정 또는 부칙을 둔다. 예를 들어, 「사회복지사업법」에 규정된 사회복지사 1급 자격취득을 위한 경과규정이 있는데, 이 경과규정은 구법을 준수한 준수자의 권리를 보호할 뿐만 아니라 법의 보수성을 유지하는 데에 도움이 된다(김훈, 2004).

생각해 볼 문제들

1. 사회복지의 법해석의 방법을 다양한 방법으로 설명해 보라.

2. 사회복지법의 적용에서 사실확정의 방법을 설명해 보라.

3. 사회복지법의 위계적 분류를 설명해 보라.

제 7 장 사회복지법의 권리성

SOCIAL WELFARE AND LAW

사회복지는 성, 연령, 종교, 기타 신분에 차별 없이 존엄성을 가진 존재로 인식하고 복지 대상자들이 자립할 수 있도록 도와주며, 복지를 통해 사회적 약자의 문제를 해결해 주고 사회질서를 유지하고 안정시키는 것을 목적으로 한다. 인간은 사회복지서비스를 받을 권리가 있다. 즉, 복지국가가 출현하면서 사회복지급여수급권이 법적 권리로 인정받게 되었다. 권리의 한 수단인 사회복지수급권의 대상은 넓게는 전 국민을 대상으로 하며 좁게는 상대적으로 사회적 약자의 위치에 놓인 사람들을 대상으로 하고 있다. 이에 본 장에서는, 첫째, 사회복지수급권의 개념, 둘째, 사회복지수급권자의 권리와 의무, 셋째, 사회복지수급권의 권리실현 등을 중심으로 사회복지법의 권리성에 대해 살펴보고자 한다.

제1절 사회복지수급권의 개념

1. 사회복지수급권의 의의

사회복지수급권은 사회복지서비스를 받을 권리로서, 급여 또는 서비스 제공을 통한 최저한도의 생활보장과 자립을 목적으로 하는 생활보호, 재활, 생활의 안정과 복지의 증진을 목적으로 하는 사회복지서비스에 대한 급여청구권을 말한다. 사회복지급여수급권은 사회복지급여가 일종의 자선으로 여겨진 과거 법제도에서는 청구권으로 이해할 수 없었으나 국민의 생존권확보를 위한 노동법, 사회보장법, 사회서비스법이 제정됨에 따라 법적 청구권으로 인정받게 되었다. 따라서 사회복지급여수급권은 사회급여 관리운영 주체와 수급권자 간에 존재하는 사회복지급여의 지급을 청구할 수 있는 권리로서 공법상의 쟁송을 통하여 실현 가능한 수급권자의 개인적 공권이라고 할 수 있다.

이처럼 사회복지급여수급권이 법적 권리로 인정받게 된 배경은 정치적 · 사회적 · 경제적 변화에 따른 것이며, 결국 사회복지법은 시민사회의 발전과 성숙에 따른 결과이고, 그 이념과 원리는 현대사회의 국민생활을 사회적 성격을 가진 것으로서 사회복지법상의 수급권은 인간으로서의 생존, 생활을 확보하기 위한 개인의 권리이며, 국가는 이를 보장할 의무를 지는 것이다.

2. 사회복지수급권의 발생과 법적 성격

1) 시민사회의 성립 및 변천과 사회복지법의 출현 및 변화

사회복지제도는 20세기 이후 두 번의 세계대전을 겪은 경험과 자본주의 발달, 시민사회의 성숙, 그리고 민주주의가 역사적으로 혼합되면서 일시적 · 선별적 제도에서 점차적으로 보편적인 제도로 발전해 나가고 있다.

(1) 시민사회의 성립과 사회복지법의 출현

시민사회의 사상적 · 이념적 특징은 개인의 생활을 존중하고 자유를 중시한다는 점이다. 경제적으로는 자본주의를 토대로 한 반면, 법질서는 사법 중심의 시민법에 있다. 국가는 개개인의 사생활에 가능한 한 개입하지 않는 이른바 야경국가의 성격을 띤 국가 형태가 지배적이었다. 이러한 시민사회에서 개인의 생활문제나 사회문제는 거의 대부분 개인적이 측면에서 그 원인과 해결책을 모색하는 관념이 지배적이었다. 그러므로 이러한 시대의 사회복지의 특징은 구빈법적인 억압의 요소를 지니고 있었으며, 사회복지의 대상은 소수의 빈민이나 취약계층에 한정하여 주어졌다. 또한 시민사회의 법적 자유는 형식적이고 추상적인 것으로 되어 경제적 불평등을 증대시키게 되었다. 시민사회는 이러한 경제체제와 법체제의 관리 속에서 여러 가지 모순과 사회적 문제를 낳게 되었고, 이의 해결을 도모하는 과정에서 오늘날의 사회복지법이 출현하고 사회복지제도가 발전하게 된 것이다.

(2) 시민사회의 발달과 사회복지 관계 분야의 변화

이후 18~19세기를 거치면서 시민사회의 이념은 집단주의 혹은 사회민주주의로, 경제체제는 독점자본주의나 수정자본주의체제로, 법체제는 공법 또는 사회법으로 변화하는 과정에서 개인의 권리는 사회권, 혹은 생존권이 중시되는 상황으로 변모하였다. 동시에 국가 형태의 측면에서는 국가가 개인의 사생활에 적극적으로 개입하여 불평등을 해소하고 국민 모두의 복지를 증진시키려는 복지국가에로 전환하는 역사적 경향을 가져왔다. 따라서 사회복지법은 시민사회의 발전에 따른 결과로 생겨난 것이며, 국민의 생존 혹은 생활에 필요한 여러 가지 조건의 확보를 국가에 대하여 요구할 수 있는 권리인 생존권 혹은 사회권을 핵심으로 삼고 있다고 할 수 있다.

2) 기본권으로서의 사회복지급여수급권

(1) 기본권

기본권이란 국민이 향유하는 기본적인 권리로서 헌법에 의해 보장되는 권리를 말한다. 기본권은 천부인권상의 권리뿐만 아니라 실정법에 의해서 비로소 형성되거나 구체화되는 권리까지도 내재하는 포괄적인 권리라고 할 수 있다. 기본권의 종류는 포괄적 기본권, 자유권적 기본권, 사회권적 기본권, 청구권적 기본권, 참정권 등이 있으며, 포괄적 기본권은 인간의 존엄과 가치, 행복추구권, 평등권으로 구분된다.

(2) 자유권적 기본권(자유권)

자유권은 1215년 영국의 대헌장에서 유래되었으며, 개인의 신체 및 재산에 대하여 국가 공권력으로부터 침해나 간섭을 받지 아니하는 방어적 · 소극적 권리를 말한다. 자유권은, 첫째, 신체적 자유, 둘째, 사회경제적 자유권으로서, 거주, 이전의 자유, 직업선택의 자유, 주거의 자유, 사생활 비밀의 자유, 통신의 자유, 재산권의 보장, 셋째, 정신적 자유권으로서, 양심의 자유, 종교의 자유, 언론 및 출판의 자유, 집회의 자유 , 결사의 자유, 학문의 자유, 예술의 자유, 소비자의 권리 등이 있다.

(3) 사회권적 기본권(사회권)

사회권이란 국민이 국가기관에 대하여 인간다운 생활과 최저한의 생활보장을 적극적으로 요구할 수 있는 권리를 의미하며, 생존권이라고도 한다. 사회권적 기본권을 세계 최초로 규정한 국가는 1919년 독일의 바이마르 헌법으로서, 인간다운 생활을 할 권리를 강조한다. 우리나라 헌법의 규정에는 사회권에 대한 내용으로 인간다운 생활을 할 권리, 교육을 받을 권리, 근로에 대한 권리, 근로3권, 환경권 등을 규정하고 있다.

〈표 7-1〉 자유권적 기본권과 사회권적 기본권의 관계

구분	자유권적 기본권	사회권적 기본권
사상적 기초	- 개인주의, 자유주의 - 형식적·시민적 법치주의 - 자유방임국가, 야경국가	- 단체주의 - 실질적·사회적 법치주의 - 복지국가 실현
권리의 성질	- 소극적·방어적 자연권 - 성인 천부인권의 권리(초국가적 인간의 권리)	- 적극적 권리(실정권적 국민의 권리)
권리의 효력	- 모든 국가기관을 직접 구속 - 권리제한적 법률유보	- 입법권만을 구속 - 권리형성적 법률유보
권리의 내용	- 자유방임을 기초로, 국가로부터의 침해나 간섭을 배제(소극적 권리)	- 국가에 대한 급부나 배려를 요구(적극적 권리)

(4) 인간다운 생활을 할 권리

① 사회보장을 받을 권리

사회보장을 받을 권리란 사회보장수급권을 말하는 것으로, 국가에 대해 일정한 내용의 급부와 배려를 적극적으로 요구할 수 있는 권리를 말한다.

② 사회보장수급권의 위치

헌법상의 생존권, 사회권 조항을 기반으로 하는 권리로서 사회보장 기본법 제9조에 의하여 '사회보장을 받을 권리', '사회보장수급권'으로 명시되어 있으며, 법적 용어는 사회보장수급권으로 사용하는 것이 바람직하다.

③ 「사회보장기본법」 제9조(사회보장을 받을 권리)

「사회보장기본법」 제9조(사회보장을 받을 권리)는 "모든 국민은 사회보장 관계 법령에서 정하는 바에 따라 사회보장급여를 받을 권리(사회보장수급권)를 가진다."로 규정되어 있다.

(5) 사회권적 기본권의 확대

복지권의 범위는 요보호자에서 전 국민을 대상으로 확대되고 있다. 또한 복지권은 그 대상이 국내에 체류하고 있는 외국인들에게까지 상호주의와 인도주의에 입각해 확대 · 발전되고 있다. 따라서 복지권이 공민권보다 오히려 대상범위가 더 넓게 확대되어 가는 추세이다.

3) 헌법상의 기본권

헌법에서 최초로 생존권의 이념을 규정한 것은 독일의 바이마르 헌법이다. 생존권은 그 내용과 성격이 다양하지만 그 목적은 개인의 생존을 보장하기 위해 국가가 적극적으로 개인생활에 개입하며 그 구체적 내용은 공공정책이나 사회복지정책을 통해서 실천하게 된다는 것이다. 그 구체적 생존권의 보장방식은 헌법의 하위법인 각종 법률이나 명령(시행령), 규칙(시행규칙) 등에 의거한 행정행위에 달려 있다.

제2절 사회복지수급권자의 권리와 의무

1. 사회복지수급권의 규범적 구조

1) 실체적 권리

헌법상의 생존권 규정을 이어받아 이를 실현시키려는 구체적인 사회복지법에 의거하여 국민들이 실제적으로 사회복지급여를 청구할 수 있는 구체적인 권리를 사회복지급여 청구권, 즉 실체적 권리라고 한다. 이때에 포함되는 내용은 수급요건(자격), 수급권자, 급여 수준, 수급 기준, 급여의 종류, 재정조달, 전달체계, 수급권의 보호와 제한 등이다. 이 모든 내용은 국민이 사회생활을 직접할 수 있도록 생활상의 문제를 해결하여 인간다운 생활을 유지할 수 있게 하는 데 목적이 있다.

사회복지급여청구권은 각종 사회보험률에 따른 사회보험청구권, 공적부조법률에 따른 공적부조청구권, 사회복지서비스법에 의거한 사회복지조치청구권 등이 있다.

2) 수속적 권리

수속적 권리란 사회복지급여를 받기 위해 적절한 절차에 참가하는 권리, 불평등하게 취급당하지 않을 권리, 하자 없는 재량행사를 청구하는 권리 등이 있다. 즉, 사회복지급여를 받기 위해 급여청구권 실현을 위한 일련의 수속과정이 본래의 수급권 보장의 목적에 알맞게 진행되어져야 할 것을 요구하는 권리이다. 수속적 권리의 내용은 편의상 수속 전 단계와 수속 단계로 나누어서 살펴볼 수 있다. 수속 전 단계에서의 권리에는, 첫째, 사회복지법률에 의한 권리와 의무에 대해 국민들을 깨우치기 위해 그 수단으로서 TV, 라디오, 광고지, 신문, 포스터, 영화 등에 의한 PR 등의 정보 제공 등을 요구할 수 있는 권리, 둘째, 상담 및 조언을 요구할 수 있는 권리 셋째, 그 수단으로서 각종 사회복지기관을 이용할 수 있는 권리 등이 포함된다.

수속 단계에서의 권리는 이 단계를 다시 신청 단계, 조사 단계, 결정 단계, 실시 단계로 세분하고 각 단계 과정마다 인간의 존엄성, 생명, 자유, 행복추구의 권리, 사생활존중 등의 권리를 포함하여 사회복지대상자가 적절하게 취급되어야 하는 권리를 말한다.

3) 절차적 권리

절차적 권리란 실체적 권리를 보장하고 실현하거나 이것과 연관된 의무의 이행 또는 강제를 구체적으로 실현하는 절차와 관계되는 권리를 말한다. 절차적 권리에 속하는 수급권의 내용에는 사회복지급여쟁송권, 사회복지행정참여권, 사회복지입법청구권 등이 포함된다. 사회복지급여쟁송권이란 실체적 권리인 사회복지급여 청구권이 위법 또는 부당한 행정기관의 조치에 의해서 침해되었을 때 이의 구제를 신청하는 권리이다. 사회복지급여쟁송권은 행정심판의 행정적 구제와 행정소

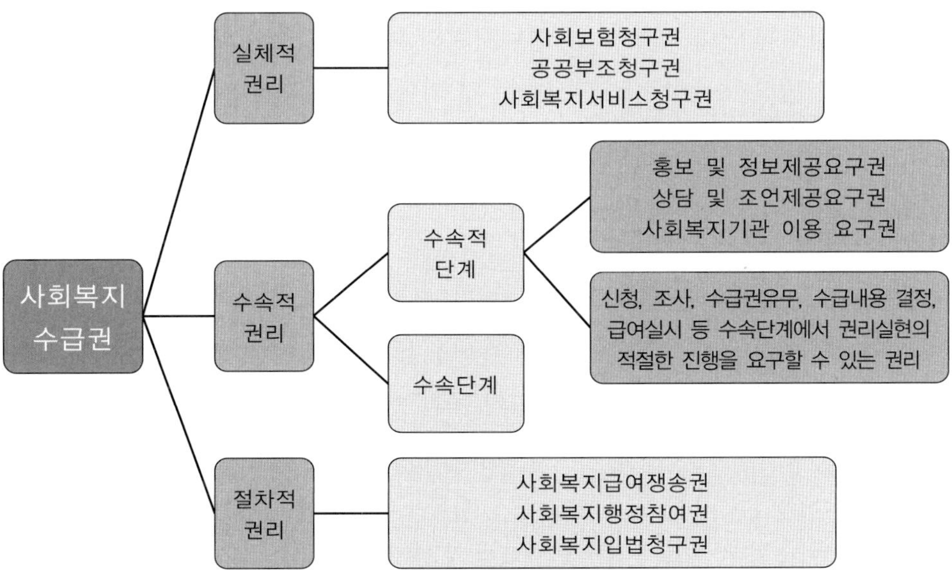

[그림 7-1] 사회복지수급권의 규범적 구조

송을 통한 사법적 구제가 있다. 사회복지행정참여권이란 사회복지행정 과정에 사회복지 대상자나 국민이 참여할 권리이다. 사회복지입법청구권이란 생존권 보장을 위한 사회복지급부를 제공하는 구체적인 법률이 제정되지 않았거나 또는 제정되었더라도 그 법률이 생존권 실현에 불충분한 경우에 사회복지입법을 추진하거나 그 개정을 청구할 수 있는 권리이다.

2. 사회복지급여수급권자의 권리

1) 사회복지급여청구권

사회복지급여청구권은 사회복지법률에 의하여 수급권자에게 보장되는 법률상의 권리이다. 사회복지법상 사회복지급여수급권을 권리로서 인정하고 있는 가장 중요한 이유는 인간다운 생활보장이 현대 복지국가의 존립근거가 되고 있다는 점과 현대사회에 있어서의 국민 전체의 생존권 보장은 국가사회의 보편적 · 기본적 가치가 되고 있다는 점, 국민 전체의 경제적 · 사회적 생활보장은 사적 부양의 범위를 벗어난 사회적 연대책임이라는 현대사회의 특징을 반영하고 있다는 점 등이다. 즉, 사회복지법상 구체적으로 명시하는 것 외에 사회복지급여수급권을 적극적으로 보호함으로써 인간다운 생활을 보다 실질적으로 확보하는 데 있다.

2) 상담요구권

상담요구권을 중요시 하는 이유는 사회보험의 피보험자 또는 다른 사회급여의 수급권자로 될 수 있는 자가 사회급여의 내용 및 자기가 부담하고 있는 의무의 내용에 관하여 정확한 지식을 가지고 있지 못할 때가 많으므로, 전문지식을 가지고 있는 관리운영주체의 직원에게 그에 관하여 문의하거나 또는 자기의 개별적인 사정에 적합한 조언을 구할 필요성이 있기 때문이다. 「사회보장기본법」 제33조에서는 "국가와 지방자치단체는 사회보장제도에 관하여 국민이 필요한 정보를 관계 법령에서 정하는 바에 따라 공개하고, 이를 홍보하여야 한다."로 명시되어 정보의 공개성을 강조하고 있다.

3. 사회복지급여수급권자의 의무

사회복지급여수급권자의 의무는 관리운영주체로 하여금 급여에 관한 올바른 처분을 내릴 수 있도록 하기 위하여 충분하고 정확한 사실관계를 인지시키고, 피보험자가 공동체의 일원으로서 공동체에 불이익이 없이 사회보험의 목적을 달성할 수 있도록 하는 데 그 입법 목적이 있다.

1) 신고의무의 이행

사회복지급여수급권자는 수급권의 기초가 되고 있는 사항을 사용자나 관리운영주체에 신고하여야 한다. 즉, 성별, 주소, 혼인관계, 일정액 이상의 소득관계, 취업관계, 건강상태 등은 수급권자의 사회복지급여와 직접적인 관련이 있는 문제들로서, 이의 변경은 사회복지급여의 정지나 취소조치자료가 되기 때문이다. 만일 신고의무를 제대로 이행하지 않음에도 불구하고 계속 사회복지급여를 지급받고 있을 경우에는 금액의 전부 또는 일부가 부당이득으로서 환수조치가 취해질 수 있다.

2) 질문 등에 응할 의무

사회복지급여수급권자는 관리운영주체의 요구에 따라 사회복지급여의 지급과 관련된 문서나 물건 또는 그 처분에 필요한 증거서류나 증거물 등을 관리운영주체에 제공하거나 제출하여야 하며, 관계인의 질문에 답변할 의무가 있다. 이러한 의무는 사회복지급여수급권자의 수급권을 확정하는 데 필요한 최소한의 요구와 질문이기 때문에 요청되는 것이다.

3) 협조의무

사회복지급여수급권자는 때로는 사회복지법규에 의해 관리운영주체의 특별한 지시에 따를 의무를 지고 있는데, 예컨대 진단, 검사, 또는 요양행위를 받을 의무 및 직업재교육을 위한 조치를 따를 의무 등이 「국민건강보험법」, 「국민연금법」 등에 규정되어 있다. 이를 위반하면 사회복지급여의 제한을 초래할 수도 있으며, 자활사업을 조건으로 하는 기초생활수급자가 만일 자활사업에 참여하지 않을 경우, 생계급여의 지급을 실시하지 않거나 지급이 중지하도록 되어 있다는 점에서 극히 제한적이지만 강제성을 수반하고 있다. 이 의무의 과도한 이행요구는 사회복지급여수급권자가 가지고 있는 인간의 존엄성과 자유로운 생활권 및 신체의 자유를 침해할 우려가 있다는 점에서 한계가 있다.

제3절 사회복지수급권의 권리실현

1. 수급권 발생의 요건

사회복지수급권은 법률에 정한 요건에 따라 발생되며, 국민연금 수급권이 해당된다. 사회복지수급권은 행정청의 형성적 행위에 의해서 발생되며, 사회복지시설에의 입소조치가 이에 해당된다. 의료급여에 있어서는 피보험자 등이 상병에 걸려 의료기관에 피보험증을 제시하는 것만으로 의료기관으로부터 의료급여를 받을 수 있다. 다만, 생활보호자에 대한 의료부조는 복지시설로부터 의료권을 발급받아 치료할 수 있다. 반면, 행정청의 확인 없이 당연히 수급권이 발생되는 경우가 있는데, 국가배상법이나 근로기준법에 의한 보상을 받을 권리는 법률상 요건사실의 발생에 따라 발생하고, 재해인정 등은 수급권에 영향을 미치지 않는다. 또한 「국민건강보험법」, 「국민연금법」, 「고용보험법」, 「산업재해보상보험법」 등은 계약에 따라 제공되는 급여이다.

2. 급여의 지급 요건

1) 연 령

일정한 연령의 도달 여부를 요건으로 한다. 노령연금은 65세에 달한 때에 지급한다.

2) 친족관계

일정한 친족관계에 있는 것을 요건으로 한다. 친족관계에 대해서는 기본적으로 민법의 규정에 의하지만, 사회복지법이 독자적으로 규정하는 경우도 있다.

3) 생계/세대

급여가 일정한 친족관계에 지급되는 경우, 피보험자 등과 생계유지, 생계동일 또는 동일세대로 있는 것을 요건으로 한다.

4) 주소/거소

국민연금은 국내에 주소를 갖고 있는 자에게 지급되고, 생활보호는 복지시설 관할구역에 거소하고 있는 요보호자에게 행해지고, 의료급여는 관할구역 내에 주소가 있는 자에게 행해진다.

5) 사 망

유족연금은 피보험자의 사망이 지급요건이 되는데, 자연사 및 법정사(法定死)가 포함된다. 즉, 실종선고를 받은 자는 보통실종은 5년, 특별실종은 1년의 기간이 만료한 때에 사망한 것으로 본다. 다만, 특별실종에 대해서는 특별한 추정규정이 설정된다.

6) 고의/중과실 사고발생

고의 또는 중대한 과실로 사고를 발생한 자에 대해서는 급여가 발생하지 않는 경우가 많다.

7) 기 타

이외에 급여요건으로 보험료납부, 업무상 사고, 장애, 질병 또는 부상, 분만 및 출산, 실업 등 많은 규정이 있다.

3. 수급권의 보호, 제한 및 소멸

1) 사회복지급여수급권의 취약성

사회복지수급권의 권리실현이 취약한 이유는, 첫째, 우리나라와 같이 사회복지의 역사가 짧은 경우, 사회복지급여를 국민의 권리인 동시에 국가의 의무관계로서 수급되지 않고 단순히 국가 행정행위의 반사적 이익 또는 시혜로 인식되는 경향이 있기 때문이다. 둘째, 사회복지급여는 현금이나 현물급여 이외에 사회복지서비스라는 비금전적이고 전문기술적인 급여에 의해서 이루어지는 점이 강한데, 이러한 급여는 유동적이고 개별적이기 때문에 그 권리실현을 계량화한다거나 표준화하여 법률로 규정하기가 곤란하다. 셋째, 사회복지법은 공법적 성격과 사법적 성격을 가지고 있는데, 사회복지법의 사법적 성격은 개인 간의 계약관계에 관한 사적 자치가 중요하며, 이러한 사적 자치 측면이 사회복지수급권의 권리성을 취약하게 하는 요인이다.

2) 사회복지급여수급권의 보호

사회복지급여를 받을 권리는 사회권으로서 이미 여러 나라에서 하나의 권리로서 인정하고 있으며, 이에 따라 구체적 법률을 통하여 사회복지급여가 국민들에게 제공되는 기본적인 권리의 성격과 함께 공적 권리로서의 이중성을 지니고 있다. 그러므로 국가는 수급권을 가진 개인의 생활을 보장하는 목적으로, 이들에 대한 특별한 보호를 필요로 하는 것이다. 국가는 개인의 권리실현에 장애가 되는 요소를 제거할 뿐만 아니라 적극적으로 권리실현을 할 수 있도록 원조를 하게 된다.

3) 수급권의 처분 · 압류의 금지

사회복지급여수급권은 공법상 일신전속권이기 때문에, 처분이나 압류 또는 상계가 금지되는 것은 당연하다. 이는 사회복지급여수급권자의 개인적 · 사회적 보호를 통해서 인간다운 생활을 보장하고자 하는 데 목적을 두고 있다. 상계와 관련하여, 우리나라의 경우 개별 사회복지법규에서 규정하고 있지 않은 경우도 있고, 특별한 예외규정을 두어 제한적으로 상계를 인정하는 경우(「공무원연금법」 제68조의2-기여금의 과오납의 경우)도 있다.

4) 사회복지급여수급권의 제한

사회복지급여수급권은 스스로 사회생활을 유지할 수 없는 상태에 처한 사회적 약자에게 인간다운 생활을 영위할 수 있도록 하는 사회복지의 제도적 장치로, 구체적으로 실현된다. 그러므로 사회복지급여가 마땅히 필요한 상태, 즉 요보호상태가 사회복지수급권자의 책임으로 돌릴 수 있는 행위로 인하여 발생하거나 또는 그로 인하여 그 상태가 악화되거나 호전되는 것을 방해할 때, 사회복지급여지급에 필요한 여러 가지 협조 의무에 응하지 않는 경우에도 사회적 보호만을 고려하여, 그들에게 사회복지급여를 지급하여야 하는가의 문제가 대두된다. 이와 같이 사회복지급여수급권의 제한은 여러 가지 사정이 있을 경우, 수급을 받을 권리가 타당하고 정의로움에 위배된다는 인식을 하게 될 때, 형식적으로 수급요건이 있다고 보여지는 경우에도 급여를 행하지 않는 것을 의미한다.

다음은 사회복지수급권 제한의 원칙이다.

첫째, 과잉 사회복지급여의 제한 및 금지

사회복지급여는 급여대상자가 스스로 자신의 생활을 영위하는 것을 목표로 하고 있다. 이는 개인의 자율적이고 자기 결정적인 생활을 유지하게 함으로써, 스스로 인간으로서의 존엄성을 유지 · 확보하게 하는 데 기여함을 목적으로 하고 있기 때문이다. 그러므로 사회복지급여 수준과 내용은 수급권자들이 스스로 자립할 수 있도록 적정하게 책정되어야 한다. 따라서 사회복지급여 내용은 너무 적지도 많지도 않아야 하며, 중복된 급여를 지양해야 한다.

둘째, 사회복지급여의 남용금지

현실적으로 사회복지급여는 국민의 세금이나 사회보험 기여금 등에 의존하고 있으므로 이러한 공동체의 다른 구성원들에게 부당하게 불이익을 가져오는 행위가 배제되어야 한다. 그러므로 사회복지급여수급권자는 사회복지수급 조건에 따른 의무를 성실하게 이행함은 물론, 사회복지수급 사유 및 조건을 인위적으로 직 · 간접으로 발생하게 하거나, 연기시키는 행위 등에 대하여 마땅히 사회복지급여수급권을 제한 · 금지하게 된다.

셋째, 사회복지급여의 악용의 제한

사회복지급여를 지급받기 위한 목적으로, 고의로 사회복지급여 지급사유를 발생시킬 경우, 사회복지급여수급권을 제한하는 것이 통례로 되어 있다.

5) 사회복지급여수급권의 포기

사회복지급여수급권은 본인이 원하는 경우 정당한 권한이 있는 기관에 서면통지를 함으로써 이를 포기할 수 있다(「사회보장기본법」 제14조제1항). 또한 이 수급권포기행위는 취소할 수 있고(동법 제14조제2항), 타인에게 피해를 주거나 사회보장에 관한 관계법령에 위반하는 포기는 불가능하다(동법 제14조제3항).

6) 사회복지급여수급권의 소멸

(1) 사 망

사회복지급여수급권은 사망과 포기 및 시효로 소멸한다.

(2) 포 기

국가의 사회복지급여나 서비스를 받겠다는 동기가 결여된 사람에게 이익처분을 강제할 수는 없으므로 포기할 수 있다고 본다(「사회보장기본법」 제14조).

(3) 시 효

사회복지급여수급권을 수급권자가 일정한 기간 동안 행사하지 아니하면 시효에 의하여 그 권리가 소멸한다.

생각해 볼 문제들

1. 사회복지수급권을 개념적으로 설명해 보라.

2. 사회복지수급권의 권리와 의무를 설명해 보라.

3. 사회복지수급권의 권리실현의 내용을 설명해 보라.

제 8 장 사회복지사의 법적 지위와 권한

SOCIAL WELFARE AND LAW

사회복지의 법률관계는 사회복지의 주체와 객체 간의 권리와 의무 간의 관계라고 할 수 있다. 사회복지의 법률관계에서 사회복지 주체는 공적 및 민간 사회복지로 구분되며, 국가, 지방자치단체, 법인, 단체, 개인 등 다양하게 구성될 수 있다. 공공 사회복지기관에 근무하는 사회복지사는 사회복지전담공무원이라고 하며, 민간 사회복지기관에 근무하는 사회복지사는 임금을 목적으로 사회복지 법인이나 시설에서 근로를 제공하는 노동자이다. 따라서 이들은 무보수성이나 자발성의 원칙에 따라 활동하는 자원봉사자와는 달리 사회복지사로서의 법적 지위와 권한을 가지고 있다. 이에 본 장에서는, 첫째, 사회복지사의 의의 및 자격, 둘째, 사회복지사의 법적 지위, 셋째, 사회복지사의 권한과 책임 등을 중심으로 사회복지사의 법적 지위와 권한에 대해 살펴보고자 한다.

제1절 사회복지사의 의의 및 자격

1. 사회복지사의 의의

1970년대 사회복지사업종사자로 시작하여 1983년 5월「사회복지사업법」이 개정되면서 사회사업가 또는 사회사업종사자의 명칭이 '사회복지사'로 규정되어 사회복지사 자격증이 발급되기 시작하였다. 이후 사회사업은 사회사업학의 학문적 체계에서 사용되어지고, 사회복지사의 영문표기는 'Social Worker'로 사용하고 있다. 우리나라는「사회복지사업법」제11조제1항의 규정에 의하여 '사회복지에 관한 전문지식과 기술을 가진 자'를 사회복지사로 규정하고 있다(한국사회복지사협회).

「사회복지사업법 시행령」제6조에 의하면, 사회복지사는 사회복지프로그램의 개발 및 운영업무, 시설거주자의 생활지도업무, 사회복지를 필요로 하는 사람에 대한 상담업무 등을 수행한다. 사회복지사의 업무 영역은 다음과 같다.

첫째, 공적 사회복지영역으로서, 「사회복지사업법」 제14조에 의거하여 사회복지사업에 관한 업무를 담당하게 하기 위하여 시도, 시군구 및 읍면동 또는 복지사무전담기구에 사회복지사 자격증을 가진 사회복지전담공무원을 두도록 규정하고 있다.

둘째, 사회복지기관 및 시설 영역으로서, 지역복지사업, 아동복지, 노인복지, 장애인복지, 모자복지 등의 민간 사회복지관 영역에 종사할 수 있다.

셋째, 의료사회복지사(Medical Social Worker)로서, 병원이나 진료소에서 임상치료팀의 일원으로 질병의 직·간접적인 원인이 되고 치료에 장애가 되는 환자의 심리·사회적인 문제들을 해결하도록 도와주며, 환자가 퇴원한 후에도 정상적인 사회기능을 발휘할 수 있도록 환자와 그의 가족에게 전문적인 사회복지서비스를 제공하는 사회복지사이다.

넷째, 정신보건사회복지사(Mental Health Social Worker)로서, 사회복지사 1급 자격증 소지자 중에서 정신보건 분야의 전문적인 지식과 기술을 가지고 정신질환자의 개인력 및 사회조사, 정신질환자에 대한 사회사업지도 및 방문지도, 사회복귀 촉진을 위한 생활훈련 및 직업훈련, 정신질환자와 그 가족에 대한 교육·지도 및 상담업무, 정신질환 예방 활동 및 정신보건에 관한 조사연구를 하는 사회복지사이다.

다섯째, 학교사회복지사(School Social Worker)로서, 학생 개개인의 지적·사회적·정서적 욕구와 문제해결에 관심을 갖도록 도와주며, 이를 통하여 모든 학생들이 학교에서 공평한 교육기회와 성취감을 제공받을 수 있도록 사회복지의 다양한 실천방법을 활용하는 사회복지사이다.

여섯째, 자원봉사활동관리전문가(Voluntary Activities Coordinator)로서, 자원봉사자들을 모집·배치·상담·훈련하고 자원봉사자 활용 프로그램의 개발과 시행·평가하는 사회복지사이다.

일곱째, 교정사회복지사(Correctional Social Worker)로서, 현행 법무부산하의 교정시설에서 범죄인의 재활과 범죄 예방에 개입하고 있는 사회복지전문직은 교정

사회복지사로 통칭되고 있다.

여덟째, 군사회복지사(Military Social Worker)로서, 군대 내의 의무직에 속하며, 환자의 상담과 복귀를 위한 복지업무를 담당하는 사회복지사로 활동한다. 병과분류 764/의무병과 · 의무행정 · 사회사업으로 분류된다.

아홉째, 산업사회복지사(Industrial Social Worker)로서, 기업체에서 노동자들의 비복지적 문제의 개선을 위해 사회복지학의 전문지식을 활용하여 문제해결을 수행하는 사회복지사이다.

〈표 8-1〉은 사회복지학의 전공교과목과 선택과목이다(「사회복지사업법 시행규칙」 별첨 1).

〈표 8-1〉 사회복지학 전공교과목과 사회복지 관련 교과목

구분	교과목	이수과목(학점)	
		대학원	대학 · 전문대학
필수 과목	사회복지개론, 인간행동과 사회환경, 사회복지정책론, 사회복지법제, 사회복지실천론, 사회복지실천기술론, 사회복지조사론, 사회복지행정론, 지역사회복지론, 사회복지현장실습(120시간 이상)	6과목 18학점 (과목당 3학점) 이상	10과목 30학점 (과목당 3학점) 이상
선택 과목	아동복지론, 청소년복지론, 노인복지론, 장애인복지론, 여성복지론, 가족복지론, 산업복지론, 의료사회사업론, 학교사회사업론, 정신건강론, 교정복지론, 사회보장론, 사회문제론, 자원봉사론, 정신보건사회복지론, 사회복지지도감독론, 사회복지자료분석론, 프로그램 개발과 평가, 사회복지발달사, 사회복지윤리와 철학	2과목 6학점 (과목당 3학점) 이상	4과목 12학점 (과목당 3학점) 이상

비고1 : 실습기관은 법 제2조제1호에 따른 사회복지사업과 관련된 법인 · 시설, 기관 및 단체로 한다.
비고2 : 실습지도자는 사회복지사 1급 자격증을 소지한 자로서 3년 이상 또는 사회복지사 2급 자격증을 소지한 자로서 5년 이상 사회복지사업의 실무경험이 있는 자가 실습을 지도하여야 한다.

2. 사회복지사의 자격기준

사회복지사의 등급별 자격기준은 〈표 8-2〉와 같으며, 사회복지사의 자격시험 과목은 1교시, 사회복지기초(인간행동과 사회환경 및 사회복지조사론), 2교시, 사회복지실천(사회복지실천론, 사회복지실천기술론, 지역사회복지론), 3교시, 사회복지정책과 제도(사회복지정책론, 사회복지행정론, 사회복지법제론)로 구성되어 있다.

〈표 8-2〉 사회복지사의 등급별 자격기준(「사회복지사업법」 시행령 제2조제1항 관련)

등급	자격기준
1급	「사회복지사업법」 제11조제3항의 규정에 의한 국가시험에 합격한 자 가. 「고등교육법」에 따른 대학원에서 사회복지학 또는 사회사업학을 전공하고 석사학위 또는 박사학위를 취득한 자. 다만, 대학에서 사회복지학 또는 사회사업학을 전공하지 아니하고 동 석사학위를 취득한 자는 보건복지부령이 정하는 사회복지학 전공교과목과 사회복지관련 교과목 중 필수과목 6과목 이상(대학에서 이수한 교과목을 포함하되, 대학원에서 4과목 이상을 이수하여야 한다), 선택과목 2과목 이상을 각각 이수한 때에 한하여 사회복지사 자격을 인정한다. 나. 「고등교육법」에 따른 대학에서 보건복지부령이 정하는 사회복지학 전공교과목과 사회복지관련 교과목을 이수하고 학사학위를 취득한 자 다. 법령에서 「고등교육법」에 따른 대학을 졸업한 자와 동등 이상의 학력이 있다고 인정하는 자로서 보건복지부령이 정하는 사회복지학 전공과목과 사회복지관련 교과목을 이수한 자 라. 사회복지사 2급자격증소지자로서 3년 이상 사회복지사업의 실무경험이 있는 자
2급	가. 「고등교육법」에 따른 전문대학에서 보건복지부령이 정하는 사회복지학 전공교과목과 사회복지관련 교과목을 이수하고 졸업한 자 나. 법령에서 「고등교육법」에 따른 전문대학을 졸업한 자와 동등 이상의 학력이 있다고 인정하는 자로서 보건복지부령이 정하는 사회복지학 전공교과목과 사회복지관련 교과목을 이수한 자 다. 「고등교육법」에 따른 대학을 졸업하거나 이와 동등 이상의 학력이 있는 자로서 보건복지부장관이 지정하는 교육훈련기관에서 12주 이상 사회복지사업에 관한 교육훈련을 이수한 자 라. 사회복지사 3급자격증소지자로서 3년 이상 사회복지사업의 실무경험이 있는 자

3급	가. 「고등교육법」에 따른 전문대학을 졸업한 자 또는 법령에서 이와 동등 이상의 학력이 있다고 인정하는 자로서 보건복지부장관이 지정하는 교육훈련기관에서 12주 이상 사회복지사업에 관한 교육훈련을 이수한 자 나. 고등학교를 졸업하거나 이와 동등 이상의 학력이 있는 자로서 보건복지부장관이 지정하는 교육훈련기관에서 24주 이상 사회복지사업에 관한 교육훈련을 이수한 자 다. 3년 이상 사회복지사업의 실무경험이 있는 자로서 보건복지부장관이 지정하는 교육훈련기관에서 24주 이상 사회복지사업에 관한 교육훈련을 이수한 자 라. 법 제2조제1항의 규정에 의한 업무에 8급 또는 8급 상당 이상으로 3년 이상 종사한 공무원으로서 보건복지부장관이 지정하는 교육훈련기관에서 4주 이상 사회복지사업에 관한 교육훈련을 이수한 자

비고: 외국의 대학 또는 대학원에서 사회복지학 또는 사회사업학을 전공하고 학사학위 이상의 학위를 취득한 자로서 등급별 자격기준과 동등한 학력이 있다고 보건복지부장관이 인정하는 경우에는 당해 등급의 사회복지사자격증을 교부할 수 있다.

제2절 사회복지사의 법적 지위

사회복지사의 법적 지위는 공공기관의 사회복지사(사회복지 전담공무원)와 민간기관의 사회복지사로 구분할 수 있다.

1. 공공기관 사회복지사(사회복지 전담공무원)의 법적 지위

공공기관에 근무하는 사회복지사는 주로 사회복지 전담공무원을 의미한다. 사회복지 전담공무원에 대한 법적 신분은 다음과 같이 규정되어 있다.

1) 사회복지사업법 제14조(사회복지 전담공무원)

- 사회복지사업에 관한 업무를 담당하게 하기 위하여 시·도, 시·군·구 및 읍·면·동 또는 제15조에 따른 복지사무 전담기구에 사회복지 전담공무원(이하 '복지전담공무원'이라 한다)을 둘 수 있다.

- 복지전담공무원은 사회복지사 자격을 가진 사람으로 하며, 그 임용 등에 필요한 사항은 대통령령으로 정한다.
- 복지전담공무원은 그 관할지역에서 사회복지를 필요로 하는 사람 등에 대하여 항상 그 생활 실태 및 가정환경 등을 파악하고, 사회복지에 관하여 필요한 상담과 지도를 한다.
- 관계 행정기관과 사회복지시설을 설치 · 운영하는 자는 복지전담공무원의 업무 수행에 협조하여야 한다.
- 국가는 복지전담공무원의 보수 등에 드는 비용의 전부 또는 일부를 보조할 수 있다.

2) 사회복지사업법 시행령 제7조(사회복지 전담공무원의 임용)

- 법 제14조의 규정에 의한 사회복지 전담공무원은 사회복지사의 자격이 있는 자 중에서 임용하되, 그 임용 등에 관하여는 지방공무원임용령이 정하는 바에 의한다. 다만, 사회복지 전담공무원 중 별정직 공무원인 자의 임용 등에 관하여는 당해 지방자치단체의 조례가 정하는 바에 의한다.
- 특별시장 · 광역시장 · 도지사 또는 특별자치도지사(시 · 도지사)는 제1항에 따라 사회복지 전담공무원을 임용 · 배치하는 경우에는 보건복지부령으로 정하는 바에 따라 보건복지부장관에게 그 사실을 보고하여야 한다.

공무원은 경력직 공무원과 특수경력직 공무원으로 나뉘며, 경력직 공무원과 특수경력직 공무원은 채용조건, 임용절차 등이 다르기 때문에 법적 지위도 다르다. 사회복지 전담공무원은 이 가운데 경력직 공무원에 속하고, 경력직 공무원 가운데 일반직 공무원에 속하며, 일반직 공무원 가운데 중앙공무원이 아니라 지방공무원 소속의 사회복지직에 속한다.

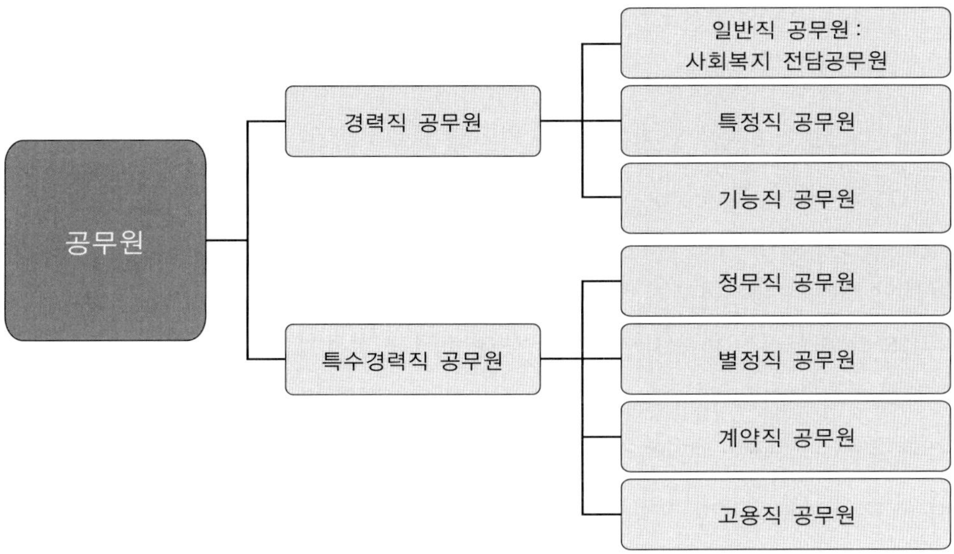

[그림 8-1] 공무원의 구분과 사회복지 전담공무원의 법적 위치

2. 민간기관 사회복지사의 법적 지위

민간기관에 종사하는 사회복지사의 법적 지위는 근로자로서 갖는 지위와 전문가로서 갖는 지위로 대별할 수 있다.

1) 근로자로서 사회복지사

민간기관에 종사하는 사회복지사는 무보수로 봉사하는 자원봉사자와 달리, 사회복지 관련 민간사업장에서 임금을 목적으로 근로를 제공하는 근로자로서 법적 지위를 갖는다. 따라서 민간기관에 종사하는 사회복지사는 사용자와 원칙적으로 대등한 관계에서 근로계약을 체결하고, 조직구성원의 지위에서 업무를 수행하며, 공동의사결정에 참여한다.

2) 전문가로서 사회복지사

민간사회복지기관에 종사하는 사회복지사는 사회복지에 관한 전문지식과 기술을 갖추고, 보건복지부장관으로부터 자격증을 교부받은 자를 말한다. 사회복지사 자격을 취득하기 위해서는 사회복지학 전공교과목이나 관련교과목을 이수하고 학위를 받거나 일정 기간 사회복지사업의 실무경험이 있어야 한다. 사회복지사 1급 자격의 경우는 2003년부터 국가시험에 합격하여야 한다. 또한 사회복지법인이나 시설의 일정업무는 반드시 사회복지사로 하여금 전문성을 발휘하도록 하고 있다(「사회복지사업법」 제13조). 즉, 사회복지 프로그램의 개발 및 운영업무, 시설거주자의 생활지도업무, 사회복지를 필요로 하는 사람에 대한 상담업무는 사회복지사를 그 종사자로 채용하여야 한다고 규정함으로써 이들 분야에서 사회복지사로 하여금 전문가로서의 역할을 수행하도록 하고 있다.

제3절 사회복지사의 권한과 책임

사회복지사의 법적 권한과 책임은 공공기관에 근무하는 사회복지 전담공무원과 민간복지기관이나 시설에 근무하는 사회복지사 간에 차이가 있다.

1. 사회복지 전담공무원의 법적 권한

1) 신분상의 권리

사회복지 전담공무원은 공공기관에서 사회복지사의 신분을 가지고 복지 관련 업무에 근무함으로써 인정되는 신분상의 권리들이 있다. 대표적인 것이 직업공무원제도 하에서의 신분보장이다.

(1) 소청(訴請)제기권

징계 등 불이익처분에 대하여 소청심사위원회에 심사청구할 수 있는 권리로서, 사안 발생 후 30일 이내에 소청을 제기할 수 있다.

(2) 소송(訴訟)제기권

공무원 신분에 대한 위법한 처분에 대해 행정소송을 제기할 수 있는 권리로서, 처분을 안 날부터 90일 이내, 처분이 있는 날로부터 1년 이내, 소청전치주의(訴請前置主義 : 행정청의 처분에 대해 행정청에 대한 소청(訴請) 등 불복 신청을 할 수 있게 되어 있는 경우에는 먼저 이에 대한 재결(裁決) 등을 거친 후가 아니면 소송을 제기할 수 없게 하는 원칙)가 적용된다(「행정소송법」 제20조의2).

2) 직무집행과 관련된 권리

(1) 신분보유권

법이 정한 사유와 소정의 절차에 의하지 않고는 신분을 상실당하지 않을 권리이다.

(2) 직위보유권

직위를 보유하고 법에 정한 이유와 절차에 의하지 않고는 직위를 박탈당하지 않을 권리로서, 직무집행권을 포함한다.

3) 재산상의 권리

(1) 보수청구권

공법상 권리로서, 당사자의 소송에 의한다.

(2) 연금청구권

공무원의 과거의 근무를 고려하여 본인 또는 그 가족의 생활보장을 위해 지급되는 급여로서, 연금권은 원칙적으로 이를 양도, 압류, 담보가 불가능하고, 퇴직 당시 배우자에 한하여 연금승계권이 있다.

4) 교육을 받을 권리

전문가로서의 자질향상을 위하여 필요한 지도와 훈련을 받을 권리가 있다.

5) 사회복지 전담공무원의 법적 권한의 제한

사회복지 전담공무원의 법적 권한은 국가안전보장 · 질서유지 또는 공공복리를 위하여 필요한 경우에 한하여 법률로써 제한할 수 있으며, 제한하는 경우에도 자유와 권리의 본질적인 내용은 침해할 수 없다. 사회복지 전담공무원은 헌법상 보장된 근로3권(단결권, 단체교섭권, 단체행동권) 또는 근로기본권의 제한을 받는다. 「헌법」 제33조에는 공무원인 근로자는 법률이 정하는 자에 한하여 단결권 · 단체교섭권 및 단체행동권을 가진다고 규정하고 있어 사회복지 전담공무원의 근로3권을 제한하고 있다. 또한 사회복지 전담공무원의 지원자격이 사회복지사자격증 소지자에 한정되므로 「사회복지사업법 시행령」 제1조제2항의 사회복지사 결격사유에 해당할 경우 사회복지 전담공무원은 그 자격을 상실하게 된다.

2. 민간사회복지기관 사회복지사의 법적 권한

1) 신분상의 권리

민간사회복지기관에 종사하는 사회복지사의 신분보장은 주로 법인의 정관에 따라 자신의 의사에 반하여 신분조치를 받지 않을 권리, 면직예고를 받을 권리, 이의 신청의 권리 등의 신분보장을 받는다.

2) 직무집행과 관련되는 권리

사회복지사는 자신에게 적합한 일정한 직무와 책임(직위)을 부여받을 권리를 가지며, 부여된 직무를 수행할 권리를 가진다. 단, 직무수행능력이 부족하거나 근무성적이 극히 불량하거나 직원으로서의 근무태도가 심히 불성실한 경우에는 직위를 부여하지 않을 수 있다.

3) 재산상의 권리

사회복지사는 자신이 제공한 직무수행의 대가로 보수를 청구할 권리와 일정한 시점에 국민연금을 청구할 권리를 갖는다. 또한 사회복지사는 보수를 받는 이외에 기관운영규정에 따라 직무수행에 소요되는 실비를 변상받을 권리가 있다.

4) 근로3권

민간복지기관에 근무하는 사회복지사는 헌법상 보장된 근로3권(단결권, 단체교섭권, 단체행동권)을 갖는다.

5) 사회복지사의 법적 권한과 한계

사회복지사의 법적 권한은 국가안전보장 · 질서유지 또는 공공복리를 위하여 필요한 경우에 한하여 법률로써 제한할 수 있으며, 제한하는 경우에도 자유와 권리의 본질적인 내용은 침해할 수 없다.

3. 사회복지사의 법적 의무

1) 사회복지사업법상 사회복지사의 의무

(1) 최대봉사의 원칙

협동조합 원칙의 하나이다. 특정의 조합원이나 회원만의 이익을 위하여 어떤 사업을 하는 것이 아니라, 구성원 전체의 이익을 위하여 최대의 봉사를 한다는 원칙이다.

(2) 비밀누설금지의 의무

근로자는 근로관계의 종료 후에 그가 근무하였던 사업장 또는 회사에 관한 비밀을 누설하지 않을 부작위 의무를 진다. 그러나 비밀준수의무의 정도에 대해서는 개별사안에 따라 구체적으로 검토 · 결정되어야 할 것이다. '부정경쟁방지 및 영업비밀보호에 관한 법률'에 의하여 산업계의 비밀을 보호하기 위한 일환으로 근로자가 사용자로부터 취득한 영업비밀에 대해서도 근로관계가 존속할 때는 물론, 종료 후에도 이를 부정하게 사용하거나 공개하지 못하도록 법적 규제가 있다. 즉, 근로자가 영업비밀을 "계약관계 등에 의하여 영업비밀을 비밀로서 유지하여야 할 의무가 있는 자가 부정한 이익을 얻거나 그 영업비밀의 보유자에게 손해를 가할 목적으로 영업비밀을 사용하거나 공개하는 행위"는 영업비밀에 관한 '침해행위'의 일종으로, 사용자는 이러한 영업비밀 침해행위에 대한 금지 또는 예방의 청구, 손해배상, 신용회복조치 등의 구제를 요구할 수 있게 된다(실무노동용어사전).

2) 사회복지 전담공무원의 의무

(1) 일반적 의무

① 선서의무(「국가공무원법」 제55조, 「지방공무원법」 제47조)

취임 시에 "나는 대한민국 공무원으로서 헌법과 법령을 준수하고, 국가를 수호하며, 국민에 대한 봉사자로서의 임무를 성실히 수행할 것을 엄숙히 선서합니다."라고 소속 기관장 앞에서 선서하도록 「국가공무원법」 제55조에 규정하고 있다.

② 성실의무(「국가공무원법」 제56조, 「지방공무원법」 제47조)

단순한 윤리적 의무가 아니라 구체적인 법적 의무이다. 판례는 성실의무를 공무원의 제3자고용, 발령통지서 미전달, 부하직원의 비위감독소홀 등과 같이 범위를 넓게 잡고 있다.

③ 품위유지의무(「국가공무원법」 제63조, 「지방공무원법」 제55조)

공직자 신분에 적합한 품격(복장, 언행, 두발 등)을 유지해야 한다. 품위손상여부는 구체적인 상황에 따라 판별을 한다. 예를 들면, 진정서를 제출한 상관의 음해, 대로상에서 부첩관계와의 다툼, 훈령을 위반하고 요정 등을 출입하는 행위, 예비군 훈련 중 음주행위 등은 공무원의 품위유지의무에 저촉된다는 판례가 있다.

④ 청렴의무(「국가공무원법」 제61조, 「지방공무원법」 제53조)

국민신뢰와 직접적 관련이 있는 기본적 의무이다.

(2) 직무상 의무

① 복종의무(「국가공무원법」 제57조, 「지방공무원법」 제49조)

직무를 수행함에 있어 소속 상관의 유효한 명령에 복종해야 하는 당연한 의무가 있다. 다만, 상관의 직무명령에 대한 복종의무는 절대적인 것이 아니고, 일정한 한계가 있으나, 단순히 법령해석상의 견해차이가 있다든지 또는 직무명령의 내용이 부당하다고 인정되는 정도라면 종국적 판단과 책임소재가 상급자에게 있으므로 복종하여야 한다.

② 친절공정의무(「국가공무원법」 제59조, 「지방공무원법」 제51조)

공무원은 국민, 주민 전체의 봉사자로서 친절하고 공정하게 집무하여야 한다.

(3) 직무전념 보장의무

① 직장이탈금지 의무(「국가공무원법」 제58조, 「지방공무원법」 제50조)

근무시간 내에서는 소속직장 안에서 직무수행에 최선을 다해야 하고, 소속 상관의 허가나 출장명령 등 정당한 이유가 없이 직장을 이탈할 수 없다. 대법원의 입장도 "연가신청에 대한 허가도 있기 전에 근무지를 이탈한 행위는 특단의 사정이 없는 한 「국가공무원법」 제58조에 위반되는 행위로서 징계사유가 된다(대판 1987.12.8, 87누657 · 658)."고 판례하였다.

② 영리업무 및 겸직 금지의무(「국가공무원법」 제64조, 「지방공무원법」 제56조)

공무원은 「국가공무원법」 제64조에 의해 공무 외에 영리를 목적으로 하는 업무에 종사하지 못하며, 소속기관장의 허가 없이 다른 직무를 겸할 수 없다. 또한 준공무원에 속하는 사람들은 공무원이 아니니까 국가공무원법이 적용되지는 않지만, 기타관계법령에 영리업무 및 겸직 금지규정이 있는 경우 겸직을 할 수 없다.

③ 정치운동의 금지의무(「국가공무원법」 제64조, 「지방공무원법」 제56조)

정당 등의 정치단체의 결성에 관여나 가입이 금지되어 있으며, 선거에 있어서 특정정당이나 선거인을 지지하거나 반대할 수 없다. 또한 정치적 행위결과에 의한 어떠한 약속도 할 수 없도록 되어 있다.

④ 비밀엄수의무(「국가공무원법」 제60조, 「지방공무원법」 제52조)

재직 중은 물론 퇴직 후에도 직무상 알게 된 비밀을 엄수해야 한다. 공무상 비밀누설죄는 「형법」 제127조에 해당된다.

⑤ 집단행위의 금지의무(「국가공무원법」 제66조, 「지방공무원법」 제58조)

정례조회에서의 집단퇴장행위, 군인의 집단행위, 공무원들의 정부시책에 대한 집단 건의서 제출, 기동경찰관의 부식불량을 이유로 한 집단 식사거부행위 등은 집단행위의 금지의무에 대한 내용으로 대법원에서 판례한 사례가 있다.

생각해 볼 문제들

1. 사회복지사의 자격을 설명해 보라.

2. 사회복지사의 법적 지위를 공적과 민간으로 구분하여 설명해 보라.

3. 사회복지사의 권한과 책임을 설명해 보라.

제2부 각 론

제9장 사회보장기본법
제10장 사회보험법
제11장 공공부조법
제12장 사회서비스법 I
제13장 사회서비스법 II

제 9 장 사회보장기본법

SOCIAL WELFARE AND LAW

현대 복지국가에서의 사회보장제도는 국가마다 다양한 형태로 운영되고 있지만, 기본적으로 사회보장은 소득보장과 의료보장을 중심으로 구성되어 있다. 우리나라에서도 사회복지법의 기본법으로서 사회보장에 대한 법률을 1963년에 제정한 바 있으나, 사회보장 전반에 걸친 기본법으로서 기능하기에는 부족하여, 1995년 「사회보장기본법」을 제정하게 되었다. 따라서 본 장에서는, 첫째, 「사회보장기본법」의 의의, 둘째, 「사회보장기본법」의 입법 배경, 셋째, 「사회보장기본법」의 내용 등을 중심으로 「사회보장기본법」에 대한 전반적인 내용을 살펴보고자 한다.

제1절 사회보장기본법의 의의

「사회보장기본법」은 사회보장제도의 기본적인 사항을 법률로서 규정한 것이다. 1963년에 제정된 「사회보장에 관한 법」은 그간에 이룩한 경제 · 사회적 발전에 적절한 사회보장제도의 운용에 합리성을 기하고 제도 간 연계를 원활히 하여 국민복지에 기여하려는 의미를 가지고 있었으나 그 내용이 빈약하여 기본법으로서의 역할을 하지 못하였다. 즉, 우리나라 「헌법」 제34조제1항에 규정된 "모든 국민은 인간다운 생활을 할 권리를 가진다."라는 헌법상 생존권의 이념만을 토대로 하여서는 개별적 실정법의 제정이 어렵기 때문에 헌법과 개별 실정법을 연결해 주는 기본법이 필요하게 되었다. 이러한 점에서 「사회보장기본법」은 비록 각각의 사회보장 관련법보다 시기적으로 늦게 입법되었음에도 불구하고 제반 사회보장법의 모법으로서 위치를 가지고 있다고 볼 수 있다.

「사회보장기본법」은 「헌법」 제34조의 이념에 따라 사회보험, 공공부조, 사회서비스, 기타 관련 복지제도에 대한 법률을 총체적으로 지휘하는 헌법의 하위규범이자 법률의 상위규범으로서의 의의를 가지고 있다. 우리나라 사회복지법체계는 통합법전체계가 아니라 개별적 · 분립적 법률로 되어 있으므로, 「사회보장기본법」은 개별적인 사회보장 관련 법률을 지배하는 기본적인 법 이념, 공통원칙, 권리 · 의무관계, 용어의 정의 등을 제공하여 사회복지법체계를 일관성 있게 제시하였다. 따라서 사회보장제도에 관한 다른 법률을 제정 또는 개정하는 경우에는 「사회보장기본법」에 부합되도록 하여야 한다.

제2절 사회보장기본법의 입법 배경

1. 사회보장에 관한 법률

사회보장에 관한 법률은 1945년 8 · 15광복과 1950년 6 · 25를 거치면서 새롭게 국가체제를 건설하는 과정에서, 국민생활의 안정과 풍요를 열망하는 국민과 당시 국가를 이끌었던 사람들의 견해를 반영하여 태동되었다. 한편 정치적 측면에서 군사정부는 우리나라를 절대빈곤에서 해방시킨다는 정치적 공약의 실천을 위해서 제1차 경제개발5개년계획(1962~1966)을 실천하였다. 그러나 당시 정책 결정자들은 경제개발 이외의 문제에 대해서는 다소 소극적인 입장을 취하였으며, 민정이양을 앞둔 최고회의 당국은 국민의 지지를 위하여 명문상으로나마 복지정책을 표방하였다.

사회경제적 측면을 보면 당시 국민들은 복지문제에 대하여 아무런 표현 없이 소원만 했고, 일반 공무원은 무관심했으며, 근로자 계층에서도 노총의 의례적인 구호 외에는 별로 공식적인 요구가 없었다. 또한 사회복지사업을 불러일으킬 만한 특별한 사회적 행동이나 사건도 없었다. 이후 1962년 7월 국가재건최고회의에서는 「사회보장제도 확립」이라는 지시각서(제12531호)를 하달하였으며, 이를 토대로

「사회보장에 관한 법률」이 제정되었다. 이후 1963년 10월 8일 제107차 최고회의 상임위원회에 산업재해보상보험 법안과 함께 상정하여 질의 · 심의를 거쳐, 동년 11월 5일 두 개 법안이 동시에 통과되었다. 그러나 사회보장에 관한 법률은 최초에는 사회보장의 기본 계획, 이론 정립 등 세부적인 사항을 담으려 했으나 정부의 사회보장의 의지가 후퇴하면서 상징적인 의미를 갖는 정도로 입법화되는 데 그쳤다. 이후 동법은 전문 7개조로서 30여 년 동안 자구의 수정도 없이 형식적이고 가시적인 법으로서 존재해 왔었다.

2. 사회보장기본법

사회보장에 관한 법률이 제정된 후 30여 년 동안 우리 사회는 사회경제적으로 빠른 변화를 가져왔고, 이에 따라 각종의 사회보장제도가 임시방편적이고 부서 간 분리 · 중복되어 실시되어 왔다. 그 결과 사회보장제도 간 연계성이 부족하고 제도 간 충돌과 갈등이 야기될 소지를 갖게 되었으며, 관리운영상의 비효율성과 재정의 부족, 제도 간 급여 수준의 불평등 등 많은 문제점이 발생되게 되었다. 이에 관계 전문가들과 학자들이 시대에 맞도록 사회보장의 기본법이 제정되어야 할 필요성을 제기하였다(현외성, 2005: 187).

〈표 9-1〉「사회보장기본법」 연혁

1959.03.	부산노동병원이 의료보장을 중심으로 한국사회보장제도 도입을 권고
1959.10.	보건사회부 목요연구회의 사회보장제도 도입을 위한 연구
1960.12.	전국종합경제회의 고용 및 생활수준 분과위원회에서 사보심 창설 건의
1961.03.	사회보장제도심의위원회 규정안 법제처 통과, 5 · 16 군사쿠데타로 중단
1962.03.	사회보장제도심의위원회 규정안 통과
1962.07.28.	국가재건최고회의 의장의 '사회보장제도 확립' 지시각서(제12531호)
1963.10.	국가재건최고회의 상임위원회 질의 및 심의
1963.11.05.	사회보장에 관한 법률 통과

1970.02.05.	사회보장심의위원회 규정 제정(대통령령 제4575호)
1991	보건사회부의 주요시책으로 사회보장에 관한 법률개정 제시(사회보험, 공적부조, 사회복지서비스 등을 포함하는 사회복지 분야의 종합적 기본법 제정제시)
1994.10.	사회보장기본법안 국회제출
1995.12.30.	「사회보장기본법」 제정(법률 제5134호)
1996.07.13.	「사회보장기본법」 시행령 제정(대통령령 제15118호)

이러한 배경 하에서 1990년대 초 정부는 「사회보장기본법」을 제정할 것을 천명하고, 몇 차례의 내부 검토를 거친 후 1994년 11월 보건사회부에 「사회보장기본법 제정안」을 제출하였으며, 1995년 12월 18일 제177회 국회 본회의에서 가결되어 1995년 12월 30일 법률 제5134호로 「사회보장기본법」이 입법 · 제정되었다. 이후 사회보장에 관한 법률은 폐기되었으며, 1996년 7월 13일 대통령령 제15118호로 「사회보장기본법 시행령」이 마련되었다.

이후 몇 차례의 부분개정이 이루어졌으며, 2012년 1월 26일(시행일 2013년 1월 17일)에는 모든 국민이 평생 동안 겪을 수 있는 다양한 사회적 위험에 대하여 사회정책과 경제정책을 통합적으로 고려하고, 국민의 보편적 · 생애적인 특성에 맞게 소득과 사회서비스를 함께 보장하는 방향으로 사회복지제도를 확대 · 재정립함으로써, 한국의 상황에 맞는 새로운 중장기 사회보장정책의 비전과 미래지향적인 발전방향을 제시하여, 궁극적으로 건강한 복지국가를 설립할 수 있는 토대를 마련하였다.

제3절 사회보장기본법의 내용

1. 목적(제1조)

이 법은 사회보장에 관한 국민의 권리와 국가 및 지방자치단체의 책임을 정하고 사회보장정책의 수립 · 추진과 관련 제도에 관한 기본적인 사항을 규정함으로써 국민의 복지증진에 이바지하는 것을 목적으로 한다.

2. 기본이념(제2조)

사회보장은 모든 국민이 다양한 사회적 위험으로부터 벗어나 행복하고 인간다운 생활을 향유할 수 있도록 자립을 지원하며, 사회참여 · 자아실현에 필요한 제도와 여건을 조성하여 사회통합과 행복한 복지사회를 실현하는 것을 기본 이념으로 한다.

3. 용어의 정의(제3조)

- '사회보장'이란 출산, 양육, 실업, 노령, 장애, 질병, 빈곤 및 사망 등의 사회적 위험으로부터 모든 국민을 보호하고 국민 삶의 질을 향상시키는 데 필요한 소득 · 서비스를 보장하는 사회보험, 공공부조, 사회서비스를 말한다.
- '사회보험'이란 국민에게 발생하는 사회적 위험을 보험의 방식으로 대처함으로써 국민의 건강과 소득을 보장하는 제도를 말한다.
- '공공부조'(公共扶助)란 국가와 지방자치단체의 책임 하에 생활 유지 능력이 없거나 생활이 어려운 국민의 최저생활을 보장하고 자립을 지원하는 제도를 말한다.
- '사회서비스'란 국가 · 지방자치단체 및 민간부문의 도움이 필요한 모든 국민에게 복지, 보건의료, 교육, 고용, 주거, 문화, 환경 등의 분야에서 인간다운 생활을 보장하고 상담, 재활, 돌봄, 정보의 제공, 관련 시설의 이용, 역량 개발, 사회참여 지원 등을 통하여 국민의 삶의 질이 향상되도록 지원하는 제도를 말한다.
- '평생사회안전망'이란 생애주기에 걸쳐 보편적으로 충족되어야 하는 기본욕구와 특정한 사회위험에 의하여 발생하는 특수욕구를 동시에 고려하여 소득 · 서비스를 보장하는 맞춤형 사회보장제도를 말한다.

4. 사회보장의 주체와 책임

1) 국가 및 지방자치단체의 책임

(1) 국가와 지방자치단체의 책임(제5조)

국가와 지방자치단체는 모든 국민의 인간다운 생활을 유지 · 증진하는 책임을 가진다(제1항). 국가와 지방자치단체는 사회보장에 관한 책임과 역할을 합리적으로 분담하여야 한다(제2항). 국가와 지방자치단체는 국가 발전수준에 부응하고 사회환경의 변화에 선제적으로 대응하며 지속가능한 사회보장제도를 확립하고 매년 이에 필요한 재원을 조달하여야 한다(제3항). 국가는 사회보장제도의 안정적인 운영을 위하여 중장기 사회보장 재정추계를 격년으로 실시하고 이를 공표하여야 한다(제4항).

(2) 국가 등과 가정의 책임(제6조)

국가와 지방자치단체는 가정이 건전하게 유지되고 그 기능이 향상되도록 노력하여야 한다(제1항). 국가와 지방자치단체는 사회보장제도를 시행할 때에 가정과 지역공동체의 자발적인 복지활동을 촉진하여야 한다(제2항).

2) 국민의 책임(제7조)

모든 국민은 자신의 능력을 최대한 발휘하여 자립 · 자활(自活)할 수 있도록 노력하여야 한다(제1항). 모든 국민은 경제적 · 사회적 · 문화적 · 정신적 · 신체적으로 보호가 필요하다고 인정되는 사람에게 지속적인 관심을 가지고 이들이 보다 나은 삶을 누릴 수 있는 사회환경 조성에 서로 협력하고 노력하여야 한다(제2항). 모든 국민은 관계 법령에서 정하는 바에 따라 사회보장급여에 필요한 비용의 부담, 정보의 제공 등 국가의 사회보장정책에 협력하여야 한다(제3항).

3) 외국인에 대한 적용(제8조)

국내에 거주하는 외국인에게 사회보장제도를 적용할 때에는 상호주의의 원칙에 따르되, 관계 법령에서 정하는 바에 따른다.

5. 사회보장에 관한 국민의 권리

1) 사회보장을 받을 권리(제9조)

모든 국민은 사회보장 관계 법령에서 정하는 바에 따라 사회보장급여를 받을 권리를 가진다.

2) 사회보장급여의 수준(제10조)

국가와 지방자치단체는 모든 국민이 건강하고 문화적인 생활을 유지할 수 있도록 사회보장급여의 수준 향상을 위하여 노력하여야 한다(제1항). 국가는 관계 법령에서 정하는 바에 따라 최저생계비와 최저임금을 매년 공표하여야 한다(제2항). 국가와 지방자치단체는 제2항에 따른 최저생계비와 최저임금 등을 고려하여 사회보장급여의 수준을 결정하여야 한다(제3항).

3) 사회보장급여의 신청(제11조)

사회보장급여를 받으려는 사람은 관계 법령에서 정하는 바에 따라 국가나 지방자치단체에 신청하여야 한다. 다만, 관계 법령에서 따로 정하는 경우에는 국가나 지방자치단체가 신청을 대신할 수 있다(제1항). 사회보장급여를 신청하는 사람이 다른 기관에 신청한 경우에는 그 기관은 지체 없이 이를 정당한 권한이 있는 기관에 이송하여야 한다. 이 경우 정당한 권한이 있는 기관에 이송된 날을 사회보장급여의 신청일로 본다(제2항).

4) 사회보장수급권의 보호(제12조)

사회보장수급권은 관계 법령에서 정하는 바에 따라 다른 사람에게 양도하거나 담보로 제공할 수 없으며, 이를 압류할 수 없다.

5) 사회보장수급권의 제한 등(제13조)

사회보장수급권은 제한되거나 정지될 수 없다. 다만, 관계 법령에서 따로 정하고 있는 경우에는 그러하지 아니하다(제1항). 제1항 단서에 따라 사회보장수급권이 제한되거나 정지되는 경우에는 제한 또는 정지하는 목적에 필요한 최소한의 범위에 그쳐야 한다(제2항).

6) 사회보장수급권의 포기(제14조)

사회보장수급권은 정당한 권한이 있는 기관에 서면으로 통지하여 포기할 수 있다(제1항). 사회보장수급권의 포기는 취소할 수 있다(제2항). 제1항에도 불구하고 사회보장수급권을 포기하는 것이 다른 사람에게 피해를 주거나 사회보장에 관한 관계 법령에 위반되는 경우에는 사회보장수급권을 포기할 수 없다(제3항).

7) 불법행위에 대한 구상(제15조)

제3자의 불법행위로 피해를 입은 국민이 그로 인하여 사회보장수급권을 가지게 된 경우 사회보장제도를 운영하는 자는 그 불법행위의 책임이 있는 자에 대하여 관계 법령에서 정하는 바에 따라 구상권(求償權)을 행사할 수 있다.

6. 사회보장위원회

1) 설치 및 구성

사회보장에 관한 주요 시책을 심의·조정하기 위하여 국무총리 소속으로 사회보장위원회를 둔다(제20조제1항).

위원회는 위원장 1명, 부위원장 3명과 행정자치부장관, 고용노동부장관, 여성가족부장관, 국토교통부장관을 포함한 30명 이내의 위원으로 구성한다(제21조제1항). 위원장은 국무총리가 되고 부위원장은 기획재정부장관, 교육부장관 및 보건복지부장관이 된다(동조 제2항). 위원회의 위원은 다음 각 호의 어느 하나에 해당하는 사람으로 한다(동조 제3항).

- 대통령령으로 정하는 관계 중앙행정기관의 장(제1호)
- 근로자를 대표하는 사람, 사용자를 대표하는 사람, 사회보장에 관한 학식과 경험이 풍부한 사람, 변호사 자격이 있는 사람 중에서 대통령이 위촉하는 사람(제2호)

위원의 임기는 2년으로 한다(동조 제4항). 보궐위원의 임기는 전임자 임기의 남은 기간으로 한다(동조 제5항). 위원회를 효율적으로 운영하고 위원회의 심의사항을 전문적으로 검토하기 위하여 위원회에 실무위원회를 두며, 실무위원회에 분야별 전문위원회를 둘 수 있다(동조 제6항).

2) 직무(제20조제2항)

- 사회보장 증진을 위한 기본계획
- 사회보장 관련 주요 계획
- 사회보장제도의 평가 및 개선
- 사회보장제도의 신설 또는 변경에 따른 우선순위
- 둘 이상의 중앙행정기관이 관련된 주요 사회보장정책
- 사회보장급여 및 비용 부담
- 국가와 지방자치단체의 역할 및 비용 분담
- 사회보장의 재정추계 및 재원조달 방안
- 사회보장 전달체계 운영 및 개선
- 제32조제1항에 따른 사회보장통계
- 사회보장정보의 보호 및 관리
- 그 밖에 위원장이 심의에 부치는 사항

7. 사회보장 기본계획

1) 사회보장 기본계획의 수립(제16조)

보건복지부장관은 관계 중앙행정기관의 장과 협의하여 사회보장 증진을 위하여 사회보장에 관한 기본계획을 5년마다 수립하여야 한다(제1항). 기본계획에는 다음 각 호의 사항이 포함되어야 한다(제2항).

- 국내외 사회보장환경의 변화와 전망
- 사회보장의 기본목표 및 중장기 추진방향
- 주요 추진과제 및 추진방법
- 필요한 재원의 규모와 조달방안
- 사회보장 관련 기금 운용방안
- 사회보장 전달체계
- 그 밖에 사회보장정책의 추진에 필요한 사항

기본계획은 제20조에 따른 사회보장위원회와 국무회의의 심의를 거쳐 확정한다. 기본계획 중 대통령령으로 정하는 중요한 사항을 변경하려는 경우에도 같다(제3항).

2) 다른 계획과의 관계(제17조)

기본계획은 다른 법령에 따라 수립되는 사회보장에 관한 계획에 우선하며 그 계획의 기본이 된다.

3) 연도별 시행계획의 수립 · 시행 등(제18조)

보건복지부장관 및 관계 중앙행정기관의 장은 기본계획에 따라 사회보장과 관련된 소관 주요 시책의 시행계획을 매년 수립 · 시행하여야 한다(제1항). 관계 중앙행정기관의 장은 제1항에 따라 수립한 소관 시행계획 및 전년도의 시행계획에 따른 추진실적을 대통령령으로 정하는 바에 따라 매년 보건복지부장관에게 제출하여야 한다(제2항). 보건복지부장관은 제2항에 따라 받은 관계 중앙행정기관 및 보건복지부 소관의 추진실적을 종합하여 성과를 평가하고, 그 결과를 제20조에 따른 사회보장위원회에 보고하여야 한다(제3항). 보건복지부장관은 제3항에 따른 평가를 효율적으로 하기 위하여 이에 필요한 조사 · 분석 등을 전문기관에 의뢰할 수 있다(제4항).

4) 사회보장에 관한 지역계획의 수립 · 시행 등(제19조)

특별시장 · 광역시장 · 특별자치시장 · 도지사 또는 특별자치도지사 · 시장 · 군수 · 구청장은 관계 법령으로 정하는 바에 따라 사회보장에 관한 지역계획을 수립 · 시행하여야 한다(제1항). 지역계획은 기본계획과 연계되어야 한다(제2항).

8. 사회보장정책의 기본방향

1) 평생사회안전망의 구축 · 운영(제22조)

국가와 지방자치단체는 모든 국민이 생애 동안 삶의 질을 유지 · 증진할 수 있도록 평생사회안전망을 구축하여야 한다(제1항). 국가와 지방자치단체는 평생사회안전망을 구축 · 운영함에 있어 사회적 취약계층을 위한 공공부조를 마련하여 최저생활을 보장하여야 한다(제2항).

2) 사회서비스 보장(제23조)

국가와 지방자치단체는 모든 국민의 인간다운 생활과 자립, 사회참여, 자아실현 등을 지원하여 삶의 질이 향상될 수 있도록 사회서비스에 관한 시책을 마련하여야 한다(제1항). 국가와 지방자치단체는 사회서비스 보장과 제24조에 따른 소득보장이 효과적이고 균형적으로 연계되도록 하여야 한다(제2항).

3) 소득 보장(제24조)

국가와 지방자치단체는 다양한 사회적 위험 하에서도 모든 국민들이 인간다운 생활을 할 수 있도록 소득을 보장하는 제도를 마련하여야 한다(1안). 국가와 지방자치단체는 공공부문과 민간부문의 소득보장제도가 효과적으로 연계되도록 하여야 한다(2안).

9. 사회보장제도의 운영

1) 운영원칙(제25조)

국가와 지방자치단체가 사회보장제도를 운영할 때에는 이 제도를 필요로 하는 모든 국민에게 적용하여야 한다(제1항). 국가와 지방자치단체는 사회보장제도의 급여 수준과 비용 부담 등에서 형평성을 유지하여야 한다(제2항). 국가와 지방자치단체는 사회보장제도의 정책 결정 및 시행 과정에 공익의 대표자 및 이해관계인 등을 참여시켜 이를 민주적으로 결정하고 시행하여야 한다(제3항). 국가와 지방자치단체가 사회보장제도를 운영할 때에는 국민의 다양한 복지 욕구를 효율적으로 충족시키기 위하여 연계성과 전문성을 높여야 한다(제4항). 사회보험은 국가의 책임으로 시행하고, 공공부조와 사회서비스는 국가와 지방자치단체의 책임으로 시행하는 것을 원칙으로 한다. 다만, 국가와 지방자치단체의 재정 형편 등을 고려하여 이를 협의 · 조정할 수 있다(제5항).

2) 협의 및 조정(제26조)

국가와 지방자치단체는 사회보장제도를 신설하거나 변경할 경우 기존 제도와의 관계, 사회보장 전달체계와 재정 등에 미치는 영향 등을 사전에 충분히 검토하고 상호협력하여 사회보장급여가 중복 또는 누락되지 아니하도록 하여야 한다(제1항). 중앙행정기관의 장과 지방자치단체의 장은 사회보장제도를 신설하거나 변경할 경우 신설 또는 변경의 타당성, 기존 제도와의 관계, 사회보장 전달체계에 미치는 영향 및 운영방안 등에 대하여 대통령령으로 정하는 바에 따라 보건복지부장관과 협의하여야 한다(제2항).

3) 민간의 참여(제27조)

국가와 지방자치단체는 사회보장에 대한 민간부문의 참여를 유도할 수 있도록 정책을 개발 · 시행하고 그 여건을 조성하여야 한다(제1항). 국가와 지방자치단체는 사회보장에 대한 민간부문의 참여를 유도하기 위하여 다음 각 호의 사업이 포함된 시책을 수립 · 시행할 수 있다(제2항).

- 자원봉사, 기부 등 나눔의 활성화를 위한 각종 지원 사업
- 사회보장정책의 시행에 있어 민간 부문과의 상호협력체계 구축을 위한 지원사업
- 그 밖에 사회보장에 관련된 민간의 참여를 유도하는 데에 필요한 사업

4) 비용의 부담(제28조)

일반적으로 사회보장비용은 국가, 사용자, 피용자 등의 3자부담을 대부분의 국가에서 채택하고 있지만, 국가별로 부담주체와 비율 등이 상이하다. 우리나라 「사회보장기본법」의 제28조(비용의 부담)에서는 다음과 같이 규정되어 있다. 사회보장비용의 부담은 각각의 사회보장제도의 목적에 따라 국가, 지방자치단체 및 민간부문 간에 합리적으로 조정되어야 한다(제1항). 사회보험에 드는 비용은 사용자, 피용자(被傭者) 및 자영업자가 부담하는 것을 원칙으로 하되, 관계 법령에서 정하는 바에 따라 국가가 그 비용의 일부를 부담할 수 있다(제2항). 공공부조 및 관계 법령에서 정하는 일정 소득 수준 이하의 국민에 대한 사회서비스에 드는 비용의 전부 또는 일부는 국가와 지방자치단체가 부담한다(제3항). 부담 능력이 있는 국민에 대한 사회서비스에 드는 비용은 그 수익자가 부담함을 원칙으로 하되, 관계 법령에서 정하는 바에 따라 국가와 지방자치단체가 그 비용의 일부를 부담할 수 있다(제4항).

5) 사회보장 전달체계(제29조)

국가와 지방자치단체는 모든 국민이 쉽게 이용할 수 있고 사회보장급여가 적시에 제공되도록 지역적 · 기능적으로 균형 잡힌 사회보장 전달체계를 구축하여야 한다(제1항). 국가와 지방자치단체는 사회보장 전달체계의 효율적 운영에 필요한 조직, 인력, 예산 등을 갖추어야 한다(제2항). 국가와 지방자치단체는 공공부문과 민간부문의 사회보장 전달체계가 효율적으로 연계되도록 노력하여야 한다(제3항).

6) 사회보장급여의 관리(제30조)

국가와 지방자치단체는 국민의 사회보장수급권의 보장 및 재정의 효율적 운용을 위하여 다음 각 호에 관한 사회보장급여의 관리체계를 구축 · 운영하여야 한다(제1항).

- 사회보장수급권자 권리구제
- 사회보장급여의 사각지대 발굴
- 사회보장급여의 부정 · 오류 관리
- 사회보장급여의 과오지급액의 환수 등 관리

7) 전문인력의 양성 등(제31조)

국가와 지방자치단체는 사회보장제도의 발전을 위하여 전문인력의 양성, 학술 조사 및 연구, 국제 교류의 증진 등에 노력하여야 한다.

8) 사회보장통계(제32조)

국가와 지방자치단체는 효과적인 사회보장정책의 수립 · 시행을 위하여 사회보장에 관한 통계를 작성 · 관리하여야 한다(제1항). 관계 중앙행정기관의 장과 지방자치단체의 장은 소관 사회보장통계를 대통령령으로 정하는 바에 따라 보건복지부장관에게 제출하여야 한다(제2항).

9) 정보의 공개(제33조)

국가와 지방자치단체는 사회보장제도에 관하여 국민이 필요한 정보를 관계 법령에서 정하는 바에 따라 공개하고, 이를 홍보하여야 한다.

10) 사회보장에 관한 설명(제34조)

국가와 지방자치단체는 사회보장 관계 법령에서 규정한 권리나 의무를 해당 국민에게 설명하도록 노력하여야 한다.

11) 사회보장에 관한 상담(제35조)

국가와 지방자치단체는 사회보장 관계 법령에서 정하는 바에 따라 사회보장에 관한 상담에 응하여야 한다.

12) 사회보장에 관한 통지(제36조)

국가와 지방자치단체는 사회보장 관계 법령에서 정하는 바에 따라 사회보장에 관한 사항을 해당 국민에게 알려야 한다.

10. 사회보장정보의 관리

1) 사회보장정보시스템의 구축 · 운영 등(제37조)

국가와 지방자치단체는 국민편익의 증진과 사회보장업무의 효율성 향상을 위하여 사회보장업무를 전자적으로 관리하도록 노력하여야 한다(제1항). 국가는 관계 중앙행정기관과 지방자치단체에서 시행하는 사회보장수급권자 선정 및 급여 관리 등에 관한 정보를 통합 · 연계하여 처리 · 기록 및 관리하는 시스템(사회보장정보시스템)을 구축 · 운영할 수 있다(제2항).

2) 개인정보 등의 보호(제38조)

사회보장 업무에 종사하거나 종사하였던 자는 사회보장업무 수행과 관련하여 알게 된 개인·법인 또는 단체의 정보를 관계 법령에서 정하는 바에 따라 보호하여야 한다(제1항). 국가와 지방자치단체, 공공기관, 법인·단체, 개인이 조사하거나 제공받은 개인·법인 또는 단체의 정보는 이 법과 관련 법률에 근거하지 아니하고 보유, 이용, 제공되어서는 아니 된다(제2항).

11. 보 칙

1) 권리구제(제39조)

위법 또는 부당한 처분을 받거나 필요한 처분을 받지 못함으로써 권리 또는 이익을 침해받은 국민은 「행정심판법」에 따른 행정심판을 청구하거나 「행정소송법」에 따른 행정소송을 제기하여 그 처분의 취소 또는 변경 등을 청구할 수 있다.

2) 국민 등의 의견수렴(제40조)

국가와 지방자치단체는 국민생활에 중대한 영향을 미치는 사회보장 계획 및 정책을 수립하려는 경우 공청회 및 정보통신망 등을 통하여 국민과 관계 전문가의 의견을 충분히 수렴하여야 한다.

3) 관계 행정기관 등의 협조(제41조)

국가와 지방자치단체는 사회보장 관련 계획 및 정책의 수립·시행, 사회보장통계의 작성 등을 위하여 관련 공공기관, 법인, 단체 및 개인에게 자료제출 등 필요한 협조를 요청할 수 있다(제1항). 위원회는 사회보장에 관한 자료 제출 등 위원회 업무에 필요한 경우 관계 행정기관의 장에게 협조를 요청할 수 있다(제2항).

생각해 볼 문제들

1. 「사회보장기본법」의 의의에 대해 설명해 보라.

2. 「사회보장기본법」의 역사적 배경을 설명해 보라.

3. 「사회보장기본법」의 내용을 계획 및 정책적인 측면에서 설명해 보라.

제 10 장 사회보험법

SOCIAL WELFARE AND LAW

사회보험은 사회보장제도의 하나로서 생활상에 직면하는 제반 사회적 위험을 민간보험원리를 적용하여 국가가 시행하는 강제보험을 총칭한다. 여기에서 사회보험은 별도의 법률 명칭이 있는 것이 아니라 사회보험제도의 운영과 실시에 관한 법률을 총칭하는 것이다. 사회보험법에는 「국민연금법」, 「건강보험법」, 「고용보험법」, 「산업재해보상보험법」, 「노인장기요양보험법」 등의 5대 보험으로 구성되어 있다. 이에 본 장에서는, 첫째, 사회보험법의 의의, 둘째, 「국민연금법」, 셋째, 「건강보험법」, 넷째, 「고용보험법」, 다섯째, 「산업재해보상보험법」, 여섯째, 「노인장기요양보험법」을 중심으로 사회보험법에 대한 전반적인 내용을 살펴보고자 한다.

제1절 사회보험법의 의의

1. 사회보험법의 의의

1) 개 념

사회보험법은 사회보험제도의 운영과 실시에 관한 법률이다. 우리나라 사회보장기본법에서는 사회보험을 '국민에게 발생하는 사회적 위험을 보험방식에 의하여 대처함으로써 국민건강과 소득을 보장하는 제도'(「사회보장기본법」 제3조제2항)라고 규정하였다.

2) 사회보험과 사보험의 유사점과 차이점

사회보험과 사보험의 유사점은, 첫째, 사회보험과 사보험은 사회적 위험을 이전하고 정해진 위험을 광범위하게 공동으로 분담한다. 둘째, 사회보험과 사보험은 적용범위, 급여, 재정과 관련된 모든 조건을 구체적으로 명시한다. 셋째, 사회보험과 사보험에서 급여를 받을 자격과 급여량을 정하기 위해서는 명확한 계산이 필요하다. 넷째, 사회보험과 사보험은 운용에 필요한 비용을 충당할 충분한 기여금과 보험료가 필요하다. 다섯째, 사회보험과 사보험은 급여를 받을 때 증명된 욕구에 근거하지 않는다. 여섯째, 사회보험과 사보험은 사회구성원에게 경제적 안정을 제공함으로써 사회 전체에 유익하게 된다.

사회보험과 사보험이 차이점은, 첫째, 사회보험은 강제적 가입이 원칙이나 사보험은 자발적 가입이 원칙이다. 둘째, 사회보험은 최저소득만을 보호하나, 사보험은 개인 희망과 개인 지불능력에 따라 더 많은 양을 보호받을 수 있다. 셋째, 사회보험은 사회적 적절성을 강조하여 결국 복지 요소에 초점을 두나, 사보험은 개인적 적절성을 강조하여 결국 보험 요소에 초점을 둔다. 넷째, 사회보험급여를 제공하는 근거는 법에 명시되어 있으나, 사보험급여를 제공하는 근거는 계약에 있다.

3) 사회보험의 형태

사회보험제도의 내용은 적용대상을 어떻게 파악하느냐와 급여를 어떤 것을 얼마만큼 제공할 것인가 등에 따라서 달라진다. 우리나라의 경우 사회보험법에 속하는 법은 「국민연금법」, 「국민건강보험법」, 「고용보험법」, 「산업재해보상보험법」, 「노인장기요양보험법」 등이 있다. 이러한 사회보험법의 설정은 그 대상과 함께 사회적 위험에 대응해서 발전된 것으로 풀이된다.

2. 사회보험법의 특성

사회보험은 다른 사회보장제도와 몇 가지 다른 점이 있다.

첫째, 사회보험은 강제가입을 법으로 규정하고 있다.

둘째, 사회보험은 일종의 방빈적 소득보장의 의미를 가진다.

셋째, 사회보험은 정기적으로 가입자가 내는 기여금으로 재원이 조달되는 경우가 많고 여기에 따라서 급여가 제공된다.

넷째, 사회보험은 보험급여 등 모든 시행(급여 자격, 시기, 급여 수준 등)이 법적으로 규정되어 있으며, 이를 변경하기 위해서는 법의 개정절차를 따라야 한다.

다섯째, 사회보험은 비영리적 국가사업이다.

여섯째, 사회보험은 소득 재분배와 국민 통합이라는 정책적 목표를 향하여 추진된다.

제2절 국민연금법

1. 국민연금법의 개요

「국민연금법」은 국민의 노령, 폐질, 사망 등 사회적 위험이 발생한 경우에 가입자의 연금보험료를 주된 재원으로 하여 연금급여의 실시를 통한 장기적 소득보장을 함으로써 국민의 생활 안정과 복지 증진에 기여함을 목적으로 하는 법이다(「국민연금법」 제1조). 이 법에 따른 국민연금사업은 보건복지부장관이 맡아 주관한다(동법 제2조). 사회보험으로서 연금보험은 국가에 의해 일정한 자격을 가진 사람을 대상으로 강제적으로 적용되는 성격을 갖는다. 우리나라의 연금보험은 2001년 1월 현재 국민연금을 위시하여 공무원연금, 사립학교교직원연금 및 군인연금 등이 각기 분립 · 실시되고 있다. 그중 국민 대다수를 차지하고 있는 연금보험이 국민연금으로서 연금보험의 주류를 차지하고 있다.

국민연금은 사회보험으로서, 첫째, 사회보험 급여를 지불하기 위한 재원조달방법으로서 사용자나 혹은 피용자의 기여금을 근거로 하고 있으며, 둘째, 국가의 독점적 운영이 일반적인 형태이며, 셋째, 강제가입을 원칙으로 하고 있다. 넷째, 비영리 국가사업으로서 사회보험은 사회정책상의 동기로 운영되므로 국가가 운영경비의 일부를 부담하는 한편, 적자액의 보조 등이 국가의 책임으로 되어 있으며, 다섯째, 사회보험제도로서 국민연금은 소득의 재분배기능을 가지고 있다.

국민연금은 다른 사회보장제도, 예컨대 공공부조나 사회복지사업 등과 달리, 노령, 폐질 및 사망에 대비한 개인과 가족 구성원을 위한 노후소득보장이다. 이에 반하여 공공부조는 빈곤한 사람들에게 빈곤 해결책으로써 제반 급여와 서비스를 제공하는 제도이다.

국민연금은 원칙적으로 일정한 가입기간을 수급 요건으로 하고 사망할 때 또는 지급사유가 소멸될 때까지 연금 급여가 지급된다. 의료보험이나 산재보험 등과 같은 사회보험제도는 단기 보험이지만 우리나라의 국민연금보험은 가입기간을 20년으로 하고 60세에 이르렀을 때, 특별히 노령연금을 수급할 수 있도록 설계되어 있는 점에서 장기 보험으로서의 특색을 발견할 수 있다.

2. 입법 배경 및 연혁

1) 입법 배경

「국민연금법」은 1988년 1월 1일에 시행되었으나, 그 이전에 「국민복지연금법」이 1973년에 제정되었다. 이후 국민연금제도의 실시에 관한 정책 논의는 1981년 제5차 경제사회발전 5개년 계획을 수립하면서 재개되었는데, 1984년 9월에 이르러 보건사회부는 대통령령에 의해 국민복지연금실시 준비위원회를 구성하였으며, 같은 해 한국개발연구원은 연금제도의 연구에 본격적으로 착수하였다. 1986년 6월 4일에 국민연금 실시를 위한 관계자회의를 개최하여 보건사회부, 경제기획원, 노동부 등 정부의 각 부처 관계자가 참석하여 연금제도의 주요 골격을 형성하였으며, 1986년 10월 4일 「국민연금법」(안)을 입법 예고하고, 1988년 1월 1일부터 시행하였다. 이후 경제사회적 발전에 맞추어 여러 차례에 걸쳐 「국민연금법」이 개정되었는데, 주로 연금급여의 대상자를 확대하는 한편 연금재정의 안정을 위한 보험료의 조정과 기금문제 개선, 연금보험료 추후납부제도 도입, 고령층의 연금수급기회 확대 등이 주요 개정 내용이다.

2) 연 혁

- 1973.12.24. 「국민복지연금법」 공포(오일쇼크 등으로 시행 연기)
- 1986.12.31. 「국민연금법」 공포(구법 폐지)
- 1988.1.1. 「국민연금법」 시행(상시 근로자 10인 이상)
- 1992.1.1. 사업장 적용범위 확대(상시 근로자 5인 이상)
- 1995.7.1. 농어촌지역 연금 확대적용
- 1999.4.1. 도시지역 연금 확대적용(전국민 연금 실현)
- 2003.7.1. 사업장 적용범위 확대(근로자 1인 이상 사업장 전체)

3. 용어의 정의

이 법을 적용할 때 배우자, 남편 또는 아내에는 사실상의 혼인관계에 있는 자를 포함한다(동법 제3조제2항). 이 법에 따른 급여를 받을 권리를 취득할 당시 가입자 또는 가입자였던 자의 태아가 출생하면 그 자녀는 가입자 또는 가입자였던 자에 의하여 생계를 유지하고 있던 자녀로 본다(동법 제3조제3항).

- '근로자'란 직업의 종류가 무엇이든 사업장에서 노무를 제공하고 그 대가로 임금을 받아 생활하는 자를 말한다.
- '사용자(使用者)'란 해당 근로자가 소속되어 있는 사업장의 사업주를 말한다.
- '소득'이란 일정한 기간 근로를 제공하여 얻은 수입에서 대통령령으로 정하는 비과세소득을 제외한 금액 또는 사업 및 자산을 운영하여 얻는 수입에서 필요경비를 제외한 금액을 말한다. 이 경우 국민연금가입자의 종류에 따른 소득 범

위는 대통령령으로 정한다.

- '평균소득월액'이란 매년 사업장가입자 및 지역가입자 전원(全員)의 기준소득월액을 평균한 금액을 말하며, 그 산정방법은 대통령령으로 정한다.
- '기준소득월액'이란 연금보험료와 급여를 산정하기 위하여 가입자의 소득월액을 기준으로 하여 대통령령으로 정하는 금액을 말하며, 그 결정방법 및 적용기간 등에 관하여는 대통령령으로 정한다.
- '사업장가입자'란 사업장에 고용된 근로자 및 사용자로서 제8조에 따라 국민연금에 가입된 자를 말한다.
- '지역가입자'란 사업장가입자가 아닌 자로서 제9조에 따라 국민연금에 가입된 자를 말한다.
- '임의가입자'란 사업장가입자 및 지역가입자 외의 자로서 제10조에 따라 국민연금에 가입된 자를 말한다.
- '임의계속가입자'란 국민연금 가입자 또는 가입자였던 자가 제13조제1항에 따라 가입자로 된 자를 말한다.
- '연금보험료'란 국민연금사업에 필요한 비용으로서 사업장가입자의 경우에는 부담금 및 기여금의 합계액을, 지역가입자 · 임의가입자 및 임의계속가입자의 경우에는 본인이 내는 금액을 말한다.
- '부담금'이란 사업장가입자의 사용자가 부담하는 금액을 말한다.
- '기여금'이란 사업장가입자가 부담하는 금액을 말한다.
- '사업장'이란 근로자를 사용하는 사업소 및 사무소를 말한다.

4. 적용대상

1) 가입대상

국민연금은 원칙적으로 국내에 거주하는 18세 이상 60세 미만의 국민을 가입대상으로 한다(동법 제6조). 다만 다음에 해당하는 자는 가입대상에서 제외된다.

- 공무원연금법, 군인연금법 및 사립학교교원연금법의 적용을 받고 있는 공무원, 군인, 사립학교교직원(동법 제6조제1항)
- 생활보호법에 의한 보호대상자 중 거택보호대상자와 시설보호대상자
- 「국민연금법」의 규정에 의하여 조기연금을 수령한 자(동법 시행령 제18조제2항)와 노령연금의 수급권을 취득한 자 중 60세 미만의 특수직종근로자(동법 시행령 제18조제1항).
- 이 법의 적용을 받는 외국인과 국내에 거주하는 외국인으로서 대통령령으로 정하는 자 외의 외국인은 제6조에도 불구하고 당연히 사업장가입자 또는 지역가입자가 된다. 다만, 이 법에 따른 국민연금에 상응하는 연금에 관하여 그 외국인의 본국 법이 대한민국 국민에게 적용되지 아니하면 그러하지 아니하다(동법 제126조제1항).

2) 가입자의 종류

우리나라 「국민연금법」상의 가입자 종류는 사업장가입자, 지역가입자, 임의가입자, 임의계속가입자 등 4종류로 구분된다(제7조).

각각의 자격 요건은 다음과 같다.

(1) 사업장가입자(제8조)

사업의 종류, 근로자의 수 등을 고려하여 대통령령으로 정하는 사업장(이하 '당연적용사업장'이라 한다)의 18세 이상 60세 미만인 근로자와 사용자는 당연히 사업장가입자가 된다(제1항). 다만, 「공무원연금법」, 「사립학교교직원 연금법」 또는 「별정우체국법」에 따른 퇴직연금, 장해연금 또는 퇴직연금일시금이나 「군인연금법」에 따른 퇴역연금, 상이연금, 퇴역연금일시금을 받을 권리를 얻은 자(퇴직연금 등 수급권자)는 예외로 한다(제1호).

제1항 및 제6조에도 불구하고 국민연금에 가입된 사업장에 종사하는 18세 미만

근로자는 자기가 원하면 사용자의 동의를 받아 사업장가입자가 될 수 있다(제2항). 또한 제1항에도 불구하고 「국민기초생활 보장법」에 따른 수급자는 본인의 희망에 따라 사업장가입자가 되지 아니할 수 있다(제3항).

(2) 지역가입자(제9조)

제8조에 따른 사업장가입자가 아닌 자로서 18세 이상 60세 미만인 자는 당연히 지역가입자가 된다. 다만, 다음 각 호의 어느 하나에 해당하는 자는 제외한다. 다음 각 목의 어느 하나에 해당하는 자의 배우자로서 별도의 소득이 없는 자는 제외된다(제1호).

- 제6조 단서에 따라 국민연금 가입 대상에서 제외되는 자
- 사업장가입자, 지역가입자 및 임의계속가입자
- 별정우체국 직원
- 노령연금 수급권자 및 퇴직연금 등 수급권자

다만, 퇴직연금 등 수급권자가 「국민연금과 직역연금의 연계에 관한 법률」 제8조에 따라 연계 신청[26]을 한 경우에는 그러하지 아니하다(제2호). 18세 이상 27세 미

---

26) 제8조(연계의 신청 등) ① 국민연금가입기간과 직역재직기간을 연계하려는 연금가입자는 다음 각 호의 어느 하나에 해당하면 보건복지부령으로 정하는 바에 따라 각 연금법에 따른 급여 수급권이 없어지기 전에 연금관리기관(본인이 가입하였던 연금을 관리하는 연금관리기관을 말한다)에 연계를 신청하여야 한다. 〈개정 2010.1.18.〉

1. 「국민연금법」 제12조제1항제4호 · 제2항제6호 · 제3항제4호에 따른 국민연금가입자의 자격을 상실한 때
2. 직역연금가입자가 퇴직한 때(직역연금법에 따른 퇴직급여 또는 「군인연금법」 제6조제1호부터 제4호까지의 급여를 지급받지 아니한 경우에 한정된다)

② 제1항에도 불구하고 직역연금가입자이었던 자가 직역연금법에 따른 퇴직급여 또는 「군인연금법」 제6조제1호부터 제4호까지의 급여를 지급받은 경우에는 지급받은 퇴직급여 또는 「군인연금법」 제6조제1호부터 제4호까지의 급여(연금인 급여는 제외한다)를 제1항의 연금관리기관에 반납하고 연계 신청을 할 수 있다. 〈개정 2015.1.28.〉

③ 삭제 〈2015.1.28.〉

④ 제1항에 따라 연계 신청을 한 자가 제2항에 따라 반납할 금액(이하 '반납금'이라 한다)의 전부 또는 일부를 6개월 이상 내지 아니한 경우에는 제1항에 따른 연계 신청을 취하한 것으로 본다. 이 경우 해당 연금관리기관은 반납금을 내지 아니한 사실과 연계 신청이 취하된다는 사실

만인 자로서 학생이거나 군 복무 등의 이유로 소득이 없는 자(제3호). 「국민기초생활 보장법」에 따른 수급자(제4호). 1년 이상 행방불명된 자. 이 경우 행방불명된 자에 대한 인정 기준 및 방법은 대통령령으로 정한다(제5호).

(3) 임의가입자(제10조)

사업장가입자 또는 지역가입자에 해당하는 자 외의 자로서 18세 이상 60세 미만인 자는 보건복지부령으로 정하는 바에 따라 국민연금공단에 가입을 신청하면 임의가입자가 될 수 있다(제1항). 임의가입자는 보건복지부령으로 정하는 바에 따라 국민연금공단에 신청하여 탈퇴할 수 있다(제2항).

3) 가입기간의 계산 및 합산

국민연금 가입기간은 월 단위로 계산하되, 가입자의 자격을 취득한 날이 속하는 달의 다음 달부터 자격을 상실한 날의 전날이 속하는 달까지로 한다. 다만, 다음 각 호의 어느 하나에 해당하는 경우 자격을 취득한 날이 속하는 달은 가입기간에 산입하되, 가입자가 그 자격을 상실한 날의 전날이 속하는 달에 자격을 다시 취득하면 다시 취득한 달을 중복하여 가입기간에 산입하지 아니한다(제17조제1항).

- 가입자가 자격을 취득한 날이 그 속하는 달의 초일인 경우(자격 취득일이 속하는 달에 다시 그 자격을 상실하는 경우는 제외한다)
- 임의계속가입자의 자격을 취득한 경우
- 가입자가 희망하는 경우

가입기간을 계산할 때 연금보험료를 내지 아니한 기간은 가입기간에 산입하지 아니한다. 다만, 사용자가 근로자의 임금에서 기여금을 공제하고 연금보험료를 내

을 그 취하일 30일 전까지 신청인에게 알려야 한다. 〈개정 2015.1.28.〉
⑤ 해당 연금관리기관은 제4항에 따라 연계 신청이 취하된 경우에는 납부된 반납금을 즉시 신청인에게 반환하여야 한다.
⑥ 반납금의 납부, 반납금의 반환 시 이자 등에 관하여 필요한 사항은 대통령령으로 정한다.

지 아니한 경우에는 그 내지 아니한 기간의 2분의 1에 해당하는 기간을 근로자의 가입기간으로 산입한다. 이 경우 1개월 미만의 기간은 1개월로 한다(동조 제2항).

4) 관장기구

공적연금의 관리운영방식은 국영방식과 민영방식, 그리고 위탁방식 등으로 구분할 수 있는데, 「국민연금법」상 관장주체를 보건복지부장관으로 규정하고 있어 국영방식을 채택하고 있다. 그러나 보건복지부장관은 실제로 국민연금을 효율적으로 운영하기 위하여 국민연금관리공단에 위탁운영하고 있는 바, 국영의 위탁관리방식이 혼합되어 있다고 할 수 있다.

(1) 국민연금관리공단

국민연금관리공단의 업무는 가입자에 대한 기록의 관리 및 유지, 연금보험료의 징수, 급여의 결정 및 지급 등을 보건복지부로부터 위탁받아 실시한다. 또한 공단은 국민연금제도의 목적에 부합되는 각종 복지사업을 수행할 수 있도록 법에 규정되어 있는데, 그 내용은 아래와 같다(동법 시행령 제31조).

- 노인복지시설의 설치 · 공급 · 임대 · 운영과 노인복지시설의 부대시설로서 체육시설의 설치 · 운영 및 자금의 대여
- 아동복지시설, 장애인복지시설 등의 복지시설의 설치 · 운영 및 자금의 대여
- 병원과 휴양 시설 또는 요양 시설의 설치와 운영 및 자금의 대여
- 생활 안정을 위한 자금의 대여
- 학자금의 대여
- 당연적용사업장인 중 · 소사업장의 사업장 내 복지시설의 설치를 위한 자금의 대여
- 주택 구입 자금과 전세 자금의 대여

(2) 국민연금심의위원회

국민연금제도의 합리적 · 효율적 운영을 위해 국민연금심의위원회가 설치되어

있는데, 종전에는 자문기구적인 성격을 지니고 있었으나 보다 기능을 강화하여 심의기구로 변경하였다. 국민연금심의위원회는 보건복지부장관이 위원장이 되고, 사용자단체가 추천하는 사용자위원 4인, 근로자단체가 추천하는 근로자위원 4인, 농어업인 단체, 자영자 관련 단체, 소비자 및 시민단체가 추천하는 지역가입자위원 6인 및 국민연금에 관한 전문가인 공익위원 5인을 위원으로 한다. 심의사항은 동법 제5조에 의해 국민연금제도 및 재정 계산에 관한 사항, 급여에 관한 사항, 연금보험료에 관한 사항, 국민연금기금에 관한 사항 등이다.

5. 급 여

급여의 종류는 제49조에 의거하여, 노령연금, 장애연금, 유족연금, 반환일시금 등이 있다.

1) 급여 지급(제50조, 제51조)

급여는 받을 권리가 있는 자(수급권자)의 청구에 따라 공단이 지급한다(제50조 제1항). 연금액은 지급사유에 따라 기본연금액과 부양가족연금액을 기초로 산정한다(제2항).

수급권자의 기본연금액은 다음 각 호의 금액을 합한 금액에 1천분의 1천200을 곱한 금액으로 한다. 다만, 가입기간이 20년을 초과하면 그 초과하는 1년(1년 미만이면 매 1개월을 12분의 1년으로 계산한다)마다 본문에 따라 계산한 금액에 1천분의 50을 곱한 금액을 더한다(제51조제1항).

- 다음 각 목에 따라 산정한 금액을 합산하여 3으로 나눈 금액(제1호)
- 연금 수급 3년 전 연도의 평균소득월액을 연금 수급 3년 전 연도와 대비한 연금 수급 전년도의 전국소비자물가변동률에 따라 환산한 금액
- 연금 수급 2년 전 연도의 평균소득월액을 연금 수급 2년 전 연도와 대비한 연금 수급 전년도의 전국소비자물가변동률에 따라 환산한 금액

- 연금 수급 전년도의 평균소득월액

가입자 개인의 가입기간 중 매년 기준소득월액을 대통령령으로 정하는 바에 따라 보건복지부장관이 고시하는 연도별 재평가율에 의하여 연금 수급 전년도의 현재가치로 환산한 후 이를 합산한 금액을 총 가입기간으로 나눈 금액이다. 다만, 다음 각 목에 따라 산정하여야 하는 금액은 그 금액으로 한다(제2호).

- 제18조에 따라 추가로 산입되는 가입기간의 기준소득월액은 제1호에 따라 산정한 금액의 2분의 1에 해당하는 금액
- 제19조에 따라 추가로 산입되는 가입기간의 기준소득월액은 제1호에 따라 산정한 금액

제1항 각 호의 금액을 수급권자에게 적용할 때에는 연금 수급 2년 전 연도와 대비한 전년도의 전국소비자물가변동률을 기준으로 매년 3월 말까지 그 변동률에 해당하는 금액을 더하거나 빼되, 미리 제5조에 따른 국민연금심의위원회의 심의를 거쳐야 한다(제2항). 제2항에 따라 조정된 금액을 수급권자에게 적용할 때 그 적용기간은 해당 조정연도 4월부터 다음 연도 3월까지로 한다(제3항).

2) 부양가족연금액(제52조)

부양가족연금액은 수급권자(유족연금의 경우에는 사망한 가입자 또는 가입자였던 자를 말한다)를 기준으로 하는 다음 각 호의 자로서 수급권자에 의하여 생계를 유지하고 있는 자에 대하여 해당 호에 규정된 각각의 금액으로 한다. 이 경우 생계유지에 관한 대상자별 인정기준은 대통령령으로 정한다(제1항).

- 배우자 : 연 15만 원
- 18세 미만이거나 장애등급 2급 이상인 자녀(배우자가 혼인 전에 얻은 자녀를 포함한다. 이하 이 조에서 같다) : 연 10만 원
- 60세 이상이거나 장애등급 2급 이상인 부모(부 또는 모의 배우자, 배우자의 부모를 포함한다. 이하 이 조에서 같다) : 연 10만 원

제1항에 따른 부양가족연금액을 수급권자에게 적용하는 경우에는 제51조제2항과 제3항을 준용한다(제2항). 제1항 각 호의 자가 다음 각 호의 어느 하나에 해당하면 제1항에 따른 부양가족연금액 계산에서 제외한다(제3항).

- 연금 수급권자(「국민연금과 직역연금의 연계에 관한 법률」에 따른 연계급여 수급권자를 포함한다)
- 퇴직연금 등 수급권자
- 「공무원연금법」, 「사립학교교직원 연금법」, 「별정우체국법」 또는 「군인연금법」에 따른 유족연금 수급권자

제1항 각 호의 자는 부양가족연금액을 계산할 때 2명 이상의 연금 수급권자의 부양가족연금 계산 대상이 될 수 없다(제4항). 제1항 각 호에 해당하는 자가 다음 각 호의 어느 하나에 해당하게 되면 부양가족연금액의 계산에서 제외한다(제5항).

- 사망한 때
- 수급권자에 의한 생계유지의 상태가 끝난 때
- 배우자가 이혼한 때
- 자녀가 다른 사람의 양자가 되거나 파양(罷養)된 때
- 자녀가 18세가 된 때. 다만, 수급권자가 그 권리를 취득할 당시부터 장애등급 2급 이상의 상태에 있는 자는 제외한다.
- 장애등급 2급 이상의 상태에 있던 자녀 또는 부모가 그 장애상태에 해당하지 아니하게 된 때
- 배우자가 혼인 전에 얻은 자녀와의 관계가 이혼으로 인하여 종료된 때
- 재혼한 부 또는 모의 배우자와 수급자의 관계가 부모와 그 배우자의 이혼으로 인하여 종료된 경우

3) 비용 부담 및 연금보험료의 징수 등

국가는 매년 공단 및 건강보험공단이 국민연금사업을 관리 · 운영하는 데에 필

요한 비용의 전부 또는 일부를 부담한다(제87조).

보건복지부장관은 국민연금사업 중 연금보험료의 징수에 관하여 이 법에서 정하는 사항을 건강보험공단에 위탁한다(제88조제1항). 공단은 국민연금사업에 드는 비용에 충당하기 위하여 가입자와 사용자에게 가입기간 동안 매월 연금보험료를 부과하고, 건강보험공단이 이를 징수한다(동조 제2항). 사업장가입자의 연금보험료 중 기여금은 사업장가입자 본인이, 부담금은 사용자가 각각 부담하되, 그 금액은 각각 기준소득월액의 1천분의 45에 해당하는 금액으로 한다(동조 제3항). 지역가입자, 임의가입자 및 임의계속가입자의 연금보험료는 지역가입자, 임의가입자 또는 임의계속가입자 본인이 부담하되, 그 금액은 기준소득월액의 1천분의 90으로 한다(동조 제4항).

6. 노령연금

1) 노령연금 수급권자(제61조)

가입기간이 10년 이상인 가입자 또는 가입자였던 자에 대하여는 60세(특수직종근로자는 55세)가 된 때부터 그가 생존하는 동안 노령연금을 지급한다(제1항). 가입기간이 10년 이상인 가입자 또는 가입자였던 자로서 55세 이상인 자가 대통령령으로 정하는 소득이 있는 업무에 종사하지 아니하는 경우 본인이 희망하면 제1항에도 불구하고 60세가 되기 전이라도 본인이 청구한 때부터 그가 생존하는 동안 일정한 금액의 연금(조기노령연금)을 받을 수 있다(제2항).

2) 노령연금액(제63조)

노령연금액은 다음 각 호의 구분에 따른 금액에 부양가족연금액을 더한 금액으로 한다(제1항).

- 가입기간이 20년 이상인 경우 : 기본연금액

- 가입기간이 10년 이상 20년 미만인 경우 : 기본연금액의 1천분의 500에 해당하는 금액에 가입기간 10년을 초과하는 1년(1년 미만이면 매 1개월을 12분의 1년으로 계산한다)마다 기본연금액의 1천분의 50에 해당하는 금액을 더한 금액

조기노령연금액은 가입기간에 따라 제1항에 따른 노령연금액 중 부양가족연금액을 제외한 금액에 수급연령별로 다음 각 호의 구분에 따른 비율을 곱한 금액에 부양가족연금액을 더한 금액으로 한다(제2항).

- 55세부터 지급받는 경우에는 1천분의 700
- 56세부터 지급받는 경우에는 1천분의 760
- 57세부터 지급받는 경우에는 1천분의 820
- 58세부터 지급받는 경우에는 1천분의 880
- 59세부터 지급받는 경우에는 1천분의 940

3) 소득활동에 따른 노령연금액(제63조의2)

제61조에 따른 노령연금 수급권자가 대통령령으로 정하는 소득이 있는 업무에 종사하면 60세 이상 65세 미만(특수직종근로자는 55세 이상 60세 미만)인 기간에는 제62조제2항, 제63조 및 제66조제2항에 따른 노령연금액에서 부양가족연금액을 제외한 금액에 수급권자의 연령별로 다음 각 호의 비율을 곱한 금액을 지급한다(제1항).

- 60세(특수직종근로자는 55세)인 자는 1천분의 500
- 61세(특수직종근로자는 56세)인 자는 1천분의 600
- 62세(특수직종근로자는 57세)인 자는 1천분의 700
- 63세(특수직종근로자는 58세)인 자는 1천분의 800
- 64세(특수직종근로자는 59세)인 자는 1천분의 900

4) 분할연금 수급권자 등(제64조)

혼인 기간이 5년 이상인 자가 다음 각 호의 요건을 모두 갖추면 그때부터 그가 생

존하는 동안 배우자였던 자의 노령연금을 분할한 일정한 금액의 연금을 받을 수 있다(제1항).

- 배우자와 이혼하였을 것
- 배우자였던 사람이 노령연금 수급권자일 것
- 60세가 되었을 것

제1항에 따른 분할연금액은 배우자였던 자의 노령연금액(부양가족연금액은 제외한다) 중 혼인 기간에 해당하는 연금액을 균등하게 나눈 금액으로 한다(제2항). 제1항에 따른 분할연금은 제1항 각 호의 요건을 모두 갖추게 된 때부터 3년 이내에 청구하여야 한다(제3항).

7. 장애연금

1) 장애연금의 수급권자(제67조)

가입 중에 생긴 질병이나 부상으로 완치된 후에도 신체상 또는 정신상의 장애가 있는 자에 대하여는 그 장애가 계속되는 동안 장애 정도에 따라 장애연금을 지급한다(제1항). 제1항에 따른 질병이나 부상을 입은 자가 초진일부터 1년 6개월이 지나도 완치되지 아니하면 그 1년 6개월이 지난 날을 기준으로 장애 정도를 결정한다. 다만, 그 1년 6개월이 지난 날에 장애연금의 지급 대상이 되지 아니한 자가 그 질병이나 부상이 악화되어 60세가 되기 전에 장애연금 지급 대상이 되는 경우에는 본인의 청구에 따라 그 청구한 날을 기준으로 장애 정도를 결정한다(제2항). 장애연금의 수급권이 소멸된 자가 장애연금 수급권을 취득할 당시의 질병이나 부상이 악화되어 60세가 되기 전에 다시 장애연금의 지급 대상이 되는 경우에는 본인의 청구에 따라 그 청구한 날을 기준으로 장애 정도를 결정한다(제3항). 장애연금의 지급 대상이 되는 자가 반환일시금을 지급받았으면 장애연금을 지급하지 아니한다(제4항). 장애 정도에 관한 장애등급은 1급, 2급, 3급 및 4급으로 구분하되, 등급 구분의 기준과 장애 정도의 심사에 관한 사항은 대통령령으로 정한다(제5항).

2) 장애연금액(제68조)

장애연금액은 장애 등급에 따라 다음 각 호의 금액으로 한다(제1항).

- 장애등급 1급에 해당하는 자에 대하여는 기본연금액에 부양가족연금액을 더한 금액
- 장애등급 2급에 해당하는 자에 대하여는 기본연금액의 1천분의 800에 해당하는 금액에 부양가족연금액을 더한 금액
- 장애등급 3급에 해당하는 자에 대하여는 기본연금액의 1천분의 600에 해당하는 금액에 부양가족연금액을 더한 금액

장애등급 4급에 해당하는 자에 대하여는 기본연금액의 1천분의 2천 250에 해당하는 금액을 일시보상금으로 지급한다(제2항).

8. 유족연금

1) 유족연금의 수급권자(제72조)

다음 각 호의 어느 하나에 해당하는 자가 사망하면 그 유족에게 유족연금을 지급한다. 다만, 가입기간이 1년 미만인 가입자가 질병이나 부상으로 사망하면 가입 중에 생긴 질병이나 부상으로 사망한 경우에만 유족연금을 지급한다.

- 노령연금 수급권자
- 가입기간이 10년 이상인 가입자였던 자
- 가입자
- 장애등급이 2급 이상인 장애연금 수급권자

가입기간이 10년 미만인 가입자였던 자가 가입 중에 생긴 질병이나 부상 또는 그 부상으로 생긴 질병으로 가입 중의 초진일 또는 가입자 자격을 상실한 후 1년 이내의 초

진일부터 2년 이내에 사망하면 그 유족에게 유족연금을 지급할 수 있다. 다만, 본인이나 유족이 반환일시금을 지급받은 경우에는 유족연금을 지급하지 아니한다(제2항).

2) 유족의 범위 등(제73조)

유족연금을 지급받을 수 있는 유족은 가입자 또는 가입자였던 자가 사망할 당시 그에 의하여 생계를 유지하고 있던 다음 각 호의 자로 한다(제1항).

- 배우자
- 자녀. 다만, 19세 미만이거나 장애등급 2급 이상인 자만 해당한다.
- 부모(배우자의 부모를 포함한다. 이하 이 절에서 같다). 다만, 60세 이상이거나 장애등급 2급 이상인 자만 해당한다.
- 손자녀. 다만, 19세 미만이거나 장애등급 2급 이상인 자만 해당한다.
- 조부모(배우자의 조부모를 포함). 다만, 60세 이상이거나 장애등급 2급 이상인 자만 해당한다.

유족연금은 제1항 각 호의 순위에 따라 최우선 순위자에게만 지급한다. 다만, 제1항제1호에 따른 유족의 수급권이 소멸되거나 정지되면 제1항제2호에 따른 유족에게 지급한다(제2항). 제2항의 경우 같은 순위의 유족이 2명 이상이면 그 유족연금액을 똑같이 나누어 지급하되, 지급 방법은 대통령령으로 정한다(제3항).

3) 유족연금액(제74조)

유족연금액은 가입기간에 따라 다음 각 호의 금액에 부양가족연금액을 더한 금액으로 한다. 다만, 노령연금 수급권자가 사망한 경우의 유족연금액은 사망한 자가 지급받던 노령연금액을 초과할 수 없다(제1항).

- 가입기간이 10년 미만이면 기본연금액의 1천분의 400에 해당하는 금액
- 가입기간이 10년 이상 20년 미만이면 기본연금액의 1천분의 500에 해당하는 금액
- 가입기간이 20년 이상이면 기본연금액의 1천분의 600에 해당하는 금액

4) 유족연금 수급권의 소멸(제75조)

유족연금 수급권자가 다음 각 호의 어느 하나에 해당하게 되면 그 수급권은 소멸한다(제1항).

- 수급권자가 사망한 때
- 배우자인 수급권자가 재혼한 때
- 자녀나 손자녀인 수급권자가 다른 사람에게 입양되거나 파양된 때
- 장애등급 2급 이상에 해당하지 아니한 자녀 또는 손자녀인 수급권자가 19세가 된 때
- 장애로 수급권을 취득한 자가 장애등급 2급 이상에 해당하지 아니하게 된 때

부모, 손자녀 또는 조부모인 유족의 유족연금 수급권은 가입자 또는 가입자였던 자의 사망 당시의 태아가 출생하여 수급권을 갖게 되면 소멸한다(제2항).

9. 반환일시금(제77조)

가입자 또는 가입자였던 자가 다음 각 호의 어느 하나에 해당하게 되면 본인이나 그 유족의 청구에 의하여 반환일시금을 지급받을 수 있다(제1항).

- 가입기간이 10년 미만인 자가 60세가 된 때
- 가입자 또는 가입자였던 자가 사망한 때. 다만, 가입자 또는 가입기간이 10년 이상인 가입자였던 자가 사망한 때에는 제72조제1항 각 호 외의 부분 단서 또는 제85조에 따라 유족연금이 지급되지 아니하는 경우만 해당한다.
- 국적을 상실하거나 국외로 이주한 때

제1항에 따른 반환일시금의 액수는 가입자 또는 가입자였던 자가 납부한 연금보험료에 대통령령으로 정하는 이자를 더한 금액으로 한다(제2항). 제1항에 따라 반환일시금의 지급을 청구할 경우 유족의 범위와 청구의 우선순위 등에 관하여는 제

73조를 준용한다(제3항).

제77조에 따라 반환일시금을 받은 자로서 다시 가입자의 자격을 취득한 자는 지급받은 반환일시금에 대통령령으로 정하는 이자를 더한 금액(이하 '반납금'이라 한다)을 공단에 낼 수 있다(제78조제1항). 반납금은 대통령령으로 정하는 바에 따라 분할하여 납부할 수 있다. 이 경우 대통령령으로 정하는 이자를 더하여야 한다(동조 제2항).

반환일시금의 수급권은 다음 각 호의 어느 하나에 해당하면 소멸한다(제79조).

- 수급권자가 다시 가입자로 된 때
- 수급권자가 노령연금의 수급권을 취득한 때
- 수급권자가 장애연금의 수급권을 취득한 때
- 수급권자의 유족이 유족연금의 수급권을 취득한 때

가입자 또는 가입자였던 자가 사망한 때에 제73조에 따른 유족이 없으면 그 배우자 · 자녀 · 부모 · 손자녀 · 조부모 · 형제자매 또는 4촌 이내 방계혈족에게 사망일시금을 지급한다(제80조제1항).

제3절 국민건강보험법

1. 의 의

1) 질병과 건강문제의 의미

현대사회에서 질병의 사회화는 일반적인 통념으로 수용되고 있다. 과거와는 달리 질병의 사회적 · 환경적 요인을 강조하는 의미를 내포한다. 현대 국가는 여기에 대응하여 의료서비스를 사회복지서비스의 일환으로 제공하여 국민의 생존권을 확보하려는 입장을 표명하고 있다. 또한 종래의 질병의 방지라는 소극적인 방식에서 건강이라는 보다 적극적인 정책목표를 설정하여 국민들의 복지를 증진시키려는 데 국민건강보험제도의 의미를 찾을 수 있다.

2) 건강보험의 개념

건강보험은 이러한 측면에서 사회보험방식을 통하여 국민의 건강을 확보하고 소득 유지와 생활의 안정을 함께 도모하는 사회복지제도이다. 반면, 의료보호는 공공부조제도의 하나로서 소득이 단절되고 정기적으로 기여금을 부담할 수 없는 저소득 계층에게 일방적으로 무료의 급여를 제공하는 사회복지제도이다.

「국민건강보험법」은 국민의 질병 · 부상에 대한 예방 · 진단 · 치료 · 재활과 출산 · 사망 및 건강증진에 대하여 보험급여를 실시함으로써 국민보건 향상과 사회보장 증진에 이바지함을 목적으로 한다(동법 제1조). 또한 이 법에 따른 건강보험사업은 보건복지부장관이 맡아 주관한다(동법 제2조).

2. 국민건강보험법의 입법 배경과 연혁

1) 입법 배경

우리나라의 의료보험은 지역이나 직장별로 의료보험조합을 별도로 구성하고 독립채산제 방식에 따른 조합방식으로 운영되었다. 하지만 의료보험조합 간에 보험료와 급여에 있어 차이가 있고, 분립적으로 조합이 운영됨에 따라 형평성이 결여되고 관리운영이 비효율적으로 운영되는 문제로 인한 지역의료보험의 만성적 재정적자는 혁신적 의료보험개혁을 요구하게 되었다. 즉, 기존의 다보험자방식으로 운영되고 있는 의료보험관리체계를 단일보험자로 통합 · 운영함으로써, 운영의 효율성과 보험료 부담의 형평성을 높일 필요성이 대두하였다.

2) 국민건강보험법의 연혁

- 1963.12.16. – 의료보험법 제정

- 1976.12.22. – 의료보험법 전면개정
- 1977.7.1. – 500인 이상 사업장근로자 당연적용의 의료보험제도 실시
- 1977.12.31. – 공무원 및 사립학교교원 의료보험법 실시
- 1979.7.1. – 공무원 및 사립학교교원 의료보험법 실시
- 1979.7. – 300인 이상 사업장까지 의료보험 확대
- 1985.1.4. – 1종 의료보험 : 직장의료보험, 2종 의료보험 : 지역의료 및 직종의료보험 변경
- 1987.2. – 한방의료보험 전국 확대 실시
- 1988.1.1. – 농어촌 지역주민 의료보험 실시
- 1988.7.1. – 도시지역주민 의료보험 실시
- 1989.10.1. – 약국의료보험 실시 국민의료보험관리공단 설립 : 공교공단과 227개 지역조합 통합
- 1999.2.8. – 국민건강보험법이 법률 제5854호 제정됨
- 2000.7.1. – 국민건강보험 실시 : 국민건강보험공단 설립
- 2000.12.29. – 국민 건강보험법 일부개정
- 2001.5.24. – 의료급여수급기간의 제한 폐지함
- 2002.1.29. – 국민 건강보험법 일부개정. 국민건강보험공단이 2003년 7월 1일을 기해 지역과 직장의 재정을 하나로 통합하여 계산하게 됨

3. 적용대상 및 가입자 종류

1) 적용대상 등(제5조)

국내에 거주하는 국민은 이 법에 따른 건강보험의 가입자 또는 피부양자가 된다. 다만, 다음 각 호의 어느 하나에 해당하는 사람은 제외한다(제1항).

- 「의료급여법」에 따라 의료급여를 받는 사람(제1호)

- 「독립유공자예우에 관한 법률」 및 「국가유공자 등 예우 및 지원에 관한 법률」에 따라 의료보호를 받는 사람. 다만, 다음 각 목의 어느 하나에 해당하는 사람은 가입자 또는 피부양자가 된다(제2호).
- 유공자 등 의료보호대상자 중 건강보험의 적용을 보험자에게 신청한 사람
- 건강보험을 적용받고 있던 사람이 유공자 등 의료보호대상자로 되었으나 건강보험의 적용배제신청을 보험자에게 하지 아니한 사람

제1항의 피부양자는 다음 각 호의 어느 하나에 해당하는 사람 중 직장가입자에게 주로 생계를 의존하는 사람으로서 보수나 소득이 없는 사람을 말한다(제2항).

- 직장가입자의 배우자
- 직장가입자의 직계존속(배우자의 직계존속을 포함한다)
- 직장가입자의 직계비속(배우자의 직계비속을 포함한다)과 그 배우자
- 직장가입자의 형제 · 자매

2) 가입자의 종류(제6조)

가입자는 직장가입자와 지역가입자로 구분한다(제1항). 모든 사업장의 근로자 및 사용자와 공무원 및 교직원은 직장가입자가 된다. 다만, 다음 각 호의 어느 하나에 해당하는 사람은 제외한다(제2항).

- 고용 기간이 1개월 미만인 일용근로자(제1호)
- 「병역법」에 따른 현역병, 전환복무된 사람 및 무관후보생(제2호)
- 선거에 당선되어 취임하는 공무원으로서 매월 보수 또는 보수에 준하는 급료를 받지 아니하는 사람(제3호)
- 그 밖에 사업장의 특성, 고용 형태 및 사업의 종류 등을 고려하여 대통령령으로 정하는 사업장의 근로자 및 사용자와 공무원 및 교직원(제4호)

지역가입자는 직장가입자와 그 피부양자를 제외한 가입자를 말한다(제3항). 제2항제4호에 따른 근로자 및 사용자는 대통령령으로 정하는 절차에 따라 직장가입자

가 되거나 탈퇴할 수 있다(제4항).

4. 보험급여

1) 의 미

「국민건강보험법」에 따라 제공되는 급여는 요양급여와 건강진단, 요양비지급 및 임의급여가 있다. 이 중에서 요양급여, 건강진단 및 요양비지급은 법정급여라고 한다. 법정급여는 법적 규정에 의하여 일정한 보험사고에 대하여 지급되는 급여이고, 임의급여는 급여의 종류는 법적으로 정해져 있으나 실시 여부는 보험자에게 위임되어 있는 급여를 말한다. 구체적인 내용을 살펴보면 아래와 같다.

2) 요양급여(제41조)

가입자와 피부양자의 질병, 부상, 출산 등에 대하여 다음 각 호의 요양급여를 실시한다(제1항).

- 진찰 · 검사
- 약제(藥劑) · 치료재료의 지급
- 처치 · 수술 및 그 밖의 치료
- 예방 · 재활
- 입원
- 간호
- 이송(移送)

3) 요양기관(제42조)

요양급여는 다음 각 호의 요양기관에서 실시한다. 이 경우 보건복지부장관은 공익이나 국가정책에 비추어 요양기관으로 적합하지 아니한 대통령령으로 정하는 의료기관 등은 요양기관에서 제외할 수 있다(제1항).

- 「의료법」에 따라 개설된 의료기관
- 「약사법」에 따라 등록된 약국
- 「약사법」 제91조에 따라 설립된 한국희귀의약품센터
- 「지역보건법」에 따른 보건소 · 보건의료원 및 보건지소
- 「농어촌 등 보건의료를 위한 특별조치법」에 따라 설치된 보건진료소

4) 비용의 일부부담(제44조)

요양급여를 받는 자는 대통령령으로 정하는 바에 따라 비용의 일부(이하 '본인 일부부담금'이라 한다)를 본인이 부담한다.

5) 요양급여비용의 산정 등(제45조)

요양급여비용은 공단의 이사장과 대통령령으로 정하는 의약계를 대표하는 사람들의 계약으로 정한다. 이 경우 계약기간은 1년으로 한다(제1항). 제1항에 따라 계약이 체결되면 그 계약은 공단과 각 요양기관 사이에 체결된 것으로 본다(제2항).

6) 요양비(제49조)

공단은 가입자나 피부양자가 보건복지부령으로 정하는 긴급하거나 그 밖의 부득이한 사유로 요양기관과 비슷한 기능을 하는 기관으로서 보건복지부령으로 정하는 기관에서 질병 · 부상 · 출산 등에 대하여 요양을 받거나 요양기관이 아닌 장소에서 출산한 경우에는 그 요양급여에 상당하는 금액을 보건복지부령으로 정하는 바에 따라 가입자나 피부양자에게 요양비로 지급한다.

7) 건강검진(제52조)

공단은 가입자와 피부양자에 대하여 질병의 조기 발견과 그에 따른 요양급여를 하기 위하여 건강검진을 실시한다.

5. 보험료

1) 보험료(제69조)

공단은 건강보험사업에 드는 비용을 충당하기 위하여 보험료의 납부의무자로부터 보험료를 징수한다(제1항). 제1항에 따른 보험료는 가입자의 자격을 취득한 날이 속하는 달의 다음 달부터 가입자의 자격을 잃은 날의 전날이 속하는 달까지 징수한다(제2항). 제1항 및 제2항에 따라 보험료를 징수할 때 가입자의 자격이 변동된 경우에는 변동된 날이 속하는 달의 보험료는 변동되기 전의 자격을 기준으로 징수한다. 다만, 가입자의 자격이 매월 1일에 변동된 경우에는 변동된 자격을 기준으로 징수한다(제3항). 직장가입자의 월별 보험료액은 다음 각 호에 따라 산정한 금액으로 한다(제4항).

- 보수월액보험료 : 제70조에 따라 산정한 보수월액에 제73조제1항 또는 제2항에 따른 보험료율을 곱하여 얻은 금액(제1호)
- 소득월액보험료 : 제71조에 따라 산정한 소득월액에 제73조제1항 또는 제2항에 따른 보험료율의 100분의 50을 곱하여 얻은 금액(제2호)

지역가입자의 월별 보험료액은 세대 단위로 산정하되, 지역가입자가 속한 세대의 월별 보험료액은 제72조에 따라 산정한 보험료부과점수에 제73조제3항에 따른 보험료부과점수당 금액을 곱한 금액으로 한다(제5항).

2) 보수월액(제70조)

직장가입자의 보수월액은 직장가입자가 지급받는 보수를 기준으로 하여 산정하되, 대통령령으로 정하는 기준에 따라 상한과 하한을 정할 수 있다(제1항). 휴직이나 그 밖의 사유로 보수의 전부 또는 일부가 지급되지 아니하는 가입자의 보수월액보험료는 해당 사유가 생기기 전 달의 보수월액을 기준으로 산정한다(제2항).

3) 소득월액(제71조)

소득월액은 보수월액의 산정에 포함된 보수를 제외한 직장가입자의 소득(보수외소득)이 대통령령으로 정하는 금액을 초과하는 경우 보수외소득을 기준으로 하여 산정하되, 대통령령으로 정하는 기준에 따라 상한을 정할 수 있다.

4) 보험료부과점수(제72조)

보험료부과점수는 지역가입자의 소득 · 재산 · 생활수준 · 경제활동참가율 등을 고려하여 정하되, 대통령령으로 정하는 기준에 따라 상한과 하한을 정할 수 있다.

5) 보험료율 등(제73조)

직장가입자의 보험료율은 1천분의 80의 범위에서 심의위원회의 의결을 거쳐 대통령령으로 정한다(제1항). 국외에서 업무에 종사하고 있는 직장가입자에 대한 보험료율은 제1항에 따라 정해진 보험료율의 100분의 50으로 한다(제2항).

6) 보험료의 부담(제76조)

직장가입자의 보수월액보험료는 직장가입자와 다음 각 호의 구분에 따른 자가 각각 보험료액의 100분의 50씩 부담한다. 다만, 직장가입자가 교직원으로서 사립학교에 근무하는 교원이면 보험료액은 그 직장가입자가 100분의 50을, 사용자가 100분의 30을, 국가가 100분의 20을 각각 부담한다(제1항). 직장가입자의 소득월액보험료는 직장가입자가 부담한다(제2항). 지역가입자의 보험료는 그 가입자가 속한 세대의 지역가입자 전원이 연대하여 부담한다(제3항).

7) 보험료 납부의무(제77조)

직장가입자의 보험료는 다음 각 호의 구분에 따라 그 각 호에서 정한 자가 납부한다(제1항).

- 보수월액보험료 : 사용자. 이 경우 사업장의 사용자가 2명 이상인 때에는 그 사업장의 사용자는 해당 직장가입자의 보험료를 연대하여 납부한다.
- 소득월액보험료 : 직장가입자

6. 건강보험심사평가원

요양급여비용을 심사하고 요양급여의 적정성을 평가하기 위하여 건강보험심사평가원을 설립한다(제62조). 심사평가원은 다음 각 호의 업무를 관장한다(제63조 제1항).

- 요양급여비용의 심사(제1호)
- 요양급여의 적정성 평가(제2호)
- 심사기준 및 평가기준의 개발(제3호)
- 제1호부터 제3호까지의 규정에 따른 업무와 관련된 조사연구 및 국제협력(제4호)
- 다른 법률에 따라 지급되는 급여비용의 심사 또는 의료의 적정성 평가에 관하여 위탁받은 업무(제5호)
- 건강보험과 관련하여 보건복지부장관이 필요하다고 인정한 업무(제6호)
- 그 밖에 보험급여 비용의 심사와 보험급여의 적정성 평가와 관련하여 대통령령으로 정하는 업무(제7호)

제4절 고용보험법

1. 개 요

1) 실업과 고용문제

현대사회에서 실업과 고용의 문제는 국가의 노동정책, 사회복지정책의 주요한 관심의 대상이다. 그것은 실업과 고용이 개인문제라기보다는 사회문제로서 혹은 사회적 책임의 문제로서 포착되기 때문이다. 현대 자본주의 산업사회에서 실업은 자발적 실업이나 장애 등으로 인한 노동력의 부분적 혹은 전적인 결손으로 인한 불가항력적인 실업을 제외하고는 사회구조적·환경적 여건이 실업문제를 야기하는 것으로 이해되고 있다.

2) 고용보험제도

이러한 맥락에서 고용보험제도는 실업과 고용문제를 일반 사회보험원리에 의하여 국가적으로 해결함으로써 국민복지의 증진과 국가의 발전을 도모하려는 사회복지정책의 일환이다. 고용보험제도는 실직근로자가 구직활동을 하는 기간 동안 생계지원을 위한 실업급여뿐만 아니라 근로자의 직업능력 개발을 위한 훈련과 교육을 지원하고 실업예방과 고용촉진을 위하여 각종 사업주 지원사업을 복합적으로 실시하는 사전적이고 적극적인 고용정책 수단이며, 민간보험회사 등이 영리를 목적으로 보험가입자의 희망에 따라 임의로 가입하는 사적인 보험제도와는 달리 국가가 고용정책을 수행하기 위하여 보험의 원리와 방식을 도입하여 법률에 의하여 보험의 가입과 보험료의 납부가 강제되고 실업이라는 보험사고에 대하여 근로자와 사업주를 지원하는 공적인 사회보험제도이다.

3) 고용보험법의 목적과 특성

「고용보험법」은 고용보험의 시행을 통하여 실업의 예방, 고용의 촉진 및 근로자의 직업능력의 개발과 향상을 꾀하고, 국가의 직업지도와 직업소개 기능을 강화하며, 근로자가 실업한 경우에 생활에 필요한 급여를 실시하여 근로자의 생활안정과 구직 활동을 촉진함으로써 경제·사회 발전에 이바지하는 것을 목적으로 한다(제1조). 고용보험은 고용노동부장관이 관장한다(제3조).

고용보험의 특성은, 첫째, 실직근로자의 생활보장과 고용대책이 통합된 제도이다. 이는 근로자의 생활을 보장하는 사회복지정책으로서의 기능과 빠르게 변화하는 현대 산업사회에서 요청되는 산업구조조정과 경영합리화를 촉진하고 인력수급을 원활하게 하려는 고용정책이 함께 융화된 제도로 볼 수 있다. 둘째, 관리운영의 국가 책임이다. 주무부서는 노동부이며, 구체적인 사업 중 많은 부분을 근로복지공단에 위탁하여 실행하고 있다. 셋째, 연금보험, 의료보험, 산재보험의 보험사고 발생률이 비교적 안정적이며 정확히 예측할 수 있는 데 비하여, 고용보험의 경우 실업률은 경기변동과 밀접한 관계가 있으며, 이는 다시 경기, 재정, 통화정책 등에 영향을 받기 때문에 보험사고 발생률의 예측이 어렵다.

2. 입법 배경과 연혁

「고용보험법」은 1993년 12월 27일 제정되었으며, 1995년 7월 1일부터 시행되었다. 이 법은 1997년 IMF사태 이후로 실업률이 증가하는 가운데, 그동안 적용대상에서 제외되었던 영세사업장인 4인 이하의 사업장에도 고용보험제도를 확대·적용하기 위하여 1998년 9월 17일에 개정하였다. 또한 1999년에 실업급여의 수급요건을 완화하고 지급기간을 연장하여 수혜범위를 확대함으로써 실업급여의 수혜율을 확대하고, 장기실업자의 생계지원을 확충하는 등 실업급여가 사회안전망으로서의 역할을 충실히 수행할 수 있도록 하고, 부정수급자에 대한 제재를 강화하여 도덕적 해이를 방지하고 심사청구제도를 단순화하는 등 제도를 개선하여 근로자의 생활안정과 구직활동을 촉진하고자 이 법을 개정하였다. 이후 2003년 12월 31일 고용보험 및 산업재해보상보험의 보험료 징수 등에 관한 법률이 제정되어, 고용보험과 산업재해보상보험의 보험료를 통합징수하였으며, 2011년 12월 30일 "「고용보험법」 및 「산업재해보상보험법」에 따른 보험사업에 관하여 이 법에서 정한 사항은 고용노동부장관으로부터 위탁을 받아 「산업재해보상보험법」 제10조에 따른 근로복지공단(이하 '공단'이라 한다)이 수행한다. 다만, 다음 각 호에 해당하는 징수업무는 「국민건강보험법」 제13조에 따른 국민건강보험공단(이하 '건강보험공단'이라 한다)이 고용노동부장관으로부터 위탁을 받아 수행한다."고 개정하였다.

3. 보험급여

1) 국고의 부담(제5조)

국가는 매년 보험사업에 드는 비용의 일부를 일반회계에서 부담할 수 있다(제1항). 국가는 매년 예산의 범위에서 보험사업의 관리 · 운영에 드는 비용을 부담할 수 있다(제2항).

2) 보험료(제6조)

이 법에 따른 보험사업에 드는 비용을 충당하기 위하여 징수하는 보험료와 그 밖의 징수금에 대하여는 보험료징수법으로 정하는 바에 따른다.

3) 고용보험위원회(제7조)

이 법 및 보험료징수법의 시행에 관한 주요 사항을 심의하기 위하여 고용노동부에 고용보험위원회를 둔다(제1항). 위원회는 다음 각 호의 사항을 심의한다(제2항).

- 보험제도 및 보험사업의 개선에 관한 사항
- 보험료징수법에 따른 보험료율의 결정에 관한 사항
- 보험사업의 평가에 관한 사항
- 기금운용 계획의 수립 및 기금의 운용 결과에 관한 사항
- 그 밖에 위원장이 보험제도 및 보험사업과 관련하여 위원회의 심의가 필요하다고 인정하는 사항

위원회는 위원장 1명을 포함한 20명 이내의 위원으로 구성한다(제3항). 위원회의 위원장은 고용노동부차관이 되고, 위원은 다음 각 호의 사람 중에서 각각 같은 수(數)로 고용노동부장관이 임명하거나 위촉하는 사람이 된다(제4항).

- 근로자를 대표하는 사람
- 사용자를 대표하는 사람

- 공익을 대표하는 사람
- 정부를 대표하는 사람

4. 고용안정 · 직업능력개발 사업

1) 고용안정 · 직업능력개발 사업의 실시(제19조)

고용노동부장관은 피보험자 및 피보험자였던 자, 그 밖에 취업할 의사를 가진 자에 대한 실업의 예방, 취업의 촉진, 고용기회의 확대, 직업능력개발 · 향상의 기회 제공 및 지원, 그 밖에 고용안정과 사업주에 대한 인력 확보를 지원하기 위하여 고용안정 · 직업능력개발 사업을 실시한다.

2) 고령자 등 고용촉진의 지원(제23조)

고용노동부장관은 고령자 등 노동시장의 통상적인 조건에서는 취업이 특히 곤란한 자(이하 '고령자 등'이라 한다)의 고용을 촉진하기 위하여 고령자 등을 새로 고용하거나 이들의 고용안정에 필요한 조치를 하는 사업주 또는 사업주가 실시하는 고용안정 조치에 해당된 근로자에게 대통령령으로 정하는 바에 따라 필요한 지원을 할 수 있다.

5. 실업급여

실업급여 구직급여와 취업촉진 수당으로 구분한다(제37조제1항). 취업촉진 수당의 종류는 다음 각 호와 같다(동조 제2항).

- 조기(早期)재취업 수당
- 직업능력개발 수당
- 광역 구직활동비

- 이주비

6. 구직급여

1) 구직급여의 수급 요건(제40조)

구직급여는 이직한 피보험자가 다음 각 호의 요건을 모두 갖춘 경우에 지급한다. 다만, 제5호와 제6호는 최종 이직 당시 일용근로자였던 자만 해당한다(제1항).

- 이직일 이전 18개월간(기준기간) 제41조에 따른 피보험 단위기간이 통산하여 180일 이상일 것(제1호)
- 근로의 의사와 능력이 있음에도 불구하고 취업하지 못한 상태에 있을 것(제2호)
- 이직사유가 제58조[27]에 따른 수급자격의 제한 사유에 해당하지 아니할 것(제3호)
- 재취업을 위한 노력을 적극적으로 할 것(제4호)
- 수급자격 인정신청일 이전 1개월 동안의 근로일수가 10일 미만일 것(제5호)
- 최종 이직일 이전 기준기간의 피보험 단위기간 180일 중 다른 사업에서 제58조에 따른 수급자격의 제한 사유에 해당하는 사유로 이직한 사실이 있는 경우에는 그 피보험 단위기간 중 90일 이상을 일용근로자로 근로하였을 것(제6호)

---

27) 제58조(이직 사유에 따른 수급자격의 제한) 제40조에도 불구하고 피보험자가 다음 각 호의 어느 하나에 해당한다고 직업안정기관의 장이 인정하는 경우에는 수급자격이 없는 것으로 본다. 〈개정 2010.6.4.〉

1. 중대한 귀책사유(歸責事由)로 해고된 피보험자로서 다음 각 목의 어느 하나에 해당하는 경우
   가. 「형법」 또는 직무와 관련된 법률을 위반하여 금고 이상의 형을 선고받은 경우
   나. 사업에 막대한 지장을 초래하거나 재산상 손해를 끼친 경우로서 고용노동부령으로 정하는 기준에 해당하는 경우
   다. 정당한 사유 없이 근로계약 또는 취업규칙 등을 위반하여 장기간 무단 결근한 경우
2. 자기 사정으로 이직한 피보험자로서 다음 각 목의 어느 하나에 해당하는 경우
   가. 전직 또는 자영업을 하기 위하여 이직한 경우
   나. 제1호의 중대한 귀책사유가 있는 자가 해고되지 아니하고 사업주의 권고로 이직한 경우
   다. 그 밖에 고용노동부령으로 정하는 정당한 사유에 해당하지 아니하는 사유로 이직한 경우

피보험자가 이직일 이전 18개월 동안에 질병·부상, 그 밖에 대통령령으로 정하는 사유로 계속하여 30일 이상 보수의 지급을 받을 수 없었던 경우에는 18개월에 그 사유로 보수를 지급받을 수 없었던 일수를 가산한 기간을 기준기간(3년을 초과할 때에는 3년)으로 한다(제2항).

2) 급여의 기초가 되는 임금일액(제45조)

구직급여의 산정 기초가 되는 임금일액(기초일액)은 수급자격의 인정과 관련된 마지막 이직 당시 「근로기준법」에 따라 산정된 평균임금으로 한다(제1항). 제1항에 따라 산정된 금액이 「근로기준법」에 따른 그 근로자의 통상임금보다 적을 경우에는 그 통상임금액을 기초일액으로 한다(제2항).

3) 소정급여일수 및 피보험기간(제50조)

하나의 수급자격에 따라 구직급여를 지급받을 수 있는 날(소정급여일수)은 대기기간이 끝난 다음날부터 계산하기 시작하여 피보험기간과 연령에 따라 별표 1에서 정한 일수가 되는 날까지로 한다(제1항).

[별표 1] 〈개정 2011.7.21.〉 구직급여의 소정급여일수(제50조제1항 관련)

구분		피보험기간				
		1년 미만	1년 이상 3년 미만	3년 이상 5년 미만	5년 이상 10년 미만	10년 이상
이직일 현재 연령	30세 미만	90일	90일	120일	150일	180일
	30세 이상 50세 미만	90일	120일	150일	180일	210일
	50세 이상 및 장애인	90일	150일	180일	210일	240일

비고 : 장애인이란 「장애인고용촉진 및 직업재활법」에 따른 장애인을 말한다.

7. 취업촉진 수당

1) 조기재취업 수당(제64조)

조기재취업 수당은 수급자격자가 안정된 직업에 재취직하거나 스스로 영리를 목적으로 하는 사업을 영위하는 경우로서 대통령령으로 정하는 기준에 해당하면 지급한다(제1항). 조기재취업 수당의 금액은 구직급여의 소정급여일수 중 미지급일수의 비율에 따라 대통령령으로 정하는 기준에 따라 산정한 금액으로 한다(제3항).

2) 직업능력개발 수당(제65조)

직업능력개발 수당은 수급자격자가 직업안정기관의 장이 지시한 직업능력개발 훈련 등을 받는 경우에 그 직업능력개발 훈련 등을 받는 기간에 대하여 지급한다(제1항). 제1항에도 불구하고 구직급여의 지급이 정지된 기간에 대하여는 직업능력개발 수당을 지급하지 아니한다(제2항). 직업능력개발 수당의 지급 요건 및 금액에 필요한 사항은 대통령령으로 정한다(제3항).

8. 육아휴직 급여(제70조)

고용노동부장관은 육아휴직을 30일 이상 부여받은 피보험자 중 다음 각 호의 요건을 모두 갖춘 피보험자에게 육아휴직 급여를 지급한다(제1항).

- 육아휴직을 시작한 날 이전에 피보험 단위기간이 통산하여 180일 이상일 것
- 같은 자녀에 대하여 피보험자인 배우자가 30일 이상의 육아휴직을 부여받지 아니하거나 육아기 근로시간 단축을 30일 이상 실시하지 아니하고 있을 것

제1항에 따른 육아휴직 급여를 지급받으려는 사람은 육아휴직을 시작한 날 이후 1개월부터 육아휴직이 끝난 날 이후 12개월 이내에 신청하여야 한다(제2항).

9. 고용보험기금

1) 기금의 설치 및 조성(제78조)

고용노동부장관은 보험사업에 필요한 재원에 충당하기 위하여 고용보험기금을 설치한다(제1항). 기금은 보험료와 이 법에 따른 징수금 · 적립금 · 기금운용 수익금과 그 밖의 수입으로 조성한다(제2항).

2) 기금의 관리 · 운용(제79조)

기금은 고용노동부장관이 관리 · 운용한다(제1항). 기금의 관리 · 운용에 관한 세부 사항은 「국가재정법」의 규정에 따른다(제2항). 고용노동부장관은 다음 각 호의 방법에 따라 기금을 관리 · 운용한다(제3항).

- 금융기관에의 예탁
- 재정자금에의 예탁
- 국가 · 지방자치단체 또는 금융기관에서 직접 발행하거나 채무이행을 보증하는 유가증권의 매입
- 보험사업의 수행 또는 기금 증식을 위한 부동산의 취득 및 처분
- 그 밖에 대통령령으로 정하는 기금 증식 방법

3) 기금의 용도(제80조)

기금은 다음 각 호의 용도에 사용하여야 한다(제1항).

- 고용안정 · 직업능력개발 사업에 필요한 경비(제1호)
- 실업급여의 지급(제2호)
- 육아휴직 급여 및 출산전후휴가 급여 등의 지급(제3호)
- 보험료의 반환(제4호)
- 일시 차입금의 상환금과 이자(제5호)
- 이 법과 보험료징수법에 따른 업무를 대행하거나 위탁받은 자에 대한 출연금

(제6호)

- 그 밖에 이 법의 시행을 위하여 필요한 경비로서 대통령령으로 정하는 경비와 제1호 및 제2호에 따른 사업의 수행에 딸린 경비(제7호)

제5절 산업재해보상보험법

1. 의 의

「산업재해보상보험법」(산재보험법)은 산업현장에서 활동하는 근로자에게 발생할 수 있는 제반 재해에 대해 보험방식으로 근로자와 그 가족을 보호함은 물론 사업주의 위험부담을 경감시키려는 일종의 사회보장법이다.

산재보험이 사회보험의 한 종류로서 여러 사회보험과 유사한 특성을 가지고 있지만, 산재보험만이 가진 몇 가지 특성을 아래와 같이 정리할 수 있다. 첫째, 산재보험은 기본적으로 업무상 자유로 재해를 입은 재해근로자에 대하여 무과실책임주의에 입각하여 사업주의 보상책임을 담보하여 주는 사업주 책임보험으로서의 특성을 가지고 있다. 둘째, 산재보험의 보험관리상 주요 특징은 사업장 중심으로 관리하는 데 있다. 즉, 다른 사회보험제도와 달리 사업장 단위로만 가입이 이루어지고 개별 근로자의 관리는 별도로 이루어지지 않고 있다.

「산재보험법」은 산업재해보상보험 사업을 시행하여 근로자의 업무상의 재해를 신속하고 공정하게 보상하며, 재해근로자의 재활 및 사회 복귀를 촉진하기 위하여 이에 필요한 보험시설을 설치 · 운영하고, 재해 예방과 그 밖에 근로자의 복지 증진을 위한 사업을 시행하여 근로자 보호에 이바지하는 것을 목적으로 한다(제1조). 이 법은 고용노동부장관이 관장한다(제2조).

2. 입법 배경

우리나라의 산업재해보상보험은 1963년 11월 5일에 제정·공포되었다. 이후 1964년 7월 1일부터 상시 500인 이상의 근로자를 사용하는 광업 및 제조업에 적용하도록 하였으며, 강제사회보험의 형태를 채택하여 노동청에서 이를 관장하도록 하였고 보험료는 전액 사업자가 부담하도록 하였다. 또한 1982년에는 산업재해보상보험 특별회계법을 개정하여 산재보험기금 제도를 신설하였고, 1995년에는 산재보험의 업무를 이전의 노동부에서 근로복지공단으로 이관하였으며, 산재보험의 사회안전망으로서의 역할을 1999년 12월 31일에 추가하였다.

3. 근로복지공단

근로복지공단은 고용노동부장관의 위탁을 받아 제1조의 목적을 달성하기 위한 사업을 효율적으로 수행하기 위하여 근로복지공단을 설립한다(제10조). 공단은 각 호의 사업을 수행한다(제11조제1항).

- 보험가입자와 수급권자에 관한 기록의 관리·유지(제1호)
- 보험료징수법에 따른 보험료와 그 밖의 징수금의 징수(제2호)
- 보험급여의 결정과 지급(제3호)
- 보험급여 결정 등에 관한 심사 청구의 심리·결정(제4호)
- 산업재해보상보험 시설의 설치·운영(제5호)
- 업무상 재해를 입은 근로자 등의 진료·요양 및 재활(제5호의2)
- 재활보조기구의 연구개발·검정 및 보급(제5호의3)
- 보험급여 결정 및 지급을 위한 업무상 질병 관련 연구(제5호의4)
- 근로자 등의 건강을 유지·증진하기 위하여 필요한 건강진단 등 예방 사업(제5호의5)
- 근로자의 복지 증진을 위한 사업(제6호)

- 그 밖에 정부로부터 위탁받은 사업(제7호)
- 제5호 · 제5호의2 · 제5호의3 · 제6호 및 제7호에 따른 사업에 딸린 사업(제8호)

공단은 제1항제5호의2부터 제5호의5까지의 사업을 위하여 의료기관, 연구기관 등을 설치 · 운영할 수 있다(동조 제2항). 제1항제3호에 따른 사업의 수행에 필요한 자문을 하기 위하여 공단에 관계 전문가 등으로 구성되는 보험급여자문위원회를 둘 수 있다(동조 제3항). 제3항에 따른 보험급여자문위원회의 구성과 운영에 필요한 사항은 공단이 정한다(제4항).

4. 보험급여

1) 보험급여의 종류와 산정 기준 등(제36조)

보험급여의 종류는 다음 각 호와 같다(제1항).

- 요양급여
- 휴업급여
- 장해급여
- 간병급여
- 유족급여
- 상병(傷病)보상연금
- 장의비(葬儀費)
- 직업재활급여

2) 요양급여(제40조)

요양급여는 근로자가 업무상의 사유로 부상을 당하거나 질병에 걸린 경우에 그 근로자에게 지급한다(제1항). 제1항에 따른 요양급여는 산재보험 의료기관에서 요양을 하게 한다. 다만, 부득이한 경우에는 요양을 갈음하여 요양비를 지급할 수 있다(제2항). 제1항의 경우에 부상 또는 질병이 3일 이내의 요양으로 치유될 수 있으면 요양급여를 지급하지 아니한다(제3항). 제1항의 요양급여의 범위는 다음 각 호와 같다(제4항).

- 진찰 및 검사
- 약제 또는 진료재료와 의지(義肢) 그 밖의 보조기의 지급
- 처치, 수술, 그 밖의 치료
- 재활치료
- 입원
- 간호 및 간병
- 이송
- 그 밖에 고용노동부령으로 정하는 사항

3) 휴업급여(제52조)

휴업급여는 업무상 사유로 부상을 당하거나 질병에 걸린 근로자에게 요양으로 취업하지 못한 기간에 대하여 지급하되, 1일당 지급액은 평균임금의 100분의 70에 상당하는 금액으로 한다. 다만, 취업하지 못한 기간이 3일 이내이면 지급하지 아니한다.

4) 부분휴업급여(제53조)

요양 또는 재요양을 받고 있는 근로자가 그 요양기간 중 일정기간 또는 단시간 취업을 하는 경우에는 그 취업한 날 또는 취업한 시간에 해당하는 그 근로자의 평균임금에서 그 취업한 날 또는 취업한 시간에 대한 임금을 뺀 금액의 100분의 90에 상당하는 금액을 지급할 수 있다. 다만, 최저임금액을 1일당 휴업급여 지급액으로 하는 경우에는 최저임금액에서 취업한 날 또는 취업한 시간에 대한 임금을 뺀 금액을 지급할 수 있다.

5) 저소득 근로자의 휴업급여(제54조)

산정한 1일당 휴업급여 지급액이 최저 보상기준 금액의 100분의 80보다 적거나 같으면 그 근로자에 대하여는 평균임금의 100분의 90에 상당하는 금액을 1일당 휴업급여 지급액으로 한다. 다만, 그 근로자의 평균임금의 100분의 90에 상당하는 금액이 최저 보상기준 금액의 100분의 80보다 많은 경우에는 최저 보상기준 금액의 100분의 80에 상당하는 금액을 1일당 휴업급여 지급액으로 한다(제1항). 제1항에 따라 산정한 휴업급여 지급액이 「최저임금법」에 따른 시간급 최저임금액에 8을 곱한 금액(최저임금액)보다 적으면 그 최저임금액을 그 근로자의 1일당 휴업급여 지급액으로 한다(제2항).

6) 고령자의 휴업급여(제55조)

휴업급여를 받는 근로자가 61세가 되면 그 이후의 휴업급여는 별표 1에 따라 산정한 금액을 지급한다. 다만, 61세 이후에 취업 중인 자가 업무상의 재해로 요양하거나 61세 전에 업무상 질병으로 장해급여를 받은 자가 61세 이후에 그 업무상 질병으로 최초로 요양하는 경우 대통령령으로 정하는 기간에는 별표 1을 적용하지 아니한다.

[별표 1] 고령자의 휴업급여 지급기준(제55조 관련)

1. 제52조 및 제56조에 따라 산정한 휴업급여를 지급받는 자가 해당 연령에 도달하면 다음 산식에 따라 산정한다. 다만, 제52조에 따라 산정한 휴업급여를 지급받는 자의 경우 그 산정한 금액이 제3호에 따라 산정한 금액보다 적으면 제3호에 따라 산정한다.

연령	지급액
61세	1일당 휴업급여 지급액 × 66/70
62세	1일당 휴업급여 지급액 × 62/70
63세	1일당 휴업급여 지급액 × 58/70
64세	1일당 휴업급여 지급액 × 54/70
65세 이후	1일당 휴업급여 지급액 × 50/70

2. 제54조제1항 본문 및 제54조제2항에 따라 산정한 휴업급여를 지급받는 자가 해당 연령에 도달하면 다음 산식에 따라 산정한다.

연령	지급액
61세	1일당 휴업급여 지급액 × 86/90
62세	1일당 휴업급여 지급액 × 82/90
63세	1일당 휴업급여 지급액 × 78/90
64세	1일당 휴업급여 지급액 × 74/90
65세 이후	1일당 휴업급여 지급액 × 70/90

3. 제54조제1항 단서에 따라 산정한 휴업급여를 지급받는 자가 해당 연령에 도달하면 다음 산식에 따라 산정한다.

연령	지급액
61세	최저 보상기준 금액 × 80/100 × 86/90
62세	최저 보상기준 금액 × 80/100 × 82/90
63세	최저 보상기준 금액 × 80/100 × 78/90
64세	최저 보상기준 금액 × 80/100 × 74/90
65세 이후	최저 보상기준 금액 × 80/100 × 70/90

7) 재요양 기간 중의 휴업급여(제56조)

재요양을 받는 자에 대하여는 재요양 당시의 임금을 기준으로 산정한 평균임금의 100분의 70에 상당하는 금액을 1일당 휴업급여 지급액으로 한다(제1항). 제1항에 따라 산정한 1일당 휴업급여 지급액이 최저임금액보다 적거나 재요양 당시 평균임금 산정의 대상이 되는 임금이 없으면 최저임금액을 1일당 휴업급여 지급액으로 한다(제2항).

8) 장해급여(제57조)

장해급여는 근로자가 업무상의 사유로 부상을 당하거나 질병에 걸려 치유된 후 신체 등에 장해가 있는 경우에 그 근로자에게 지급한다.

9) 간병급여(제61조)

간병급여는 제40조에 따른 요양급여를 받은 자 중 치유 후 의학적으로 상시 또는 수시로 간병이 필요하여 실제로 간병을 받는 자에게 지급한다.

10) 유족급여(제62조)

유족급여는 근로자가 업무상의 사유로 사망한 경우에 유족에게 지급한다(제1항). 유족급여는 별표 3에 따른 유족보상연금이나 유족보상일시금이 있다.

[별표 3] 유족급여(제62조제2항 관련)

유족급여의 종류	유족급여의 금액
유족보상연금	유족보상연금액은 다음의 기본금액과 가산금액을 합한 금액으로 한다. 1. 기본금액 : 급여기초연액(평균임금에 365를 곱하여 얻은 금액)의 100분의 47에 상당하는 금액 2. 가산금액 : 유족보상연금수급권자 및 근로자가 사망할 당시 그 근로자와 생계를 같이 하고 있던 유족보상연금수급자격자 1인당 급여기초연액의 100분의 5에 상당하는 금액의 합산액. 다만, 그 합산금액이 급여기초연액의 100분의 20을 넘을 때에는 급여기초연액의 100분의 20에 상당하는 금액으로 한다.
유족보상일시금	평균임금의 1,300일분

11) 유족보상연금 수급자격자의 범위(제63조)

유족보상연금을 받을 수 있는 자격이 있는 자는 근로자가 사망할 당시 그 근로자와 생계를 같이 하고 있던 유족 중 배우자와 다음 각 호의 어느 하나에 해당하는 자로 한다. 이 경우 근로자와 생계를 같이 하고 있던 유족의 판단 기준은 대통령령으로 정한다(제1항).

- 부모 또는 조부모로서 각각 60세 이상인 자
- 자녀 또는 손자녀로서 각각 19세 미만인 자
- 형제자매로서 19세 미만이거나 60세 이상인 자

- 제1호부터 제3호까지의 규정 중 어느 하나에 해당하지 아니하는 자녀 · 부모 · 손자녀 · 조부모 또는 형제자매로서「장애인복지법」제2조에 따른 장애인 중 고용노동부령으로 정한 장애등급 이상에 해당하는 자

제1항을 적용할 때 근로자가 사망할 당시 태아(胎兒)였던 자녀가 출생한 경우에는 출생한 때부터 장래에 향하여 근로자가 사망할 당시 그 근로자와 생계를 같이하고 있던 유족으로 본다(동조 제2항). 유족보상연금 수급자격자 중 유족보상연금을 받을 권리의 순위는 배우자 · 자녀 · 부모 · 손자녀 · 조부모 및 형제자매의 순서로 한다(동조 제3항).

12) 연금의 지급기간 및 지급시기(제70조)

장해보상연금, 유족보상연금, 진폐보상연금 또는 진폐유족연금의 지급은 그 지급사유가 발생한 달의 다음 달 초일부터 시작되며, 그 지급받을 권리가 소멸한 달의 말일에 끝난다.

5. 근로복지 사업(제92조)

고용노동부장관은 근로자의 복지 증진을 위한 다음 각 호의 사업을 한다(제1항).

- 업무상의 재해를 입은 근로자의 원활한 사회 복귀를 촉진하기 위한 다음 각 목의 보험시설의 설치 · 운영(제1호)
  - 요양이나 외과 후 처치에 관한 시설(가목)
  - 의료재활이나 직업재활에 관한 시설(나목)
- 장학사업 등 재해근로자와 그 유족의 복지 증진을 위한 사업(제2호)
- 그 밖에 근로자의 복지 증진을 위한 시설의 설치 · 운영 사업(제3호)

6. 산업재해보상보험및예방기금

1) 산업재해보상보험및예방기금의 설치 및 조성(제95조)

고용노동부장관은 보험사업, 산업재해 예방 사업에 필요한 재원을 확보하고, 보험급여에 충당하기 위하여 산업재해보상보험및예방기금을 설치한다(제1항). 기금은 보험료, 기금운용 수익금, 적립금, 기금의 결산상 잉여금, 정부 또는 정부 아닌 자의 출연금 및 기부금, 차입금, 그 밖의 수입금을 재원으로 하여 조성한다(제2항).

2) 기금의 용도(제96조)

기금은 다음 각 호의 용도에 사용한다(제1항).

- 보험급여의 지급 및 반환금의 반환(제1호)
- 차입금 및 이자의 상환(제2호)
- 공단에의 출연(제3호)
- 「산업안전보건법」 제61조의3('근로자의 건강을 유지 · 증진하기 위한 시설')에 따른 용도(제4호)
- 재해근로자의 복지 증진(제5호)
- 「한국산업안전보건공단법」에 따른 한국산업안전보건공단에 대한 출연(제6호)
- 「보험료징수법」 제4조('연체금의 징수에 관한 경과조치')에 따른 업무를 위탁받은 자에의 출연(제7호)
- 그 밖에 보험사업 및 기금의 관리와 운용(제8호)

3) 기금의 관리 · 운용(제97조)

기금은 고용노동부장관이 관리 · 운용한다(제1항). 고용노동부장관은 다음 각 호의 방법에 따라 기금을 관리 · 운용하여야 한다(제2항).

- 금융기관 또는 체신관서에의 예입(預入) 및 금전신탁
- 재정자금에의 예탁

- 투자신탁 등의 수익증권 매입
- 국가 · 지방자치단체 또는 금융기관이 직접 발행하거나 채무이행을 보증하는 유가증권의 매입
- 그 밖에 기금 증식을 위하여 대통령령으로 정하는 사업

제6절 노인장기요양보험법

1. 개 요

「노인장기요양보험법」은 고령이나 노인성 질병 등의 사유로 일상생활을 혼자서 수행하기 어려운 노인 등에게 제공하는 신체활동 또는 가사활동 지원 등의 장기요양급여에 관한 사항을 규정하여 노후의 건강증진 및 생활안정을 도모하고 그 가족의 부담을 덜어줌으로써 국민의 삶의 질을 향상하도록 함을 목적으로 한다(제1조).

장기요양급여 제공의 기본원칙(제3조)은, 첫째, 장기요양급여는 노인 등의 심신상태 · 생활환경과 노인 등 및 그 가족의 욕구 · 선택을 종합적으로 고려하여 필요한 범위 안에서 이를 적정하게 제공하여야 한다. 둘째, 장기요양급여는 노인 등이 가족과 함께 생활하면서 가정에서 장기요양을 받는 재가급여를 우선적으로 제공하여야 한다. 셋째, 장기요양급여는 노인 등의 심신상태나 건강 등이 악화되지 않도록 의료서비스와 연계하여 제공하여야 한다.

2. 입법 배경

급격한 고령화에 따라 치매 · 중풍 등 일상생활이 어려운 노인들의 수도 날로 증가하고 있으며, 핵가족화, 여성의 사회참여 증가, 가족의 부양가치관 변화 등으로 장기요양이 필요한 노인을 가정에서 돌보는 것이 어려운 실정이다. 이로 인해 장

기요양 문제는 우리 사회가 시급히 해결해야 할 심각한 사회적 문제로 대두되었다. 이에 노인의 장기요양문제를 사회적 연대원리에 따라 정부와 사회가 공동으로 해결하는 사회보험방식으로서의 노인장기요양보험제도를 2007년 4월 2일 법으로 제정하고, 2008년 7월 1일 실시하였다.

3. 용어의 정의(제2조)

- '노인 등'이란 65세 이상의 노인 또는 65세 미만의 자로서 치매 · 뇌혈관성질환 등 대통령령으로 정하는 노인성 질병을 가진 자를 말한다.
- '장기요양급여'란 제15조제2항에 따라 6개월 이상 동안 혼자서 일상생활을 수행하기 어렵다고 인정되는 자에게 신체활동 · 가사활동의 지원 또는 간병 등의 서비스나 이에 갈음하여 지급하는 현금 등을 말한다.
- '장기요양사업'이란 장기요양보험료, 국가 및 지방자치단체의 부담금 등을 재원으로 하여 노인 등에게 장기요양급여를 제공하는 사업을 말한다.
- '장기요양기관'이란 제31조에 따라 지정을 받은 기관 또는 제32조에 따라 지정의제된 재가장기요양기관으로서 장기요양급여를 제공하는 기관을 말한다.
- '장기요양요원'이란 장기요양기관에 소속되어 노인 등의 신체활동 또는 가사활동 지원 등의 업무를 수행하는 자를 말한다.

4. 국가 및 지방자치단체의 책무 등(제4조)

국가 및 지방자치단체는 노인이 일상생활을 혼자서 수행할 수 있는 온전한 심신상태를 유지하는 데 필요한 사업(노인성질환예방사업)을 실시하여야 한다(제1항). 국가는 노인성질환예방사업을 수행하는 지방자치단체 또는 「국민건강보험법」에 따른 국민건강보험공단에 대하여 이에 소요되는 비용을 지원할 수 있다(제2항). 국가 및 지방자치단체는 노인인구 및 지역특성 등을 고려하여 장기요양급여가 원활하게 제공될 수 있도록 충분한 수의 장기요양기관을 확충하고 장기요양기관의 설립을 지원하여야 한다(제3항). 국가 및 지방자치단체는 장기요양급여가 원활히 제공될 수 있도록 공단에 필요한 행정적 또는 재정적 지원을 할 수 있다(제4항).

5. 장기요양보험

1) 장기요양보험(제7조)

장기요양보험사업은 보건복지부장관이 관장한다(제1항). 장기요양보험사업의 보험자는 공단으로 한다(제2항). 장기요양보험의 가입자는 「국민건강보험법」에 따른 가입자로 한다(제3항).

2) 장기요양보험료의 징수(제8조)

공단은 장기요양사업에 사용되는 비용에 충당하기 위하여 장기요양보험료를 징수한다.

3) 장기요양보험료의 산정(제9조)

장기요양보험료는 「국민건강보험법」에 따라 산정한 보험료액에서 경감 또는 면제되는 비용을 공제한 금액에 장기요양보험료율을 곱하여 산정한 금액으로 한다.

6. 장기요양인정

1) 장기요양인정의 신청자격(제12조)

장기요양인정을 신청할 수 있는 자는 노인 등으로서 다음 각 호의 어느 하나에 해당하는 자격을 갖추어야 한다(제1항).

- 장기요양보험가입자 또는 그 피부양자

- 「의료급여법」에 따른 수급권자(의료급여수급권자)

2) 장기요양인정의 신청(제13조)

장기요양인정을 신청하는 자는 공단에 보건복지부령으로 정하는 바에 따라 장기요양인정신청서에 의사 또는 한의사가 발급하는 소견서를 첨부하여 제출하여야 한다.

3) 장기요양인정 신청의 조사(제14조)

공단은 제13조제1항에 따라 신청서를 접수한 때 보건복지부령으로 정하는 바에 따라 소속 직원으로 하여금 다음 각 호의 사항을 조사하게 하여야 한다(제1항).

- 신청인의 심신상태
- 신청인에게 필요한 장기요양급여의 종류 및 내용
- 그 밖에 장기요양에 관하여 필요한 사항으로서 보건복지부령으로 정하는 사항

제1항에 따라 조사를 하는 자는 조사일시, 장소 및 조사를 담당하는 자의 인적사항 등을 미리 신청인에게 통보하여야 한다(제2항). 공단 또는 제1항 단서에 따른 조사를 의뢰받은 특별자치시 · 특별자치도 · 시 · 군 · 구는 조사를 완료한 때 조사결과서를 작성하여야 한다. 조사를 의뢰받은 특별자치시 · 특별자치도 · 시 · 군 · 구는 지체 없이 공단에 조사결과서를 송부하여야 한다(제3항).

4) 등급판정 등(제15조)

공단은 제14조에 따른 조사가 완료된 때 조사결과서, 신청서, 의사소견서, 그 밖에 심의에 필요한 자료를 장기요양등급판정위원회에 제출하여야 한다(제1항). 등급판정위원회는 신청인이 신청자격요건을 충족하고 6개월 이상 동안 혼자서 일상생활을 수행하기 어렵다고 인정하는 경우 심신상태 및 장기요양이 필요한 정도 등 대통령령으로 정하는 등급판정기준에 따라 장기요양급여를 받을 자(수급자)로 판

정한다(제2항).

5) 장기요양등급판정기간(제16조)

등급판정위원회는 신청인이 신청서를 제출한 날부터 30일 이내에 장기요양등급 판정을 완료하여야 한다.

6) 장기요양인정서(제17조)

공단은 등급판정위원회가 장기요양인정 및 등급판정의 심의를 완료한 경우 지체 없이 다음 각 호의 사항이 포함된 장기요양인정서를 작성하여 수급자에게 송부하여야 한다(제1항).

- 장기요양등급
- 장기요양급여의 종류 및 내용
- 그 밖에 장기요양급여에 관한 사항으로서 보건복지부령으로 정하는 사항

공단은 등급판정위원회가 장기요양인정 및 등급판정의 심의를 완료한 경우 수급자로 판정받지 못한 신청인에게 그 내용 및 사유를 통보하여야 한다(제2항). 공단은 제1항에 따라 장기요양인정서를 송부하는 때 장기요양급여를 원활히 이용할 수 있도록 월 한도액 범위 안에서 표준장기요양이용계획서를 작성하여 이를 함께 송부하여야 한다(제3항).

7. 장기요양급여의 종류(제23조)

1) 재가급여(제1항)

- 방문요양 : 장기요양요원이 수급자의 가정 등을 방문하여 신체활동 및 가사활동 등을 지원하는 장기요양급여(제1호)
- 방문목욕 : 장기요양요원이 목욕설비를 갖춘 장비를 이용하여 수급자의 가정

등을 방문하여 목욕을 제공하는 장기요양급여(제2호)

- 방문간호 : 장기요양요원인 간호사 등이 의사, 한의사 또는 치과의사의 지시서(이하 '방문간호지시서'라 한다)에 따라 수급자의 가정 등을 방문하여 간호, 진료의 보조, 요양에 관한 상담 또는 구강위생 등을 제공하는 장기요양급여(제3호)
- 주 · 야간보호 : 수급자를 하루 중 일정한 시간 동안 장기요양기관에 보호하여 신체활동 지원 및 심신기능의 유지 · 향상을 위한 교육 · 훈련 등을 제공하는 장기요양급여(제4호)
- 단기보호 : 수급자를 보건복지부령으로 정하는 범위 안에서 일정 기간 동안 장기요양기관에 보호하여 신체활동 지원 및 심신기능의 유지 · 향상을 위한 교육 · 훈련 등을 제공하는 장기요양급여(제5호)
- 기타재가급여 : 수급자의 일상생활 · 신체활동 지원에 필요한 용구를 제공하거나 가정을 방문하여 재활에 관한 지원 등을 제공하는 장기요양급여로서 대통령령으로 정하는 것(제6호)

2) 시설급여(제2항)

장기요양기관이 운영하는 「노인복지법」에 따른 노인의료복지시설 등에 장기간 동안 입소하여 신체활동 지원 및 심신기능의 유지 · 향상을 위한 교육 · 훈련 등을 제공하는 장기요양급여이다.

8. 장기요양급여의 제공

수급자는 장기요양인정서가 도달한 날부터 장기요양급여를 받을 수 있다(제27조제1항). 장기요양급여는 월 한도액 범위 안에서 제공한다. 이 경우 월 한도액은 장기요양등급 및 장기요양급여의 종류 등을 고려하여 산정한다(제28조제1항).

9. 장기요양기관

1) 장기요양기관의 지정(제31조)

장기요양기관을 설치·운영하고자 하는 자는 소재지를 관할 구역으로 하는 특별자치시장·특별자치도지사·시장·군수·구청장으로부터 지정을 받아야 한다(제1항). 제1항에 따라 장기요양기관으로 지정받고자 하는 자는 보건복지부령으로 정하는 장기요양에 필요한 시설 및 인력을 갖추어야 한다(제2항).

2) 재가장기요양기관의 설치(제32조)

제23조제1항제1호의 재가급여 중 어느 하나 이상에 해당하는 장기요양급여를 제공하고자 하는 자는 시설 및 인력을 갖추어 재가장기요양기관을 설치하고 특별자치시장·특별자치도지사·시장·군수·구청장에게 이를 신고하여야 한다(제1항). 제1항에 따라 설치의 신고를 한 재가장기요양기관은 장기요양기관으로 본다(제2항). 의료기관이 아닌 자가 설치·운영하는 재가장기요양기관은 방문간호를 제공하는 경우 방문간호의 관리책임자로서 간호사를 둔다(제3항).

3) 장기요양기관의 의무 등(제35조)

장기요양기관은 수급자로부터 장기요양급여신청을 받은 때 장기요양급여의 제공을 거부하여서는 아니 된다(제1항). 장기요양기관은 장기요양급여의 제공 기준·절차 및 방법 등에 따라 장기요양급여를 제공하여야 한다(제2항). 장기요양기관의 장은 장기요양급여를 제공한 수급자에게 장기요양급여비용에 대한 명세서를 교부하여야 한다(제3항). 장기요양기관의 장은 장기요양급여 제공에 관한 자료를 기록·관리하여야 한다(제4항).

장기요양기관은 면제받거나 감경받는 금액 외에 영리를 목적으로 수급자가 부담하는 재가 및 시설 급여비용(본인일부부담금)을 면제하거나 감경하는 행위를 하여서는 아니 된다(제5항). 누구든지 영리를 목적으로 금전, 물품, 노무, 향응, 그 밖의 이익을 제공하거나 제공할 것을 약속하는 방법으로 수급자를 장기요양기관에 소개, 알선 또는 유인하는 행위 및 이를 조장하는 행위를 하여서는 아니 된다(제6항).

10. 재가 및 시설 급여비용 등

1) 재가 및 시설 급여비용의 청구 및 지급(제38조)

장기요양기관은 수급자에게 제23조에 따른 재가급여 또는 시설급여를 제공한 경우 공단에 장기요양급여비용을 청구하여야 한다(제1항). 공단은 제1항에 따라 장기요양기관으로부터 재가 또는 시설 급여비용의 청구를 받은 경우 이를 심사하여 장기요양에 사용된 비용 중 공단부담금을 당해 장기요양기관에 지급하여야 한다(제2항). 공단은 장기요양기관의 장기요양급여평가 결과에 따라 장기요양급여비용을 가산 또는 감액조정하여 지급할 수 있다(제3항).

2) 재가 및 시설 급여비용의 산정(제39조)

재가 및 시설 급여비용은 급여종류 및 장기요양등급 등에 따라 장기요양위원회의 심의를 거쳐 보건복지부장관이 정하여 고시한다(제2항).

3) 본인일부부담금(제40조)

재가 및 시설 급여비용은 다음 각 호와 같이 수급자가 부담한다. 다만, 수급자 중 「국민기초생활 보장법」에 따른 수급권자는 그러하지 아니하다(제1항).

- 재가급여 : 당해 장기요양급여비용의 100분의 15
- 시설급여 : 당해 장기요양급여비용의 100분의 20

다음 각 호의 장기요양급여에 대한 비용은 수급자 본인이 전부 부담한다(제2항).

- 이 법의 규정에 따른 급여의 범위 및 대상에 포함되지 아니하는 장기요양급여
- 수급자가 장기요양인정서에 기재된 장기요양급여의 종류 및 내용과 다르게 선

택하여 장기요양급여를 받은 경우 그 차액

- 장기요양급여의 월 한도액을 초과하는 장기요양급여

다음 각 호의 어느 하나에 해당하는 자에 대하여는 본인일부부담금의 100분의 50을 감경한다(제3항).

- 「의료급여법」의 규정에 따른 수급권자
- 소득 · 재산 등이 보건복지가족부장관이 정하여 고시하는 일정 금액 이하인 자
- 천재지변 등 보건복지가족부령으로 정하는 사유로 인하여 생계가 곤란한 자

11. 장기요양위원회

1) 장기요양위원회의 설치 및 기능(제45조)

다음 각 호의 사항을 심의하기 위하여 보건복지부장관 소속으로 장기요양위원회를 둔다(제1항).

- 장기요양보험료율
- 가족요양비, 특례요양비 및 요양병원간병비의 지급기준
- 재가 및 시설 급여비용
- 그 밖에 대통령령으로 정하는 주요 사항

2) 장기요양위원회의 구성(제46조)

장기요양위원회는 위원장 1인, 부위원장 1인을 포함한 16인 이상 22인 이하의 위원으로 구성한다(제1항). 위원장이 아닌 위원은 다음 각 호의 자 중에서 보건복지부장관이 임명 또는 위촉한 자로 하고, 각 호에 해당하는 자를 각각 동수로 구성하여야 한다(제2항).

- 근로자단체, 사용자단체, 시민단체(「비영리민간단체 지원법」에 따른 비영리민간단체를 말한다), 노인단체, 농어업인단체 또는 자영자단체를 대표하는 자

- 장기요양기관 또는 의료계를 대표하는 자
- 대통령령으로 정하는 관계 중앙행정기관의 고위공무원단 소속 공무원, 장기요양에 관한 학계 또는 연구계를 대표하는 자, 공단 이사장이 추천하는 자

위원장은 보건복지부차관이 되고, 부위원장은 위원 중에서 위원장이 지명한다(제3항). 장기요양위원회 위원의 임기는 3년으로 한다(제4항).

12. 등급판정위원회

장기요양인정 및 장기요양등급 판정 등을 심의하기 위하여 공단에 장기요양등급판정위원회를 둔다(제52조제1항). 등급판정위원회는 특별자치시 · 특별자치도 · 시 · 군 · 구 단위로 설치한다(동조 제2항). 등급판정위원회는 위원장 1인을 포함하여 15인의 위원으로 구성한다(동조 제3항). 등급판정위원회 위원은 다음 각 호의 자 중에서 공단 이사장이 위촉한다. 이 경우 특별자치시장 · 특별자치도지사 · 시장 · 군수 · 구청장이 추천한 위원은 7인, 의사 또는 한의사가 1인 이상 각각 포함되어야 한다(동조 제4항).

- 「의료법」에 따른 의료인
- 「사회복지사업법」에 따른 사회복지사
- 특별자치시 · 특별자치도 · 시 · 군 · 구 소속 공무원
- 그 밖에 법학 또는 장기요양에 관한 학식과 경험이 풍부한 자

등급판정위원회 위원의 임기는 3년으로 한다(동조 제5항).

13. 벌칙 및 과태료

1) 벌칙(제67조)

(1) 2년 이하의 징역 또는 2천만 원 이하의 벌금(제1항)

- 제31조를 위반하여 지정받지 아니하고 장기요양기관을 설치 · 운영하거나 거짓이나 그 밖의 부정한 방법으로 지정받은 자
- 제32조를 위반하여 신고하지 아니하고 재가장기요양기관을 설치 · 운영하거나 거짓이나 그 밖의 부정한 방법으로 신고한 자
- 제35조제5항을 위반하여 본인일부부담금을 면제 또는 감경하는 행위를 한 자
- 제35조제6항을 위반하여 수급자를 소개, 알선 또는 유인하는 행위를 하거나 이를 조장한 자
- 제62조(비밀누설금지)를 위반하여 업무수행 중 알게 된 비밀을 누설한 자

(2) 1년 이하의 징역 또는 1천만 원 이하의 벌금(제2항)

- 제35조제1항을 위반하여 정당한 사유 없이 장기요양급여의 제공을 거부한 자
- 거짓이나 그 밖의 부정한 방법으로 장기요양급여를 받거나 다른 사람으로 하여금 장기요양급여를 받게 한 자

2) 과태료(제69조)

정당한 사유 없이 다음 각 호의 어느 하나에 해당하는 자에게는 500만 원 이하의 과태료를 부과한다(제1항).

- 제33조(장기요양기관의 시설 · 인력에 관한 변경)를 위반하여 신고하지 아니하거나 거짓이나 그 밖의 부정한 방법으로 신고한 자
- 제34조(장기요양기관 정보의 안내 등)를 위반하여 장기요양기관에 관한 정보를 게시하지 아니하거나 거짓으로 게시한 자(제2호의2)
- 제35조제3항을 위반하여 수급자에게 장기요양급여비용에 대한 명세서를 교부

하지 아니하거나 거짓으로 교부한 자(제2호의3)

- 제35조제4항을 위반하여 장기요양급여 제공 자료를 기록 · 관리하지 아니한 사람(제3호)
- 폐업 · 휴업 신고 또는 자료이관을 하지 아니하거나 거짓이나 그 밖의 부정한 방법으로 신고한 자(제4호)
- 행정제재처분을 받았거나 그 절차가 진행 중인 사실을 양수인 등에게 지체 없이 알리지 아니한 자(제4호의2)
- 거짓이나 그 밖의 부정한 방법으로 수급자에게 장기요양급여비용을 부담하게 한 자(제6호)
- 보고 또는 자료제출 요구 · 명령에 따르지 아니하거나 거짓으로 보고 또는 자료제출을 한 자나 질문 또는 검사를 거부 · 방해 또는 기피하거나 거짓으로 답변한 자(제7호)

생각해 볼 문제들

1. 사회보험법의 의의에 대해 설명해 보라.

2. 「국민연금법」의 역사적 배경과 내용을 설명해 보라.

3. 「건강보험법」의 역사적 배경과 내용을 설명해 보라.

4. 「고용보험법」의 역사적 배경과 내용을 설명해 보라.

5. 「산재보험법」의 역사적 배경과 내용을 설명해 보라.

6. 「노인장기요양보험법」의 역사적 배경과 내용을 설명해 보라.

제 11 장 공공부조법

SOCIAL WELFARE AND LAW

공공부조법은 모든 시민이 인간다운 생활을 영위할 수 있도록 국가 및 지방자치단체의 책임 하에 생활유지능력이 없거나 생활이 어려운 국민의 최저생활을 보장하고 자립을 지원하기 위해 제정된 사회보장의 가장 기본적인 법이다. 또한 공공부조법은 노령, 질병, 실업, 산재 등과 생활의 불안과 위험을 해소하려는 사회보험법과 함께 우리 사회의 저소득층의 빈곤문제를 해결하려는 대표적인 사회복지법이라고 할 수 있다. 이에 본 장에서는, 첫째, 공공부조법의 의의, 둘째, 「국민기초생활 보장법」, 셋째, 「의료급여법」, 넷째, 「기초연금법」을 중심으로 공공부조법에 대한 전반적인 내용을 살펴보고자 한다.

제1절 공공부조법의 의의

1. 공공부조법의 개념

공공부조는 스스로 생활유지능력이 없는 사람들에게 국가나 지방자치단체가 인간다운 생활을 영위할 수 있도록 지원하는 사회복지제도의 하나이다. 우리나라 「사회보장기본법」에서 공공부조를 국가 및 지방자치단체의 책임하에 생활유지능력이 없거나 생활이 어려운 국민의 최저생활을 보장하고 자립을 지원하는 제도라고 규정하고 있다. 따라서 공공부조법은 공공부조제도의 실시와 연관된 사항을 규정해 놓은 법률이라고 정의할 수 있다. 공공부조법은 과거의 자선과 시혜와 같은 소극적 개념에서부터 급여의 권리성을 인정한 방향으로 진전되어 왔다. 1999년에 확대 · 개정된 「국민기초생활 보장법」은 이러한 입장을 반영하여, 구법인 「생활보호법」에서 '보호대상자', '보호기관' 등의 용어가 「국민기초생활 보장법」에서는 '수급권자', '보장기관' 등으로 바뀌어져 저소득층의 권리성을 강화하였다.

공공부조법은 인간다운 생활을 확보하는 것을 목적으로 하면서, 한편으로는 자립을 돕는 제도라고 할 수 있다. 우리나라의 공공부조법에 속하는 대표적인 법률은 「국민기초생활 보장법」과 「의료보호법」을 손꼽을 수 있는데, 이는 빈곤과 의료문제가 인간다운 생활을 확보하는 데 근간이 되기 때문이다.

공공부조가 최초로 등장한 것은 1891년 덴마크이다. 이후 여러 나라로 확산되었으나 그 의미와 내용 및 범위 등은 나라마다 조금씩 다르며, 그 용어 또한 국제적으로 통일되어 있지 않다. 미국에서는 공공부조(public assistance), 영국에서는 국가부조(national assistance), 독일이나 프랑스에서는 사회부조(social assistance) 등으로 불리고 있다. 우리나라에서는 과거 '공적부조(公的扶助)'라고 하였으나 1995년 12월 30일에 제정된 「사회보장기본법」에서 '공공부조(公共扶助)'라는 용어로 변경된 이후부터 공공부조라는 명칭을 사용하고 있다.

공공부조란 국민의 건강을 보호하고 내셔널 미니멈(national minimum), 즉 문화적인 최저생활의 보장을 목적으로 하는 사회보장제도의 일환으로서, 생활능력을 잃은 자들과 일정한 생활수준에 미치지 못한 자들에 대하여 국가나 지방자치단체가 그들의 최저생활 보장과 자립 촉진을 목적으로 마련한 가장 직접적이며 최종적인 경제적 보호제도라고 말할 수 있다(김수신 · 정홍익, 1997: 117-118).

공공부조 제도를 실시하는 목적은 요보호자(要保護者)를 하루 속히 생활능력을 갖게 하여 생활인으로 복귀시키고 빈곤에서 어느 정도 해방시키고자 하는 데 있다. 공공부조에 의한 급여는 일반적으로 빈곤한 처지가 입증될 수 있는 사람에게만 지급되며, 급여액에 관한 최종 결정은 공공부조 사업을 관리하는 정부에 의하여 이루어진다. 그리고 공공부조의 계획은 소득수준 · 실업 · 부양 및 불구(不具) 등을 참작하여 이루어진다.

우리나라에서의 공공부조는 2000년 10월부터 시행하고 있는 「국민기초생활 보장법」에 의하여 주로 이루어지고 있다. 이 법의 목적은 생활이 어려운 자에게 필요한 급여를 행하여 이들의 최저생활을 보장하고 자활을 조성함으로써 궁극적으로는 국민의 복지를 향상하고자 하는 데 있다.

2. 공공부조법의 특성

공공부조가 가지고 있는 특성은, 첫째, 빈곤에 대한 최후의 국가적 대응책이다. 둘째, 공공부조는 그 대상자를 선정하여 원조를 제공하는 제도이므로 이른바 '선택주의 제도'이다. 셋째, 공공부조에 필요한 재원 조달을 일반 조세를 통하여 마련한다. 넷째, 소득이전을 통해 소득의 재분배적 기능을 도모할 수 있는 제도이다. 특히 중상층의 조세를 통해 공공부조제도의 재원이 발생되어, 그들과 빈곤층 간의 소득불평등을 완화할 수 있도록 하는 데 목적이 있다.

공공부조는 사회보장제도로서 사회보험과 함께 실시되지만 다음과 같은 차이가 있다.

첫째, 목적적인 관점에서 비교하면, 공공부조는 빈곤 등의 사회적 위험이 발생한 이후 이를 해결하기 위한 사후적 대응책으로써 기능하는 한편, 사회보험은 미래에 직면할 수 있는 사회적 위험을 정형화하여 보험기술을 통해 미리 대비하는 제도적 장치이다.

둘째, 이념적 관점에서 비교하면, 공공부조는 도움이 필요한 사람을 선정하여 개입하므로 선택주의에 입각해 있으며, 사회보험은 모든 국민을 대상으로 하고 적당한 자격요건을 갖추어서 보험사고를 당할 때 급여를 제공하는 점에서 보편주의를 채택하고 있음을 알 수 있다.

셋째, 실시와 관련하여, 공공부조는 사람들을 무차별평등하게 취급하여 일단 빈곤에 처한 모든 사람들에게 동일한 조건에서 똑같은 급여를 제공한다는 점에서 무차별평등주의라고 할 수 있는 반면, 사회보험은 급여의 제공에 있어 가능한 한 기여금에 비례하거나 혹은 가입년한에 비례하여 제공하는 경향이 있다.

넷째, 대상 면에서, 공공부조는 소수의 빈곤층이 주 대상인데 반하여, 사회보험은 일단 국민 전체를 대상으로 규정하는 경우가 대부분이다.

제2절 국민기초생활 보장법

1. 의 미

1) 빈곤문제와 사회복지

(1) 사회문제로서의 빈곤문제

「국민기초생활 보장법」은 빈곤대책의 하나로서 공공부조제도에 속하는 법이다. 과거의 빈곤문제는 개인적 결함과 책임으로 인식되었으나 자본주의 체제와 산업화가 진척됨에 따라 빈곤문제는 사회문제로 성격이 규정되는 한편, 국가사회적 · 공식적 정책으로 대응되어야 하는 것으로 인식되었다. 이에 빈곤문제를 해결하기 위해서 어디까지 국가가 책임지고 개인과 가족의 의무는 무엇인가 하는 점은 국가마다의 경험과 사정에 따라 다르지만, 공통적으로는 '국민의 최저선'을 설정하여 최소한 수준 이상의 생활을 영위할 수 있도록 각종의 제도적 · 정책적 대응을 시도하고 있다.

(2) 빈곤대책으로서의 국민기초생활 보장법

공공부조는 최소한의 생활을 유지할 수 있도록 빈곤문제에 처한 국민을 돕는 사회복지제도이다. 따라서 정당한 자격요건을 가진 사람에 대하여 적어도 최저한의 삶을 유지할 수 있도록 최저생계비 이상을 확보하는 제도적 장치가 바로 공공부조이며, 이 제도의 핵심이 「국민기초생활 보장법」이다. 그러므로 「국민기초생활 보장법」은 빈곤을 해결하기 위한 국가의 공식적 대책으로서 다양한 원리와 방법 및 급여내용 등 「국민기초생활 보장법」의 운용과 실시에 관한 내용을 규정하고 있다.

2) 국민기초생활 보장법의 특성

「국민기초생활 보장법」은 생활이 어려운 사람에게 필요한 급여를 실시하여 이들의 최저생활을 보장하고 자활을 돕는 것을 목적으로 한다(제1조). 이 법은 다른 사회보험법과는 달리 무갹출로 국가에 의해 수급자에게 일방적으로 제공되는 급여를 포함하고 있다. 이것은 국민이라는 자격으로 생존권을 보장받을 수 있다는 데에 근거를 두고 있고, 따라서 수급권 역시 기본적 권리로 인정된다. 이 법의 급여 내용은 다양하지만 핵심적인 내용은 생계유지와 생활보장이라는 것에 목적을 둔다. 따라서 경제적 급여를 기반으로 하면서 다양한 형태의 급여가 제공된다.

「국민기초생활 보장법」의 재원은 보통 일반 조세로 충당된다. 따라서 갹출금 혹은 기여금에 의해서 마련되는 사회보험제도와는 다르고 일반 조세로 충당되는 사회복지서비스와는 유사점을 가지고 있다.

2. 입법 배경과 연혁

1) 입법 배경

우리 사회는 1963년 이래 사회 · 경제적 변화에 적절하게 대응하지 못한 구법인 「생활보호법」의 확대 개편과 함께, 1997년 IMF의 경제 위기로 인하여 수많은 실직자와 명예퇴직자가 발생하였다. 이로 인해 전국적으로 저소득층이 증가하였다. 이에 국가적으로 모든 국민의 기본적인 생활을 제도적으로 보장해야 할 필요성이 대두되었으며, 단순한 생계지원이 아닌 수급자의 자립자활을 촉진하는 생산적 복지 지향의 종합적 빈곤대책이 필요하게 되었다. 이러한 사회 · 경제적 배경에서 1999년 9월 7일에 「국민기초생활 보장법」이 공포되고, 2000년 10월 1일부터 시행되었다.

2) 연 혁

(1) 생활보호법의 연혁

「생활보호법」은 1961년 12월 30일 제정되었으나 재정사정이 여의치 못하여 전면적인 실시가 되지 못하고, 생계보호만이 부분적으로 실시되었다. 1978년에는 「의료보호법」의 제정으로 생활보호대상자에 대한 의료보호가 행해지기 시작하였고, 1979년에는 생활보호대상자 중학교과정 수업료지원규정이 마련됨으로써 생활보호대상자 중 중학생 자녀에게 수업료가 지원되었다. 1981년부터는 기술이 없어 취업을 하지 못하는 생활보호대상자에게 취업에 필요한 기능을 습득시켜 자활할 수 있도록 지원하는 직업훈련지원사업이 펼쳐졌다. 10년 이상 유지되어 오던 「생활보호법」은 1997년에 대폭적인 개정을 거쳐 1999년까지 지속되다가 「국민기초생활보장법」의 시행으로 폐지되었다.

(2) 국민기초생활 보장법 제정

「생활보호법」은 공공부조법의 기본법으로 기능하기에는 여러 가지 한계가 있었다. 그중 가장 큰 한계는 보호대상의 인구학적 제한이었다. 이로 인해 「생활보호법」은 IMF사태로 발생한 대량의 빈곤층에 대해 거의 기능하지 못하였다. 이러한 문제점을 해결하고자 1999년 9월에 「생활보호법」을 폐지하고 「국민기초생활 보장법」을 새로이 제정하였다.

「국민기초생활 보장법」은 다음 몇 가지 측면에서 「생활보호법」과 차이가 있다.

첫째, 최저생활보장이 국민의 당연한 권리라는 점을 명확하게 하기 위하여 법률용어가 바뀌었다. 예를 들어, 생활보호대상자를 수급권자로, 보호기관을 보장기관으로 바꾸었다.

둘째, 법적용대상자로서 수급권자에 대한 인구학적 제한을 철폐하였다.

셋째, 급여의 내용에서 주거급여와 긴급급여를 신설하였다.

3. 용어(제2조)

- '수급권자'란 이 법에 따른 급여를 받을 수 있는 자격을 가진 사람을 말한다.
- '수급자'란 이 법에 따른 급여를 받는 사람을 말한다.
- '수급품'이란 이 법에 따라 수급자에게 지급하거나 대여하는 금전 또는 물품을 말한다.
- '보장기관'이란 이 법에 따른 급여를 실시하는 국가 또는 지방자치단체를 말한다.
- '부양의무자'란 수급권자를 부양할 책임이 있는 사람으로서 수급권자의 1촌의 직계혈족 및 그 배우자를 말한다. 다만, 사망한 1촌의 직계혈족의 배우자는 제외한다.
- '최저보장수준'이란 국민의 소득 · 지출 수준과 수급권자의 가구 유형 등 생활실태, 물가상승률 등을 고려하여 제6조에 따라 급여의 종류별로 공표하는 금액이나 보장수준을 말한다.
- '최저생계비'란 국민이 건강하고 문화적인 생활을 유지하기 위하여 필요한 최소한의 비용으로서 제20조의2제4항에 따라 보건복지부장관이 계측하는 금액을 말한다.
- '개별가구'란 이 법에 따른 급여를 받거나 이 법에 따른 자격요건에 부합하는지에 관한 조사를 받는 기본단위로서 수급자 또는 수급권자로 구성된 가구를 말한다. 이 경우 개별가구의 범위 등 구체적인 사항은 대통령령으로 정한다.
- '소득인정액'이란 보장기관이 급여의 결정 및 실시 등에 사용하기 위하여 산출한 개별가구의 소득평가액과 재산의 소득환산액을 합산한 금액을 말한다.
- '차상위계층'이란 수급권자(제14조의2에 따라 수급권자로 보는 사람은 제외한다)에 해당하지 아니하는 계층으로서 소득인정액이 대통령령으로 정하는 기준 이하인 계층을 말한다.
- '기준 중위소득'이란 보건복지부장관이 급여의 기준 등에 활용하기 위하여 제20조제2항에 따른 중앙생활보장위원회의 심의 · 의결을 거쳐 고시하는 국민

가구소득의 중위값을 말한다.

4. 급여의 기본원칙(제3조)

이 법에 따른 급여는 수급자가 자신의 생활의 유지 · 향상을 위하여 그의 소득, 재산, 근로능력 등을 활용하여 최대한 노력하는 것을 전제로 이를 보충 · 발전시키는 것을 기본원칙으로 한다(제1항).

제1항의 기본원칙은 다음과 같은 원칙을 포함한다고 할 수 있다.

1) 공공책임의 원칙

일상생활이 어려운 국민의 생존권을 보장하는 일이 국가의 책무이므로, 「국민기초생활 보장법」의 실시를 국가 혹은 공공책임으로 간주하는 것이다. 이 법에서 '보장기관'이라 함은 「국민기초생활 보장법」에 의한 급여를 행하는 국가 또는 지방자치단체를 말함으로써, 공공책임을 분명히 규정하고 있다.

2) 최저생활보장의 원칙

이 법에 의하여 실시되는 급여는 건강하고 문화적인 최저생활을 유지할 수 있는 수준이어야 한다. 구체적인 급여의 기준은 보건복지부장관 또는 소관 중앙행정기관의 장이 급여의 종류별 수급자 선정기준 및 최저보장수준을 결정하여야 한다(제6조).

3) 보충성의 원리

이 법에 의한 급여는 수급자가 자신의 생활의 유지 · 향상을 위하여 그 소득 · 재산 · 근로능력 등을 활용하여 최대한 노력하는 것을 전제로 이를 보충 · 발전시키는 것을 기본 원칙으로 한다.

4) 타법 우선의 원칙

부양의무자의 부양과 기타 다른 법령에 의한 보호는 이 법에 의한 급여에 우선하여 행하여지는 것으로 한다. 특히, 민법에 의한 부양의무자의 부양을 우선시하고 그 다음에 이 법의 급여를 받을 수 있다는 것은 타법 우선의 원칙을 잘 드러내는 부분이다.

5) 자립조장 원리

이 법의 목적에서도 명확하게 밝히고 있듯이 자활과 자립은 동법의 급여원칙에 중요한 요소로 받아들여진다.

6) 무차별평등 원리

무차별평등의 원리는 이 법상의 급여를 받을 자격이 평등하게 있다는 원리이지만, 실제로 급여를 제공하는 과정에서 급여수준은 차등적으로 제공된다. 다만, 이 법에 의하여 보장된 수준은 최저생활을 유지한다는 측면에서 무차별 평등원리가 결과적으로 실현되기도 한다.

5. 급여의 기준 등(제4조)

1) 급여의 기본 수준

급여제공에 있어서 검토되어야 할 사항 중 가장 중요한 점은 급여의 기본적 수준이 어떠해야 하는가 하는 점이다. 이 법에 의한 급여는 건강하고 문화적인 최저생활을 유지할 수 있는 것이어야 한다(제1항).

2) 급여의 개별화

급여는 수급자의 욕구와 문제 등 수급자가 처한 상황을 개별화하여 적절한 내용과 수준으로 제공되어야 한다. 이를 위해 이 법에서는 연령과 가구규모 등 제반 여건을 감안하여 급여를 제공하고 거기에 맞게 급여종류를 결정한다(제2항).

3) 세대단위 급여

이 법상의 급여 제공은 원칙적으로 세대를 단위로 행하되, 필요하다고 인정하는 경우에는 개인을 단위로 행할 수 있도록 규정하였다(제3항).

4) 신청주의 급여

급여는 수급권자와 관계자가 신청하여 제공받는 신청주의를 원칙으로 하고 있다.

6. 수급권자의 범위(제5조)

수급권자는 부양의무자가 없거나, 부양의무자가 있어도 부양능력이 없거나 부양을 받을 수 없는 사람으로서 소득인정액이 최저생계비 이하인 사람으로 한다.

7. 급여의 종류(제7조)

이 법에 따른 급여의 종류는 생계급여(제1항), 주거급여(제2항), 의료급여(제3항), 교육급여(제4항), 해산급여(제5항), 장제급여(제6항), 자활급여(제7항) 등이 있다.

1) 생계급여(제8조)

생계급여는 수급자에게 의복, 음식물 및 연료비와 그 밖에 일상생활에 기본적으로 필요한 금품을 지급하여 그 생계를 유지하게 하는 것으로 한다(제1항). 생계급여 수급권자는 부양의무자가 없거나, 부양의무자가 있어도 부양능력이 없거나 부양을 받을 수 없는 사람으로서 그 소득인정액이 소득인정액 산정방식과 기준 중위소득의 결정에 따른 중앙생활보장위원회의 심의 · 의결을 거쳐 결정하는 금액 이하인 사람으로 한다. 이 경우 생계급여 선정기준은 기준 중위소득의 100분의 30 이상으로 한다(제2항). 생계급여 최저보장수준은 생계급여와 소득인정액을 포함하여 생계급여 선정기준 이상이 되도록 하여야 한다(제3항).

2) 주거급여(제11조)

주거급여는 수급자에게 주거 안정에 필요한 임차료, 수선유지비, 그 밖의 수급품을 지급하는 것으로 한다.

3) 의료급여(제12조의3)

의료급여는 수급자에게 건강한 생활을 유지하는 데 필요한 각종 검사 및 치료 등을 지급하는 것으로 한다(제1항). 의료급여 수급권자는 부양의무자가 없거나, 부양의무자가 있어도 부양능력이 없거나 부양을 받을 수 없는 사람으로서 그 소득인정액이 소득인정액 산정방식과 기준 중위소득의 결정에 따른 중앙생활보장위원회의 심의 · 의결을 거쳐 결정하는 금액 이하인 사람으로 한다. 이 경우 의료급여 선정기준은 기준 중위소득의 100분의 40 이상으로 한다(제2항).

4) 교육급여(제12조)

교육급여는 수급자에게 입학금, 수업료, 학용품비, 그 밖의 수급품을 지급하는 것으로 하되, 학교의 종류 · 범위 등에 관하여 필요한 사항은 대통령령으로 정한다(제1항). 교육급여는 교육부장관의 소관으로 한다(제2항). 교육급여 수급권자는 부양의무자가 없거나, 부양의무자가 있어도 부양능력이 없거나 부양을 받을 수 없는 사람으로서 그 소득인정액이 소득인정액 산정방식과 기준 중위소득의 결정에 따른 중앙생활보장위원회의 심의 · 의결을 거쳐 결정하는 금액 이하인 사람으로 한다(제3항). 이 경우 교육급여 선정기준은 기준 중위소득의 100분의 50 이상으로 한다(제4항). 교육급여의 신청 및 지급 등에 대하여는 「초 · 중등교육법」에 따른 교육비 지원절차를 준용한다(제5항).

5) 해산급여(제13조)

해산급여는 생계급여(제8조)의 급여를 받는 수급자에게 조산, 분만 전과 분만 후에 필요한 조치와 보호의 급여를 실시하는 것으로 한다(제1항). 해산급여는 보건복지부령으로 정하는 바에 따라 보장기관이 지정하는 의료기관에 위탁하여 실시할 수 있다(제2항).

6) 장제급여(제14조)

장제급여는 생계급여(제8조)의 급여를 받는 수급자가 사망한 경우 사체의 검안(檢案)·운반·화장 또는 매장, 그 밖의 장제조치를 하는 것으로 한다(제1항). 장제급여는 보건복지부령으로 정하는 바에 따라 실제로 장제를 실시하는 사람에게 장제에 필요한 비용을 지급하는 것으로 한다(제2항).

7) 자활급여(제15조)

자활급여는 수급자의 자활을 돕기 위하여 다음 각 호의 급여를 실시하는 것으로 한다(제1항).

- 자활에 필요한 금품의 지급 또는 대여(제1호)
- 자활에 필요한 근로능력의 향상 및 기능습득의 지원(제2호)
- 취업알선 등 정보의 제공(제3호)
- 자활을 위한 근로기회의 제공(제4호)
- 자활에 필요한 시설 및 장비의 대여(제5호)
- 창업교육, 기능훈련 및 기술·경영 지도 등 창업지원(제6호)
- 자활에 필요한 자산형성 지원(제7호)
- 그 밖에 대통령령으로 정하는 자활을 위한 각종 지원(제8호)

8. 자활 지원

1) 중앙자활센터(제15조의2)

수급자 및 차상위자의 자활촉진에 필요한 다음 각 호의 사업을 수행하기 위하여 중앙자활센터를 둘 수 있다(제1항).

- 자활 지원을 위한 조사 · 연구 · 교육 및 홍보 사업
- 자활 지원을 위한 사업의 개발 및 평가
- 광역자활센터, 지역자활센터 및 자활기업의 기술 · 경영 지도 및 평가
- 자활 관련 기관 간의 협력체계 및 정보네트워크 구축 · 운영
- 취업 · 창업을 위한 자활촉진 프로그램 개발 및 지원
- 고용지원서비스 및 사회복지서비스의 대상자 관리
- 그 밖에 자활촉진에 필요한 사업으로서 보건복지부장관이 정하는 사업

2) 광역자활센터(제15조의3)

보장기관은 수급자 및 차상위자의 자활촉진에 필요한 다음 각 호의 사업을 수행하게 하기 위하여 사회복지법인, 사회적 협동조합 등 비영리법인과 단체 등의 신청을 받아 특별시 · 광역시 · 특별자치시 · 도 · 특별자치도 단위의 광역자활센터로 지정할 수 있다(제1항).

- 시 · 도 단위의 자활기업 창업지원
- 시 · 도 단위의 수급자 및 차상위자에 대한 취업 · 창업 지원 및 알선
- 지역자활센터 종사자 및 참여자에 대한 교육훈련 및 지원
- 지역특화형 자활프로그램 개발 · 보급 및 사업개발 지원
- 지역자활센터 및 자활기업에 대한 기술 · 경영 지도
- 그 밖에 자활촉진에 필요한 사업으로서 보건복지부장관이 정하는 사업

3) 지역자활센터(제16조)

보장기관은 수급자 및 차상위자의 자활 촉진에 필요한 다음 각 호의 사업을 수행하게 하기 위하여 사회복지법인, 사회적협동조합 등 비영리법인과 단체 등의 신청을 받아 지역자활센터로 지정할 수 있다(제1항).

- 자활의욕 고취를 위한 교육
- 자활을 위한 정보제공, 상담, 직업교육 및 취업알선
- 생업을 위한 자금융자 알선
- 자영창업 지원 및 기술 · 경영 지도
- 자활기업의 설립 · 운영 지원
- 그 밖에 자활을 위한 각종 사업

4) 자활기업(제18조)

수급자 및 차상위자는 상호 협력하여 자활기업을 설립 · 운영할 수 있다(제1항). 자활기업은 조합 또는 「부가가치세법」상의 사업자로 한다(제2항). 보장기관은 자활기업에게 직접 또는 중앙자활센터, 광역자활센터 및 지역자활센터를 통하여 다음 각 호의 지원을 할 수 있다.

- 자활을 위한 사업자금 융자
- 국유지 · 공유지 우선 임대
- 국가나 지방자치단체가 실시하는 사업의 우선 위탁
- 국가나 지방자치단체의 조달구매 시 자활기업 생산품의 우선 구매
- 그 밖에 수급자의 자활촉진을 위한 각종 사업

9. 보장기관(제19조)

이 법에 따른 급여는 수급권자 또는 수급자의 거주지를 관할하는 시 · 도지사와

시장 · 군수 · 구청장(교육급여인 경우에는 시 · 도교육감)이 실시한다. 다만, 주거가 일정하지 아니한 경우에는 수급권자 또는 수급자가 실제 거주하는 지역을 관할하는 시장 · 군수 · 구청장이 실시한다(제1항).

1) 생활보장위원회(제20조)

이 법에 따른 생활보장사업의 기획 · 조사 · 실시 등에 관한 사항을 심의 · 의결하기 위하여 보건복지부와 시 · 도 및 시 · 군 · 구에 각각 생활보장위원회를 둔다(제1항). 보건복지부에 두는 생활보장위원회(중앙생활보장위원회)는 다음 각 호의 사항을 심의 · 의결한다(제2항).

- 기초생활보장 종합계획의 수립
- 소득인정액 산정방식과 기준 중위소득의 결정
- 급여의 종류별 수급자 선정기준과 최저보장수준의 결정
- 급여기준의 적정성 등 평가 및 실태조사에 관한 사항
- 급여의 종류별 누락 · 중복, 차상위계층의 지원사업 등에 대한 조정
- 자활기금의 적립 · 관리 및 사용에 관한 지침의 수립
- 그 밖에 위원장이 회의에 부치는 사항

중앙생활보장위원회는 위원장을 포함하여 16명 이내의 위원으로 구성하고 위원은 보건복지부장관이 다음 각 호의 어느 하나에 해당하는 사람 중에서 위촉 · 지명하며 위원장은 보건복지부장관으로 한다(제3항).

공공부조 또는 사회복지와 관련된 학문을 전공한 전문가로서 대학의 조교수 이상인 사람 또는 연구기관의 연구원으로 재직 중인 사람 5명 이내

- 공익을 대표하는 사람 5명 이내
- 관계 행정기관 소속 3급 이상 공무원 또는 고위공무원단에 속하는 일반직공무원 5명 이내

제1항에 따른 시 · 도 및 시 · 군 · 구 생활보장위원회의 위원은 시 · 도지사 또는

시장 · 군수 · 구청장이 다음 각 호의 어느 하나에 해당하는 사람 중에서 위촉 · 지명하며 위원장은 해당 시 · 도지사 또는 시장 · 군수 · 구청장으로 한다(제4항).

- 사회보장에 관한 학식과 경험이 있는 사람
- 공익을 대표하는 사람
- 관계 행정기관 소속 공무원

2) 기초생활보장 계획의 수립 및 평가(제20조의2)

소관 중앙행정기관의 장은 수급자의 최저생활을 보장하기 위하여 3년마다 소관별로 기초생활보장 기본계획을 수립하여 보건복지부장관에게 제출하여야 한다(제1항). 보건복지부장관 및 소관 중앙행정기관의 장은 제4항에 따른 실태조사 결과를 고려하여 급여기준의 적정성 등에 대한 평가를 실시할 수 있으며, 이와 관련하여 전문적인 조사 · 연구 등을 「공공기관의 운영에 관한 법률」에 따른 공공기관 또는 민간 법인 · 단체 등에 위탁할 수 있다(제2항). 보건복지부장관은 제1항에 따른 기초생활보장 기본계획 및 제2항에 따른 평가결과를 종합하여 기초생활보장 종합계획을 수립하여 중앙생활보장위원회의 심의를 받아야 한다(제3항). 보건복지부장관은 수급권자, 수급자 및 차상위계층 등의 규모 · 생활실태 파악, 최저생계비 계측 등을 위하여 3년마다 실태조사를 실시 · 공표하여야 한다(제4항).

10. 급 여

급여는 문제와 욕구를 가진 사람들을 대상으로 제공하는 각종의 사회적 자원을 말한다. 급여는 흔히 현금과 현물로 대별하지만, 보다 전문적으로 구별하면 현금, 물품, 신용(credit), 서비스(service), 힘(power) 및 기회(opportunity) 등으로 나누어진다.

1) 급여의 신청(제21조)

수급권자와 그 친족, 그 밖의 관계인은 관할 시장 · 군수 · 구청장에게 수급권자에 대한 급여를 신청할 수 있다. 급여신청을 할 때에는 수급권자와 부양의무자는 다음 각 호의 자료 또는 정보의 제공에 대하여 동의한다는 서면을 제출하여야 한다(제3항).

- 「금융실명거래 및 비밀보장에 관한 법률」에 따른 금융자산 및 금융거래의 내용에 대한 자료 또는 정보 중 예금의 평균잔액과 그 밖에 대통령령으로 정하는 자료 또는 정보(금융정보)
- 「신용정보의 이용 및 보호에 관한 법률」에 따른 신용정보 중 채무액과 그 밖에 대통령령으로 정하는 자료 또는 정보(신용정보)
- 「보험업법」에 따른 보험에 가입하여 낸 보험료와 그 밖에 대통령령으로 정하는 자료 또는 정보(보험정보)

2) 급여의 실시(제27조)

급여 실시 및 급여 내용이 결정된 수급자에 대한 급여는 급여의 신청일부터 시작한다.

3) 급여의 지급방법(제27조의2)

보장기관이 급여를 금전으로 지급할 때에는 수급자의 신청에 따라 수급자 명의의 지정된 계좌로 입금하여야 한다.

4) 자활지원계획의 수립(제28조)

시장 · 군수 · 구청장은 수급자의 자활을 체계적으로 지원하기 위하여 보건복지부장관이 정하는 바에 따라 조사 결과를 고려하여 수급자 가구별로 자활지원계획을 수립하고 그에 따라 이 법에 따른 급여를 실시하여야 한다(제1항). 보장기관은 수급자의 자활을 위하여 필요한 경우에는 「사회복지사업법」 등 다른 법률에 따라 보장기관이 제공할 수 있는 급여가 있거나 민간기관 등이 후원을 제공하는 경우 제1항의 자활지원계획에 따라 급여를 지급하거나 후원을 연계할 수 있다(제2항). 시장 · 군수 · 구청장은 수급자의 자활여건 변화와 급여 실시 결과를 정기적으로 평가하고 필요한 경우 자활지원계획을 변경할 수 있다(제3항).

11. 보장시설(제32조)

보장시설이란 제7조에 규정된 급여를 실시하는 「사회복지사업법」에 따른 사회복지시설로서 다음 각 호의 시설 중 보건복지부령으로 정하는 시설을 말한다.

- 「장애인복지법」의 장애인 거주시설
- 「노인복지법」의 노인주거복지시설 및 노인의료복지시설
- 「아동복지법」에 따른 아동복지시설 및 통합 시설
- 「정신보건법」 정신질환자사회복귀시설 및 정신요양시설
- 「노숙인 등의 복지 및 자립지원에 관한 법률」에 따른 노숙인재활시설 및 노숙인요양시설
- 「가정폭력방지 및 피해자보호 등에 관한 법률」에 따른 가정폭력피해자 보호시설
- 「성매매방지 및 피해자보호 등에 관한 법률」에 따른 성매매피해자 등을 위한 지원시설
- 「성폭력방지 및 피해자보호 등에 관한 법률」에 따른 성폭력피해자보호시설
- 「한부모가족지원법」의 한부모가족복지시설
- 「사회복지사업법」의 사회복지시설 중 결핵 및 한센병요양시설
- 그 밖에 보건복지부령으로 정하는 시설

12. 수급자의 권리 및 의무

- 제34조(급여 변경의 금지) : 수급자에 대한 급여는 정당한 사유 없이 수급자에게 불리하게 변경할 수 없다.
- 제35조(압류금지) : 수급자에게 지급된 수급품과 이를 받을 권리는 압류할 수 없다.

- 제36조(양도금지) : 수급자는 급여를 받을 권리를 타인에게 양도할 수 없다.
- 제37조(신고의 의무) : 수급자는 거주지역이나 세대의 구성이 변동되었을 때에는 지체 없이 관할 보장기관에 신고하여야 한다.
- 권리구제 : 이의신청(제37~41조)

다른 사회보장법이나 사회복지법과 마찬가지로 「국민기초생활 보장법」에서도 권리구제 조항이 존재한다. 동법에 의한 권리구제 역시 행정구제와 같은 이의신청을 거친 다음에 행정소송을 할 수 있도록 심사청구전치주의를 채택하고 있다.

13. 보장비용에 관한 내용

1) 보장비용(제42조)

보장비용이란 다음 각 호의 비용을 말한다.

- 이 법에 따른 보장업무에 드는 인건비와 사무비(제1호)
- 생활보장위원회의 운영에 드는 비용(제2호)
- 이 법의 규정에 따른 급여 실시 비용(제3호)
- 그 밖에 이 법에 따른 보장업무에 드는 비용(제4호)

2) 보장비용의 부담 구분(제43조)

보장비용의 부담은 다음 각 호의 구분에 따른다.

- 국가 또는 시 · 도가 직접 수행하는 보장업무에 드는 비용은 국가 또는 해당 시 · 도가 부담한다(제1호).
- 급여의 실시 비용은 국가 또는 해당 시 · 도가 부담한다(제2호).
- 시 · 군 · 구가 수행하는 보장업무에 드는 비용 중 제42조제1호 및 제2호의 비용은 해당 시 · 군 · 구가 부담한다(제3호).
- 시 · 군 · 구가 수행하는 보장업무에 드는 비용 중 제42조제3호 및 제4호의 비용

은 시 · 군 · 구의 재정여건, 사회보장비 지출 등을 고려하여 국가, 시 · 도 및 시 · 군 · 구가 다음 각 목에 따라 차등하여 분담한다(제4호).

- 국가는 시 · 군 · 구 보장비용의 총액 중 100분의 40 이상 100분의 90 이하를 부담한다(가목).
- 시 · 도는 시 · 군 · 구 보장비용의 총액에서 가목의 국가부담분을 뺀 금액 중 100분의 30 이상 100분의 70 이하를 부담하고, 시 · 군 · 구는 시 · 군 · 구 보장비용의 총액 중에서 국가와 시 · 도가 부담하는 금액을 뺀 금액을 부담한다. 다만, 특별자치시 · 특별자치도는 시 · 군 · 구 보장비용의 총액 중에서 국가가 부담하는 금액을 뺀 금액을 부담한다(나목).

3) 비용의 징수(제46조)

수급자에게 부양능력을 가진 부양의무자가 있음이 확인된 경우에는 보장비용을 지급한 보장기관은 생활보장위원회의 심의 · 의결을 거쳐 그 비용의 전부 또는 일부를 그 부양의무자로부터 부양의무의 범위에서 징수할 수 있다(제1항). 속임수나 그 밖의 부정한 방법으로 급여를 받거나 타인으로 하여금 급여를 받게 한 경우에는 보장비용을 지급한 보장기관은 그 비용의 전부 또는 일부를 그 급여를 받은 사람 또는 급여를 받게 한 자(부정수급자)로부터 징수할 수 있다(제2항).

14. 벌 칙

1) 5년 이하의 징역 또는 3천만 원 이하의 벌금(제48조제1항)

- 금융실명거래 및 비밀보장에 관한 법률을 위반하여 금융정보를 사용 · 제공 또는 누설한 자

2) 3년 이하의 징역 또는 2천만 원 이하의 벌금(제48조제2항)

- 제22조제6항(보장기관의 공무원 또는 공무원이었던 사람은 신청조사의 규정에 따라 얻은 정보와 자료를 이 법에서 정한 보장목적 외에 다른 용도로 사용하거나 다른 사람 또는 기관에 제공하여서는 아니 된다)을 위반하여 정보 또는 자료를 사용하거나 제공한 자
- 금융실명거래 및 비밀보장에 관한 법률을 위반하여 신용정보 또는 보험정보를 사용 · 제공 또는 누설한 자

3) 1년 이하의 징역, 1천만 원 이하의 벌금, 구류 또는 과료(제49조)

- 속임수나 그 밖의 부정한 방법으로 급여를 받거나 타인으로 하여금 급여를 받게 한 자

4) 300만 원 이하의 벌금, 구류 또는 과료(제50조)

- 수급자의 급여 위탁을 정당한 사유 없이 거부한 자나 종교상의 행위를 강제한 자

제3절 의료급여법

1. 의 의

1) 빈곤과 생활문제로서의 의료문제

빈곤계층에 대해서는 소득계층의 보험원리에 의해서 제공되는 건강보험제도와는 달리, 공공부조의 원리에 의하여 적절한 수준의 의료서비스를 제공하는 경향이 전 세계적으로 일반화되고 있다. 또 다른 측면으로는 인간다운 생활 혹은 생존권의 보장이 단순히 생계보호와 물질적 소득의 확보에 그치지 않고 건강 회복을 위한

의료서비스 제공을 포함해야 한다는 요청이 높아지고 있다. 반면, 의료보장과 소득보장은 상호보완적인 관계로서 빈곤계층의 경우는 빈곤으로 인하여 양질의 의료를 구매하기 어려운 상황으로 인해 질병과 장애를 악화시켜 빈곤을 지속화시킨다. 이와 함께 의료수가의 상승으로 인하여 빈곤한 사람들에게는 질병과 장애가 빈곤을 더욱 가속화시키는 상승작용을 하는 경향을 가진다.

2) 의료급여법의 목적과 특성

이 법은 생활이 어려운 사람에게 의료급여를 함으로써 국민보건의 향상과 사회복지의 증진에 이바지함을 목적으로 한다(제1조). 의료급여법은 건강의 회복과 동시에 사회복지를 증진시키는 중요한 사회복지법으로서 목적을 가진 법으로 인식되고 있으며, 거의 모든 국가에서 의료급여법이 시행되고 있다.

2. 입법 배경과 연혁

「의료급여법」은 빈곤계층에게 소득보장과 함께 의료보장을 제공하는 공공부조제도의 하나이다. 1961년 「생활보호법」이 제정되어 동법 제5조에 의료보호에 관한 규정을 둠으로써 의료보호가 처음으로 법제화되었으나 사실상 의료보호는 생활보호대상자를 중심으로 주로 국공립의료기관에서만 무료진료가 실시되었으며, 의료의 내용도 빈약하여 의료보장으로서의 실효성을 거둘 수 없었다. 따라서 의료보호대상자의 확대와 전 국민 의료보험체제의 확립에 따른 의료보장여건의 변화에 부응하는 한편, 의료보호내용의 충실화를 도모하려는 취지에서 1977년 12월 31일 「의료보호법」을 제정하였으며, 1978년 1월 1일부터 시행하였다. 이후 1991년 3월 8일에 종래의 의료보호법을 전면개정 하였으며, 2000년 10월 「국민기초생활 보장법」의 개정내용에서 의료보호가 의료급여로 명칭이 변경함에 따라, 2001년 5월 24일 기존의 「의료보호법」을 「의료급여법」으로 개정하였다.

3. 수급권자

이 법에 따른 수급권자는 다음 각 호와 같다(제3조제1항).

- 「국민기초생활 보장법」에 따른 의료급여 수급자
- 「재해구호법」에 따른 이재민으로서 보건복지부장관이 의료급여가 필요하다고 인정한 사람
- 「의사상자 등 예우 및 지원에 관한 법률」에 따라 의료급여를 받는 사람
- 「입양특례법」에 따라 국내에 입양된 18세 미만의 아동
- 「독립유공자예우에 관한 법률」, 「국가유공자 등 예우 및 지원에 관한 법률」 및 「보훈보상대상자 지원에 관한 법률」의 적용을 받고 있는 사람과 그 가족으로서 국가보훈처장이 의료급여가 필요하다고 추천한 사람 중에서 보건복지부장관이 의료급여가 필요하다고 인정한 사람
- 「문화재보호법」에 따라 지정된 중요무형문화재의 보유자(명예보유자를 포함한다)와 그 가족으로서 문화재청장이 의료급여가 필요하다고 추천한 사람 중에서 보건복지부장관이 의료급여가 필요하다고 인정한 사람
- 「북한이탈주민의 보호 및 정착지원에 관한 법률」의 적용을 받고 있는 사람과 그 가족으로서 보건복지부장관이 의료급여가 필요하다고 인정한 사람
- 「5 · 18민주화운동 관련자 보상 등에 관한 법률」에 따라 보상금 등을 받은 사람과 그 가족으로서 보건복지부장관이 의료급여가 필요하다고 인정한 사람
- 「노숙인 등의 복지 및 자립지원에 관한 법률」에 따른 노숙인 등으로서 보건복지부장관이 의료급여가 필요하다고 인정한 사람
- 그 밖에 생활유지 능력이 없거나 생활이 어려운 사람으로서 대통령령으로 정하는 사람

4. 의료급여의 내용(제7조)

이 법에 따른 수급권자의 질병 · 부상 · 출산 등에 대한 의료급여의 내용은 다음 각 호와 같다.

- 진찰 · 검사
- 약제(藥劑) · 치료재료의 지급
- 처치 · 수술과 그 밖의 치료
- 예방 · 재활
- 입원
- 간호
- 이송과 그 밖의 의료목적 달성을 위한 조치

5. 의료급여기관(제9조)

의료급여는 다음 각 호의 의료급여기관에서 실시한다(제1항).

- 「의료법」에 따라 개설된 의료기관(제1호)
- 「지역보건법」에 따라 설치된 보건소 · 보건의료원 및 보건지소(제2호)
- 「농어촌 등 보건의료를 위한 특별조치법」에 따라 설치된 보건진료소(제3호)
- 「약사법」에 따라 개설등록된 약국 또는 설립된 한국희귀의약품센터(제4호)

1) 제1차 의료급여기관

- 「의료법」 제33조제3항(의원 · 치과의원 · 한의원 또는 조산원을 개설하려는 자는 보건복지부령으로 정하는 바에 따라 시장 · 군수 · 구청장에게 신고하여야 한다)에 따라 개설신고를 한 의료기관
- 제9조의 규정에 따른 의료급여기관

2) 제2차 의료급여기관

- 「의료법」 제33조제4항(종합병원 · 병원 · 치과병원 · 한방병원 또는 요양병원을 개설하려면 보건복지부령으로 정하는 바에 따라 시 · 도지사의 허가를 받아야 한다)에 따라 개설허가를 받은 의료기관

3) 제3차 의료급여기관

- 제2차 의료급여기관 중에서 보건복지부장관이 지정하는 의료기관

6. 급 여

1) 급여비용의 부담(제10조)

급여비용은 대통령령으로 정하는 바에 따라 그 전부 또는 일부를 의료급여기금에서 부담하되, 의료급여기금에서 일부를 부담하는 경우 그 나머지 비용은 본인이 부담한다.

2) 급여비용의 청구와 지급(제11조)

의료급여기관은 제10조에 따라 의료급여기금에서 부담하는 급여비용의 지급을 시장 · 군수 · 구청장에게 청구할 수 있다(제1항). 제1항에 따라 급여비용을 청구하려는 의료급여기관은 급여비용심사기관에 급여비용의 심사청구를 하여야 하며, 심사청구를 받은 급여비용심사기관은 이를 심사한 후 지체 없이 그 내용을 시장 · 군수 · 구청장 및 의료급여기관에 알려야 한다(제2항). 제2항에 따라 심사의 내용을 통보받은 시장 · 군수 · 구청장은 지체 없이 그 내용에 따라 급여비용을 의료급여기관에 지급하여야 한다(제3항). 시장 · 군수 · 구청장은 급여비용을 지급할 때에 제2항에 따른 급여비용심사기관이 의료급여의 적정 여부를 평가하여 시장 · 군수 · 구청장에게 알린 경우에는 그 평가결과에 따라 급여비용을 가산 또는 감액 조

정하여 지급한다(제4항). 의료급여기관은 제2항에 따른 심사청구를 다음 각 호의 단체가 대행하게 할 수 있다(제5항).

- 「의료법」에 따른 의사회 · 치과의사회 · 한의사회 · 조산사회 또는 각 지부 및 분회
- 「의료법」에 따른 의료기관단체
- 「약사법」에 따른 대한약사회 또는 지부 및 분회

7. 권리구제 : 이의신청(제30조)

수급권자의 자격, 의료급여 및 급여비용에 대한 시장 · 군수 · 구청장의 처분에 이의가 있는 자는 시장 · 군수 · 구청장에게 이의신청을 할 수 있다(제1항). 급여비용의 심사 · 조정에 관한 급여비용심사기관의 처분에 이의가 있는 의료급여기관은 급여비용심사기관에 이의신청을 할 수 있다(제2항). 제1항 및 제2항에 따른 이의신청은 처분이 있음을 안 날부터 90일 이내에 문서로 하여야 하며, 처분이 있은 날부터 180일이 지나면 제기하지 못한다(제3항).

8. 벌칙 및 과태료

1) 벌칙(제35조)

(1) 5년 이하의 징역 또는 3천만 원 이하의 벌금(제1항)

- 「국민기초생활 보장법」 제23조의2(금융정보제공)를 위반하여 금융정보를 사용 · 제공 또는 누설한 사람

(2) 3년 이하의 징역 또는 3천만 원 이하의 벌금

- 대행청구단체의 종사자로서 거짓이나 그 밖의 부정한 방법으로 급여비용을 청구한 자

(3) 3년 이하의 징역 또는 2천만 원 이하의 벌금

- 「국민기초생활 보장법」 제22조제6항(신청조사에서 얻은 정보)을 위반하여 정보 또는 자료를 사용하거나 제공한 사람
- 「국민기초생활 보장법」 제23조의2(금융정보제공)를 위반하여 신용정보 또는 보험정보를 사용 · 제공 또는 누설한 사람

(4) 1년 이하의 징역 또는 1천만 원 이하의 벌금

- 정당한 이유 없이 이 법에 따른 의료급여를 거부한 자
- 대행청구단체가 아닌 자로 하여금 급여비용의 심사청구를 대행하게 한 자
- 속임수나 그 밖의 부정한 방법으로 의료급여를 받은 자 또는 제3자로 하여금 의료급여를 받게 한 자
- 업무정지기간 중에 의료급여를 한 의료급여기관의 개설자

(5) 1천만 원 이하의 벌금

- 정당한 이유 없이 보고 또는 서류제출을 하지 아니하거나 거짓으로 보고하거나 거짓 자료를 제출하거나 검사를 거부 · 방해 또는 기피한 사람

2) 과태료(제37조)

(1) 500만 원 이하의 과태료

- 행정처분을 받은 사실 또는 행정처분 절차가 진행 중인 사실을 양수인 또는 합병 후 존속하는 법인이나 합병으로 설립된 법인에 알리지 아니한 자

(2) 100만 원 이하의 과태료

- 서류보존의무를 위반한 자
- 정당한 사유 없이 서류제출을 하지 아니하거나 거짓 서류를 제출하거나 질문에 대하여 진술을 거부하거나 거짓으로 진술하거나 검사 등 조사를 거부 · 방해 · 기피한 자

제4절 기초연금법

1. 의의 및 연혁

「기초연금법」은 소득인정액 기준으로 하위 70%의 노인에게 일정 금액을 지급하는 노후소득보장제도이다. 이 법은 노인에게 기초연금을 지급하여 안정적인 소득기반을 제공함으로써 노인의 생활안정을 지원하고 복지 증진을 목적으로 한다(「기초연금법」 제1조). 이러한 「기초연금법」은 영국이나 일본 등에서는 실시되고 있었으며, 우리나라에서는 2008년 1월에 「기초노령연금법」이란 명칭으로 실시되었다. 노인의 생활안정과 복지증진을 목적으로 2007년 4월 25일 신규 제정되었고, 2008년 1월 1일 시행한 「기초노령연금법」은 노인이 후손의 양육과 국가 및 사회의 발전에 이바지하여 온 점을 고려하여 생활이 어려운 하위소득 60% 이내인 노인들에게 매달 일정액의 연금을 지급하도록 하였다. 이후 「기초연금법」이 2012년 12월 대선 공약에 포함되어 본격적 논의가 이루어졌으며, 2014년 5월 20일 제정되어 동년 7월 1일부터 시행되었다. 이 법의 시행에 따라서 기존의 「기초노령연금법」은 폐지되었다.

2. 기초연금 수급권자의 범위(제3조)

기초연금은 65세 이상인 노인으로서 소득인정액이 보건복지부장관이 정하여 고시하는 금액 이하인 사람에게 지급한다(제1항). 보건복지부장관은 선정기준액을 정하는 경우 65세 이상인 사람 중 기초연금 수급자가 100분의 70 수준이 되도록 한다(제2항). 제1항에도 불구하고 다음 각 호의 어느 하나에 해당하는 연금의 수급권자와 그 배우자나 다음 각 호의 어느 하나에 해당하는 연금을 받은 사람 중 대통령령으로 정하는 사람과 그 배우자에게는 기초연금을 지급하지 아니한다.

- 「공무원연금법」 및 「사립학교교직원 연금법」에 따른 퇴직연금, 퇴직연금일시

금, 퇴직연금공제일시금, 장해연금, 장해보상금, 유족연금, 유족연금일시금, 순직유족연금 또는 유족일시금

- 「군인연금법」에 따른 퇴역연금, 퇴역연금일시금, 퇴역연금공제일시금, 상이연금, 유족연금 또는 유족연금일시금
- 「별정우체국법」에 따른 퇴직연금, 퇴직연금일시금, 퇴직연금공제일시금, 유족연금 또는 유족연금일시금
- 「국민연금과 직역연금의 연계에 관한 법률」, 연계퇴직연금, 또는 연계퇴직유족연금 중 직역재직기간이 10년 이상인 경우의 연계퇴직연금 또는 연계퇴직유족연금

3. 기초연금액의 산정(제5조)

기초연금 수급권자에 대한 기초연금의 금액은 기준연금액과 국민연금 급여액 등을 고려하여 산정한다(제1항). 기준연금액은 보건복지부장관이 그 전년도의 기준연금액에 대통령령으로 정하는 바에 따라 전국소비자물가변동률을 반영하여 매년 고시한다(제2항). 기초연금 수급권자 중 다음 각 호의 연금 수급권자에게 지급하는 기초연금액은 제4항에 따라 산정한 금액으로 한다.

- 노령연금 수급권자 또는 분할연금 수급권자(제1호)
- 「북한이탈주민의 보호 및 정착지원에 관한 법률」에 따른 국민연금 수급권자(제2호)

국민연금 수급권자에게 지급하는 기초연금액은 제1호의 금액에서 제2호의 금액을 뺀 금액에 제3호의 금액을 더한 금액으로 한다(제4항).

- 기준연금액(제1호)
- 국민연금 수급권자가 받을 수 있는 연금의 금액 중 「국민연금법」을 기초로 산정한 금액(소득재분배급여금액)에 3분의 2를 곱한 금액(제2호)
- 부가연금액 : 기준연금액의 2분의 1에 해당하는 금액(제3호)

상기 규정에 따라 산정한 기초연금액이 기준연금액을 초과하는 경우 기준연금액을 기초연금액으로 본다(제7조). 본인과 그 배우자가 모두 기초연금 수급권자인 경우에는 각각의 기초연금액에서 기초연금액의 100분의 20에 해당하는 금액을 감액한다(제8조).

4. 기초연금 지급

1) 기초연금 지급의 신청(제10조)

기초연금을 지급받으려는 사람 또는 보건복지부령으로 정하는 대리인은 특별자치시장 · 특별자치도지사 · 시장 · 군수 · 구청장에게 기초연금의 지급을 신청할 수 있다(제1항). 기초연금 수급희망자와 그 배우자는 제1항에 따른 신청을 할 때 다음 각 호의 자료 또는 정보를 보건복지부장관 및 특별자치시장 · 특별자치도지사 · 시장 · 군수 · 구청장에게 제공하는 것에 대하여 동의한다는 서면을 제출하여야 한다.

- 「금융실명거래 및 비밀보장에 관한 법률」에 따른 금융자산 및 금융거래에 관한 자료 또는 정보 중 예금의 평균잔액과 그 밖에 대통령령으로 정하는 자료 또는 정보(금융정보)
- 「신용정보의 이용 및 보호에 관한 법률」에 따른 신용정보 중 채무액과 그 밖에 대통령령으로 정하는 자료 또는 정보(신용정보)
- 「보험업법」에 따른 보험에 가입하여 납부한 보험료와 그 밖에 대통령령으로 정하는 자료 또는 정보(보험정보)

2) 기초연금의 지급(제14조)

특별자치시장 · 특별자치도지사 · 시장 · 군수 · 구청장은 기초연금 수급권자로 결정한 사람에 대하여 기초연금의 지급을 신청한 날이 속하는 달부터 기초연금 수급권을 상실한 날이 속하는 달까지 매월 정기적으로 기초연금을 지급한다.

5. 기초연금 수급자에 대한 사후관리

1) 기초연금 지급의 정지(제16조)

특별자치시장 · 특별자치도지사 · 시장 · 군수 · 구청장은 기초연금 수급자가 다음 각 호의 어느 하나의 경우에 해당하면 그 사유가 발생한 날이 속하는 달의 다음 달부터 그 사유가 소멸한 날이 속하는 달까지는 기초연금의 지급을 정지한다(제1항).

- 기초연금 수급자가 금고 이상의 형을 선고받고 교정시설 또는 치료감호시설에 수용되어 있는 경우
- 기초연금 수급자가 행방불명되거나 실종되는 등 대통령령으로 정하는 바에 따라 사망한 것으로 추정되는 경우
- 기초연금 수급자의 국외 체류기간이 60일 이상 지속되는 경우. 국외 체류 60일이 되는 날을 지급 정지의 사유가 발생한 날로 본다.
- 그 밖에 제1호부터 제3호까지의 경우에 준하는 경우로서 대통령령으로 정하는 경우

2) 기초연금 수급권의 상실(제17조)

기초연금 수급권자는 사망한 때, 국적을 상실하거나 국외로 이주한 때, 제3조에 따른 기초연금 수급권자에 해당하지 아니하게 된 때에 기초연금 수급권을 상실한다.

6. 수급권자의 권리 보호

1) 기초연금 수급권의 보호(제21조)

기초연금 수급권은 양도하거나 담보로 제공할 수 없으며, 압류 대상으로 할 수 없다(제1항). 기초연금으로 지급받은 금품은 압류할 수 없다(제2항).

2) 이의신청(제22조)

기초연금 지급의 결정이나 그 밖에 이 법에 따른 처분에 이의가 있는 사람은 특별자치시장 · 특별자치도지사 · 시장 · 군수 · 구청장에게 이의신청을 할 수 있다(제1항). 제1항에 따른 이의신청은 그 처분이 있음을 안 날부터 90일 이내에 서면으로 하여야 한다. 다만, 정당한 사유로 인하여 그 기간 이내에 이의신청을 할 수 없었음을 증명한 때에는 그 사유가 소멸한 때부터 60일 이내에 이의신청을 할 수 있다(제2항).

7. 벌칙 및 과태료

1) 벌칙(제29조)

제12조제6항(금융정보 등의 제공)을 위반하여 금융정보를 다른 자에게 제공하거나 누설한 자는 5년 이하의 징역 또는 3천만 원 이하의 벌금에 처한다(제1항). 제12조제6항을 위반하여 신용정보 또는 보험정보를 다른 자에게 제공하거나 누설한 자는 3년 이하의 징역 또는 2천만 원 이하의 벌금에 처한다(제2항). 거짓이나 그 밖의 부정한 방법으로 기초연금을 지급받은 사람은 1년 이하의 징역 또는 500만 원 이하의 벌금에 처한다(제3항).

2) 과태료(제31조)

정당한 사유 없이 조사에 따른 서류나 그 밖에 소득 · 재산 등에 관한 자료를 제출하지 아니하거나 거짓의 서류 또는 자료를 제출한 자 또는 조사 · 질문을 거부 · 방해 또는 기피하거나 거짓 답변을 한 자에게는 20만 원 이하의 과태료를 부과한다(제1항). 정당한 사유 없이 신고(소멸, 사망 등)를 하지 아니한 사람에게는 10만 원 이하의 과태료를 부과한다.

생각해 볼 문제들

1. 공공부조법의 의의에 대해 설명해 보라.

2. 「국민기초생활 보장법」의 역사적 배경(「생활보호법」)과 내용을 설명해 보라.

3. 「의료급여법」의 내용을 설명해 보라.

4. 「기초연금법」의 역사적 배경(「기초노령연금법」)과 내용을 설명해 보라.

제 12 장 사회서비스법 I

SOCIAL WELFARE AND LAW

사회복지서비스와 사회서비스는 혼용되어 사용되는 경향이 있다. 실제로도 사회복지법제론 교재에서도 혼용되어 사용되고 있다. 이는 종래의 사회보장체계에서 사회복지로 불리던 것이 사회복지서비스로 변경되었으며, 사회복지서비스 대상이 정상적인 일상생활의 수준에서 탈락·낙오되거나 그러한 우려가 있는 불특정 개인 또는 가족으로서, 구체적으로 빈곤, 질병, 범죄 또는 도덕적 타락으로 나타날 수 있기 때문에 사회복지서비스라는 용어가 사회서비스보다 더 익숙한 것이다. 하지만, 개정된 「사회보장기본법」 제3조에는 공공부조, 사회보험과 함께 사회서비스로 명시되어 있다. 이에 본 장에서는, 첫째, 사회서비스법의 의의, 둘째, 「사회복지사업법」, 셋째, 「영유아보육법」, 넷째, 「아동복지법」, 다섯째, 「노인복지법」, 여섯째, 「장애인복지법」을 중심으로 사회서비스법에 대한 전반적인 내용을 살펴보고자 한다.

제1절 사회서비스법의 의의

개정된 「사회보장기본법」에서는 기존의 사회복지서비스와 관련된 복지제도를 결합하는 등 그 범위를 확장시켰다. 「사회보장기본법」에서는 사회서비스를 "국가·지방자치단체 및 민간부문의 도움이 필요한 모든 국민에게 복지, 보건의료, 교육, 고용, 주거, 문화, 환경 등의 분야에서 인간다운 생활을 보장하고 상담, 재활, 돌봄, 정보의 제공, 관련 시설의 이용, 역량 개발, 사회참여 지원 등을 통하여 국민의 삶의 질이 향상되도록 지원하는 제도를 말한다."고 정의하고 있다.

사회서비스법은 사회보험법이나 공공부조법과 다음과 같은 차이가 있다.

1. 대상자 측면

사회복지법들은 대체로 대상자를 보편적 · 평균적 인간으로 상정하여 접근하는 반면, 사회서비스는 법제도로부터 이탈, 소외, 방치자에 대하여 실질적인 보호를 함으로써 시민적 자립을 보장하고 전문사회사업이라는 방법과 수단에 의한 생존권을 실현을 위하여 대상자를 구체적 · 특수적 · 개별적 인간으로 상정하여 접근하고 있다.

2. 급여내용과 형태

급여내용과 형태가 사회보험이나 공공부조는 소득이나 물질적인 급여, 즉 경제적 보장과 주로 관련된 반면, 사회서비스는 신체적 · 정신적 재활 내지 기능향상과 같은 비물질적인 보장, 심리 · 사회적 서비스, 정신서비스 등을 주된 내용으로 한다.

3. 욕구측면

사회서비스에서는 급여의 특성상 개인적인 욕구의 특수성에 따라 개별적 처우를 제공해야 하는 점이 사회보험과 공공부조에 비하여 상대적으로 어렵다. 법은 획일적이고 표준적인 데 비하여 사회복지는 시간과 대상에 따라 역동적이어서 법적 규정이 적절하지 않을 때가 많다는 특성을 지닌다.

4. 복지조치의 측면

사회서비스법의 급여는 서비스가 대부분이어서 서비스를 전달하는 사람들의 전문적인 개입과 기술이 중요하고 이를 법적으로 규정하는 경우에 일선 행정가에게 역할을 위임하는 경우가 대부분이다. 따라서 일선 행정가나 법적인 조치를 통해서 서비스 제공을 실현하는 경우가 많아서 이들의 실천적인 조치 행위가 미묘한 파급 효과를 가져온다. 따라서 사회서비스법은 전문 인력의 전문적 자질과 실천적 윤리의식이 성공적인 법의 실현에 결정적인 요소이다.

제2절 사회복지사업법

1. 의 의

「사회복지사업법」은 사회복지사업에 관한 기본적 사항을 규정하여 사회복지를 필요로 하는 사람에 대하여 인간의 존엄성과 인간다운 생활을 할 권리를 보장하고 사회복지의 전문성을 높이며, 사회복지사업의 공정 · 투명 · 적정을 도모하고, 지역사회복지의 체계를 구축함으로써 사회복지의 증진에 이바지함을 목적으로 한다(제1조).

국가와 지방자치단체는 사회복지를 증진할 책임을 진다. 복지업무에 종사하는 사람은 그 업무를 행함에 있어서 사회복지를 필요로 하는 사람을 위하여 차별 없이 최대로 봉사하여야 한다. 이에 「사회복지사업법」 제2조에서는 기본이념을 규정하고 있다. 즉, 사회복지를 필요로 하는 사람은 누구든지 자신의 의사에 따라 서비스를 신청하고 제공받을 수 있다(동조 제1항). 사회복지법인 및 사회복지시설은 공공성을 가지며 사회복지사업을 시행하는 데 있어서 공공성을 확보하여야 한다(동조 제2항). 사회복지사업을 시행하는 데 있어서 사회복지를 제공하는 자는 사회복지를 필요로 하는 사람의 인권을 보장하여야 한다(동조 제3항).

이 법에서 '사회복지사업'이란 다음의 법률에 따른 보호 · 선도(善導) 또는 복지에 관한 사업과 사회복지상담, 직업지원, 무료 숙박, 지역사회복지, 의료복지, 재가복지(在家福祉), 사회복지관 운영, 정신질환자 및 한센병력자의 사회복귀에 관한 사업 등 각종 복지사업과 이와 관련된 자원봉사활동 및 복지시설의 운영 또는 지원을 목적으로 하는 사업을 말한다.

①「국민기초생활 보장법」
②「아동복지법」
③「노인복지법」
④「장애인복지법」
⑤「한부모가족지원법」
⑥「영유아보육법」
⑦「성매매방지 및 피해자보호 등에 관한 법률」
⑧「정신보건법」
⑨「성폭력방지 및 피해자보호 등에 관한 법률」
⑩「입양특례법」
⑪「일제하 일본군위안부 피해자에 대한 생활안정지원 및 기념사업 등에 관한 법률」
⑫「사회복지공동모금회법」
⑬「장애인 · 노인 · 임산부 등의 편의증진 보장에 관한 법률」
⑭「가정폭력방지 및 피해자보호 등에 관한 법률」
⑮「농어촌주민의 보건복지증진을 위한 특별법」
⑯「식품기부 활성화에 관한 법률」
⑰「의료급여법」
⑱「기초연금법」
⑲「긴급복지지원법」
⑳「다문화가족지원법」
㉑「장애인연금법」
㉒「장애인활동 지원에 관한 법률」
㉓「노숙인 등의 복지 및 자립지원에 관한 법률」
㉔「보호관찰 등에 관한 법률」
㉕「장애아동 복지지원법」

㉖「발달장애인 권리보장 및 지원에 관한 법률」

이 법에서의 용어는 다음과 같다. '지역사회복지'란 주민의 복지증진과 삶의 질 향상을 위하여 지역사회 차원에서 전개하는 사회복지를 말한다. '사회복지법인'이란 사회복지사업을 할 목적으로 설립된 법인을 말한다. '사회복지시설'이란 사회복지사업을 할 목적으로 설치된 시설을 말한다. '사회복지관'이란 지역사회를 기반으로 일정한 시설과 전문인력을 갖추고 지역주민의 참여와 협력을 통하여 지역사회의 복지문제를 예방하고 해결하기 위하여 종합적인 복지서비스를 제공하는 시설을 말한다.

'사회복지서비스'란 국가·지방자치단체 및 민간부문의 도움을 필요로 하는 모든 국민에게 상담, 재활, 직업 소개 및 지도, 사회복지시설의 이용 등을 제공하여 정상적인 사회생활이 가능하도록 제도적으로 지원하는 것을 말한다. '보건의료서비스'란 국민의 건강을 보호·증진하기 위하여 보건의료인이 하는 모든 활동을 말한다.

2. 입법 배경 및 연혁

1) 입법 배경

사회복지사업은 각종 복지사업과 이와 관련된 자원봉사활동 및 복지시설의 운영 또는 지원을 목적으로 하는 사업을 말한다. 현대산업사회의 발전은 다양한 사회문제를 가져오게 되었고 이에 대처하기 위한 시설이나 기관이 많아지게 되면서 시설의 설립기준이나 절차, 종사자의 자격 등에 관한 문제들이 등장하게 되었다. 이로 인해 다양화되고 확장된 사회복지사업을 체계적으로 관리할 수 있는 법이 필요하게 되었고, 「사회복지사업법」은 이러한 시대적인 요구에 발맞추어 나타난 각종 사회복지사업에 관한 제반사항들을 규정한 사회복지사업의 법적 근거라고 할 수 있다. 특히, 1945년 광복과 1950년 6·25동란으로 우리나라에 도입된 사회복지 관련 사업을 보다 체계적이고 효과적으로 시행하기 위해서 그 법적 근거가 필요하게 되었다.

2) 연 혁

최초의 입법 활동은 1966년에 김성철 외 15인에 의해 이루어졌으며, 그 후 사회보장제도심의회에서 1년 이상의 기간에 걸쳐 심의·연구해 온 기본 구상을 바탕으로 보건사회부 당국과 한국사회복지연합회의 의견을 참조하여 1968년 제67회 국회2차 보사상임위에서 윤인식 의원의 법안으로 상정되었다. 최초의 「사회복지사업법」은 1969년 12월 23일 국회 본회의를 통과하여 1970년 1월 1일 공포되었고, 그해 4월 15일자로 시행되었다.

이 법이 국회의 법안으로 처음 상정되었던 1966년 당시, 제정된 사회복지 관련법은 1961년 제정된 「생활보호법」, 「아동복지법」, 「윤락행위방지법」밖에 없었다. 그러나 그 당시에 있어 「신체장애자복지법」 등 기타 사회복지에 관한 법률이 계속적으로 제정될 것을 예상할 때 각각의 사회복지 관련법을 통괄하는 사회복지 관련 법률의 기본법이 필요하게 되어서 이 법이 제정되었다.

이후 개정사항은 다음과 같다.

- 1차 일부개정(1983.5.21.) : 「노인복지법」, 「심신장애자복지법」, 「아동복지법」 등 각종 법률이 제정되었으며, 이에 맞추어 관련사항을 정비하고 새로운 복지수요에 대처하고 필요한 사항을 보완하기 위하여 개정
- 2차 전문개정(1992.12.8.) : 사회복지행정의 전문성과 효율성을 높이기 위하여 일선행정기관에 사회복지 전담공무원을 두고 시·군·구에는 복지사무전담기구를 설치할 수 있도록 하며 복지사업의 범위를 조정하기 위하여 개정
- 3차 전문개정(1997.8.22.) : 기타 미비한 사항을 정비·보완하여 복지사업을 활성화하기 위한 개정
- 4차 일부개정(1999.4.30.) : 기타 현행제도의 운영상 나타난 일부 미비점을 개선·보완하기 위한 개정
- 5차 일부개정(2000.1.12.) : 국가 또는 지방자치단체는 예산의 범위 안에서 소요

비용을 보조할 수 있도록 하는 등 현행 제도의 운영상 나타난 일부 미비점을 개선 · 보완

- 6차 부분개정(2003.6.30.) : 효율적으로 추진하기 위한 기반을 조성하고, 사회복지서비스의 제공절차를 구체적으로 정하는 한편, 재가복지서비스를 활성화하도록 하는 등 현행제도의 운영상 나타난 일부 미비점을 개선 · 보완
- 7차 일부개정(2004.3.22.) : 사회복지사업의 근거법령을 추가하였다. 즉, 성매매방지 및 피해자보호 등에 관한 법률과 농어촌주민의 보건복지 증진을 위한 특별법을 추가하여 성매매대상자의 사회복귀를 위한 복지서비스와 농어촌 주민의 보건 복지서비스에 대한 근거를 마련
- 8차 일부개정(2007.12.14.) : 사회복지업무의 전자적 처리를 위한 근거 마련, 사회복지사의 결격사유 중 파산자를 삭제하고 마약중독자 등을 추가하고, 사회복지사의 보수교육을 위한 근거규정을 마련하였으며, 사회복지시설 종사자에 대한 처우개선을 지역복지계획 사항으로 추가하고, 사회복지시설에 대한 국 · 공유재산의 우선 매각 또는 임대에 관한 규정 등을 추가
- 9차 일부개정(2009.6.9.) : 국가 및 지방자치단체 등 공공부문과 민간부문 간 정보를 공유하는 통합전산망을 마련함으로써 사회복지서비스의 중복제공 및 부정수급을 방지하여 공정하고 효율적인 사회복지행정을 구현하고자 하였다. 또한 통합전산망의 구축 및 운영과정에서 발생할 수 있는 정보유출, 오용 및 남용을 금지하고 이에 대한 벌칙을 마련함으로써 개인정보를 보호하려고 일부개정
- 10차 일부개정(2011.8.4.) : 출소자의 갱생보호사업을 사회복지사업에 포함시켜 사회적 · 재정적 지원을 받도록 하고, 사회복지법인의 설치 · 운영 등에 관한 보건복지부장관의 사무를 시 · 도지사에게 이양하며, 농어촌 지역 등의 지역특성과 시설분포 등을 고려하여 사회복지시설을 통합하여 설치할 수 있는 근거를 마련하였다. 또한 「사회복지사업법」의 하위법률을 15개에서 일부 명칭을 변경하고, 「발달장애인 권리보장 및 지원에 관한 법률」이 추가되어 16개의 법률이 됨

- 11차 일부개정(2012.1.26.) : 사회복지법인의 이사를 외부에서 추천하여 선임하도록 하는 등 임원의 자격요건을 강화하고, 성폭력을 저지른 사람, 퇴직한 지 2년이 경과하지 아니한 사회복지공무원 등은 사회복지법인의 임원 또는 시설의 장이 될 수 없도록 하였다. 또한 사회복지시설 서비스의 최저기준을 마련함으로써 사회복지서비스의 질적 수준을 제고하여 사회복지서비스 이용자들의 인권과 복지를 증진하고자 개정
- 12차 일부개정(2014.12.30.) : 지역사회복지계획과 관련된 내용이 삭제

3. 복지와 인권증진의 책임

1) 국가와 지방자치의 책임

국가와 지방자치단체는 사회복지서비스를 증진하고, 서비스를 이용하는 사람에 대하여 인권침해를 예방하고 차별을 금지하며 인권을 옹호할 책임을 진다(제4조 제1항). 국가와 지방자치단체는 사회복지서비스와 보건의료서비스를 함께 필요로 하는 사람에게 이들 서비스가 연계되어 제공되도록 노력하여야 한다(동조 제2항). 국가와 지방자치단체, 그 밖에 사회복지사업을 하는 자는 사회복지를 필요로 하는 사람에 대하여 그 사업과 관련한 상담, 작업치료(作業治療), 직업훈련 등을 실시하고 필요한 경우에는 주민의 복지 욕구를 조사할 수 있다(동조 제3항).

국가와 지방자치단체는 도움을 필요로 하는 국민이 본인의 선호와 필요에 따라 적절한 사회복지서비스를 제공받을 수 있도록 사회복지서비스 수요자 등을 고려하여 사회복지시설이 균형 있게 설치되도록 노력하여야 한다(동조 제4항). 국가와 지방자치단체는 민간부문의 사회복지 증진활동이 활성화되고 국가 및 지방자치단체의 사회복지사업과 민간부문의 사회복지 증진활동이 원활하게 연계될 수 있도록 노력하여야 한다(동조 제5항). 국가와 지방자치단체는 사회복지를 필요로 하는 사람의 인권이 충분히 존중되는 방식으로 사회복지서비스를 제공하고 사회복지와

관련된 인권교육을 강화하여야 한다(동조 제6항).

국가와 지방자치단체는 사회복지서비스를 이용하는 사람이 긴급한 인권침해 상황에 놓인 경우 신속히 대응할 체계를 갖추어야 한다(동조 제7항). 국가와 지방자치단체는 시설 거주자 또는 보호자의 희망을 반영하여 지역사회보호체계에서 서비스가 제공될 수 있도록 노력하여야 한다(동조 제8항). 국가와 지방자치단체는 사회복지서비스를 필요로 하는 사람들에게 사회복지서비스의 실시에 대한 정보를 제공하여야 한다(동조 제9항).

2) 인권존중 및 최대 봉사의 원칙

이 법에 따라 복지업무에 종사하는 사람은 그 업무를 수행할 때에 사회복지를 필요로 하는 사람을 위하여 인권을 존중하고 차별 없이 최대로 봉사하여야 한다(제5조).

3) 시설 설치의 방해 금지

누구든지 정당한 이유 없이 사회복지시설의 설치를 방해하여서는 아니 된다(제6조제1항). 시장 · 군수 · 구청장은 정당한 이유 없이 사회복지시설의 설치를 지연시키거나 제한하는 조치를 하여서는 아니 된다(동조 제2항).

4) 사회복지업무의 전자화(제6조의2)

국가와 지방자치단체는 사회복지업무를 전자적으로 처리할 수 있도록 필요한 시책을 마련하여야 한다(제1항). 보건복지부장관은 사회복지업무에 필요한 각종 자료 또는 정보의 효율적 처리와 기록 · 관리 업무의 전자화를 위하여 정보시스템을 구축 · 운영할 수 있다(제2항). 보건복지부장관은 제2항에 따른 정보시스템을 구축 · 운영하는 데 필요한 자료를 수집 · 관리 · 보유할 수 있으며 관련 기관 및 단체에 필요한 자료의 제공을 요청할 수 있다(제3항). 지방자치단체의 장은 사회복지사업을 수행할 때 관할 복지행정시스템과 제2항에 따른 정보시스템을 전자적으로 연계하여 활용하여야 한다(제4항). 사회복지법인의 대표이사와 사회복지시설의 장은 국가와 지방자치단체가 실시하는 사회복지업무의 전자화 시책에 협력하여야 한다(제5항).

4. 사회복지전달체계

1) 사회복지위원회(제7조)

사회복지사업에 관한 중요 사항과 「사회보장급여의 이용 · 제공 및 수급권자 발굴에 관한 법률」에 따른 지역사회보장계획을 심의하거나 건의하기 위하여 시 · 도에 사회복지위원회를 둔다(제1항). 사회복지위원회의 위원은 다음 각 호의 어느 하나에 해당하는 사람 중에서 시 · 도지사가 임명하거나 위촉한다(제2항).

- 사회복지 또는 보건의료에 관한 학식과 경험이 풍부한 사람
- 사회복지법인의 대표자
- 사회복지사업을 하는 비영리법인 또는 단체의 대표자
- 사회복지를 필요로 하는 사람의 이익 등을 대표하는 사람
- 지역사회복지협의체의 대표자
- 공익단체(「비영리민간단체 지원법」에 따른 비영리민간단체)에서 추천한 사람
- 「사회복지공동모금회법」에 따른 사회복지공동모금지회에서 추천한 사람

다음 각 호의 어느 하나에 해당하는 사람은 사회복지위원회의 위원이 될 수 없다(제3항).

- 미성년자(제1호)
- 금치산자 또는 한정치산자(제2호)
- 파산선고를 받고 복권되지 아니한 사람(제3호)
- 법원의 판결에 따라 자격이 상실되거나 정지된 사람(제4호)
- 금고 이상의 실형을 선고받고 그 집행이 끝나거나 집행이 면제된 날부터 3년이 지나지 아니한 사람(제5호)

- 금고 이상의 형의 집행유예를 선고받고 그 유예기간 중에 있는 사람(제6호)
- 제5호 및 제6호에도 불구하고 사회복지사업 또는 그 직무와 관련하여 「아동복지법」, 「보조금 관리에 관한 법률」 또는 「형법」의 죄를 범하거나 이 법을 위반하여 다음 각 목의 어느 하나에 해당하는 사람(제7호)
- 100만 원 이상의 벌금형을 선고받고 그 형이 확정된 후 5년이 지나지 아니한 사람(1목)
- 형의 집행유예를 선고받고 그 형이 확정된 후 7년이 지나지 아니한 사람(2목)
- 징역형을 선고받고 그 집행이 끝나거나 집행이 면제된 날부터 7년이 지나지 아니한 사람(3목)
- 제5호부터 제7호까지의 규정에도 불구하고 「성폭력범죄의 처벌 등에 관한 특례법」의 성폭력범죄 또는 「아동·청소년의 성보호에 관한 법률」의 아동·청소년대상 성범죄를 저지른 사람으로서 형 또는 치료감호를 선고받고 확정된 후 그 형 또는 치료감호의 전부 또는 일부의 집행이 끝나거나 집행이 유예·면제된 날부터 10년이 지나지 아니한 사람(제8항)

2) 지역사회복지협의체(제7조의2)

관할지역의 사회복지사업에 관한 중요 사항과 「사회보장급여의 이용·제공 및 수급권자 발굴에 관한 법률」에 따른 지역사회보장계획을 심의하거나 건의하고, 사회복지·보건의료 관련 기관·단체가 제공하는 사회복지서비스 및 보건의료서비스의 연계·협력을 강화하기 위하여 특별자치도 또는 시·군·구에 지역사회복지협의체를 둔다(제7조2제1항).

지역사회복지협의체의 위원은 다음 각 호의 어느 하나에 해당하는 사람 중에서 특별자치도지사 또는 시장·군수·구청장이 임명하거나 위촉한다(동조 제2항).

- 사회복지 또는 보건의료에 관한 학식과 경험이 풍부한 사람
- 사회복지사업을 하는 기관·단체의 대표자
- 보건의료사업을 하는 기관·단체의 대표자

- 공익단체에서 추천한 사람
- 사회복지업무 또는 보건의료업무를 담당하는 공무원

지역사회복지협의체의 업무를 효율적으로 수행하기 위하여 지역사회복지협의체에 실무협의체를 둔다(동조 제3항). 지역사회복지협의체 및 실무협의체의 조직 · 운영에 필요한 사항은 보건복지부령으로 정하는 바에 따라 시 · 군 · 구의 조례로 정한다(동조 제4항). 지역사회복지협의체의 위원에 대하여는 제7조제3항을 준용한다(동조 제5항).

지역사회복지계획의 수립, 내용, 시행, 평가(제15조의3~6)는 2014년 12월 31일 삭제되었다.

3) 사회복지협의회

사회복지에 관한 다음 각 호의 업무를 수행하기 위하여 전국 단위의 한국사회복지협의회(중앙협의회)와 시 · 도 단위의 시 · 도 사회복지협의회(시 · 도협의회)를 두며, 필요한 경우에는 시 · 군 · 구 단위의 시 · 군 · 구 사회복지협의회(시 · 군 · 구 협의회)를 둘 수 있다(제33조제1항).

- 사회복지에 관한 조사 · 연구 및 정책 건의
- 사회복지 관련 기관 · 단체 간의 연계 · 협력 · 조정
- 사회복지 소외계층 발굴 및 민간사회복지자원과의 연계 · 협력
- 대통령령으로 정하는 사회복지사업의 조성 등

4) 복지위원

시장 · 군수 · 구청장은 읍 · 면 · 동의 사회복지사업을 원활하게 수행하기 위하여 읍 · 면 · 동 단위로 복지위원을 위촉하여야 한다(제8조제1항). 복지위원은 명예직으로 하되, 예산의 범위에서 수당을 지급할 수 있다(동조 제2항). 복지위원의 자격, 직무, 위촉절차 등에 관하여 필요한 사항은 보건복지부령으로 정하는 바에 따

라 시 · 군 · 구의 조례로 정한다(동조 제3항).

5) 사회복지 전담공무원

사회복지사업에 관한 업무를 담당하게 하기 위하여 시 · 도, 시 · 군 · 구 및 읍 · 면 · 동 또는 복지사무 전담기구에 사회복지 전담공무원을 둘 수 있다(제14조제1항). 복지전담공무원은 사회복지사 자격을 가진 사람으로 하며, 그 임용 등에 필요한 사항은 대통령령으로 정한다(동조 제2항). 복지전담공무원은 그 관할지역에서 사회복지를 필요로 하는 사람 등에 대하여 항상 그 생활 실태 및 가정환경 등을 파악하고, 사회복지에 관하여 필요한 상담과 지도를 한다(동조 제4항).

6) 복지사무 전담기구의 설치

사회복지사업에 관한 업무를 효율적으로 운영하기 위하여 필요한 경우 시 · 군 · 구 또는 읍 · 면 · 동에 복지사무를 전담하는 기구를 따로 설치할 수 있다(제15조제1항). 제1항에 따른 복지사무 전담기구의 사무 범위 및 조직과 그 밖에 필요한 사항은 해당 시 · 군 · 구의 조례로 정한다(동조 제2항).

7) 사회복지사

(1) 사회복지사 자격증의 발급 등(제11조)

보건복지부장관은 사회복지에 관한 전문지식과 기술을 가진 사람에게 사회복지사 자격증을 발급할 수 있다(제1항). 제1항에 따른 사회복지사의 등급은 1급 · 2급 · 3급으로 하고 등급별 자격기준 및 자격증의 발급절차 등은 대통령령으로 정한다(제2항). 사회복지사 1급 자격증을 받으려는 사람은 국가시험에 합격하여야 한다(제3항).

(2) 사회복지사의 결격사유(제11조의2)

다음 각 호의 어느 하나에 해당하는 사람은 사회복지사가 될 수 없다.

- 금치산자 또는 한정치산자
- 금고 이상의 형을 선고받고 그 집행이 끝나지 아니하였거나 그 집행을 받지 아니하기로 확정되지 아니한 사람
- 법원의 판결에 따라 자격이 상실되거나 정지된 사람
- 마약 · 대마 또는 향정신성의약품의 중독자

(3) 사회복지사의 채용 및 교육 등(제13조)

사회복지법인 및 사회복지시설을 설치 · 운영하는 자는 대통령령으로 정하는 바에 따라 사회복지사를 그 종사자로 채용하여야 한다(제1항). 보건복지부장관은 사회복지사의 자질 향상을 위하여 필요하다고 인정하면 사회복지사에게 교육을 받도록 명할 수 있다. 다만, 사회복지법인 또는 사회복지시설에 종사하는 사회복지사는 정기적으로 인권에 관한 내용이 포함된 보수교육(補修敎育)을 받아야 한다(제2항). 사회복지법인 또는 사회복지시설을 운영하는 자는 그 법인 또는 시설에 종사하는 사회복지사에 대하여 제2항 단서에 따른 교육을 이유로 불리한 처분을 하여서는 아니 된다(제3항). 보건복지부장관은 제2항에 따른 교육을 보건복지부령으로 정하는 기관 또는 단체에 위탁할 수 있다(제4항).

8) 사회복지법인

'사회복지법인'이란 사회복지사업을 할 목적으로 설립된 법인을 말한다(「사회복지사업법」 제2조제3항). 사회복지법인을 설립하려는 자는 대통령령으로 정하는 바에 따라 시 · 도지사의 허가를 받아야 한다(제16조제1항). 제1항에 따라 허가를 받은 자는 법인의 주된 사무소의 소재지에서 설립등기를 하여야 한다(동조 제2항).

(1) 정관(제17조)

법인의 정관에는 다음 각 호의 사항이 포함되어야 한다(제1항). 또한 법인이 정관을 변경하려는 경우에는 시 · 도지사의 인가를 받아야 한다(제2항).

- 목적

- 명칭
- 주된 사무소의 소재지
- 사업의 종류
- 자산 및 회계에 관한 사항
- 임원의 임면(任免) 등에 관한 사항
- 회의에 관한 사항
- 수익(收益)을 목적으로 하는 사업이 있는 경우 그에 관한 사항
- 정관의 변경에 관한 사항
- 존립시기와 해산 사유를 정한 경우에는 그 시기와 사유 및 남은 재산의 처리방법
- 공고 및 공고방법에 관한 사항

(2) 임원(제18조)

법인은 대표이사를 포함한 이사 7명 이상과 감사 2명 이상을 두어야 한다(제1항). 법인은 제1항에 따른 이사 정수의 3분의 1 이상을 사회복지위원회나 지역사회복지협의체 등의 기관이 제7조제2항(지역사회복지협의체) 각 호에 해당하는 사람 중 2배수로 추천한 사람 중에서 선임하여야 한다(제2항). 이사회의 구성에 있어서 대통령령으로 정하는 특별한 관계에 있는 사람이 이사 현원(現員)의 5분의 1을 초과할 수 없다(제3항). 이사의 임기는 3년으로 하고 감사의 임기는 2년으로 하며, 각각 연임할 수 있다(제4항). 외국인인 이사는 이사 현원의 2분의 1 미만이어야 한다(제5항). 법인은 임원을 임면하는 경우에는 보건복지부령으로 정하는 바에 따라 지체 없이 시·도지사에게 보고하여야 한다(제6항). 감사는 이사와 제3항에 따른 특별한 관계에 있는 사람이 아니어야 하며, 감사 중 1명은 법률 또는 회계에 관한 지식이 있는 사람 중에서 선임하여야 한다(제7항).

(3) 법인의 재산(제23조)

법인은 사회복지사업의 운영에 필요한 재산을 소유하여야 한다(제1항). 법인의 재산은 보건복지부령으로 정하는 바에 따라 기본재산과 보통재산으로 구분하며,

기본재산은 그 목록과 가액(價額)을 정관에 적어야 한다(제2항). 법인은 기본재산에 관하여 다음 각 호의 어느 하나에 해당하는 경우에는 시 · 도지사의 허가를 받아야 한다(제3항).

- 매도 · 증여 · 교환 · 임대 · 담보제공 또는 용도변경을 하려는 경우
- 보건복지부령으로 정하는 금액 이상을 1년 이상 장기차입(長期借入)하려는 경우

(4) 설립허가 취소 등(제26조)

시 · 도지사는 법인이 다음 각 호의 어느 하나에 해당할 때에는 기간을 정하여 시정명령을 하거나 설립허가를 취소할 수 있다. 다만, 제1호 또는 제7호에 해당할 때에는 설립허가를 취소하여야 한다(제1항).

- 거짓이나 그 밖의 부정한 방법으로 설립허가를 받았을 때(제1호)
- 설립허가 조건을 위반하였을 때(제2호)
- 목적 달성이 불가능하게 되었을 때(제3호)
- 목적사업 외의 사업을 하였을 때(제4호)
- 정당한 사유 없이 설립허가를 받은 날부터 6개월 이내에 목적사업을 시작하지 아니하거나 1년 이상 사업실적이 없을 때(제5호)
- 법인이 운영하는 시설에서 반복적 또는 집단적 성폭력범죄가 발생한 때(제6호)
- 법인 설립 후 기본재산을 출연하지 아니한 때(제7호)
- 임원정수를 위반한 때(제8호)
- 제18조제2항을 위반하여 이사를 선임한 때(제9호)
- 임원의 해임명령을 이행하지 아니한 때(제10호)
- 그 밖에 이 법 또는 이 법에 따른 명령이나 정관을 위반하였을 때(제11호)

(5) 수익사업(제28조)

법인은 목적사업의 경비에 충당하기 위하여 필요할 때에는 법인의 설립 목적 수행에 지장이 없는 범위에서 수익사업을 할 수 있다(제1항). 법인은 제1항에 따른 수익사업에서 생긴 수익을 법인 또는 법인이 설치한 사회복지시설의 운영 외의 목적

에 사용할 수 없다(제2항). 제1항에 따른 수익사업에 관한 회계는 법인의 다른 회계와 구분하여 회계처리하여야 한다(제3항).

5. 사회복지서비스의 실시

1) 사회복지서비스의 신청(제33조의2)

사회복지서비스를 필요로 하는 사람(보호대상자)과 그 친족, 그 밖의 관계인은 관할 시장 · 군수 · 구청장에게 보호대상자에 대한 사회복지서비스의 제공을 신청할 수 있다(제1항). 시 · 군 · 구 복지담당공무원은 이 법에 따른 보호대상자가 누락되지 아니하도록 하기 위하여 관할지역에 거주하는 보호대상자의 서비스 제공을 직권으로 신청할 수 있다. 이 경우 보호대상자의 동의를 받아야 하며, 동의를 받은 경우에는 보호대상자가 신청한 것으로 본다(제2항). 시장 · 군수 · 구청장은 제1항에 따른 서비스 제공 신청을 받거나 제2항에 따른 직권신청의 동의를 받을 때 보호대상자에게 조사하거나 제공받는 자료 또는 정보에 관하여 다음 각 호의 사항을 고지하여야 한다(제3항).

- 법적 근거, 이용 목적 및 범위
- 이용방법
- 보유기간 및 파기방법

2) 복지요구의 조사(제33조의3)

시장 · 군수 · 구청장은 제33조의2에 따른 서비스 제공 신청을 받으면 복지담당공무원에게 다음 각 호의 사항을 조사하게 한다.

- 신청인의 복지 요구와 관련된 사항이나 그 밖에 신청인에게 필요하다고 인정되는 사회복지서비스 및 보건의료서비스에 관한 사항
- 보호대상자 및 그 부양의무자(「국민기초생활 보장법」에 따른 부양의무자)의

소득 · 재산 · 근로능력 및 취업 상태에 관한 사항

- 보호대상자 및 그 부양의무자에 대하여 실시되는 급여, 사회복지서비스 및 보건의료서비스 중 보건복지부령으로 정하는 수혜 이력에 관한 사항
- 그 밖에 보호 실시 여부를 결정하기 위하여 필요하다고 인정하는 사항

3) 보호대상자별 서비스 제공 계획의 수립 등(제33조의5)

시장 · 군수 · 구청장은 보호대상자에 대하여 서비스 제공을 실시하기로 결정하였을 때에는 필요한 경우 지역사회복지협의체의 의견을 들어 다음 각 호의 사항이 포함된 보호대상자별 서비스 제공 계획을 작성하여야 한다. 이 경우 보호대상자 또는 그 친족의 의견을 고려하여야 한다(제1항).

- 사회복지서비스 및 보건의료서비스의 유형 · 방법 · 수량 및 제공기간(제1호)
- 제1호에 따른 서비스를 제공할 기관 또는 단체(제2호)
- 같은 보호대상자에 대하여 제1호에 따른 서비스를 제공하여야 할 기관 또는 단체가 둘 이상인 경우에는 기관 또는 단체 간의 연계방법(제3호)

4) 서비스 제공의 실시(제33조의6)

시장 · 군수 · 구청장은 제33조의5에 따라 작성된 보호대상자별 서비스 제공 계획에 따라 서비스 제공을 실시하여야 한다.

5) 서비스 제공의 방법(제33조의7)

보호대상자에 대한 서비스 제공은 현물(現物)로 제공하는 것을 원칙으로 한다(제1항). 시장 · 군수 · 구청장은 국가 또는 지방자치단체 외의 자로 하여금 제1항의 서비스 제공을 실시하게 하는 경우에는 보호대상자에게 사회복지서비스 이용권을 지급하여 국가 또는 지방자치단체 외의 자로부터 그 이용권으로 서비스 제공을 받게 할 수 있다(제2항).

6. 사회복지시설

1) 사회복지시설의 설치(제34조)

국가나 지방자치단체는 사회복지시설을 설치 · 운영할 수 있다(제1항). 국가 또는 지방자치단체 외의 자가 시설을 설치 · 운영하려는 경우에는 보건복지부령으로 정하는 바에 따라 시장 · 군수 · 구청장에게 신고하여야 한다. 다만, 폐쇄명령을 받고 3년이 지나지 아니한 자는 시설의 설치 · 운영 신고를 할 수 없다(제2항). 시설을 설치 · 운영하는 자는 보건복지부령으로 정하는 재무 · 회계에 관한 기준에 따라 시설을 투명하게 운영하여야 한다(제3항).

2) 사회복지시설의 운영

(1) 보험가입 의무(제34조의3)

시설의 운영자는 다음 각 호의 손해배상책임을 이행하기 위하여 손해보험회사의 책임보험에 가입하거나 「사회복지사 등의 처우 및 지위 향상을 위한 법률」에 따른 한국사회복지공제회의 책임공제에 가입하여야 한다.

- 화재로 인한 손해배상책임
- 화재 외의 안전사고로 인하여 생명 · 신체에 피해를 입은 보호대상자에 대한 손해배상책임

(2) 시설의 안전점검 등(제34조의4)

시설의 장은 시설에 대하여 정기 및 수시 안전점검을 실시하여야 한다(제1항). 시설의 장은 제1항에 따라 정기 또는 수시 안전점검을 한 후 그 결과를 시장 · 군수 · 구청장에게 제출하여야 한다(제2항). 시장 · 군수 · 구청장은 제2항에 따른 결과를 받은 후 필요한 경우에는 시설의 운영자에게 시설의 보완 또는 개수(改修) · 보수를 요구할 수 있으며, 이 경우 시설의 운영자는 요구에 따라야 한다(제3항).

(3) 시설의 장(제35조)

시설의 장은 상근(常勤)하여야 한다(제1항). 다음 각 호의 어느 하나에 해당하는 사람은 시설의 장이 될 수 없다(제2항).

- 제7조제3항 각 호의 어느 하나에 해당하는 사람
- 해임명령에 따라 해임된 날부터 5년이 지나지 아니한 사람
- 사회복지분야의 6급 이상 공무원으로 재직하다 퇴직한 지 2년이 경과하지 아니한 사람 중에서 퇴직 전 3년 동안 소속하였던 기초자치단체가 관할하는 시설의 장이 되고자 하는 사람

(4) 종사자(제35조의2)

사회복지법인과 사회복지시설을 설치 · 운영하는 자는 시설에 근무할 종사자를 채용할 수 있다(제1항). 다음 각 호의 어느 하나에 해당하는 사람은 사회복지법인 또는 사회복지시설의 종사자가 될 수 없다(제2항).

- 제7조제3항제7호 또는 제8호에 해당하는 사람(제1호)
- 제1호에도 불구하고 종사자로 재직하는 동안 시설이용자를 대상으로 「성폭력범죄의 처벌 등에 관한 특례법」에 따른 성폭력범죄 및 「아동 · 청소년의 성보호에 관한 법률」에 따른 아동 · 청소년대상 성범죄를 저질러 금고 이상의 형 또는 치료감호를 선고받고 그 형이 확정된 사람(제2호)

(5) 운영위원회(제36조)

시설의 장은 시설의 운영에 관한 다음 각 호의 사항을 심의하기 위하여 시설에 운영위원회를 두어야 한다(제1항).

- 시설운영계획의 수립 · 평가에 관한 사항
- 사회복지 프로그램의 개발 · 평가에 관한 사항
- 시설 종사자의 근무환경 개선에 관한 사항
- 시설 거주자의 생활환경 개선 및 고충 처리 등에 관한 사항
- 시설 종사자와 거주자의 인권보호 및 권익증진에 관한 사항

- 시설과 지역사회의 협력에 관한 사항
- 그 밖에 시설의 장이 운영위원회의 회의에 부치는 사항

운영위원회의 위원은 다음 각 호의 어느 하나에 해당하는 사람 중에서 관할 시장·군수·구청장이 임명하거나 위촉한다(제2항).

- 시설의 장
- 시설 거주자 대표
- 시설 거주자의 보호자 대표
- 시설 종사자의 대표
- 해당 시·군·구 소속의 사회복지업무를 담당하는 공무원
- 후원자 대표 또는 지역주민
- 공익단체에서 추천한 사람
- 그 밖에 시설의 운영 또는 사회복지에 관하여 전문적인 지식과 경험이 풍부한 사람

시설의 장은 다음 각 호의 사항을 운영위원회에 보고하여야 한다(제3항).

- 시설의 회계 및 예산·결산에 관한 사항
- 후원금 조성 및 집행에 관한 사항
- 그 밖에 시설운영과 관련된 사건·사고에 관한 사항

(6) 시설의 휴지·재개·폐지 신고 등(제38조)

제34조제2항에 따른 신고를 한 자는 지체 없이 시설의 운영을 시작하여야 한다(제1항). 시설의 운영자는 그 운영을 일정 기간 중단하거나 다시 시작하거나 시설을 폐지하려는 경우에는 보건복지부령으로 정하는 바에 따라 시장·군수·구청장에게 신고하여야 한다(제2항). 시장·군수·구청장은 제2항에 따라 시설 운영이 중단되거나 시설이 폐지되는 경우에는 보건복지부령으로 정하는 바에 따라 시설 거주자의 권익을 보호하기 위하여 다음 각 호의 조치를 하여야 한다(제3항).

- 시설 거주자가 다른 시설을 선택할 수 있도록 하고 그 이행을 확인하는 조치
- 시설 거주자가 이용료 · 사용료 등의 비용을 부담하는 경우 납부한 비용 중 사용하지 아니한 금액을 반환하게 하고 그 이행을 확인하는 조치
- 보조금 · 후원금 등의 사용 실태 확인과 이를 재원으로 조성한 재산 중 남은 재산의 회수조치
- 그 밖에 시설 거주자의 권익 보호를 위하여 필요하다고 인정되는 조치

시설 운영자가 제2항에 따라 시설운영을 재개하려고 할 때에는 보건복지부령으로 정하는 바에 따라 시설 거주자의 권익을 보호하기 위하여 다음 각 호의 조치를 하여야 한다(제4항).

- 운영 중단 사유의 해소
- 향후 안정적 운영계획의 수립
- 그 밖에 시설 거주자의 권익 보호를 위하여 보건복지부장관이 필요하다고 인정하는 조치

(7) 시설의 개선, 사업의 정지, 시설의 폐쇄 등(제40조)

보건복지부장관, 시 · 도지사 또는 시장 · 군수 · 구청장은 시설이 다음 각 호의 어느 하나에 해당할 때에는 그 시설의 개선, 사업의 정지, 시설의 장의 교체를 명하거나 시설의 폐쇄를 명할 수 있다(제1항).

- 시설이 설치기준에 미달하게 되었을 때
- 사회복지법인 또는 비영리법인이 설치 · 운영하는 시설의 경우 그 사회복지법인 또는 비영리법인의 설립허가가 취소되었을 때
- 설치 목적이 달성되었거나 그 밖의 사유로 계속하여 운영될 필요가 없다고 인정할 때
- 회계부정이나 불법행위 또는 그 밖의 부당행위 등이 발견되었을 때
- 신고를 하지 아니하고 시설을 설치 · 운영하였을 때
- 운영위원회를 설치하지 아니하거나 운영하지 아니하였을 때

- 정당한 이유 없이 보고 또는 자료 제출을 하지 아니하거나 거짓으로 하였을 때
- 정당한 이유 없이 검사 · 질문을 거부 · 방해하거나 기피하였을 때
- 시설에서 「성폭력범죄의 처벌 등에 관한 특례법」의 성폭력범죄 또는 「아동 · 청소년의 성보호에 관한 법률」의 아동 · 청소년대상 성폭력범죄가 발생한 때
- 1년 이상 시설이 휴지상태에 있어 시장 · 군수 · 구청장이 재개를 권고하였음에도 불구하고 재개하지 아니한 때

(8) 시설 수용인원의 제한(제41조)

각 시설의 수용인원은 300명을 초과할 수 없다. 다만, 대통령령으로 정하는 경우에는 그러하지 아니하다.

7. 재가복지서비스

국가나 지방자치단체는 보호대상자가 다음 각 호의 어느 하나에 해당하는 재가복지서비스를 제공받도록 할 수 있다(제41조의2제1항).

- 가정봉사서비스 : 가사 및 개인활동을 지원하거나 정서활동을 지원하는 서비스
- 주간 · 단기 보호서비스 : 주간 · 단기 보호시설에서 급식 및 치료 등 일상생활의 편의를 낮 동안 또는 단기간 동안 제공하거나 가족에 대한 교육 및 상담을 지원하는 서비스

시장 · 군수 · 구청장은 제33조의5에 따른 보호대상자별 서비스 제공 계획에 따라 보호대상자에게 사회복지서비스를 제공하는 경우 시설 입소에 우선하여 제1항 각 호의 재가복지서비스를 제공하도록 하여야 한다(제2항).

8. 재정(비용)

1) 보조금 등(제42조)

국가나 지방자치단체는 사회복지사업을 하는 자 중 대통령령으로 정하는 자에게 필요한 비용의 전부 또는 일부를 보조할 수 있다(제1항). 제1항에 따른 보조금은 그 목적 외의 용도에 사용할 수 없다(제2항). 국가나 지방자치단체는 제1항에 따라 보조금을 받은 자가 다음 각 호의 어느 하나에 해당할 때에는 이미 지급한 보조금의 전부 또는 일부의 반환을 명할 수 있다(제3항).

- 거짓이나 그 밖의 부정한 방법으로 보조금을 받았을 때
- 사업 목적 외의 용도에 보조금을 사용하였을 때
- 이 법 또는 이 법에 따른 명령을 위반하였을 때

2) 지방자치단체에 대한 지원금(제42조의3)

보건복지부장관은 시 · 도지사 및 시장 · 군수 · 구청장에게 사회복지사업의 수행에 필요한 비용을 지원할 수 있다(제1항). 보건복지부장관은 「사회보장급여의 이용 · 제공 및 수급권자 발굴에 관한 법률」에 따른 평가결과를 반영하여 제1항에 따른 지원을 할 수 있다(제2항).

3) 시설의 서비스 최저기준(제43조)

보건복지부장관은 시설에서 제공하는 서비스의 최저기준을 마련하여야 한다(제1항). 시설 운영자는 제1항의 서비스 최저기준 이상으로 서비스 수준을 유지하여야 한다(제2항). 제1항의 서비스 기준 대상시설과 서비스 내용 등에 관하여 필요한 사항은 보건복지부령으로 정한다(제3항).

4) 비용의 징수(제44조)

이 법에 따른 복지조치에 필요한 비용을 부담한 지방자치단체의 장이나 그 밖에

시설을 운영하는 자는 그 혜택을 받은 본인 또는 그 부양의무자로부터 대통령령으로 정하는 바에 따라 그가 부담한 비용의 전부 또는 일부를 징수할 수 있다.

5) 후원금의 관리(제45조)

사회복지법인의 대표이사와 시설의 장은 아무런 대가 없이 무상으로 받은 금품이나 그 밖의 자산(후원금)의 수입 · 지출 내용을 공개하여야 하며 그 관리에 명확성이 확보되도록 하여야 한다.

9. 지도감독 및 권한

1) 지도 · 감독 등(제51조)

보건복지부장관, 시 · 도지사 또는 시장 · 군수 · 구청장은 사회복지사업을 운영하는 자의 소관 업무에 관하여 지도 · 감독을 하며, 필요한 경우 그 업무에 관하여 보고 또는 관계 서류의 제출을 명하거나, 소속 공무원으로 하여금 사회복지법인의 사무소 또는 시설에 출입하여 검사 또는 질문을 하게 할 수 있다(제1항). 사회복지법인의 주된 사무소의 소재지와 시설의 소재지가 같은 시 · 도 또는 시 · 군 · 구에 있지 아니한 경우 그 시설의 업무에 관하여는 시설 소재지의 시 · 도지사 또는 시장 · 군수 · 구청장이 지도 · 감독 등을 한다. 이 경우 지도 · 감독 등을 위하여 필요할 때에는 사회복지법인의 업무에 대하여 사회복지법인의 주된 사무소 소재지의 시 · 도지사 또는 시장 · 군수 · 구청장에게 협조를 요청할 수 있다(제2항).

제2항에 따른 지도 · 감독 등에 관하여 따로 지방자치단체 간에 협약을 체결한 경우에는 제2항에도 불구하고 협약에서 정한 시 · 도지사 또는 시장 · 군수 · 구청장이 지도 · 감독 등의 업무를 수행한다(제3항). 제1항에 따라 검사 또는 질문을 하는 관계 공무원은 그 권한을 표시하는 증표를 지니고 이를 관계인에게 보여주어야 한다(제4항). 보건복지부장관 또는 시 · 도지사는 지도 · 감독을 실시한 후 행정처

분 등을 한 경우에는 처분 대상인 법인 또는 시설의 명칭, 처분사유, 처분내용 등 처분과 관련된 정보를 대통령령으로 정하는 바에 따라 공표할 수 있다(제5항).

2) 권한의 위임 또는 위탁(제52조)

이 법에 따른 보건복지부장관 또는 시·도지사의 권한은 대통령령으로 정하는 바에 따라 그 일부를 시·도지사 또는 시장·군수·구청장에게 위임할 수 있다(제1항). 보건복지부장관은 이 법에 따른 업무의 일부를 대통령령으로 정하는 바에 따라 전담기구, 사회복지 관련 기관 또는 단체에 위탁할 수 있다(제2항).

10. 벌칙 및 과태료

1) 벌 칙

(1) 5년 이하의 징역 또는 1천500만 원 이하의 벌금(제53조)

- 제23조제3항(법인의 재산)을 위반한 자
- 제42조제2항(보조금 등)을 위반한 자

(2) 5년 이하의 징역 또는 3천만 원 이하의 벌금(제53조의2제1항)

- 제33조의3에 따라 조사하거나 제공받은 금융정보를 다른 사람에게 제공하거나 누설한 자

(3) 3년 이하의 징역 또는 2천만 원 이하의 벌금(제53조의2제2항)

- 제33조의3에 따라 조사하거나 제공받은 신용정보 또는 보험정보를 다른 사람에게 제공하거나 누설한 자

(4) 3년 이하의 징역 또는 1천만 원 이하의 벌금(제53조의2제3항)

- 제33조의3에 따라 조사하거나 제공받은 정보(금융정보·신용정보 및 보험정보는 제외한다)를 다른 사람에게 유출하거나 누설한 자

(5) 3년 이하의 징역 또는 3천만 원 이하의 벌금(제53조의3)

- 정당한 접근권한이 없이 또는 허용된 접근권한을 넘어 제6조의2(사회복지업무의 전자화) 제2항에 따른 정보시스템의 정보를 훼손 · 멸실 · 변경 · 위조하거나 검색 · 복제한 자

(6) 1년 이하의 징역 또는 1천만 원 이하의 벌금(제54조)

- 제6조제1항(시설설치의 방해금지)을 위반한 자
- 제28조제2항(수익사업)을 위반한 자
- 제34조제2항(시설의 설치)에 따른 신고를 하지 아니하고 시설을 설치 · 운영한 자
- 정당한 이유 없이 제38조제3항(시설의 휴지 · 재개 · 폐시 신고 등)에 따른 시설 거주자 권익 보호조치를 기피하거나 거부한 자
- 정당한 이유 없이 제40조제1항(시설의 개선, 사업의 정지, 시설의 폐쇄 등)에 따른 명령을 이행하지 아니한 자
- 제47조(비밀누설의 금지)를 위반한 자
- 정당한 이유 없이 제51조제1항(지도 · 감독 등)에 따른 보고를 하지 아니하거나 거짓으로 보고한 자, 자료를 제출하지 아니하거나 거짓 자료를 제출한 자, 검사 · 질문을 거부 · 방해 또는 기피한 자

(7) 300만 원 이하의 벌금(제55조)

- 제13조(사회복지사의 채용 및 교육 등)를 위반한 자

2) 과태료(제58조)

제13조제2항 단서 및 제3항(사회복지사의 채용 및 교육 등), 제18조제6항(법인의 임원), 제24조,[28] 제31조,[29] 제34조의3(보험가입 의무), 제34조의4(시설의 안전점

---

28) 제24조(재산 취득 보고) 법인이 매수 · 기부채납(寄附採納), 후원 등의 방법으로 재산을 취득하였을 때에는 지체 없이 이를 법인의 재산으로 편입조치하여야 한다. 이 경우 법인은 그 취득 사유, 취득재산의 종류 · 수량 및 가액을 매년 시 · 도지사에게 보고하여야 한다.

29) 제31조(동일명칭 사용 금지) 이 법에 따른 사회복지법인이 아닌 자는 사회복지법인이라는 명

검 등), 제37조,[30] 제38조제1항 · 제2항(시설의 휴지 · 재개 · 폐지 신고 등) 또는 제45조(후원금의 관리)를 위반한 자에게는 300만 원 이하의 과태료를 부과한다(제1항).

서류, 그 밖에 소득 · 재산 등에 관한 자료를 정당한 사유 없이 제출하지 아니하거나 거짓 자료를 제출한 자 또는 조사 · 질문을 기피 · 거부 · 방해하거나 거짓 답변을 한 자에게는 20만 원 이하의 과태료를 부과한다(제2항).

제3절 영유아보육법

1. 영유아보육법의 제정 이유

현대의 산업화, 도시화, 정보화, 개방화, 세계화 등의 사회변화는 가족구조의 변화와 함께 새로운 보육 수요의 문제를 불러일으켰다. 즉, 취업모의 증가, 가족구조의 핵가족화 및 결손가정의 증가, 자녀양육에 대한 가족기능의 약화 등의 사회적 문제들이 등장함에 따라 보육이 사회적 관심사가 되고 있다. 이러한 아동보육욕구를 충족시키기 위한 현행법으로는 「아동복지법」이 있으나 급증하고 있는 복지수요에 적절히 대응하지 못하고 있는 실정이다. 이러한 문제를 사회의 공동책임이라는 인식하에 여성복지와 아동복지의 측면에서 해결하기 위하여 탁아사업의 활성화와 이의 제도적 보장의 필요성이 제기되었다.

이에 따라 1991년 탁아시설의 공급확대 및 체계화로 아동의 건전한 보호 · 교육 및 보호자의 경제적 · 사회적 활동을 지원하기 위하여 「아동복지법」과 「사회복지사업법」에 대한 특별법으로서 「영유아보육법」을 제정하게 되었다. 국회에 상정된 「영유아보육법」은 보사위원회의 심의를 거쳐 1991년 1월 14일 법률로 제정되었다.

칭을 사용하지 못한다.

30) 제37조(시설의 서류 비치) 시설의 장은 후원금품대장 등 보건복지부령으로 정하는 서류를 시설에 갖추어 두어야 한다.

2. 영유아보육법의 역사

1) 탁아소시기(1921~1960)

우리나라의 보육사업은 1921년 태화기독교사회관에서 빈민아동을 위한 구제사업의 일환으로 시작되었으며, 이후 1926년 부산공생탁아소와 대구탁아소의 2개 시설이 배치된 것을 계기로 1939년에는 전국에 관립1개소, 공립2개소 등 11개소의 공·사립 보육시설에서 435명의 어린이가 보육을 받았다(이용환 외, 2008: 157). 이후 1960년까지는 6·25전쟁을 전후한 정치적·사회적 혼란기로서 당시 대량으로 발생한 전쟁고아나 기아, 미아 등 요보호아동에 대한 각종 수용보호시설이 주로 외국인 원조에 의하여 여러 곳에 설치되었다. 하지만 이때의 탁아사업은 예방적 기능보다는 사후처리적이고 구호적인 복지정책이었다.

2) 아동복리법시기(1961~1982)

1961년 「아동복리법」이 제정되면서 보육시설의 설치기준, 직원배치기준, 보육시간, 보호내용 등이 구체적으로 규정되었고, 공식적으로 탁아소가 법정시설로 인정되었다. 1960년대 후반에는 경제개발 정책의 가속화로 보육수요가 늘어나면서 미인가 보육시설을 양성화시키는 보육시설의 임시조치령이 공포되었고, '탁아소'라는 명칭도 '어린이집'으로 고쳐 부르게 되었다. 한편, 정부는 경제개발 정책의 지속적인 추진으로 보육수요가 계속 늘어남에 따라 1978년 4월 23일 「탁아시설 운영개선안」을 마련하고 보육료를 내는 일반아동의 이용을 개방함으로써 저소득층과 중산층 자녀의 무차별화가 시작되었다. 1981년 4월 13일 「아동복리법」이 「아동복지법」으로 전문을 개정하고 무료탁아시설은 법인 이외의 민간인도 신고만으로 시설을 설치·운영하도록 하였다.

3) 새마을유아원시기(1982~1990)

1982년 「유아교육진흥법」을 제정하여 기존의 어린이집, 농번기 탁아소, 새마을

협동유아원 및 민간유아원 등 1,374개소의 보육관련시설을 '새마을유아원'으로 통합하였다. 새롭게 출범한 새마을유아원은 늘어나는 보육수요를 충족시키기에는 시설이 크게 부족하였고, 설치목적에 반해 실제 운영에 있어서 많은 경우 반일제로 운영되었으며, 기존의 유치원과 유사하여 저소득층 맞벌이 근로자의 보육부담을 덜어주는 데에는 한계가 있었다. 이 과정에서 노동부는 1987년 「남녀고용평등법」의 제정에 따라 공단지역을 중심으로 근로자자녀를 위한 21개소의 시범탁아소를 설치하게 되었고, 서울시에서는 1988년 9월 영세민 생활안정을 돕기 위해 보육시설이 없는 달동네 등 저소득층 밀집 지역 33개 지역에 탁아원 14개소를 설치 · 운영하였다. 또한, 보건복지부에서는 1989년 9월 19일 「아동복지법 시행령」을 개정하여 1982년 삭제된 보육시설의 설치 · 운영 근거를 부활하고, 1990년 1월 15일 탁아시설의 설치 · 운영규정이 마련되어 본격적인 사업을 도모하게 되었다.

4) 영유아보육법 제정 이후(1991년~현재까지)

1991년 1월 14일 영유아보육을 위한 특별법인 「영유아보육법」이 제정 · 공포되었고, 이를 계기로 보육사업의 주무부처가 현재의 보건복지가족부로 일원화되었다. 따라서 보육사업이 종전 단순한 탁아기능에서 보호와 교육을 통합한 보육으로 확대 · 실시됨으로써 아동에 대한 교육, 영양, 건강, 안전 등 보호와 교육뿐만 아니라 부모에 대한 서비스와 지역사회와의 교류까지 포괄하는 종합적인 서비스를 제공하도록 하였다. 국가와 지방자치단체는 중앙보육위원회를 보건복지부에 두고 시 · 도 및 시 · 군 · 구에 비상보육위원회를 두도록 하였고, 보육에 대한 정보제공 및 상담을 위하여 시 · 군 · 구에 보육정보센터를 의무적으로 설치 · 운영하도록 하였다. 동시에 보육시설 종사자의 자격기준을 강화하고, 영유아 보육시설 설치 · 운영을 종전 신고제에서 인가제로 전환하여 공공성을 강화하였다. 이후 2004년부터 2007년까지 세 번의 개정을 통해 영유아가 조화로운 사회구성원으로 성장될 수 있도록 보육환경의 질을 높였다.

3. 영유아보육법의 목적 및 이념

영유아보육법은 영유아의 심신을 보호하고 건전하게 교육하여 건강한 사회 구성원으로 육성함과 아울러 보호자의 경제적 · 사회적 활동이 원활하게 이루어지도록 함으로써 영유아 및 가정의 복지 증진에 이바지함을 목적으로 한다(제1조).

이 법의 용어는 다음과 같다(제2조).

- '영유아'란 6세 미만의 취학 전 아동을 말한다.
- '보육'이란 영유아를 건강하고 안전하게 보호 · 양육하고 영유아의 발달 특성에 맞는 교육을 제공하는 어린이집 및 가정양육 지원에 관한 사회복지서비스를 말한다.
- '어린이집'이란 보호자의 위탁을 받아 영유아를 보육하는 기관을 말한다.
- '보호자'란 친권자 · 후견인, 그 밖의 자로서 영유아를 사실상 보호하고 있는 자를 말한다.
- '보육교직원'이란 어린이집 영유아의 보육, 건강관리 및 보호자와의 상담, 그 밖에 어린이집의 관리 · 운영 등의 업무를 담당하는 자로서 어린이집의 원장 및 보육교사와 그 밖의 직원을 말한다.

이 법의 보육이념(제3조)은, 첫째, 보육은 영유아의 이익을 최우선적으로 고려하여 제공되어야 한다. 둘째, 보육은 영유아가 안전하고 쾌적한 환경에서 건강하게 성장할 수 있도록 하여야 한다. 셋째, 영유아는 자신이나 보호자의 성, 연령, 종교, 사회적 신분, 재산, 장애, 인종 및 출생지역 등에 따른 어떠한 종류의 차별도 받지 아니하고 보육되어야 한다.

보육의 책임(제4조)은 다음과 같다.

- 모든 국민은 영유아를 건전하게 보육할 책임을 진다.
- 국가와 지방자치단체는 보호자와 더불어 영유아를 건전하게 보육할 책임을 지며, 이에 필요한 재원을 안정적으로 확보하도록 노력하여야 한다.

- 특별자치도지사 · 시장 · 군수 · 구청장은 영유아의 보육을 위한 적절한 어린이집을 확보하여야 한다.

보건복지부장관은 이 법의 적절한 시행을 위하여 보육 실태 조사를 3년마다 하여야 한다(제9조).

4. 전달체계

1) 보육정책조정위원회(제5조)

보육정책에 관한 관계 부처 간의 의견을 조정하기 위하여 국무총리 소속으로 보육정책조정위원회를 둔다(제1항). 보육정책조정위원회는 다음 각 호의 사항을 심의 · 조정한다(제2항).

- 보육정책의 기본 방향에 관한 사항
- 보육 관련 제도개선과 예산지원에 관한 사항
- 보육에 관한 관계 부처간 협조 사항
- 그 밖에 위원장이 회의에 부치는 사항

보육정책조정위원회는 위원장을 포함한 12명 이내의 위원으로 구성하되, 위원장은 국무조정실장이 되고 위원은 다음 각 호의 자가 된다(제3항).

- 기획재정부차관, 교육부차관, 보건복지부차관, 고용노동부차관 및 여성가족부차관
- 제1호의 위원이 추천하여 위원장이 위촉하는 보육계 · 유아교육계 · 여성계 · 사회복지계 · 시민단체 및 보호자를 대표하는 자 각 1명

2) 보육정책위원회(제6조)

보육에 관한 각종 정책 · 사업 · 보육지도 및 어린이집 평가인증사항 등을 심의

하기 위하여 보건복지부에 중앙보육정책위원회를, 시 · 도 및 시 · 군 · 구에 지방보육정책위원회를 둔다. 다만, 지방보육정책위원회는 그 기능을 담당하기에 적합한 다른 위원회가 있고 그 위원회의 위원이 제2항에 따른 자격을 갖춘 경우에는 시 · 도 또는 시 · 군 · 구의 조례로 정하는 바에 따라 그 위원회가 지방보육정책위원회의 기능을 대신할 수 있다(제1항).

제1항에 따른 중앙보육정책위원회와 지방보육정책위원회의 위원은 보육전문가, 어린이집의 원장 및 보육교사 대표, 보호자 대표 또는 공익을 대표하는 자, 관계 공무원 등으로 구성한다(제2항).

3) 육아종합지원센터(제7조)

영유아에게 일시보육 서비스를 제공하거나 보육에 관한 정보의 수집 · 제공 및 상담을 위하여 보건복지부장관은 중앙육아종합지원센터를, 시 · 도지사 및 시장 · 군수 · 구청장은 지방육아종합지원센터를 설치 · 운영하여야 한다. 이 경우 필요하다고 인정하는 경우에는 영아 · 장애아 보육 등에 관한 육아종합지원센터를 별도로 설치 · 운영할 수 있다(제1항). 제1항에 따른 중앙육아종합지원센터와 지방육아종합지원센터에는 육아종합지원센터의 장과 보육에 관한 정보 제공 및 상담 업무 등을 담당하는 보육전문요원 등을 둔다(제2항).

4) 보육개발원(제8조)

보건복지부장관은 보육에 관한 연구와 정보 제공, 프로그램 및 교재 개발, 평가척도 개발 및 보육교직원 연수 등의 업무를 위하여 보육개발원을 설치하거나 그 업무를 관련 연구기관 등에 위탁할 수 있다.

5. 어린이집

1) 어린이집의 종류

'어린이집'이란 보호자의 위탁을 받아 영유아를 보육하는 기관을 말한다(제2조제3호). 어린이집의 종류는 다음 각 호와 같다(제10조제1항).

- 국공립어린이집 : 국가나 지방자치단체가 설치 · 운영하는 어린이집(제1호)
- 사회복지법인어린이집 : 「사회복지사업법」에 따른 사회복지법인이 설치 · 운영하는 어린이집(제2호)
- 법인 · 단체 등 어린이집 : 각종 법인(사회복지법인을 제외한 비영리법인)이나 단체 등이 설치 · 운영하는 어린이집으로서 대통령령으로 정하는 어린이집(제3호)
- 직장어린이집 : 사업주가 사업장의 근로자를 위하여 설치 · 운영하는 어린이집(국가나 지방자치단체의 장이 소속 공무원을 위하여 설치 · 운영하는 어린이집을 포함한다)(제4호)
- 가정어린이집 : 개인이 가정이나 그에 준하는 곳에 설치 · 운영하는 어린이집(제5호)
- 부모협동어린이집 : 보호자들이 조합을 결성하여 설치 · 운영하는 어린이집(제6호)
- 민간어린이집 : 제1호부터 제6호까지의 규정에 해당하지 아니하는 어린이집(제7호)

2) 어린이집의 설치

(1) 보육계획의 수립 및 시행(제11조)

보건복지부장관, 시 · 도지사 및 시장 · 군수 · 구청장은 보육사업을 원활하게 추진하기 위하여 보건복지부장관의 경우에는 중앙보육정책위원회, 그 밖의 경우에는 각 지방보육정책위원회의 심의를 거쳐 어린이집 수급계획 등을 포함한 보육계획을 수립 · 시행하여야 한다(제1항). 보건복지부장관, 시 · 도지사 및 시장 · 군수 · 구청장은 제1항에 따른 보육계획의 수립 · 시행을 위하여 필요하면 어린이집, 보육 관련 법인 · 단체 등에 대하여 자료 제공 등의 협조를 요청할 수 있으며, 그 요청을 받은 어린이집과 보육 관련 법인 · 단체 등은 정당한 사유가 없으면 요청에 따라야 한다(제2항).

(2) 국공립어린이집의 설치 등(제12조)

국가나 지방자치단체는 국공립어린이집을 설치 · 운영하여야 한다. 이 경우 국공립어린이집은 제11조의 보육계획에 따라 도시 저소득주민 밀집 주거지역 및 농어촌지역 등 취약지역, 「건축법」에 따른 공동주택 중 대통령령으로 정하는 일정 세대 이상의 공동주택을 건설하는 주택단지 지역에 우선적으로 설치하여야 한다.

(3) 국공립어린이집 외의 어린이집의 설치(제13조)

국공립어린이집 외의 어린이집을 설치 · 운영하려는 자는 특별자치도지사 · 시장 · 군수 · 구청장의 인가를 받아야 한다(제1항). 제1항에 따라 어린이집의 설치인가를 받은 자는 어린이집 방문자 등이 볼 수 있는 곳에 어린이집 인가증을 게시하여야 한다(제2항).

(4) 직장어린이집의 설치 등(제14조)

대통령령으로 정하는 일정 규모 이상의 사업장의 사업주는 직장어린이집을 설치하여야 한다. 다만, 사업장의 사업주가 직장어린이집을 단독으로 설치할 수 없을 때에는 사업주 공동으로 직장어린이집을 설치 · 운영하거나, 지역의 어린이집과 위탁계약을 맺어 근로자 자녀의 보육을 지원(위탁보육)하여야 한다(제1항). 제1항 단서에 따라 사업장의 사업주가 위탁보육을 하는 경우에는 사업장 내 보육대상이 되는 근로자 자녀 중에서 위탁보육을 받는 근로자 자녀가 보건복지부령으로 정하는 일정 비율 이상이 되도록 하여야 한다(제2항).

(5) 어린이집 설치기준

어린이집을 설치 · 운영하려는 자는 보건복지부령으로 정하는 설치기준을 갖추어야 한다. 다만, 놀이터 설치와 비상재해대비시설과 관련된 사항은 각각 제15조의2와 제15조의3에 따른다(제15조).

어린이집을 설치 · 운영하는 자는 놀이터를 설치하여야 하며 설치에 관한 기준은 보건복지부령으로 정한다. 다만, 다음 각 호의 어느 하나에 해당하는 어린이집은 그러하지 아니한다(제15조의2제1항).

- 보육 정원 50명 미만인 어린이집
- 100미터 이내에 보건복지부령으로 정하는 기준을 충족하는 놀이터가 설치되어 있는 어린이집

제1항에도 불구하고 특별자치도지사 · 시장 · 군수 · 구청장은 지방보육정책위원회의 심의를 거쳐 2005년 1월 29일 이전에 인가받은 어린이집이 도심지 및 도서 · 벽지 등 지역의 여건상 놀이터를 설치하기 곤란한 경우로서 보육상 지장이 없다고 인정하는 경우에는 놀이터를 설치하지 아니하거나 놀이터 설치 기준을 완화하여 변경인가할 수 있다(동조 제2항).

어린이집을 설치 · 운영하는 자는 반드시 1층과 2층 이상 등 종류별 비상재해대비시설을 설치하여야 하며 설치에 관한 기준은 보건복지부령으로 정한다(제15조의3제1항). 제1항에도 불구하고 특별자치도지사 · 시장 · 군수 · 구청장은 2009년 7월 3일 이전에 이미 인가받은 어린이집이 비상재해 대비에 지장이 없다고 판단할 경우 종전 인가당시 기준을 적용할 수 있다. 이 경우, 특별자치도지사 · 시장 · 군수 · 구청장은 기인가 어린이집이 비상재해 대비에 지장이 없는지 여부를 판단하기 위해 비상재해대비시설기준 심의위원회를 구성 · 운영하여야 하며 해당 위원회의 심의를 반드시 거쳐야 한다(동조 제2항).

제2항에 따른 비상재해대비시설기준 심의위원회의 위원은 5인 이상으로 하며 다음 각 호의 어느 하나에 해당하는 사람 중에서 특별자치도지사 · 시장 · 군수 · 구청장이 임명하거나 위촉한다. 이 경우 전체 위원의 2분의 1 이상은 제1호부터 제4호까지에 해당하는 사람으로 구성하여야 하며 위원장은 위원 중에서 호선한다(동

조 제3항).

- 소방공무원(제1호)
- 소방기술사(제2호)
- 소방시설관리사(제3호)
- 「소방시설 설치 · 유지 및 안전관리에 관한 법률」 제4조의2에 따른 소방 · 방재 분야에 관한 전문지식을 갖춘 사람(제4호)
- 보육 관련 업무를 담당하는 공무원(제5호)
- 「고등교육법」 제2조에 따른 학교에 재직하고 있는 보육 관련 분야 교수(제6호)

위원의 임기, 운영 및 회의 등에 필요한 사항은 지방보육정책위원회 관련 규정을 준용한다(동조 제4항).

다음 각 호의 어느 하나에 해당하는 자는 어린이집을 설치 · 운영할 수 없다(제16조 결격사유).

- 미성년자 · 피성년후견인 또는 피한정후견인
- 「정신보건법」의 정신질환자
- 「마약류 관리에 관한 법률」의 마약류에 중독된 자
- 파산선고를 받고 복권되지 아니한 자
- 금고 이상의 실형을 선고받고 그 집행이 종료되거나 집행이 면제된 날부터 5년(「아동복지법」을 위반한 경우에는 10년)이 경과되지 아니한 자
- 금고 이상의 형의 집행유예를 선고받고 그 유예기간 중에 있는 사람. 다만, 「아동복지법」을 위반하여 금고 이상의 형의 집행유예를 선고받은 경우에는 그 집행유예가 확정된 날부터 10년이 지나지 아니한 사람
- 어린이집의 폐쇄명령을 받고 2년이 경과되지 아니한 자
- 300만 원 이상의 벌금형이 확정된 날부터 2년이 지나지 아니한 사람 또는 「아동복지법」을 위반하여 벌금형이 확정된 날부터 10년이 지나지 아니한 사람
- 교육명령을 이행하지 아니한 자

3) 보육교직원

(1) 보육교직원의 배치(제17조)

어린이집에는 보육교직원을 두어야 한다.

(2) 보육교직원의 직무(제18조)

어린이집의 원장은 어린이집을 총괄하고 보육교사와 그 밖의 직원을 지도·감독하며 영유아를 보육한다(제1항). 보육교사는 영유아를 보육하고 어린이집의 원장이 불가피한 사유로 직무를 수행할 수 없을 때에는 그 직무를 대행한다(제2항).

(3) 어린이집의 원장 또는 보육교사의 자격(제21조)

어린이집의 원장은 대통령령으로 정하는 자격을 가진 자로서 보건복지부장관이 검정·수여하는 자격증을 받은 자이어야 한다(제1항). 보육교사는 다음 각 호의 어느 하나에 해당하는 자로서 보건복지부장관이 검정·수여하는 자격증을 받은 자이어야 한다(제2항).

- 「고등교육법」 제2조에 따른 학교에서 보건복지부령으로 정하는 보육 관련 교과목과 학점을 이수하고 전문학사학위 이상을 취득한 사람(제1호)
- 법령에 따라 「고등교육법」 제2조에 따른 학교를 졸업한 사람과 같은 수준 이상의 학력이 있다고 인정된 사람으로서 보건복지부령으로 정하는 보육 관련 교과목과 학점을 이수하고 전문학사학위 이상을 취득한 사람(제1호의2)
- 고등학교 또는 이와 같은 수준 이상의 학교를 졸업한 자로서 시·도지사가 지정한 교육훈련시설에서 소정의 교육과정을 이수한 사람(제2호)

제2항에 따른 보육교사의 등급은 1·2·3급으로 하고, 등급별 자격기준은 대통령령으로 정한다(제3항).

4) 어린이집의 운영

(1) 어린이집의 운영기준 등(제24조)

어린이집을 설치 · 운영하는 자는 보건복지부령으로 정하는 운영기준에 따라 어린이집을 운영하여야 한다(제1항). 국가나 지방자치단체는 국공립어린이집을 법인 · 단체 또는 개인에게 위탁하여 운영할 수 있다. 이 경우 최초 위탁은 보건복지부령으로 정하는 국공립어린이집 위탁제 선정관리 기준에 따라 심의하며, 다음 각 호의 어느 하나에 해당하는 자에게 위탁하는 경우를 제외하고는 공개경쟁의 방법에 따른다(제2항).

- 민간어린이집을 국가 또는 지방자치단체에 기부채납하여 국공립어린이집으로 전환하는 경우 기부채납 전에 그 어린이집을 설치 · 운영한 자
- 국공립어린이집 설치 시 해당 부지 또는 건물을 국가 또는 지방자치단체에 기부채납하거나 무상으로 사용하게 한 자
- 「주택법」에 따라 설치된 민간어린이집을 국공립어린이집으로 전환하는 경우 전환하기 전에 그 어린이집을 설치 · 운영한 자

직장어린이집을 설치한 사업주는 이를 법인 · 단체 또는 개인에게 위탁하여 운영할 수 있다(제3항).

(2) 어린이집운영위원회(제25조)

어린이집의 원장은 어린이집 운영의 자율성과 투명성을 높이고 지역사회와의 연계를 강화하여 지역 실정과 특성에 맞는 보육을 실시하기 위하여 어린이집에 어린이집운영위원회를 설치 · 운영할 수 있다. 다만, 제26조[31]에 따른 취약보육(脆弱保育)을 우선적으로 실시하여야 하는 어린이집과 대통령령으로 정하는 어린이집은 어린이집운영위원회를 설치 · 운영하여야 한다(제1항). 어린이집운영위원회는

---

31) 제26조(취약보육의 우선 실시 등) ① 국가나 지방자치단체, 사회복지법인, 그 밖의 비영리법인이 설치한 어린이집과 대통령령으로 정하는 어린이집의 원장은 영아 · 장애아 · 「다문화가족지원법」 제2조제1호에 따른 다문화가족의 아동 등에 대한 보육(이하 '취약보육'이라 한다)을 우선적으로 실시하여야 한다.

그 어린이집의 원장, 보육교사 대표, 학부모 대표 및 지역사회 인사(직장어린이집의 경우에는 그 직장의 어린이집 업무 담당자로 한다)로 구성한다(제2항). 어린이집의 원장은 어린이집운영위원회의 위원 정수를 5명 이상 10명 이내의 범위에서 어린이집의 규모 등을 고려하여 정할 수 있다(제3항).

어린이집운영위원회는 다음 각 호의 사항을 심의한다(제4항).

- 어린이집 운영 규정의 제정이나 개정에 관한 사항
- 어린이집 예산 및 결산의 보고에 관한 사항
- 영유아의 건강 · 영양 및 안전에 관한 사항
- 보육 시간, 보육과정의 운영 방법 등 어린이집의 운영에 관한 사항
- 보육교직원의 근무환경 개선에 관한 사항
- 영유아의 보육환경 개선에 관한 사항
- 어린이집과 지역사회의 협력에 관한 사항
- 보육료 외의 필요경비를 받는 경우 제38조에 따른 범위에서 그 수납액 결정에 관한 사항
- 그 밖에 어린이집 운영에 대한 제안 및 건의사항

(3) 어린이집 이용대상

어린이집의 이용대상은 보육이 필요한 영유아를 원칙으로 한다. 다만, 필요한 경우 어린이집의 원장은 만 12세까지 연장하여 보육할 수 있다(제27조).

(4) 보육의 우선 제공(제28조)

국가나 지방자치단체, 사회복지법인, 그 밖의 비영리법인이 설치한 어린이집과 대통령령으로 정하는 어린이집의 원장은 다음 각 호의 어느 하나에 해당하는 자가 우선적으로 어린이집을 이용할 수 있도록 하여야 한다(제1항).

- 「국민기초생활 보장법」에 따른 수급자
- 「한부모가족지원법」에 따른 보호대상자의 자녀
- 「국민기초생활 보장법」에 따른 차상위계층의 자녀

- 「장애인복지법」에 따른 장애인 중 보건복지부령으로 정하는 장애등급 이상에 해당하는 자의 자녀
- 「다문화가족지원법」에 따른 다문화가족의 자녀
- 그 밖에 소득수준 및 보육수요 등을 고려하여 보건복지부령으로 정하는 자의 자녀

사업주는 사업장 근로자의 자녀가 우선적으로 직장어린이집을 이용할 수 있도록 하여야 한다(제2항).

(5) 어린이집의 폐쇄 등(제45조)

보건복지부장관, 시 · 도지사 및 시장 · 군수 · 구청장은 어린이집을 설치 · 운영하는 자가 다음 각 호의 어느 하나에 해당하면 1년 이내의 어린이집 운영정지를 명하거나 어린이집의 폐쇄를 명할 수 있다. 이 경우 보육교직원 등 설치 · 운영자의 관리 · 감독 하에 있는 자가 제4호에 해당하는 행위를 한 경우에는 설치 · 운영자가 한 행위로 본다.

- 거짓이나 그 밖의 부정한 방법으로 보조금을 교부받거나 보조금을 유용(流用)한 경우(제1호)
- 비용 또는 보조금의 반환명령을 받고 반환하지 아니한 경우(제2호)
- 시정 또는 변경 명령을 위반한 경우(제3호)
- 「아동복지법」에 따른 금지행위를 한 경우(제4호)
- 「도로교통법」을 위반하여 어린이통학버스에 보육교직원을 함께 태우지 아니한 채 어린이통학버스 운행 중 발생한 교통사고로 영유아가 사망하거나 신체에 보건복지부령으로 정하는 중상해를 입은 경우(제5호)

특별자치도지사 · 시장 · 군수 · 구청장은 어린이집이 제1항에 따라 운영정지 또는 폐쇄되는 경우에는 어린이집에 보육 중인 영유아를 다른 어린이집으로 옮기도록 하는 등 영유아의 권익을 보호하기 위하여 필요한 조치를 하여야 한다(제2항).

(6) 어린이집의 원장의 자격정지(제46조)

보건복지부장관은 어린이집의 원장이 다음 각 호의 어느 하나에 해당하면 1년 이내의 범위에서 보건복지부령으로 정하는 바에 따라 그 자격을 정지시킬 수 있다(제1항).

- 어린이집의 원장이 업무 수행 중 고의나 중대한 과실로 영유아에게 손해를 입힌 경우로서 다음 각 목의 어느 하나에 해당하는 경우(제1호)
  - 영유아의 생명을 해치거나 신체 또는 정신에 중대한 손해를 입힌 경우(가목)
  - 제24조에 따른 운영기준을 위반하여 손해를 입힌 경우(나목)
  - 제33조에 따라 보건복지부령으로 정한 급식기준을 위반하여 손해를 입힌 경우(다목)
  - 그 밖에 손해를 입힌 경우(라목)
- 해당 업무 수행에 필요한 자격이 없는 자를 채용하여 보육교사 · 간호사 또는 영양사 등의 업무를 수행하게 한 경우(제2호)
- 보수교육을 연속하여 3회 이상 받지 아니한 경우(제3호)
- 거짓이나 그 밖의 부정한 방법으로 보조금을 교부받거나 보조금을 유용한 경우(제4호)

(7) 보육교사의 자격정지(제47조)

보건복지부장관은 보육교사가 다음 각 호의 어느 하나에 해당하면 1년 이내의 범위에서 보건복지부령으로 정하는 바에 따라 그 자격을 정지시킬 수 있다(제1항).

- 보육교사가 업무 수행 중 그 자격과 관련하여 고의나 중대한 과실로 손해를 입힌 경우
- 보수교육을 연속하여 3회 이상 받지 아니한 경우

(8) 어린이집의 원장 또는 보육교사의 자격취소(제48조)

보건복지부장관은 어린이집의 원장 또는 보육교사가 다음 각 호의 어느 하나에 해당하면 그 자격을 취소할 수 있다(제1항).

- 거짓이나 그 밖의 부정한 방법으로 자격증을 취득한 경우(제1호)
- 자격 취득자가 업무 수행 중 그 자격과 관련하여 고의나 중대한 과실로 손해를 입히고 금고 이상의 형을 선고받은 경우(제2호)
- 「아동복지법」의 금지행위를 하여 처벌을 받은 경우(제3호)
- 명의대여 금지 등의 의무를 위반한 경우(제4호)
- 자격정지처분기간 종료 후 3년 이내에 자격정지처분에 해당하는 행위를 한 경우(제5호)
- 자격정지처분을 받고도 자격정지처분기간 이내에 자격증을 사용하여 자격 관련 업무를 수행한 경우(제6호)
- 자격정지처분을 3회 이상 받은 경우(제7호)
- 금고 이상의 형을 선고받은 경우(제8호)

보건복지부장관은 제1항에 따라 자격이 취소된 사람에게는 그 취소된 날부터 2년 이내에는 자격을 재교부하지 못한다. 다만, 제1항제3호에 따라 자격이 취소된 경우에는 그 취소된 날부터 10년 이내에는 자격을 재교부하지 못한다(제2항).

5) 건강 · 영양 및 안전

(1) 건강관리 및 응급조치(제31조)

어린이집의 원장은 영유아와 보육교직원에 대하여 정기적으로 건강진단을 실시하는 등 건강관리를 하여야 한다(제1항). 어린이집의 원장은 영유아에게 질병 · 사고 또는 재해 등으로 인하여 위급 상태가 발생한 경우 즉시 응급의료기관에 이송하여야 한다(제2항).

(2) 어린이집 안전공제사업 등(제31조의2)

어린이집 상호 간의 협동조직을 통하여 어린이집의 안전사고를 예방하고 어린이집 안전사고로 인하여 생명 · 신체 또는 재산상의 피해를 입은 영유아 및 보육교직원 등에 대한 보상을 하기 위하여 보건복지부장관의 허가를 받아 어린이집 안전공제사업을 할 수 있다(제1항). 공제사업을 위하여 설립되는 어린이집 안전공제회는 법인으로 하며, 주된 사무소의 소재지에 설립등기를 함으로써 성립한다(제2항). 어린이집의 원장은 공제회의 가입자가 된다(제3항). 공제회에 가입한 어린이집의 원장은 공제사업의 수행에 필요한 출자금과 다음 각 호의 공제료 등을 공제회에 납부하여야 한다. 다만, 제2호와 제3호의 공제료는 어린이집의 원장이 선택하여 납부할 수 있다(제4항).

- 영유아의 생명 · 신체에 대한 피해를 보상하기 위한 공제료(제1호)
- 보육교직원 등의 생명 · 신체에 대한 피해를 보상하기 위한 공제료(제2호)
- 어린이집의 재산상의 피해를 보상하기 위한 공제료(제3호)

공제회의 기본재산은 회원의 출자금 등으로 조성한다. 다만, 보건복지부장관은 공제회의 주된 사무소의 설치 및 운영에 필요한 비용의 일부를 지원할 수 있다(제5항). 공제회의 회원자격, 임원에 관한 사항 및 출자금의 부담기준에 관한 사항은 정관으로 정한다(제6항). 공제회의 설립허가 기준 및 절차, 정관기재사항, 운영 및 감독 등에 관하여 필요한 사항은 대통령령으로 정한다(제7항). 공제회는 공제사업의 범위, 공제료, 공제사업에 충당하기 위한 책임준비금 등 공제사업의 운영에 관하여 필요한 사항을 포함한 공제규정을 정하여 보건복지부장관의 허가를 받아야 한다(제8항). 공제회에 관하여 이 법에 규정된 것을 제외하고는 「민법」 중 재단법인에 관한 규정을 준용한다(제9항). 이 법에 따른 공제회의 사업에 대하여는 「보험업법」을 적용하지 아니한다(제10항). 어린이집의 원장이 제4항제3호의 공제료를 납부하는 경우 「사회복지사업법」에 따른 보험가입의무를 이행한 것으로 본다(제11항).

(3) 예방접종 여부의 확인(제31조의3)

어린이집의 원장은 영유아에 대하여 최초로 보육을 실시한 날부터 30일 이내에 특별자치도지사 · 시장 · 군수 · 구청장 또는 영유아의 보호자로부터 「감염병의 예방 및 관리에 관한 법률」에 따라 특별자치도지사 · 시장 · 군수 · 구청장 또는 예방접종을 한 자가 발급한 예방접종증명서 또는 그 밖에 이에 준하는 증명자료를 제출

받아 영유아의 예방접종에 관한 사실을 확인할 수 있다(제1항). 어린이집의 원장은 제1항에 따른 확인 결과 예방접종을 받지 아니한 영유아에게는 필요한 예방접종을 받도록 보호자를 지도할 수 있으며, 필요한 경우 관할 보건소장에게 예방접종 지원 등의 협조를 요청할 수 있다(제2항). 어린이집의 원장은 영유아의 예방접종 여부 확인 및 관리를 위하여 어린이집 생활기록에 예방접종 여부 및 내역에 관한 사항을 기록하여 관리하여야 한다(제3항).

(4) 치료 및 예방조치(제32조)

어린이집의 원장은 제31조에 따른 건강진단 결과 질병에 감염되었거나 감염될 우려가 있는 영유아에 대하여 그 보호자와 협의하여 질병의 치료와 예방에 필요한 조치를 하여야 한다(제1항). 어린이집의 원장은 제31조에 따른 건강진단의 결과나 그 밖에 의사의 진단 결과 감염병에 감염 또는 감염된 것으로 의심되거나 감염될 우려가 있는 영유아, 어린이집 거주자 및 보육교직원을 보건복지부령으로 정하는 바에 따라 어린이집으로부터 격리시키는 등 필요한 조치를 할 수 있다(제2항). 어린이집의 원장은 제1항의 조치를 위하여 필요하면 「지역보건법」에 따른 보건소 및 보건지소, 「의료법」에 따른 의료기관에 협조를 구할 수 있다(제3항).

6) 비 용

(1) 무상보육(제34조)

국가와 지방자치단체는 영유아에 대한 보육을 무상으로 하되, 그 내용 및 범위는 대통령령으로 정한다(제1항). 국가와 지방자치단체는 장애아 및 「다문화가족지원법」에 따른 다문화가족의 자녀의 무상보육에 대하여는 대통령령으로 정하는 바에 따라 그 대상의 여건과 특성을 고려하여 지원할 수 있다(제2항). 제1항에 따른 무상보육 실시에 드는 비용은 대통령령으로 정하는 바에 따라 국가나 지방자치단체가 부담하거나 보조하여야 한다(제3항). 보건복지부장관은 어린이집 표준보육비용 등을 조사하고 그 결과를 바탕으로 예산의 범위에서 관계 행정기관의 장과 협의하여 제3항에 따른 국가 및 지방자치단체가 부담하는 비용을 정할 수 있다(제4항). 국가와 지방자치단체는 자녀가 2명 이상인 경우에 대하여 추가적으로 지원할 수 있다(제5항).

(2) 양육수당(제34조의2)

국가와 지방자치단체는 어린이집이나 「유아교육법」에 따른 유치원을 이용하지 아니하는 영유아에 대하여 영유아의 연령과 보호자의 경제적 수준을 고려하여 양육에 필요한 비용을 지원할 수 있다(제1항). 제1항에 따른 영유아가 일시보육 서비스를 이용하는 경우에도 그 영유아에 대하여는 제1항에 따른 양육에 필요한 비용을 지원할 수 있다(제2항).

(3) 보육서비스 이용권(제34조의3)

국가와 지방자치단체는 제34조 및 제34조의2에 따른 비용 지원을 위하여 보육서비스 이용권을 영유아의 보호자에게 지급할 수 있다.

(4) 비용의 보조 등(제36조)

국가나 지방자치단체는 대통령령으로 정하는 바에 따라 제10조에 따른 어린이집의 설치, 보육교사의 인건비, 초과보육(超過保育)에 드는 비용 등 운영 경비 또는 지방육아종합지원센터의 설치 · 운영, 보육교직원의 복지 증진, 취약보육의 실시 등 보육사업에 드는 비용의 전부 또는 일부를 보조한다.

(5) 사업주의 비용 부담(제37조)

제14조(직장어린이집)에 따라 어린이집을 설치한 사업주는 대통령령으로 정하는 바에 따라 그 어린이집의 운영과 보육에 필요한 비용의 전부 또는 일부를 부담하여야 한다.

(6) 보육료 등의 수납(제38조)

제12조부터 제14조까지의 규정에 따라 어린이집을 설치 · 운영하는 자는 그 어린이집의 소재지를 관할하는 시 · 도지사가 정하는 범위에서 그 어린이집을 이용

하는 자로부터 보육료와 그 밖의 필요경비 등을 받을 수 있다.

(7) 세제 지원(제39조)

제14조와 제37조에 따라 사업주가 직장어린이집을 설치 · 운영하는 데에 드는 비용과 보호자가 영유아의 보육을 위하여 지출한 보육료와 그 밖에 보육에 드는 비용에 관하여는 「조세특례제한법」에서 정하는 바에 따라 조세를 감면한다(제1항). 제10조제4호의 직장어린이집을 제외한 어린이집의 운영비에 대하여도 「조세특례제한법」에서 정하는 바에 따라 조세를 감면한다(제2항).

6. 벌칙 및 과태료

1) 벌칙(제54조)

(1) 5년 이하의 징역 또는 5천만 원 이하의 벌금(동조 제1항)

- 제34조의6제6항(금융정보 등의 제공)을 위반한 자. 이 경우 징역형과 벌금형은 병과(倂科)할 수 있다.

(2) 3년 이하의 징역 또는 3천만 원 이하의 벌금(동조 제2항)

- 거짓이나 그 밖의 부정한 방법으로 보조금을 교부받거나 보조금을 유용한 자

(3) 1년 이하의 징역 또는 1천만 원 이하의 벌금(동조 제3항)

- 설치인가를 받지 아니하고 어린이집의 명칭을 사용하거나 사실상 어린이집의 형태로 운영한 자
- 거짓이나 그 밖의 부정한 방법으로 어린이집의 설치인가 또는 변경인가를 받은 자
- 자기의 성명이나 어린이집의 명칭을 사용하여 어린이집의 원장 또는 보육교사의 업무를 수행하게 하거나 자격증을 대여한 자 및 그 상대방
- 거짓이나 그 밖의 부정한 방법으로 제34조(무상교육) 및 제34조의2(양육수당)

에 따른 비용을 지원받거나 타인으로 하여금 지원을 받게 한 자

- 보육서비스 이용권을 부정사용한 자
- 거짓이나 그 밖의 부정한 방법으로 보육료 등을 수납한 어린이집의 설치 · 운영자
- 어린이집 운영정지명령 또는 어린이집의 폐쇄명령을 위반하여 사업을 계속한 자

2) 과태료(제56조)

(1) 500만 원 이하의 과태료(동조 제1항)

- 신고를 하지 아니하고 어린이집을 폐지하거나 일정기간 운영을 중단하거나 운영을 재개한 자

(2) 300만 원 이하의 과태료(동조 제2항)

- 취약보육을 우선적으로 실시하지 아니한 자
- 제28조제1항(보육의 우선 제공) 각 호에 해당하는 자를 우선적으로 보육하지 아니한 자
- 건강진단 또는 응급조치 등을 이행하지 아니한 자

제4절 아동복지법

1. 아동복지법의 목적

「아동복지법」은 국가가 아동을 보호하고 건전하게 육성할 책임을 구현하고 있다. 아동에 대한 보호는 아동이 건전한 인격체로 성장할 수 있도록 한다는 점에서는 헌법상의 인간의 존엄을 실현하는 국가의 적극적인 과제에 포섭되는 영역이다.

반면, 아동은 가정에서 보호를 필요로 하고 따라서 가족 부담을 증가시키는 요소라는 점을 감안하면 아동복지는 「헌법」 제36조 가족의 보호 및 유지에 대한 국가의 책임을 구현하여야 한다. 위와 같은 목적을 달성하기 위하여 「아동복지법」은 요보호 아동뿐 아니라 아동 일반을 보호의 대상으로 하여야 한다.

이 법은 아동이 건강하게 출생하여 행복하고 안전하게 자랄 수 있도록 아동의 복지를 보장하는 것을 목적으로 한다(「아동복지법」 제1조). 1960년대 초에 제정된 「아동복리법」은 그 당시의 시대적 요청에 따라 빈곤아동, 보호자가 없는 아동 등의 요보호아동을 주된 대상으로 하였으나, 오늘날의 「아동복지법」은 요보호아동을 포함하여 모든 아동을 대상으로 아동이 가진 문제해결과 동시에 건전하게 자랄 수 있도록 지원을 하는 적극적인 사회복지법으로서 목적을 반영하고 있다.

이 법의 기본이념(제2조)은, 첫째, 아동은 자신 또는 부모의 성별, 연령, 종교, 사회적 신분, 재산, 장애유무, 출생지역, 인종 등에 따른 어떠한 종류의 차별도 받지 아니하고 자라나야 한다. 둘째, 아동은 완전하고 조화로운 인격발달을 위하여 안정된 가정환경에서 행복하게 자라나야 한다. 셋째, 아동에 관한 모든 활동에 있어서 아동의 이익이 최우선적으로 고려되어야 한다. 넷째, 아동은 아동의 권리보장과 복지증진을 위하여 이 법에 따른 보호와 지원을 받을 권리를 가진다.

2. 입법 배경 및 연혁

근대적인 「아동복지법」은 1961년 12월 30일에 「아동복리법」「아동복리법」이란 명칭으로 제정되었다. 그러나 그 이전인 일제시대에 이미 아동복지 문제를 국가에서 관심을 가지고 취급하였는데, 그 근거로서 1923년에 제정되었던 「조선감화령」과 1944년 「조선구호령」이 중요한 법적 기초였다. 이들 법령은 현대사회에서 보는 사회복지적 성격을 가진 사회복지법이라기보다는 일제의 식민지 정책의 일환으로서 조선의 다른 사회적 취약계층과 함께 통합적으로 미분화된 채, 아동을 치안과 사회통제적 목적으로 취급하였던 일종의 치안정책으로 간주되었다. 이들 법은 미군정하에서도 그대로 답습하였고, 해방과 6 · 25를 맞이하면서 새롭게 전쟁고아, 유기아[32] 등이 속출하면서부터 아동복지는 새로운 전지를 맞이하였다. 주로 외국의 자선단체의 원조에 의하여 아동복지시설이 설립되었는데, 한국 정부에서는 이들 시설을 원활하게 운영하기 위한 행정적 지도에 급급할 뿐이었다.

제3공화국이 들어서면서부터 새로운 국가 체제를 구축하는 가운데 아동의 복지를 위한 기본법으로서 1961년 「아동복리법」을 제정하였다. 이후 30여 년간의 급속한 경제 사회적 발전에 따라 변화된 가정과 아동의 욕구에 부응하여 과거의 「아동복리법」을 전면개정 하여 1981년 4월 13일 「아동복지법」을 제정하였으며, 1989년, 1990년, 1991년, 2000년, 2002년 등 여러 차례의 개정을 거쳐 오늘에 이르고 있다.

3. 보호대상자

「아동복지법」의 보호대상자는 18세 미만의 아동이다(제3조제1항). 「아동복지법」은 아동 일반을 대상으로 하는 조치와 특별히 요보호아동을 대상으로 하는 조치를 규정하고 있다. 이 밖에 보호자, 즉 친권자, 후견인 또는 아동을 현재 보호 · 양육 · 교육하거나 그 의무가 있는 자 또는 업무 · 고용 등의 관계로 사실상 아동을 보호 · 감독하는 자 역시 「아동복지법」상 보호의 대상이 된다(제2항).

다음은 이 법에서의 용어이다(제3조).

- '아동복지'란 아동이 행복한 삶을 누릴 수 있는 기본적인 여건을 조성하고 조화롭게 성장 · 발달할 수 있도록 하기 위한 경제적 · 사회적 · 정서적 지원을 말한다(제2항).
- '보호자'란 친권자, 후견인, 아동을 보호 · 양육 · 교육하거나 그러한 의무가 있는 자 또는 업무 · 고용 등의 관계로 사실상 아동을 보호 · 감독하는 자를 말한다(제3항).
- '보호대상아동'이란 보호자가 없거나 보호자로부터 이탈된 아동 또는 보호자

32) 유기(遺棄)아 : 내버리고 돌보지 않는 아동.

가 아동을 학대하는 경우 등 그 보호자가 아동을 양육하기에 적당하지 아니하거나 양육할 능력이 없는 경우의 아동을 말한다(제4항).

- '지원대상아동'이란 아동이 조화롭고 건강하게 성장하는 데에 필요한 기초적인 조건이 갖추어지지 아니하여 사회적 · 경제적 · 정서적 지원이 필요한 아동을 말한다(제5항).
- '가정위탁'이란 보호대상아동의 보호를 위하여 성범죄, 가정폭력, 아동학대, 정신질환 등의 전력이 없는 보건복지부령으로 정하는 기준에 적합한 가정에 보호대상아동을 일정 기간 위탁하는 것을 말한다(제6항).
- '아동학대'란 보호자를 포함한 성인이 아동의 건강 또는 복지를 해치거나 정상적 발달을 저해할 수 있는 신체적 · 정신적 · 성적 폭력이나 가혹행위를 하는 것과 아동의 보호자가 아동을 유기하거나 방임하는 것을 말한다(제7항).
- '아동학대관련범죄'란 다음 각 목의 어느 하나에 해당하는 죄를 말한다(제7항의2).
  - 「아동학대범죄의 처벌 등에 관한 특례법」에 따른 아동학대범죄(1목)
  - 아동에 대한 「형법」에 의한 살인죄 중 제250조부터 제255조[33]까지의 죄(2목)
- '피해아동'이란 아동학대로 인하여 피해를 입은 아동을 말한다(제8항).
- '아동복지전담기관'이란 아동보호전문기관과 가정위탁지원센터를 말한다(제9항).

---

33) 제250조(살인, 존속살해) ① 사람을 살해한 자는 사형, 무기 또는 5년 이상의 징역에 처한다. ② 자기 또는 배우자의 직계존속을 살해한 자는 사형, 무기 또는 7년 이상의 징역에 처한다.
제251조(영아살해) 직계존속이 치욕을 은폐하기 위하거나 양육할 수 없음을 예상하거나 특히 참작할 만한 동기로 인하여 분만 중 또는 분만 직후의 영아를 살해한 때에는 10년 이하의 징역에 처한다.
제252조(촉탁, 승낙에 의한 살인 등) ① 사람의 촉탁 또는 승낙을 받아 그를 살해한 자는 1년 이상 10년 이하의 징역에 처한다.
② 사람을 교사 또는 방조하여 자살하게 한 자도 전항의 형과 같다.
제253조(위계 등에 의한 촉탁살인 등) 전조의 경우에 위계 또는 위력으로써 촉탁 또는 승낙하게 하거나 자살을 결의하게 한 때에는 제250조의 예에 의한다.
제254조(미수범) 전4조의 미수범은 처벌한다.
제255조(예비, 음모) 제250조와 제253조의 죄를 범할 목적으로 예비 또는 음모한 자는 10년 이하의 징역에 처한다.

- '아동복지시설'이란 제50조에 따라 설치된 시설을 말한다(제10항).
- '아동복지시설 종사자'란 아동복지시설에서 아동의 상담 · 지도 · 치료 · 양육, 그 밖에 아동의 복지에 관한 업무를 담당하는 사람을 말한다(제11항).

4. 책임주체

「아동복지법」은 아동의 복지증진 및 보호책임의 주체로서 크게 국가와 지방자치단체, 아동의 보호자, 그리고 국민 등으로 구분하여 각각의 책임을 밝히고 있다.

1) 국가와 지방자치단체의 책무(제4조)

국가와 지방자치단체는 아동의 안전 · 건강 및 복지 증진을 위하여 아동과 그 보호자 및 가정을 지원하기 위한 정책을 수립 · 시행하여야 한다(제1항). 국가와 지방자치단체는 보호대상아동 및 지원대상아동의 권익을 증진하기 위한 정책을 수립 · 시행하여야 한다(제2항). 국가와 지방자치단체는 장애아동의 권익을 보호하기 위하여 필요한 시책을 강구하여야 한다(제3항). 국가와 지방자치단체는 아동이 자신 또는 부모의 성별, 연령, 종교, 사회적 신분, 재산, 장애유무, 출생지역 또는 인종 등에 따른 어떠한 종류의 차별도 받지 아니하도록 필요한 시책을 강구하여야 한다(제4항). 국가와 지방자치단체는 「아동의 권리에 관한 협약」에서 규정한 아동의 권리 및 복지 증진 등을 위하여 필요한 시책을 수립 · 시행하고, 이에 필요한 교육과 홍보를 하여야 한다(제5항). 국가와 지방자치단체는 아동의 보호자가 아동을 행복하고 안전하게 양육하기 위하여 필요한 교육을 지원하여야 한다(제6항).

2) 보호자 등의 책무(제5조)

아동의 보호자는 아동을 가정에서 그의 성장시기에 맞추어 건강하고 안전하게 양육하여야 한다(제1항). 모든 국민은 아동의 권익과 안전을 존중하여야 하며, 아동을 건강하게 양육하여야 한다(제2항).

5. 아동정책기본계획의 수립(제7조)

보건복지부장관은 아동정책의 효율적인 추진을 위하여 5년마다 아동정책기본계획을 수립하여야 한다(제1항). 기본계획은 다음 각 호의 사항을 포함하여야 한다(제2항).

- 이전의 기본계획에 관한 분석 · 평가
- 아동정책에 관한 기본방향 및 추진목표
- 주요 추진과제 및 추진방법
- 재원조달방안
- 그 밖에 아동정책을 시행하기 위하여 특히 필요하다고 인정되는 사항

보건복지부장관, 관계 중앙행정기관의 장 및 시 · 도지사는 매년 기본계획에 따라 연도별 아동정책시행계획을 수립 · 시행하여야 한다(제8조제1항). 관계 중앙행정기관의 장 및 시 · 도지사는 다음 연도의 시행계획 및 전년도의 시행계획에 따른 추진실적을 대통령령으로 정하는 바에 따라 매년 보건복지부장관에게 제출하고, 보건복지부장관은 매년 시행계획에 따른 추진실적을 평가하여야 한다(동조 제2항).

6. 전달체계

1) 아동정책조정위원회(제10조)

아동의 권리증진과 건강한 출생 및 성장을 위하여 종합적인 아동정책을 수립하고 관계 부처의 의견을 조정하며 그 정책의 이행을 감독하고 평가하기 위하여 국무총리 소속으로 아동정책조정위원회를 둔다(제1항). 위원회는 다음 각 호의 사항을 심의 · 조정한다(제2항).

- 기본계획의 수립에 관한 사항
- 아동의 권익 및 복지 증진을 위한 기본방향에 관한 사항

- 아동정책의 개선과 예산지원에 관한 사항
- 아동 관련 국제조약의 이행 및 평가 · 조정에 관한 사항
- 아동정책에 관한 관련 부처 간 협조에 관한 사항
- 그 밖에 위원장이 부의하는 사항

위원회는 위원장을 포함한 25명 이내의 위원으로 구성하되, 위원장은 국무총리가 되고 위원은 다음 각 호의 사람이 된다(제3항).

- 기획재정부장관 · 교육부장관 · 법무부장관 · 행정자치부장관 · 문화체육관광부장관 · 산업통상자원부장관 · 보건복지부장관 · 고용노동부장관 · 여성가족부장관
- 아동 관련 단체의 장이나 아동에 대한 학식과 경험이 풍부한 사람 중 위원장이 위촉하는 15명 이내의 위원

2) 아동복지심의위원회(제12조)

시 · 도지사, 시장 · 군수 · 구청장은 다음 각 호의 사항을 심의하기 위하여 그 소속으로 아동복지심의위원회를 각각 둔다.

- 제8조에 따른 시행계획 수립 및 시행에 관한 사항
- 보호조치에 관한 사항
- 퇴소조치에 관한 사항
- 친권행사의 제한이나 친권상실 선고 청구에 관한 사항
- 아동의 후견인의 선임이나 변경 청구에 관한 사항
- 지원대상아동의 선정과 그 지원에 관한 사항
- 그 밖에 아동의 보호 및 지원서비스를 위하여 시 · 도지사 또는 시장 · 군수 · 구청장이 필요하다고 인정하는 사항

3) 아동복지전담공무원(제13조)

아동복지에 관한 업무를 담당하기 위하여 시 · 도 및 시 · 군 · 구에 각각 아동복지전담공무원을 둘 수 있다(제1항). 전담공무원은 「사회복지사업법」에 규정된 사회복지사의 자격을 가진 사람으로 하고 그 임용 등에 필요한 사항은 해당 시 · 도 및 시 · 군 · 구의 조례로 정한다(제2항). 전담공무원은 아동에 대한 상담 및 보호조치, 가정환경에 대한 조사, 아동복지시설에 대한 지도 · 감독, 아동범죄 예방을 위한 현장확인 및 지도 · 감독 등 지역 단위에서 아동의 복지증진을 위한 업무를 수행한다(제3항).

4) 아동위원(제14조)

시 · 군 · 구에 아동위원을 둔다(제1항). 아동위원은 그 관할 구역의 아동에 대하여 항상 그 생활상태 및 가정환경을 상세히 파악하고 아동복지에 필요한 원조와 지도를 행하며 전담공무원 및 관계 행정기관과 협력하여야 한다(제2항). 아동위원은 그 업무의 원활한 수행을 위하여 적절한 교육을 받을 수 있다(제3항). 아동위원은 명예직으로 하되, 아동위원에 대하여는 수당을 지급할 수 있다(제4항). 그 밖에 아동위원에 관한 사항은 해당 시 · 군 · 구의 조례로 정한다(제5항).

7. 아동보호서비스

1) 보호조치(제15조)

시 · 도지사 또는 시장 · 군수 · 구청장은 그 관할 구역에서 보호대상아동을 발견하거나 보호자의 의뢰를 받은 때에는 아동의 최상의 이익을 위하여 대통령령으로 정하는 바에 따라 다음 각 호에 해당하는 보호조치를 하여야 한다(제1항).

- 전담공무원 또는 아동위원에게 보호대상아동 또는 그 보호자에 대한 상담 · 지도를 수행하게 하는 것(제1호)

- 보호자 또는 대리양육을 원하는 연고자에 대하여 그 가정에서 아동을 보호 · 양육할 수 있도록 필요한 조치를 하는 것(제2호)
- 아동의 보호를 희망하는 사람에게 가정위탁하는 것(제3호)
- 보호대상아동을 그 보호조치에 적합한 아동복지시설에 입소시키는 것(제4호)
- 약물 및 알콜 중독, 정서 · 행동 · 발달 장애, 성폭력 · 아동학대 피해 등으로 특수한 치료나 요양 등의 보호를 필요로 하는 아동을 전문치료기관 또는 요양소에 입원 또는 입소시키는 것(제5호)
- 「입양특례법」에 따른 입양과 관련하여 필요한 조치를 하는 것(제6호)

시 · 도지사 또는 시장 · 군수 · 구청장은 제1항제1호 및 제2호의 보호조치가 적합하지 아니한 보호대상아동에 대하여 제1항제3호부터 제6호까지의 보호조치를 할 수 있다. 이 경우 가정위탁지원센터 또는 아동복지시설의 장은 해당 보호대상아동의 개별 보호 · 관리 계획을 세워 보호하여야 하며, 그 계획을 수립할 때 해당 보호대상아동의 보호자를 참여시킬 수 있다(제2항). 시 · 도지사 또는 시장 · 군수 · 구청장은 제1항제3호부터 제6호까지의 보호조치를 함에 있어서 해당 보호대상아동의 의사를 존중하여야 하며, 보호자가 있을 때에는 그 의견을 들어야 한다. 다만, 아동의 보호자가 「아동학대범죄의 처벌 등에 관한 특례법」의 아동학대행위자인 경우에는 그러하지 아니하다(제3항).

시 · 도지사 또는 시장 · 군수 · 구청장은 제1항제3호부터 제6호까지의 보호조치를 할 때까지 필요하면 아동일시보호시설에 보호대상아동을 입소시켜 보호하거나, 적당하다고 인정하는 자에게 일시 위탁하여 보호하게 할 수 있다(제4항). 시 · 도지사 또는 시장 · 군수 · 구청장은 그 관할 구역에서 약물 및 알콜 중독, 정서 · 행동 · 발달 장애 등의 문제를 일으킬 가능성이 있는 아동의 가정에 대하여 예방차원의 적절한 조치를 강구하여야 한다(제5항). 누구든지 제1항에 따른 보호조치와 관련하여 그 대상이 되는 아동복지시설, 아동복지전담기관의 종사자를 신체적 · 정신적으로 위협하는 행위를 하여서는 아니 된다(제6항).

시 · 도지사 또는 시장 · 군수 · 구청장은 아동의 가정위탁보호를 희망하는 사람에 대하여 범죄경력을 확인하여야 한다. 이 경우 본인의 동의를 받아 관계 기관의 장에게 범죄의 경력 조회를 요청하여야 한다(제7항). 가정위탁지원센터의 장은 위탁아동, 가정위탁보호를 희망하는 사람, 위탁아동의 부모 등의 신원확인 등의 조치를 시 · 도지사 또는 시장 · 군수 · 구청장에게 협조 요청할 수 있으며, 요청을 받은 시 · 도지사 또는 시장 · 군수 · 구청장은 정당한 사유가 없는 한 이에 응하여야 한다(제8항).

2) 보호대상아동의 퇴소조치 등(제16조)

제15조제1항제3호부터 제5호까지의 보호조치 중인 보호대상아동의 연령이 18세에 달하였거나, 보호 목적이 달성되었다고 인정되면 해당 시 · 도지사, 시장 · 군수 · 구청장 또는 아동복지시설의 장은 그 보호 중인 아동의 보호조치를 종료하거나 해당 시설에서 퇴소시켜야 한다(제1항). 제1항에도 불구하고 제15조에 따라 보호조치 중인 아동이 다음 각 호의 어느 하나에 해당하면 시 · 도지사, 시장 · 군수 · 구청장 또는 아동복지시설의 장은 해당 아동의 보호기간을 연장할 수 있다(제2항).

- 「고등교육법」에 따른 대학 이하의 학교(대학원은 제외한다)에 재학 중인 경우
- 아동양육시설 또는 「근로자직업능력 개발법」에 따른 직업능력개발훈련시설에서 직업 관련 교육 · 훈련을 받고 있는 경우
- 그 밖에 각종 아동복지시설에서 해당 아동을 계속하여 보호 · 양육할 필요가 있다고 대통령령으로 정하는 경우

3) 금지행위(제17조)

누구든지 다음 각 호의 어느 하나에 해당하는 행위를 하여서는 아니 된다(제1항).

- 아동을 매매하는 행위(제1호)
- 아동에게 음란한 행위를 시키거나 이를 매개하는 행위 또는 아동에게 성적 수치심을 주는 성희롱 등의 성적 학대행위(제2호)

- 아동의 신체에 손상을 주거나 신체의 건강 및 발달을 해치는 신체적 학대행위(제3호)
- 아동의 정신건강 및 발달에 해를 끼치는 정서적 학대행위(제5호)
- 자신의 보호 · 감독을 받는 아동을 유기하거나 의식주를 포함한 기본적 보호 · 양육 · 치료 및 교육을 소홀히 하는 방임행위(제6호)
- 장애를 가진 아동을 공중에 관람시키는 행위(제7호)
- 아동에게 구걸을 시키거나 아동을 이용하여 구걸하는 행위(제8호)
- 공중의 오락 또는 흥행을 목적으로 아동의 건강 또는 안전에 유해한 곡예를 시키는 행위 또는 이를 위하여 아동을 제3자에게 인도하는 행위(제9호)
- 정당한 권한을 가진 알선기관 외의 자가 아동의 양육을 알선하고 금품을 취득하거나 금품을 요구 또는 약속하는 행위(제10호)
- 아동을 위하여 증여 또는 급여된 금품을 그 목적 외의 용도로 사용하는 행위(제11호)

4) 친권상실 선고의 청구 등(제18조)

시 · 도지사, 시장 · 군수 · 구청장 또는 검사는 아동의 친권자가 그 친권을 남용하거나 현저한 비행이나 아동학대, 그 밖에 친권을 행사할 수 없는 중대한 사유가 있는 것을 발견한 경우 아동의 복지를 위하여 필요하다고 인정할 때에는 법원에 친권행사의 제한 또는 친권상실의 선고를 청구하여야 한다(제1항). 아동복지전담기관의 장, 아동복지시설의 장 및 「초 · 중등교육법」에 따른 학교의 장은 제1항의 사유에 해당하는 경우 시 · 도지사, 시장 · 군수 · 구청장 또는 검사에게 법원에 친권행사의 제한 또는 친권상실의 선고를 청구하도록 요청할 수 있다(제2항).

시 · 도지사, 시장 · 군수 · 구청장 또는 검사는 제1항 및 제2항에 따라 친권행사의 제한 또는 친권상실의 선고 청구를 할 경우 해당 아동의 의견을 존중하여야 한다(제3항). 시 · 도지사, 시장 · 군수 · 구청장 또는 검사는 제2항에 따라 친권행사의 제한 또는 친권상실의 선고 청구를 요청받은 경우에는 요청받은 날부터 30일 내에 청구 여부를 결정한 후 해당 요청기관에 청구 또는 미청구 요지 및 이유를 서면으로 알려야 한다(제4항). 제4항에 따라 처리결과를 통보받은 아동복지전담기관의 장, 아동복지시설의 장 및 학교의 장은 그 처리결과에 대하여 이의가 있을 경우 통보받은 날부터 30일 내에 직접 법원에 친권행사의 제한 또는 친권상실의 선고를 청구할 수 있다(제5항).

5) 아동의 후견인의 선임 청구 등(제19조)

시 · 도지사, 시장 · 군수 · 구청장, 아동복지전담기관의 장, 아동복지시설의 장 및 학교의 장은 친권자 또는 후견인이 없는 아동을 발견한 경우 그 복지를 위하여 필요하다고 인정할 때에는 법원에 후견인의 선임을 청구하여야 한다(제1항). 시 · 도지사, 시장 · 군수 · 구청장, 아동복지전담기관의 장, 아동복지시설의 장, 학교의 장 또는 검사는 후견인이 해당 아동을 학대하는 등 현저한 비행을 저지른 경우에는 후견인 변경을 법원에 청구하여야 한다(제2항). 제1항에 따른 후견인의 선임 및 제2항에 따른 후견인의 변경 청구를 할 때에는 해당 아동의 의견을 존중하여야 한다(제3항). 아동복지시설에 입소 중인 보호대상아동에 대하여는 「보호시설에 있는 미성년자의 후견직무에 관한 법률」을 적용한다(제4항).

6) 아동의 후견인 선임(제20조)

법원은 제19조제1항 및 제2항에 따른 청구에 따라 후견인을 선임하거나 변경할 경우 해당 아동의 후견에 적합한 사람을 후견인으로 선임할 수 있다(제1항). 법원은 후견인이 없는 아동에 대하여 제1항에 따라 후견인을 선임하기 전까지 시 · 도지사, 시장 · 군수 · 구청장 및 아동복지전담기관의 장으로 하여금 임시로 그 아동의 후견인 역할을 하게 할 수 있다. 이 경우 해당 아동의 의견을 존중하여야 한다(제2항).

7) 보조인의 선임 등(제21조)

법원의 심리과정에서 변호사, 법정대리인, 직계 친족, 형제자매, 아동보호전문기관의 상담원은 학대아동사건의 심리에 있어서 보조인이 될 수 있다. 다만, 변호사가 아닌 경우에는 법원의 허가를 받아야 한다(제1항). 법원은 피해아동을 증인으로 신문하는 경우 검사, 피해아동과 그 보호자 또는 아동보호전문기관의 신청이 있는 경우에는 피해아동과 신뢰관계에 있는 사람의 동석을 허가할 수 있다(제2항). 수사기관이 피해아동을 조사하는 경우에도 제1항 및 제2항과 같다(제3항).

8. 아동학대의 예방과 방지 의무(제22조)

국가와 지방자치단체는 아동학대의 예방과 방지를 위하여 다음 각 호의 조치를 취하여야 한다(제1항).

- 아동학대의 예방과 방지를 위한 각종 정책의 수립 및 시행
- 아동학대의 예방과 방지를 위한 연구 · 교육 · 홍보 및 아동학대 실태조사
- 아동학대에 관한 신고체제의 구축 · 운영
- 피해아동의 보호와 치료 및 피해아동의 가정에 대한 지원
- 그 밖에 대통령령으로 정하는 아동학대의 예방과 방지를 위한 사항

지방자치단체는 아동학대를 예방하고 수시로 신고를 받을 수 있도록 긴급전화를 설치하여야 한다(제2항). 국가와 지방자치단체는 아동보호전문기관의 장이 피해아동의 보호, 치료 등의 업무를 수행함에 있어서 피해아동, 그 보호자 또는 아동학대행위자에 대한 신분조회 등 필요한 조치의 협조를 요청할 경우 정당한 사유가 없는 한 이에 적극 따라야 한다(제3항).

9. 아동 안전 및 건강지원

1) 아동의 안전에 대한 교육(제31조)

아동복지시설의 장, 「영유아보육법」에 따른 어린이집의 원장, 「유아교육법」에 따른 유치원의 원장 및 「초·중등교육법」에 따른 학교의 장은 교육대상 아동의 연령을 고려하여 대통령령으로 정하는 바에 따라 매년 다음 각 호의 사항에 관한 교육계획을 수립하여 교육을 실시하여야 한다(제1항).

- 성폭력 및 아동학대 예방
- 실종·유괴의 예방과 방지
- 약물의 오남용 예방
- 재난대비 안전
- 교통안전

2) 아동보호구역에서의 영상정보처리기기 설치 등(제32조)

국가와 지방자치단체는 유괴 등 범죄의 위험으로부터 아동을 보호하기 위하여 필요하다고 인정하는 경우에는 다음 각 호의 어느 하나에 해당되는 시설의 주변구역을 아동보호구역으로 지정하여 범죄의 예방을 위한 순찰 및 아동지도 업무 등 필요한 조치를 할 수 있다(제1항).

- 「도시공원 및 녹지 등에 관한 법률」에 따른 도시공원
- 「영유아보육법」에 따른 어린이집
- 「초·중등교육법」에 따른 초등학교 및 특수학교
- 「유아교육법」에 따른 유치원

3) 아동안전 보호인력의 배치 등(제33조)

국가와 지방자치단체는 실종 및 유괴 등 아동에 대한 범죄의 예방을 위하여 순찰활동 및 아동지도 업무 등을 수행하는 아동안전 보호인력을 배치·활용할 수 있다

(제1항). 제1항에 따라 순찰활동 및 아동지도 업무 등을 수행하는 아동안전 보호인력은 그 권한을 표시하는 증표를 지니고 이를 관계인에게 내보여야 한다(제2항). 국가와 지방자치단체는 아동안전 보호인력으로 배치하고자 하는 사람에 대하여 본인의 동의를 받아 범죄경력을 확인하여야 한다(제3항).

4) 아동긴급보호소 지정 및 운영(제34조)

경찰청장은 유괴 등의 위험에 처한 아동을 보호하기 위하여 아동긴급보호소를 지정 · 운영할 수 있다(제1항). 경찰청장은 제1항에 따른 아동긴급보호소의 지정을 원하는 자에 대하여 본인의 동의를 받아 범죄경력을 확인하여야 한다(제2항).

5) 보건소(제36조)

보건소는 이 법에 따라 아동의 전염병 예방조치, 아동의 건강상담, 신체검사와 보건위생에 관한 지도, 아동의 영양개선 등의 업무를 행한다.

10. 취약계층 아동 통합서비스지원 및 자립지원 등

1) 취약계층 아동에 대한 통합서비스지원(제37조)

국가와 지방자치단체는 아동의 건강한 성장과 발달을 도모하기 위하여 대통령령으로 정하는 바에 따라 아동의 성장 및 복지 여건이 취약한 가정을 선정하여 그 가정의 지원대상아동과 가족을 대상으로 보건, 복지, 보호, 교육, 치료 등을 종합적으로 지원하는 통합서비스를 실시한다.

2) 자립지원(제38조)

국가와 지방자치단체는 보호대상아동의 위탁보호 종료 또는 아동복지시설 퇴소 이후의 자립을 지원하기 위하여 다음 각 호에 해당하는 조치를 시행하여야 한다(제1항).

- 자립에 필요한 주거 · 생활 · 교육 · 취업 등의 지원
- 자립에 필요한 자산의 형성 및 관리 지원(이하 '자산형성지원'이라 한다)
- 자립에 관한 실태조사 및 연구
- 사후관리체계 구축 및 운영
- 그 밖에 자립지원에 필요하다고 대통령령으로 정하는 사항

11. 아동복지전담기관

1) 아동보호전문기관의 설치 등(제45조)

국가는 아동학대예방사업을 활성화하고 지역 간 연계체계를 구축하기 위하여 중앙아동보호전문기관을 둔다(제1항). 지방자치단체는 학대받은 아동의 발견, 보호, 치료에 대한 신속처리 및 아동학대예방을 담당하는 지역아동보호전문기관을 시 · 도 및 시 · 군 · 구에 1개소 이상 두어야 한다(제2항).

2) 아동보호전문기관의 업무(제46조)

중앙아동보호전문기관은 다음 각 호의 업무를 수행한다(제1항).

- 지역아동보호전문기관에 대한 지원(제1호)
- 아동학대예방사업과 관련된 연구 및 자료 발간(제2호)
- 효율적인 아동학대예방사업을 위한 연계체제 구축(제3호)
- 아동학대예방사업을 위한 프로그램 개발 및 평가(제4호)
- 상담원 직무교육, 아동학대예방 관련 교육 및 홍보(제5호)
- 아동보호전문기관 전산시스템 구축 및 운영(제6호)
- 위탁받은 아동학대정보시스템의 운영(제6호의2)
- 그 밖에 대통령령으로 정하는 아동학대예방사업과 관련된 업무(제7호)

지역아동보호전문기관은 다음 각 호의 업무를 수행한다(제2항).

- 아동학대 신고접수, 현장조사 및 응급보호
- 피해아동, 피해아동의 가족 및 아동학대행위자를 위한 상담 · 치료 및 교육
- 아동학대예방 교육 및 홍보
- 피해아동 가정의 사후관리
- 아동학대사례전문위원회 설치 · 운영 및 자체사례회의 운영
- 그 밖에 대통령령으로 정하는 아동학대예방사업과 관련된 업무

3) 가정위탁지원센터의 설치 등(제48조)

국가는 가정위탁사업을 활성화하고 지역 간 연계체계를 구축하기 위하여 중앙가정위탁지원센터를 둔다(제1항). 지방자치단체는 보호대상아동에 대한 가정위탁사업을 활성화하기 위하여 시 · 도 및 시 · 군 · 구에 지역가정위탁지원센터를 둔다(제2항).

4) 가정위탁지원센터의 업무(제49조)

중앙가정위탁지원센터는 다음 각 호의 업무를 수행한다(제1항).

- 지역가정위탁지원센터에 대한 지원
- 효과적인 가정위탁사업을 위한 연계체계 구축
- 가정위탁사업과 관련된 연구 및 자료발간
- 가정위탁사업을 위한 프로그램의 개발 및 평가
- 상담원에 대한 교육 등 가정위탁에 관한 교육 및 홍보
- 가정위탁사업을 위한 정보기반 구축 및 정보제공
- 그 밖에 대통령령으로 정하는 가정위탁사업과 관련된 업무

지역가정위탁지원센터는 다음 각 호의 업무를 수행한다(제2항).

- 가정위탁사업의 홍보 및 가정위탁을 하고자 하는 가정의 발굴
- 가정위탁을 하고자 하는 가정에 대한 조사 및 가정위탁 대상 아동에 대한 상담
- 가정위탁을 하고자 하는 사람과 위탁가정 부모에 대한 교육

- 위탁가정의 사례관리
- 친부모 가정으로의 복귀 지원
- 가정위탁 아동의 자립계획 및 사례 관리
- 관할 구역 내 가정위탁 관련 정보 제공
- 그 밖에 대통령령으로 정하는 가정위탁과 관련된 업무

12. 아동복지시설

1) 아동복지시설의 설치(제50조)

국가 또는 지방자치단체는 아동복지시설을 설치할 수 있다(제1항). 국가 또는 지방자치단체 외의 자는 관할 시장·군수·구청장에게 신고하고 아동복지시설을 설치할 수 있다(제2항). 아동복지시설의 시설기준 및 설치 등에 필요한 사항은 보건복지부령으로 정한다(제3항).

2) 아동복지시설의 종류(제52조)

아동복지시설의 종류는 다음과 같다.

- 아동양육시설 : 보호대상아동을 입소시켜 보호, 양육 및 취업훈련, 자립지원 서비스 등을 제공하는 것을 목적으로 하는 시설
- 아동일시보호시설 : 보호대상아동을 일시보호하고 아동에 대한 향후의 양육대책수립 및 보호조치를 행하는 것을 목적으로 하는 시설
- 아동보호치료시설 : 아동에게 보호 및 치료 서비스를 제공하는 다음 각 목의 시설
  - 불량행위를 하거나 불량행위를 할 우려가 있는 아동으로서 보호자가 없거나 친권자나 후견인이 입소를 신청한 아동 또는 가정법원, 지방법원소년부지원에서 보호위탁된 19세 미만인 사람을 입소시켜 치료와 선도를 통하여 건전한 사회인으로 육성하는 것을 목적으로 하는 시설

• 정서적 · 행동적 장애로 인하여 어려움을 겪고 있는 아동 또는 학대로 인하여 부모로부터 일시 격리되어 치료받을 필요가 있는 아동을 보호 · 치료하는 시설

- 공동생활가정 : 보호대상아동에게 가정과 같은 주거여건과 보호, 양육, 자립지원 서비스를 제공하는 것을 목적으로 하는 시설
- 자립지원시설 : 아동복지시설에서 퇴소한 사람에게 취업준비기간 또는 취업 후 일정 기간 동안 보호함으로써 자립을 지원하는 것을 목적으로 하는 시설
- 아동상담소 : 아동과 그 가족의 문제에 관한 상담, 치료, 예방 및 연구 등을 목적으로 하는 시설
- 아동전용시설 : 어린이공원, 어린이놀이터, 아동회관, 체육 · 연극 · 영화 · 과학실험전시 시설, 아동휴게숙박시설, 야영장 등 아동에게 건전한 놀이 · 오락, 그 밖의 각종 편의를 제공하여 심신의 건강유지와 복지증진에 필요한 서비스를 제공하는 것을 목적으로 하는 시설
- 지역아동센터 : 지역사회 아동의 보호 · 교육, 건전한 놀이와 오락의 제공, 보호자와 지역사회의 연계 등 아동의 건전육성을 위하여 종합적인 아동복지서비스를 제공하는 시설

제1항에 따른 아동복지시설은 각 시설 고유의 목적 사업을 해치지 아니하고 각 시설별 설치기준 및 운영기준을 충족하는 경우 다음 각 호의 사업을 추가로 실시할 수 있다(제3항).

- 아동가정지원사업 : 지역사회아동의 건전한 발달을 위하여 아동, 가정, 지역주민에게 상담, 조언 및 정보를 제공하여 주는 사업
- 아동주간보호사업 : 부득이한 사유로 가정에서 낮 동안 보호를 받을 수 없는 아동을 대상으로 개별적인 보호와 교육을 통하여 아동의 건전한 성장을 도모하는 사업
- 아동전문상담사업 : 학교부적응아동 등을 대상으로 올바른 인격형성을 위한 상담, 치료 및 학교폭력예방을 실시하는 사업

- 학대아동보호사업 : 학대아동의 발견, 보호, 치료 및 아동학대의 예방 등을 전문적으로 실시하는 사업
- 공동생활가정사업 : 보호대상아동에게 가정과 같은 주거여건과 보호를 제공하는 것을 목적으로 하는 사업
- 방과 후 아동지도사업 : 저소득층 아동을 대상으로 방과 후 개별적인 보호와 교육을 통하여 건전한 인격형성을 목적으로 하는 사업

13. 재정(비용)

국가 또는 지방자치단체는 대통령령으로 정하는 바에 따라 다음 각 호의 어느 하나에 해당하는 비용의 전부 또는 일부를 보조할 수 있다(제59조제1항).

- 아동복지시설의 설치 및 운영과 프로그램의 운용에 필요한 비용 또는 수탁보호 중인 아동의 양육 및 보호관리에 필요한 비용
- 보호대상아동의 대리양육이나 가정위탁 보호에 따른 비용
- 아동복지사업의 지도, 감독, 계몽 및 홍보에 필요한 비용
- 아동복지전담기관의 설치 · 운영에 소요되는 비용
- 취약계층 아동에 대한 통합서비스지원에 필요한 비용
- 보호대상아동의 자립지원에 필요한 비용
- 자산형성지원사업에 필요한 비용
- 아동복지단체의 지도 · 육성에 필요한 비용

14. 벌칙 및 과태료

1) 벌칙(제71조)

- 제17조(금지행위)를 위반한 자는 다음 각 호의 구분에 따라 처벌한다(제1항).

- 제17조제1호에 해당하는 행위를 한 자는 10년 이하의 징역에 처한다(제1호).
- 동조 제2호에 해당하는 행위를 한 자는 10년 이하의 징역 또는 5천만 원 이하의 벌금에 처한다(제1호의2).
- 동조 제3호부터 제8호까지의 규정에 해당하는 행위를 한 자는 5년 이하의 징역 또는 3천만 원 이하의 벌금에 처한다(제2호).
- 동조 제10호 또는 제11호에 해당하는 행위를 한 자는 3년 이하의 징역 또는 2천만 원 이하의 벌금에 처한다(제3호).
- 동조 제9호에 해당하는 행위를 한 자는 1년 이하의 징역 또는 500만 원 이하의 벌금에 처한다(제4호).

◉ 1년 이하의 징역 또는 500만 원 이하의 벌금(제2항).

- 신고를 하지 아니하고 아동복지시설을 설치한 자(제3호)
- 거짓으로 서류를 작성하여 아동복지시설 전문인력의 자격을 인정받은 자(제4호)
- 사업의 정지, 위탁의 취소 또는 시설의 폐쇄명령을 받고도 그 시설을 운영하거나 사업을 한 자(제5호)
- 비밀을 누설한 자(제6호)
- 조사를 거부 · 방해 또는 기피하거나 질문에 대하여 답변을 거부 · 기피 또는 거짓 답변을 하거나, 아동에게 답변을 거부 · 기피 또는 거짓 답변을 하게 하거나 그 답변을 방해한 자(제7호)

2) 과태료(제75조)

◉ 1천만 원 이하의 과태료

- 피해아동의 인수를 거부한 아동학대 관련 보호시설의 장
- 해임요구를 정당한 사유 없이 거부하거나 1개월 이내에 이행하지 아니한 아동관련기관의 장

◉ 아동관련기관의 장이 아동학대관련범죄 전력을 확인하지 아니하는 경우에는

500만 원 이하의 과태료를 부과한다.

- 300만 원 이하의 과태료
  - 교육을 실시하지 아니한 자
  - 아동복지시설의 휴업 · 폐업 또는 운영 재개 신고를 하지 아니한 자
  - 아동복지전담기관 또는 아동복지시설이라는 명칭을 사용한 자

제5절 노인복지법

1. 의 의

현행 「노인복지법」은 "노인의 질환을 사전예방 또는 조기발견하고 질환상태에 따른 적절한 치료 · 요양으로 심신의 건강을 유지하고, 노후의 생활안정을 위하여 필요한 조치를 강구함으로써 노인의 보건복지증진에 기여함을 목적으로 한다."고 규정하고 있다(제1조). 제2조에서는 노인복지정책의 대상 집단이 되는 「노인복지법」의 기본개념을 정의하고 있는데, 구체적인 내용을 보면 다음과 같다. ① 노인은 후손의 양육과 국가 및 사회의 발전에 기여하여 온 자로서 존경받으며 건전하고 안정된 생활을 보장받는다. ② 노인은 그 능력에 따라 적당한 일에 종사하고 사회적 활동에 참여할 기회를 보장받는다. ③ 노인은 노령에 따르는 심신의 변화를 자각하여 항상 심신의 건강을 유지하고 그 지식과 경험을 활용하여 사회의 발전에 기여하도록 노력하여야 한다.

이러한 「노인복지법」에서 명시한 개념에서 노인복지의 목적과 목표를 도출해 낼 수 있다. 먼저 노인복지의 목적은 신체적 · 심리적 · 사회적으로 편안하고 안락한 상태의 삶, 즉 의식주의 기본적인 욕구를 충족하고 건강과 문화적인 삶을 영위하는 것이라 할 수 있다. 이를 좀 더 구체적으로 표현하면 신체적 · 심리적 · 사회적 욕구나 문제를 예방 또는 해결하고, 창조적인 문화생활을 영위하는 것을 의미한

다. 따라서 노인복지가 추구하는 목표는 노인의 안정된 생활을 유지, 자아실현의 욕구 충족, 사회통합이라고 할 수 있다.

노인복지의 첫 번째 목적인 노인의 안정된 생활 유지는 사회복지에서는 국민적 최저수준 이상 또는 최적수준의 경제생활보장이라고 할 수 있다. 이때 국민적 최저수준은 한 국가의 경제수준, 정치적 상황 등 다양한 요인에 따라 달라질 수 있으나, 일반적으로는 최저생계비를 기준으로 한 빈곤선을 의미하는 경우가 대부분이다. 국가에서 공식적으로 활용하고 있는 최저생계비 기준을 바탕으로 한 우리나라의 빈곤선은 지나치게 낮게 책정되어 있어 인간다운 삶을 보장하는 데 많은 한계가 있다. 따라서 노인의 인간다운 삶을 보장하는 노인복지의 목표는 최저수준 이상이라는 소극적 생활 보장의 기준보다는 최적수준의 생활 보장이라는 보다 적극적인 생활보장의 기준을 따르는 것이 타당할 것이다(송진영, 2011: 42).

「노인복지법」은 사회복지법의 한 영역으로서 사회보험, 공공부조법과는 다른 사회서비스법으로서 특성을 가지고 있다. 그것은 「노인복지법」의 주된 대상인 노인들이 가진 욕구 중 비경제적 욕구에 속하는 심리적 · 정신적 · 사회적 서비스 급여에 관한 내용을 핵심적인 내용으로 담고 있다는 사실이다. 따라서 「노인복지법」은 사회복지전문가 혹은 노인복지전문가를 위시하여 다양한 관계 전문가들이 함께 서비스를 제공하는 실천적 개입을 중시하는 법으로 볼 수 있다. 그만큼 전문가들의 자유재량적 판단과 개입을 위한 법적 규정이 내포되어 있다는 의미이다. 동시에 특수한 욕구와 문제를 가진 대상에 따라서 개별화해야 하는 내용도 포함되어 있다.

2. 입법 배경과 연혁

전통적인 농경사회는 대가족제도로서 구성원에 대한 생활보장의 책임이 있었다. 특히 노인의 생활보장은 의무가 아닌 당연한 사실로 받아들였다. 그러나 산업화 · 도시화되면서 노인인구가 상대적으로 증가하고 대가족제도가 붕괴되고 가치관의 변화로 노인의 부양을 꺼려 하면서부터 노인문제가 사회문제로 대두되었다.

이러한 노인문제로 인한 노인복지의 필요성은 비단 현대에만 국한된 것은 아니다. 노인문제는 역사적으로 항상 존재해 왔으며, 따라서 노인복지가 주요 관심의 대상이 되어 온 것은 사실이다. 노인복지제도에 대한 시대사적 접근은 오늘날 우리 사회가 안고 있는 노인문제를 이해하고 이를 정책에 반영하는 데 보다 유용하게 논의할 수 있을 것이다(송진영, 2011: 77).

1960년대 이래 진척되어 온 경제 · 사회적 발달과 함께, 앞에서 언급한 가족구조의 변화, 산업화, 도시화, 노인인구의 증가, 부양의식의 감퇴 등은 노인문제를 점차 심각하게 하였다. 그리하여 1970년대 초반부터 노인문제를 해결하기 위해 노인복지법의 입법화 노력이 출현하였다. 노인문제의 해결을 위한 「노인복지법」 제정에 대한 관심은 1970년을 전후로 하여 나타났으며, 그간의 여러 가지 사정으로 입법화가 되지 못하다가 1981년 6월 5일 「노인복지법」이 입법화되기에 이르렀다. 그 뒤 사회경제적 변화에 따라 발생하는 제반의 노인복지 욕구를 해결하기 위하여 수차례의 법 개정을 거듭하고 있다.

1) 제1공화국(해방 이후부터 1960년 4 · 19 이전, 요보호노인 구호사업단계)

해방 및 미군정시대(1945~1948년)에는 경제적 · 사회적 · 정치적 혼란과 더불어 이북동포, 해외동포의 귀환이 크게 증가하였고, 국내 거주자의 빈궁과 실직이 속출하였다. 그러나 이에 대응한 대비책이 미흡했던 관계로 무계획적인 민간 구호단체와 외국 자선단체에 의존하였고, 이러한 상황 속에서 6 · 25사변이라는 시대적 상황을 겪게 되었다.

이 시기의 노인복지는 일제강점기 때의 조선구호령과 양노원이 변형되어 운영되었고, 선진국들의 구호마저도 부족하였으며 더욱이 국내 민간조직의 체계화되지 못한 활동 때문에 제도적으로 정착되기가 어려웠다. 특히 6 · 25사변은 요구호 대상자가 급증하여, 피난민, 고아, 노인 등 빈민에 대한 응급구호사업으로 노인복지사업은 거의 무시된 시기이다. 여기에서 응급처리 방법으로서 공공구호활동은 구호시설에 수용되지 않거나 그 가족이나 친척의 보호를 받을 수 없는 자들을 대상으로 실시하였다. 그리고 식량, 연료, 의료 등과 같은 기본적인 생활필수품은 65세 이상 된 자, 6세 이하의 어린이를 둔 여자, 13세 이하의 소아, 불치의 병으로 신음하는 자, 정신적 · 육체적 결함이 있는 자 등을 대상으로 하였는데, 이는 일제강점기의 조선구호령의 복사판에 불과하였다. 따라서 당시의 빈민구호정책은 궁핍화와 사회적 갈등이라는 구조적 맥락에서 무계획적이고 임기응변적인 것이었다. 또한 민간사회사업 특히 외국 민간 원조단체 및 기관은 무조직적이고 자선적이며 종교우선적인 구제활동을 하였다. 그러나 이와 같은 혼란기에 미국 정부 또는 민간 의원기관의 원조가 없었다면 우리는 난국을 극복하기 어려웠을 것이다. 또한 근대적이고 민주주의적인 새로운 사회사업이 우리 사회에 도입한 것도 이 시기부터이다.

2) 제3공화국(1960년대, 「생활보호법상」의 노인보호단계)

이 시기는 경제개발에 의한 조국근대화 사업의 추진으로 사회 · 문화 등 사회의 획기적인 변화를 주도하였을 뿐만 아니라 여러 개의 사회복지제도가 입법화되어 우리나라 사회복지제도의 기초를 확립하는 시기라고 할 수 있다. 그러나 당시의 사회적 · 경제적 상황이나 정부의 재정능력의 부족으로 실제로 시행한 것은 극히 소수에 불과하였다. 즉, 공공부조의 가장 중추적인 역할을 담당하는 「생활보호법」이 1961년 12월 30일에 법률로 제정 · 공포되었는데, 이는 우리나라 생활보호사업의 기본이 되는 것이다. 그 내용을 보면 노령 · 질병 · 기타 근로능력 상실로 생활유지의 능력이 없는 자 등에 대한 방법을 규정하여 사회복지의 향상에 기여함을 목적으로 생계보호, 의료보호와 더불어 양로시설을 설치하여 무의무탁한 노인을 수용하여 보호하였다. 한편 공공부조제도를 통하여 노인에게 생활보호, 의료보호, 군사원로보상 등이 제공되었는데, 이 가운데 생활보호는 시설보호대상자와 거택보호대상자에게 생계보호와 장례보호를 제공하였다.

1960년대 말부터 우리 사회는 인구가 선진국형으로 변화되면서 노령인구에 대한 사회보장제도와 소득보장의 필요성이 높아지게 되었고, 급격히 밀어닥친 산업화 · 도시화 · 핵가족화 현상들에 의해 노인문제가 급기야 사회문제로 등장하게 되었다.

이렇듯 1960년대의 노인복지 발달은 1960년대가 빈곤타파를 위해 몸부림치던 시기로서 사회복지의 발달이 오히려 경제 성장의 저해요인으로 간주될 정도였기 때문에 노인을 위한 사회복지 프로그램을 만든다는 것은 국민이나 정부의 의식 속에서 깊이 인식되지 못하였다. 그리고 경로효친사상도 오늘날과 같이 파괴되지 않았으며, 또한 노인인구의 증가 문제도 심각한 문제로서 사회에 부각되지 않았다. 그러므로 이 시기의 노인은 지극히 소수만 「생활보호법」에 의하여 구빈적 도움을 받았을 뿐이며, 노인복지사업은 여전히 개선되지 못한 상태로 남아 있었다.

3) 제4공화국(1970년대, 노인복지제도 태동단계)

경제성장과 더불어 산업화, 도시화, 핵가족화, 인구의 고령화 현상 등이 급격하게 진행되기 시작한 1970년대에는 국민 생활수준이 향상됨에 따라 노인들의 관심 세계가 확대되고, 욕구 수준도 증대되었다. 이러한 과정에서 일부 노인들은 자기의 처지를 인식하고 빈곤을 호소하였으며, 또 정신적인 면에서도 소위 고독, 삶의 의미 등이 거론되었다. 이러한 70년대의 분위기는 노인학교라는 제도를 탄생시켰고, 이것은 곧 노인들 자신의 자각과 의욕의 표현이었다고 보아야 한다. 이와 같은 사회현상의 중요한 의미는 매스컴과 일반 사회에서 「노인복지법」 제정을 심심치 않게 주장되었다는 사실이다.

그러나 1970년대에 노인복지만을 위해 시행한 정책이나 사업은 없었으며, 노인들은 여전히 「생활보호법」에 의해 저조한 도움을 받았을 뿐이었다. 사실, 「노인복지법」 제정을 위한 움직임은 1960년대부터 시작하여 1970년대 중반을 거치는 동안 국회, 정부, 노인 관련 단체, 노인복지시설 운영자 등 다양한 부문에서 있어 왔음을 알 수 있다. 그러나 당시 박정희 군사정권에서 정부의 최고 지표로 내걸었던 경제개발 지상주의 및 경로효친사상을 기반으로 한 가정 내에서의 노인문제 해결이라는 국민적 정서로 인하여 노인복지법제화는 결실을 보지 못하였다.

4) 제5공화국(1980년대, 노인복지제도의 확립 단계)

1980년대는 국정지표로 민주주의의 토착화, 정의사회 구현, 복지사회의 건설 및 교육 혁신과 문화 창달을 내세우면서 복지국가를 지향하였다. 그런데 산업화 과정에서 나타난 노인문제가 가정만의 문제가 아닌 사회적인 문제로 인식되어 정부는 노인문제를 제도적으로 해결하기 시작하였다. 이에 「노인복지법」이 1981년에 제정되고 현대적인 노인복지정책의 본격적으로 출발하였다.

하지만 그 당시의 「노인복지법」 내용은 의무적인 규정을 피하고 거의 선언적, 임의적으로 그치고 있어 보다 구체적인 현실성이 결여되어 있었다. 그래서 1980년대에 두 차례의 개정을 하는데, 1차 개정(1984년 12월)은 내용 면에서 아무런 변화가 없음에도 불구하고 최초의 개정이라 하여 1차 개정이라 하였으며, 2차 개정(1989년 12월)은 「노인복지법」의 제정 당시와 그 내용이 판이하게 다르기 때문에 「노인복지법」의 제2의 탄생이라고도 한다.

한편, 그 당시 한국의 사회복지서비스는 시설수용보호 중심으로 이루어져 왔는데, 1980년대 후반부터 다음과 같은 동기에서 지역복지와 재가복지사상이 도입되어 변화하기 시작하였다. 첫째, 산업화, 도시화, 핵가족화 등의 변화로 경제적인 절대 빈곤의 욕구가 비경제적인 사회적 기능장애와의 갈등으로 인해 사회문제로 나타났기 때문이다. 둘째, 비경제적인 사회적 기능장애의 문제를 해결하는 데는 시설수용만으로는 어려웠기 때문이다. 셋째, 「심신장애자복지법」과 「노인복지법」이 제정됨에 따라 가정에 있는 장애인과 노인들을 위한 서비스가 요청되었기 때문이다.

이와 같이 1980년 후반부터는 복지국가를 지향하고 경로우대제도 실시, 「노인복지법」 제정 실시, 경로헌장선포 및 국민연금실시 등 노인복지를 위한 사업을 실시함으로써 노인들의 복지정책을 확대하기 시작하였다. 〈표 12-1〉은 1990년대 이전의 노인복지제도와 관련된 법 규정의 변천과정을 보여 주고 있다.

〈표 12-1〉 1990년 이전의 노인복지제도의 변천과정

구 분	노인복지 관련법	법령 공포일	주요 내용
해방 이후 1950년대	조선구호령	1944.3.	생활부조, 생산부조, 의료
1960년대	공무원연금법 생활보호법 군인연금법 의료보험법	1960.1. 1961.12. 1963.1. 1963.12.	퇴직연금 생계, 의료, 장례보호 및 양로시설 등 보호 퇴직연금 의료급여, 장례급여(시범지역에만 실시)
1970년대	국민복지연금법 의료보험법개정 의료보험법	1973.12. 1976.12. 1977.12.	노령연금(미실시) 요양급여, 장례급여(시범지역에만 실시) 의료보호
1980년대	경노우대법 노인복지법 경노헌장선포 국민연금법 노인복지법 개정 노인복지법 개정	1980.5. 1981.6. 1982.5. 1986.12. 1984.12. 1989.12.	노인복지상담, 입소조치, 건강진단 직종개발 노인복지시설 설치 등 노령연금, 장애연금, 퇴직연금, 반환일시금

자료 : 신윤희(1999).

5) 제6공화국(1990년, 노인복지제도의 발전 단계, 2000년대 성숙 단계)

1990년대는 제2차 세계대전 후 미국과 소련 및 그 동맹국들 사이에 공공연하게 전개된 냉전시대가 종식되고 탈냉전시대라고 지칭되는 새로운 세계 질서가 수립된 시기이다. 이 시기에 우리나라도 문민정부 시대가 새롭게 시작되었다.

문민정부는 성장과 복지를 상호보완적이고 상승적인 관계로 정립하고, 전통적인 가치와 서구의 복지제도가 조화된 사후적 · 소극적 복지에서 사전예방적 · 생산적 복지공동체를 구축하는 것을 목표로 제시하였다. 이에 1996년 3월에 국민복지추진위원회를 운영하여 노인 및 장애인 복지종합대책을 발표하였고, 1997년 6월에 국민연금제도 개선기획단을 설치하여 1998년에 21세기의 고령화에 대처할 수 있는 국민노후 소득보장체제를 마련하였다. 그리고 한국형 노인복지공동체를 위한

추진전략을 내세워 생산적 · 예방적 복지실현과 공동체복지의 실현, 그리고 사회통합적인 복지를 실현하고자 하였다. 이와 관련하여 노인복지개혁 추진과정을 통해 삶의 질 향상을 위한 국민복지 기본 구상을 발표하는 등 여러 가지 노력을 시도하였다.

이러한 개혁과정에서 1989년에 2차 개정된 「노인복지법」 각 조항들을 분석해 본 결과, 여전히 각 조항이 강제사항이지 못하고 임의규정 또는 노력 의무규정이 많으며, 대통령령 또는 보건복지부장관령으로 위임된 조항이 많다는 문제점이 제기되었다. 이러한 법적인 문제점을 개선하기 위하여 1993년 12월에 3차 「노인복지법」을 개정하였으며, 1997년 8월에 4차로 일부개정 하였고, 1999년 2월에 부분개정 하였다. 이와 같이 개정된 「노인복지법」의 주요 내용은 크게 소득보장, 의료보장, 주택보장, 노인복지서비스보장 등 네 가지로 크게 나누어져 있다.

2007년 노인장기요양제도가 제정되고, 2008년 7월 1일 시행하였다. 그리고 「노인복지법」이 2008년에 개정되었고, 2010년 1월과 3월에 재가복지와 요양보호사교육원의 지정제 및 자격시험제 도입 등 기존의 노인복지제도의 개선을 지속적으로 추진하였다. 하지만 사회변화와 노인의 욕구변화에 따른 노인복지서비스가 그 내용 면에서 체계적이고 다양한 프로그램을 제시하고 있다고는 하지만, 갈수록 다양해지고 복합적으로 변화하는 사회에서 노인들의 변화를 충족하기에는 부족한 상태이다.

따라서 「노인복지법」 제2조제3항의 "노인은 노령에 따르는 심신의 변화를 자각하여 항상 심신의 건강을 유지하고 그 지식과 경험을 활용하여 사회의 발전에 기여하도록 노력하여야 한다."의 내용과 같이 노인복지의 발전과 성숙을 위하여 노인 자신, 노인복지시설 운영자, 국가 및 지자체, 국민 모두가 함께 노력해야만 참된 노인복지제도의 성숙이 이루어질 수 있을 것이다.

3. 보건 · 복지조치

1) 노인사회참여 지원(제23조)

국가 또는 지방자치단체는 노인의 사회참여 확대를 위하여 노인의 지역봉사 활동기회를 넓히고 노인에게 적합한 직종의 개발과 그 보급을 위한 시책을 강구하며 근로능력 있는 노인에게 일할 기회를 우선적으로 제공하도록 노력하여야 한다(제1항). 국가 또는 지방자치단체는 노인의 지역봉사 활동 및 취업의 활성화를 기하기 위하여 노인지역봉사기관, 노인취업알선기관 등 노인복지관계기관에 대하여 필요한 지원을 할 수 있다(제2항).

2) 노인일자리전담기관의 설치 · 운영 등(제23조의2)

노인의 능력과 적성에 맞는 일자리지원사업을 전문적 · 체계적으로 수행하기 위한 전담기관(노인일자리전담기관)은 다음 각 호의 기관으로 한다(제1항).

- 노인인력개발기관 : 노인일자리개발 · 보급사업, 조사사업, 교육 · 홍보 및 협력사업, 프로그램인증 · 평가사업 등을 지원하는 기관
- 노인일자리지원기관 : 지역사회 등에서 노인일자리의 개발 · 지원, 창업 · 육성 및 노인에 의한 재화의 생산 · 판매 등을 직접 담당하는 기관
- 노인취업알선기관 : 노인에게 취업 상담 및 정보를 제공하거나 노인일자리를 알선하는 기관

3) 지역봉사지도원 위촉 및 업무(제24조)

국가 또는 지방자치단체는 사회적 신망과 경험이 있는 노인으로서 지역봉사를 희망하는 경우에는 이를 지역봉사지도원으로 위촉할 수 있다(제1항). 제1항의 규정에 의한 지역봉사지도원의 업무는 다음 각 호와 같다(제2항).

- 국가 또는 지방자치단체가 행하는 업무 중 민원인에 대한 상담 및 조언
- 도로의 교통정리, 주 · 정차단속의 보조, 자연보호 및 환경침해 행위단속의 보

조와 청소년 선도
- 충효사상, 전통의례 등 전통문화의 전수교육
- 문화재의 보호 및 안내
- 기타 대통령령이 정하는 업무

4) 생업지원(제25조)

국가 또는 지방자치단체 기타 공공단체가 설치 · 운영하는 공공시설 안에 식료품 · 사무용품 · 신문 등 일상생활용품의 판매를 위한 매점이나 자동판매기의 설치를 허가 또는 위탁할 때에는 65세 이상의 자의 신청이 있는 경우 이를 우선적으로 반영하여야 한다.

5) 경로우대(제26조)

국가 또는 지방자치단체는 65세 이상의 자에 대하여 대통령령이 정하는 바에 의하여 국가 또는 지방자치단체의 수송시설 및 고궁 · 능원 · 박물관 · 공원 등의 공공시설을 무료로 또는 그 이용요금을 할인하여 이용하게 할 수 있다(제1항). 국가 또는 지방자치단체는 노인의 일상생활에 관련된 사업을 경영하는 자에게 65세 이상의 자에 대하여 그 이용요금을 할인하여 주도록 권유할 수 있다(제2항). 국가 또는 지방자치단체는 제2항의 규정에 의하여 노인에게 이용요금을 할인하여 주는 자에 대하여 적절한 지원을 할 수 있다(제3항).

6) 건강진단 등(제27조)

국가 또는 지방자치단체는 대통령령이 정하는 바에 의하여 65세 이상의 자에 대하여 건강진단과 보건교육을 실시할 수 있다(제1항). 국가 또는 지방자치단체는 제1항의 규정에 의한 건강진단 결과 필요하다고 인정한 때에는 그 건강진단을 받은 자에 대하여 필요한 지도를 하여야 한다(제2항).

7) 홀로 사는 노인에 대한 지원(제27조의2)

국가 또는 지방자치단체는 홀로 사는 노인에 대하여 방문요양서비스 등의 서비스와 안전확인 등의 보호조치를 취하여야 한다.

8) 상담 · 입소 등의 조치(제28조)

보건복지부장관, 시 · 도지사, 시장 · 군수 · 구청장은 노인에 대한 복지를 도모하기 위하여 필요하다고 인정한 때에는 다음 각 호의 조치를 하여야 한다.

- 65세 이상의 자 또는 그를 보호하고 있는 자를 관계공무원 또는 노인복지상담원으로 하여금 상담 · 지도하게 하는 것
- 65세 이상의 자로서 신체적 · 정신적 · 경제적 이유 또는 환경상의 이유로 거택에서 보호받기가 곤란한 자를 노인주거복지시설 또는 재가노인복지시설에 입소시키거나 입소를 위탁하는 것
- 65세 이상의 자로서 신체 또는 정신상의 현저한 결함으로 인하여 항상 보호를 필요로 하고 경제적 이유로 거택에서 보호받기가 곤란한 자를 노인의료복지시설에 입소시키거나 입소를 위탁하는 것

9) 노인재활요양사업(제30조)

국가 또는 지방자치단체는 신체적 · 정신적으로 재활요양을 필요로 하는 노인을 위한 재활요양사업을 실시할 수 있다.

4. 노인복지시설의 설치 · 운영

1) 노인복지시설의 종류(제31조)

노인복지시설의 종류는 다음 각 호와 같다(제1항).

- 노인주거복지시설

- 노인의료복지시설
- 노인여가복지시설
- 재가노인복지시설
- 노인보호전문기관
- 노인일자리지원기관

2) 노인주거복지시설

(1) 노인주거복지시설의 종류(제32조)

노인주거복지시설은 다음 각 호의 시설로 한다.

- 양로시설 : 노인을 입소시켜 급식과 그 밖에 일상생활에 필요한 편의를 제공함을 목적으로 하는 시설
- 노인공동생활가정 : 노인들에게 가정과 같은 주거여건과 급식, 그 밖에 일상생활에 필요한 편의를 제공함을 목적으로 하는 시설
- 노인복지주택 : 노인에게 주거시설을 분양 또는 임대하여 주거의 편의 · 생활지도 · 상담 및 안전관리 등 일상생활에 필요한 편의를 제공함을 목적으로 하는 시설

(2) 노인주거복지시설의 설치(제33조)

국가 또는 지방자치단체는 노인주거복지시설을 설치할 수 있다(제1항). 국가 또는 지방자치단체 외의 자가 노인주거복지시설을 설치하고자 하는 경우에는 특별자치도지사 · 시장 · 군수 · 구청장에게 신고하여야 한다(제2항). 제2항에 따라 노인복지주택을 분양받거나 임차한 자는 해당 노인주거시설을 입소자격자가 아닌 자에게 양도 또는 임대할 수 없다(제3항). 제3항에도 불구하고 노인복지주택을 상속받은 경우 입소자격자가 아닌 자도 노인복지주택을 취득할 수 있다. 다만, 상속에 의하여 노인복지주택을 취득한 자라도 입소자격자가 아닌 자는 노인복지주택에 입소할 수 없으며 입소자격자가 아닌 자에게 해당 노인복지주택을 양도 또는 임

대할 수 없다(제4항). 시장 · 군수 · 구청장은 지역 내 노인 인구, 노인주거복지시설의 수요와 공급실태 및 노인복지주택의 효율적인 이용 등을 고려하여 노인복지주택의 공급가구수와 가구별 건축면적을 일정규모 이하로 제한할 수 있다(제5항).

(3) 노인복지주택의 입소자격 등(제33조의2)

노인복지주택에 입소할 수 있는 자는 60세 이상의 노인으로 한다. 다만, 입소자격자의 배우자는 60세 미만의 자라 하더라도 입소자격자와 함께 입소할 수 있다(제1항). 노인복지주택을 설치하거나 설치하려는 자가 노인복지주택을 분양 또는 임대하려는 경우 입소자격자에게 분양 또는 임대하여야 한다(제2항).

3) 노인의료복지시설

(1) 노인의료복지시설의 종류(제34조)

노인의료복지시설은 다음 각 호의 시설로 한다.

- 노인요양시설 : 치매 · 중풍 등 노인성질환 등으로 심신에 상당한 장애가 발생하여 도움을 필요로 하는 노인을 입소시켜 급식 · 요양과 그 밖에 일상생활에 필요한 편의를 제공함을 목적으로 하는 시설
- 노인요양공동생활가정 : 치매 · 중풍 등 노인성질환 등으로 심신에 상당한 장애가 발생하여 도움을 필요로 하는 노인에게 가정과 같은 주거여건과 급식 · 요양, 그 밖에 일상생활에 필요한 편의를 제공함을 목적으로 하는 시설

(2) 노인의료복지시설의 설치(제35조)

국가 또는 지방자치단체는 노인의료복지시설을 설치할 수 있다(제1항). 국가 또는 지방자치단체 외의 자가 노인의료복지시설을 설치하고자 하는 경우에는 시장 · 군수 · 구청장에게 신고하여야 한다(제2항).

4) 노인여가복지시설(제36조)

노인여가복지시설은 다음 각 호의 시설로 한다(제1항).

- 노인복지관 : 노인의 교양 · 취미생활 및 사회참여활동 등에 대한 각종 정보와 서비스를 제공하고, 건강증진 및 질병예방과 소득보장 · 재가복지, 그 밖에 노인의 복지증진에 필요한 서비스를 제공함을 목적으로 하는 시설
- 경로당 : 지역노인들이 자율적으로 친목도모 · 취미활동 · 공동작업장 운영 및 각종 정보교환과 기타 여가활동을 할 수 있도록 하는 장소를 제공함을 목적으로 하는 시설
- 노인교실 : 노인들에 대하여 사회활동 참여욕구를 충족시키기 위하여 건전한 취미생활 · 노인건강유지 · 소득보장 기타 일상생활과 관련한 학습프로그램을 제공함을 목적으로 하는 시설

국가 또는 지방자치단체 외의 자가 노인여가복지시설을 설치하고자 하는 경우에는 시장 · 군수 · 구청장에게 신고하여야 한다(제2항).

5) 재가노인복지시설(제38조)

재가노인복지시설은 다음 각 호의 어느 하나 이상의 서비스를 제공함을 목적으로 하는 시설을 말한다.

- 방문요양서비스 : 가정에서 일상생활을 영위하고 있는 노인(재가노인)으로서 신체적 · 정신적 장애로 어려움을 겪고 있는 노인에게 필요한 각종 편의를 제공하여 지역사회 안에서 건전하고 안정된 노후를 영위하도록 하는 서비스
- 주 · 야간보호서비스 : 부득이한 사유로 가족의 보호를 받을 수 없는 심신이 허약한 노인과 장애노인을 주간 또는 야간 동안 보호시설에 입소시켜 필요한 각종 편의를 제공하여 이들의 생활안정과 심신기능의 유지 · 향상을 도모하고, 그 가족의 신체적 · 정신적 부담을 덜어주기 위한 서비스
- 단기보호서비스 : 부득이한 사유로 가족의 보호를 받을 수 없어 일시적으로 보호가 필요한 심신이 허약한 노인과 장애노인을 보호시설에 단기간 입소시켜 보호함으로써 노인 및 노인가정의 복지증진을 도모하기 위한 서비스

- 방문 목욕서비스 : 목욕장비를 갖추고 재가노인을 방문하여 목욕을 제공하는 서비스
- 그 밖의 서비스 : 그 밖에 재가노인에게 제공하는 서비스로서 보건복지부령이 정하는 서비스

국가 또는 지방자치단체는 재가노인복지시설을 설치할 수 있다(제39조제1항). 국가 또는 지방자치단체 외의 자가 재가노인복지시설을 설치하고자 하는 경우에는 시장 · 군수 · 구청장에게 신고하여야 한다(동조 제2항).

6) 노인보호전문기관의 설치 등(제39조의5)

국가는 지역 간의 연계체계를 구축하고 노인학대를 예방하기 위하여 다음 각 호의 업무를 담당하는 중앙노인보호전문기관을 설치 · 운영하여야 한다(제1항).

- 노인인권보호 관련 정책제안
- 노인인권보호를 위한 연구 및 프로그램의 개발
- 노인학대 예방의 홍보, 교육자료의 제작 및 보급
- 노인보호전문사업 관련 실적 취합, 관리 및 대외자료 제공
- 지역노인보호전문기관의 관리 및 업무지원
- 지역노인보호전문기관 상담원의 심화교육
- 관련 기관 협력체계의 구축 및 교류
- 그 밖에 노인의 보호를 위하여 대통령령으로 정하는 사항

학대받는 노인의 발견 · 보호 · 치료 등을 신속히 처리하고 노인학대를 예방하기 위하여 다음 각 호의 업무를 담당하는 지역노인보호전문기관을 시 · 도에 둔다(제2항).

- 노인학대 신고전화의 운영 및 사례접수
- 노인학대 의심사례에 대한 현장조사
- 피해노인 및 노인학대자에 대한 상담
- 피해노인가족 관련자와 관련 기관에 대한 상담

- 상담 및 서비스제공에 따른 기록과 보관
- 일반인을 대상으로 한 노인학대 예방교육
- 노인학대행위자를 대상으로 한 재발방지 교육
- 그 밖에 노인의 보호를 위하여 보건복지부령으로 정하는 사항

보건복지부장관 및 시 · 도지사는 노인학대예방사업을 목적으로 하는 비영리법인을 지정하여 제1항에 따른 중앙노인보호전문기관과 제2항에 따른 지역노인보호전문기관의 운영을 위탁할 수 있다(제3항).

5. 비 용

1) 비용의 부담(제45조)

다음 각 호의 어느 하나에 해당하는 비용은 대통령령이 정하는 바에 따라 국가 또는 지방자치단체가 부담한다.

- 노인일자리전담기관의 설치 · 운영 또는 위탁에 소요되는 비용
- 건강진단 등과 상담 · 입소 등의 조치에 소요되는 비용
- 노인복지시설의 설치 · 운영에 소요되는 비용

2) 비용의 수납 및 청구(제46조)

제27조(건강진단) 및 제28조(상담입소)의 규정에 의한 복지조치에 필요한 비용을 부담한 복지실시기관은 당해 노인 또는 그 부양의무자로부터 대통령령이 정하는 바에 의하여 그 부담한 비용의 전부 또는 일부를 수납하거나 청구할 수 있다(제1항). 부양의무가 없는 자가 제28조의 규정에 의한 복지조치에 준하는 보호를 행하는 경우 즉시 그 사실을 부양의무자 및 복지실시기관에 알려야 한다(제2항). 제2항의 보호를 행한 자는 부양의무자에게 보호비용의 전부 또는 일부를 청구할 수 있다(제3항).

양로시설, 노인공동생활가정 및 노인복지주택, 노인요양시설 및 노인요양공동

생활가정을 설치한 자는 그 시설에 입소하거나 그 시설을 이용하는 기초수급권자 외의 자로부터 그에 소요되는 비용을 수납하고자 할 때에는 시장 · 군수 · 구청장에게 신고하여야 한다(제5항). 노인여가복지시설 또는 재가노인복지시설을 설치한 자 또는 편의를 제공하는 자가 그 시설을 이용하는 자로부터 그에 소요되는 비용을 수납하고자 할 때에는 미리 시장 · 군수 · 구청장에게 신고하여야 한다(제7항).

6. 벌칙 및 과태료

1) 벌 칙

(1) 7년 이하의 징역 또는 2천만 원 이하의 벌금(제55조의2)

- 제39조의9제1호(상해)의 행위를 한 자

(2) 5년 이하의 징역 또는 1천500만 원 이하의 벌금(제55조의3)

- 제39조의9[34)]제1호부터 제4호까지에 해당하는 행위를 한 자
- 제39조의10제1항[35)]을 위반하여 정당한 사유 없이 신고하지 아니 하고 실종노인을 보호한 자

(3) 3년 이하의 징역 또는 1천만 원 이하의 벌금(제55조의4)

- 제39조의9제5호에 해당하는 행위를 한 자

---

34) 제39조의9(금지행위) 누구든지 다음 각 호의 1에 해당하는 행위를 하여서는 아니 된다.
 1. 노인의 신체에 폭행을 가하거나 상해를 입히는 행위
 2. 노인에게 성적 수치심을 주는 성폭행 · 성희롱 등의 행위
 3. 자신의 보호 · 감독을 받는 노인을 유기하거나 의식주를 포함한 기본적 보호 및 치료를 소홀히 하는 방임행위
 4. 노인에게 구걸을 하게 하거나 노인을 이용하여 구걸하는 행위
 5. 노인을 위하여 증여 또는 급여된 금품을 그 목적 외의 용도에 사용하는 행위

35) 제39조의10(실종노인에 관한 신고의무 등) ① 누구든지 정당한 사유 없이 사고 등의 사유로 인하여 보호자로부터 이탈된 노인(이하 '실종노인'이라 한다)을 경찰관서 또는 지방자치단체의 장에게 신고하지 아니하고 보호하여서는 아니 된다.

- 위계 또는 위력을 행사하여 관계 공무원의 출입 또는 조사를 거부하거나 방해한 자

(4) 2년 이하의 징역에 처하거나 위법하게 분양 또는 임대한 세대의 수에 1천만 원을 곱한 금액 이하의 벌금(제56조)

- 입소자격자 아닌 자에게 노인복지주택을 분양 또는 임대한 자

(5) 2년 이하의 징역 또는 1천만 원 이하의 벌금(제56조)

- 신고를 하지 아니하고 양로시설, 노인공동생활가정, 노인복지주택, 노인요양시설 또는 노인요양공동생활가정을 설치하거나 운영한 자

(6) 1년 이하의 징역 또는 1천만 원 이하의 벌금(제56조의2)

- 제33조의2[36)]제3항을 위반하여 양도 또는 임대한 자
- 제33조의2제4항을 위반하여 입소·양도 또는 임대한 상속자

(7) 1년 이하의 징역 또는 300만 원 이하의 벌금(제57조)

- 신고를 하지 아니하고 양로시설·노인공동생활가정·노인복지주택·노인요양시설·노인요양공동생활가정·노인여가복지시설 또는 재가노인복지시설을 설치하거나 운영한 자

---

36) 제33조의2(노인복지주택의 입소자격 등) ① 노인복지주택에 입소할 수 있는 자는 60세 이상의 노인(이하 '입소자격자'라 한다)으로 한다. 다만, 입소자격자의 배우자는 60세 미만의 자라 하더라도 입소자격자와 함께 입소할 수 있다.
② 노인복지주택을 설치하거나 설치하려는 자가 노인복지주택을 분양 또는 임대하려는 경우 입소자격자에게 분양 또는 임대하여야 한다.
③ 제2항에 따라 노인복지주택을 분양받거나 임차한 자는 해당 노인주거시설을 입소자격자가 아닌 자에게 양도(매매·증여나 그 밖에 소유권변동을 수반하는 일체의 행위를 포함한다. 이하 같다) 또는 임대할 수 없다.
④ 제3항에도 불구하고 노인복지주택을 상속받은 경우 입소자격자가 아닌 자도 노인복지주택을 취득할 수 있다. 다만, 상속에 의하여 노인복지주택을 취득한 자라도 입소자격자가 아닌 자는 노인복지주택에 입소할 수 없으며 입소자격자가 아닌 자에게 해당 노인복지주택을 양도 또는 임대할 수 없다.

- 지정을 받지 아니하고 요양보호사교육기관을 설치하거나 운영한 자
- 신고인의 신분 보호 및 신원 노출 금지 의무를 위반한 자
- 직무상 알게 된 비밀을 누설한 자

(8) 50만 원 이하의 벌금(제59조)

- 제41조[37]를 위반하여 수탁을 거부한 자

2) 과태료(제61조의2)

(1) 500만 원 이하의 과태료(제1항)

- 명령을 위반하여 보고 또는 자료제출을 하지 아니하거나 거짓으로 보고하거나 거짓 자료를 제출한 자 또는 정당한 사유 없이 관계 공무원의 출입 또는 조사·질문을 거부·기피·방해하거나 거짓의 답변을 한 자

(2) 300만 원 이하의 과태료(제2항)

- 노인학대를 신고하지 아니한 사람

(3) 200만 원 이하의 과태료(제3항)

- 현장조사를 거부하거나 업무를 방해한 자
- 신상카드를 제출하지 아니한 자
- 신고하지 아니하고 노인복지시설을 폐지 또는 휴지한 자

37) 제41조(수탁의무) 제32조제1항의 규정에 의한 양로시설, 노인공동생활가정 및 노인복지주택, 제34조제1항의 규정에 의한 노인요양시설 및 노인요양공동생활가정 또는 제38조제1항의 규정에 의한 재가노인복지시설을 설치·운영하는 자가 복지실시기관으로부터 제28조제1항제2호 및 제3호, 동조 제2항 또는 제3항의 규정에 의하여 노인의 입소·장례를 위탁받은 때에는 정당한 이유 없이 이를 거부하여서는 아니 된다.

제6절 장애인복지법

1. 목 적

「장애인복지법」은 장애인의 인간다운 삶과 권리보장을 위한 국가와 지방자치단체 등의 책임을 명백히 하고, 장애발생 예방과 장애인의 의료·교육·직업재활·생활환경개선 등에 관한 사업을 정하여 장애인복지대책을 종합적으로 추진하며, 장애인의 자립생활·보호 및 수당지급 등에 관하여 필요한 사항을 정하여 장애인의 생활안정에 기여하는 등 장애인의 복지와 사회활동 참여증진을 통하여 사회통합에 이바지함을 목적으로 하는 법이다(제1조).

2. 입법 배경

「장애인복지법」은 최초에는 「심신장애자복지법」으로 1981년도에 입법화되었다. 입법 배경을 살펴보면, 먼저 국제적으로는 UN이 1981년을 세계 장애자의 해로 정하고 모든 국가에 대하여 심신장애자를 위한 복지사업과 기념행사를 추진하도록 권고하였다. 이와 같이 UN의 권고와 장애자의 해 제정 등의 장애자복지의 국제적인 추세와 함께 제5공화국은 복지사회건설을 국정지표로 정하며 복지대상자 중 가장 취약 계층인 장애자복지에 큰 관심을 가지게 되었다. 그리하여 심신장애자의 발생예방과 직업재활, 생활 보호 등의 복지시책을 효과적으로 추진하기 위하여 법을 제정하고 장애자복지의 획기적인 발전기반을 확립하였다. 그 후 수차례의 개정을 거쳐 오늘에 이르고 있다.

〈표 12-2〉「장애인복지법」의 연혁

1981.6.5.	「심신장애자복지법」 법률 제3452호 제정
1984.12.1.	「심신장애자복지법」 일부개정 법률 제3755호
1989.12.30.	「장애인복지법」 전문개정 법률 제4179호
1997.3.27.	「장애인복지법」 일부개정 법률 제5317호
1997.4.10.	「장애인복지법」 일부개정 법률 제5332호
1997.8.22.	「장애인복지법」 일부개정 법률 제5358호
1997.12.13.	「장애인복지법」 일부개정 법률 제5454호
1999.2.8.	「장애인복지법」 전문개정 법률 제5931호
1999.3.31.	「장애인복지법」 일부개정 법률 제5960호
2001.1.29.	「장애인복지법」 일부개정 법률 제6400호
2001.4.7.	「장애인복지법」 일부개정 법률 제6460호

3. 기본이념 및 권리

이 법에서의 용어는 다음과 같다(제2조).

- '장애인'이란 신체적 · 정신적 장애로 오랫동안 일상생활이나 사회생활에서 상당한 제약을 받는 자를 말한다.
- 이 법을 적용받는 장애인은 제1항에 따른 장애인 중 다음 각 호의 어느 하나에 해당하는 장애가 있는 자로서 대통령령으로 정하는 장애의 종류 및 기준에 해당하는 자를 말한다.
  - '신체적 장애'란 주요 외부 신체 기능의 장애, 내부기관의 장애 등을 말한다.
  - '정신적 장애'란 발달장애 또는 정신 질환으로 발생하는 장애를 말한다.
- '장애인학대'란 장애인에 대하여 신체적 · 정신적 · 정서적 · 언어적 폭력이나 가혹행위, 경제적 착취, 유기 또는 방임을 하는 것을 말한다.

장애인복지의 기본이념은 장애인의 완전한 사회 참여와 평등을 통하여 사회통합을 이루는 데에 있다(제3조).

이 법에서 장애인의 권리는 다음과 같다(제4조).

- 장애인은 인간으로서 존엄과 가치를 존중받으며, 그에 걸맞은 대우를 받는다.
- 장애인은 국가 · 사회의 구성원으로서 정치 · 경제 · 사회 · 문화, 그 밖의 모든 분야의 활동에 참여할 권리를 가진다.
- 장애인은 장애인 관련 정책결정과정에 우선적으로 참여할 권리가 있다.

국가와 지방자치단체는 장애 정도가 심하여 자립하기가 매우 곤란한 장애인(중증장애인)이 필요한 보호 등을 평생 받을 수 있도록 알맞은 정책을 강구하여야 한다(제6조). 국가와 지방자치단체는 여성장애인의 권익을 보호하고 사회참여를 확대하기 위하여 기초학습과 직업교육 등 필요한 시책을 강구하여야 한다(제7조).

이 법에서의 차별금지 등은 다음과 같다(제8조).

- 누구든지 장애를 이유로 정치 · 경제 · 사회 · 문화 생활의 모든 영역에서 차별을 받지 아니하고, 누구든지 장애를 이유로 정치 · 경제 · 사회 · 문화 생활의 모든 영역에서 장애인을 차별하여서는 아니 된다.
- 누구든지 장애인을 비하 · 모욕하거나 장애인을 이용하여 부당한 영리행위를 하여서는 아니 되며, 장애인의 장애를 이해하기 위하여 노력하여야 한다.

4. 책임주체

1) 국가와 지방자치단체의 책임(제9조)

국가와 지방자치단체는 장애 발생을 예방하고, 장애의 조기 발견에 대한 국민의 관심을 높이며, 장애인의 자립을 지원하고, 보호가 필요한 장애인을 보호하여 장애인의 복지를 향상시킬 책임을 진다(제1항). 국가와 지방자치단체는 여성 장애인의 권익을 보호하기 위하여 정책을 강구하여야 한다(제2항). 국가와 지방자치단체는 장애인복지정책을 장애인과 그 보호자에게 적극적으로 홍보하여야 하며, 국민이 장애인을 올바르게 이해하도록 하는 데에 필요한 정책을 강구하여야 한다(제3항).

2) 국민의 책임(제10조)

모든 국민은 장애 발생의 예방과 장애의 조기 발견을 위하여 노력하여야 하며, 장애인의 인격을 존중하고 사회통합의 이념에 기초하여 장애인의 복지향상에 협력하여야 한다.

5. 전달체계

1) 장애인정책종합계획(제10조의2)

보건복지부장관은 장애인의 권익과 복지증진을 위하여 관계 중앙행정기관의 장과 협의하여 5년마다 장애인정책종합계획을 수립·시행하여야 한다(제1항). 종합계획에는 다음 각 호의 사항이 포함되어야 한다(제2항).

- 장애인의 복지에 관한 사항
- 장애인의 교육문화에 관한 사항
- 장애인의 경제활동에 관한 사항
- 장애인의 사회참여에 관한 사항
- 그 밖에 장애인의 권익과 복지증진을 위하여 필요한 사항

관계 중앙행정기관의 장은 장애인의 권익과 복지증진을 위하여 관련 업무에 대한 사업계획을 매년 수립·시행하여야 하고, 그 사업계획과 전년도의 사업계획 추진실적을 매년 보건복지부장관에게 제출하여야 한다(제3항). 보건복지부장관은 제3항에 따라 제출된 사업계획과 추진실적을 종합하여 종합계획을 수립하되, 제11조에 따른 장애인정책조정위원회의 심의를 미리 거쳐야 한다(제4항). 보건복지부장관은 종합계획의 추진성과를 매년 평가하고, 그 결과를 종합계획에 반영할 필요가 있는 경우에는 제4항 후단에 따라 종합계획을 변경하거나 다음 종합계획을 수

립할 때에 반영하여야 한다(제5항).

2) 장애인정책조정위원회(제11조)

장애인 종합정책을 수립하고 관계 부처 간의 의견을 조정하며 그 정책의 이행을 감독 · 평가하기 위하여 국무총리 소속하에 장애인정책조정위원회를 둔다(제1항). 위원회는 다음 각 호의 사항을 심의 · 조정한다(제2항).

- 장애인복지정책의 기본방향에 관한 사항
- 장애인복지 향상을 위한 제도개선과 예산지원에 관한 사항
- 중요한 특수교육정책의 조정에 관한 사항
- 장애인 고용촉진정책의 중요한 조정에 관한 사항
- 장애인 이동보장 정책조정에 관한 사항
- 장애인정책 추진과 관련한 재원조달에 관한 사항
- 장애인복지에 관한 관련 부처의 협조에 관한 사항
- 그 밖에 장애인복지와 관련하여 대통령령으로 정하는 사항

위원회는 필요하다고 인정되면 관계 행정기관에 그 직원의 출석 · 설명과 자료 제출을 요구할 수 있다(제3항). 위원회는 제2항의 사항을 미리 검토하고 관계 기관 사이의 협조 사항을 정리하기 위하여 위원회에 장애인정책조정실무위원회를 둔다(제4항).

3) 장애인복지상담원(제33조)

장애인 복지 향상을 위한 상담 및 지원 업무를 맡기기 위하여 시 · 군 · 구에 장애인복지상담원을 둔다(제1항). 장애인복지상담원은 그 업무를 할 때 개인의 인격을 존중하고, 업무상 알게 된 개인의 신상에 관한 비밀을 누설하여서는 아니 된다(제2항).

4) 장애인복지단체협의회(제64조)

장애인복지단체의 활동을 지원하고 장애인의 복지를 향상하기 위하여 장애인복지단체협의회를 설립할 수 있다(제1항). 협의회는 「사회복지사업법」에 따른 사회복지법인으로 하되, 「사회복지사업법」 제23조제1항[38]은 적용하지 아니한다(제2항). 협의회의 조직과 운영 등에 관하여 필요한 사항은 정관으로 정한다(제3항).

5) 한국언어재활사협회(제80조의2)

언어재활사는 언어재활에 관한 전문지식과 기술을 개발·보급하고 언어재활사의 자질향상을 위한 교육훈련 및 언어재활사의 복지증진을 도모하기 위하여 한국언어재활사협회를 설립할 수 있다(제1항). 제1항에 따른 협회는 법인으로 한다(제2항).

6. 자립생활의 지원

1) 장애인 등록(제32조)

장애인, 그 법정대리인 또는 대통령령이 정하는 보호자는 장애 상태와 그 밖에 보건복지부령이 정하는 사항을 특별자치도지사·시장·군수 또는 구청장에게 등록하여야 하며, 특별자치도지사·시장·군수·구청장은 등록을 신청한 장애인이 제2조(장애인의 정의)에 따른 기준에 맞으면 장애인등록증을 내주어야 한다(제1항). 제1항에 따라 등록증을 받은 자와 그 법정대리인 또는 대통령령이 정하는 보호자는 해당 장애인이 제2조에 따른 기준에 맞지 아니하게 되거나 사망하면 그 등록증을 반환하여야 한다(제2항). 특별자치도지사·시장·군수·구청장은 장애 상태의 변화에 따른 장애 등급 조정을 위하여 장애 진단을 받게 하는 등 필요한 조치를 할 수 있으며, 장애 진단 명령 등 필요한 조치를 거부하거나 제2항 또는 제5항을 위반

38) 제23조(재산 등) ① 법인은 사회복지사업의 운영에 필요한 재산을 소유하여야 한다.

한 경우에는 등록증을 반환하게 할 수 있다(제3항).

장애인의 장애 인정과 등급 사정(査定)에 관한 업무를 담당하게 하기 위하여 보건복지부에 장애판정위원회를 둘 수 있다(제4항). 등록증은 양도하거나 대여하지 못하며, 등록증과 비슷한 명칭이나 표시를 사용하여서는 아니 된다(제5항). 특별자치도지사 · 시장 · 군수 · 구청장은 제1항에 따른 장애인 등록 및 제3항에 따른 장애 상태의 변화에 따른 장애 등급을 조정함에 있어 장애인의 장애 인정과 장애 등급 사정이 적정한지를 확인하기 위하여 필요한 경우 「국민연금법」에 따른 국민연금공단에 장애 정도에 관한 정밀심사를 의뢰할 수 있다(제6항).

2) 자립생활지원(제53조)

국가와 지방자치단체는 중증장애인의 자기결정에 의한 자립생활을 위하여 활동보조인의 파견 등 활동보조서비스 또는 장애인보조기구의 제공, 그 밖의 각종 편의 및 정보제공 등 필요한 시책을 강구하여야 한다.

3) 중증장애인자립생활지원센터(제54조)

국가와 지방자치단체는 중증장애인의 자립생활을 실현하기 위하여 중증장애인자립생활지원센터를 통하여 필요한 각종 지원서비스를 제공한다.

4) 활동지원급여의 지원(제55조)

국가와 지방자치단체는 중증장애인이 일상생활 또는 사회생활을 원활히 할 수 있도록 활동지원급여를 지원할 수 있다(제1항). 국가 및 지방자치단체는 임신 등으로 인하여 이동이 불편한 여성장애인에게 임신 및 출산과 관련한 진료 등을 위하여 경제적 부담능력 등을 감안하여 활동보조인의 파견 등 활동보조서비스를 지원할 수 있다(제2항).

7. 복지시설과 단체

1) 장애인복지시설의 이용 등(제57조)

국가와 지방자치단체는 장애인이 제58조에 따른 장애인복지시설의 이용을 통하여 기능회복과 사회적 향상을 도모할 수 있도록 필요한 정책을 강구하여야 한다(제1항). 국가와 지방자치단체는 제58조에 따른 장애인복지시설을 이용하는 장애인의 인권을 보호하기 위하여 필요한 정책을 마련하고 관련 프로그램을 실시할 수 있는 기반을 조성하여야 한다(제2항). 장애인복지실시기관은 제58조에 따른 장애인복지시설에 대한 장애인의 선택권을 최대한 보장하여야 한다(제3항). 장애인복지실시기관은 장애인의 선택권을 보장하기 위하여 제58조에 따른 장애인복지시설을 이용하려는 장애인에게 시설의 선택에 필요한 정보를 충분히 제공하여야 한다(제4항). 제58조에 따른 장애인복지시설의 선택에 필요한 정보 제공과 서비스 제공 시에는 장애인의 성별 · 연령 및 장애의 유형과 정도를 고려하여야 한다(제5항).

2) 장애인복지시설(제58조)

장애인복지시설의 종류는 다음 각 호와 같다.

- 장애인 거주시설 : 거주공간을 활용하여 일반가정에서 생활하기 어려운 장애인에게 일정 기간 동안 거주 · 요양 · 지원 등의 서비스를 제공하는 동시에 지역사회생활을 지원하는 시설
- 장애인 지역사회재활시설 : 장애인을 전문적으로 상담 · 치료 · 훈련하거나 장애인의 일상생활, 여가활동 및 사회참여활동 등을 지원하는 시설
- 장애인 직업재활시설 : 일반 작업환경에서는 일하기 어려운 장애인이 특별히 준비된 작업환경에서 직업훈련을 받거나 직업 생활을 할 수 있도록 하는 시설
- 장애인 의료재활시설 : 장애인을 입원 또는 통원하게 하여 상담, 진단 · 판정, 치료 등 의료재활서비스를 제공하는 시설
- 그 밖에 대통령령으로 정하는 시설

3) 장애인복지시설 설치(제59조)

국가와 지방자치단체는 장애인복지시설을 설치할 수 있다(제1항). 제1항에 규정된 자 외의 자가 장애인복지시설을 설치 · 운영하려면 해당 시설 소재지 관할 시장 · 군수 · 구청장에게 신고하여야 하며, 신고한 사항 중 보건복지부령으로 정하는 중요한 사항을 변경할 때에도 신고하여야 한다. 다만, 폐쇄 명령을 받고 1년이 지나지 아니한 자는 시설의 설치 · 운영 신고를 할 수 없다(제2항). 장애인 거주시설의 정원은 30명을 초과할 수 없다. 다만, 특수한 서비스를 위하여 일정 규모 이상이 필요한 시설 등 대통령령으로 정하는 경우에는 그러하지 아니하다(제3항). 장애인 의료재활시설의 설치는 「의료법」에 따른다(제4항).

누구든지 다음 각 호의 어느 하나에 해당하는 행위를 하여서는 아니 된다(제59조의7제1항).

- 장애인의 신체에 폭행을 가하거나 상해를 입히는 행위
- 자신의 보호 · 감독을 받는 장애인을 유기하거나 의식주를 포함한 기본적 보호 및 치료를 소홀히 하는 방임행위
- 장애인에게 구걸을 하게 하거나 장애인을 이용하여 구걸하는 행위
- 장애인을 위하여 증여 또는 급여된 금품을 그 목적 외의 용도에 사용하는 행위

4) 장애인 거주시설

(1) 장애인 거주시설 이용절차(제60조의2)

장애인 거주시설을 이용하려는 자와 그 친족, 그 밖의 관계인은 보건복지부령으로 정하는 서류를 갖추어 시장 · 군수 · 구청장에게 장애인의 시설 이용을 신청하여야 한다(제1항). 제1항에 따라 시설 이용을 신청받은 시장 · 군수 · 구청장은 이용 신청자의 시설 이용 적격성 여부를 심사하여, 그 결과에 따라 시설 이용 여부를 결정하여야 한다(제2항). 시장 · 군수 · 구청장은 제2항에 따른 이용 신청자의 시설 이용 적격성 및 본인부담금을 결정하여 이용 신청자와 시설 운영자에게 통보한다

(제3항). 시설 이용자가 제1항부터 제3항까지의 절차를 거치지 아니하고 시설을 이용하는 경우, 시설 운영자는 보건복지부령으로 정하는 바에 따라 해당 사례를 시장 · 군수 · 구청장에게 보고하여야 하며, 시장 · 군수 · 구청장은 이용 적격성 여부의 확인 등 필요한 조치를 취하여야 한다(제4항).

시설 운영자는 이용 신청자와 서비스 이용조건, 본인부담금 등의 사항을 포함하여 계약을 체결하고, 그 결과를 시장 · 군수 · 구청장에게 보고하여야 하며, 계약에 관한 세부적인 사항은 보건복지부령으로 정한다(제5항). 제5항에 따른 계약은 시설을 이용할 장애인 본인이 체결하는 것을 원칙으로 하되, 지적 능력 등의 이유로 장애인 본인이 계약을 체결하기 어려운 경우에 한하여, 대통령령으로 정하는 자가 계약절차의 전부 또는 일부를 대행할 수 있다(제6항). 시설 이용자가 시설 이용을 중단하려는 경우에는 보건복지부령으로 정하는 기간 전에 시설 이용을 중단할 의사를 시설 운영자에게 밝혀야 한다. 이 경우 시설 운영자는 이용 중단과 관련하여 필요한 조치를 하여야 하고, 이용 중단 희망자에 대하여 이용 중단에 따른 어떠한 불이익한 처분이나 차별도 하여서는 아니 된다(제7항).

(2) 장애인 거주시설의 서비스 최저기준(제60조의3)

보건복지부장관은 장애인 거주시설에서 제공하여야 하는 서비스의 최저기준을 마련하여야 하며, 장애인복지실시기관은 그 기준이 충족될 수 있도록 필요한 조치를 취하여야 한다(제1항). 시설 운영자는 제1항에 따른 서비스의 최저기준 이상으로 서비스의 수준을 유지하여야 한다(제2항).

(3) 장애인 거주시설 운영자의 의무(제60조의4)

시설 운영자는 시설 이용자의 인권을 보호하고, 인권이 침해된 경우에는 즉각적인 회복조치를 취하여야 한다(제1항). 시설 운영자는 시설 이용자의 거주, 요양, 생활지원, 지역사회생활 지원 등을 위하여 필요한 서비스를 제공하여야 한다(제2항). 시설운영자는 시설 이용자의 사생활 및 자기결정권의 보장을 위하여 노력하여야 한다(제3항).

5) 시설의 개선, 사업의 정지, 폐쇄 등(제62조)

장애인복지실시기관은 장애인복지시설이 다음 각 호의 어느 하나에 해당하는 때에는 그 시설의 개선, 사업의 정지, 시설의 장의 교체를 명하거나 해당 시설의 폐쇄를 명할 수 있다(제1항).

- 시설기준에 미치지 못한 때
- 정당한 사유 없이 보고를 하지 아니하거나 거짓으로 보고한 때 또는 조사 · 검사 및 질문을 거부 · 방해하거나 기피한 때
- 사회복지법인이나 비영리법인이 설치 · 운영하는 시설인 경우 그 사회복지법인이나 비영리법인의 설립 허가가 취소된 때
- 시설의 회계 부정이나 시설이용자에 대한 인권침해 등 불법행위, 그 밖의 부당행위 등이 발견된 때
- 설치 목적을 이루었거나 그 밖의 사유로 계속하여 운영할 필요가 없다고 인정되는 때
- 이 법 또는 이 법에 따른 명령이나 처분을 위반한 경우

장애인복지시실시기관은 장애인 거주시설이 서비스 최저기준을 유지하지 못할 때에는 그 시설의 개선, 사업의 정지, 시설의 장의 교체를 명하거나 해당 시설의 폐쇄를 명할 수 있다(제2항).

8. 비 용

1) 비용 부담(제79조)

장애인복지시설의 설치 · 운영에 드는 비용은 예산의 범위 안에서 대통령령으로 정하는 바에 따라 장애인복지실시기관이 부담하게 할 수 있다(제1항). 국가와 지방자치단체는 장애인이 장애인복지시설을 이용하는 데 드는 비용의 전부 또는 일부를 부담할 수 있으며, 시설 이용자의 자산과 소득을 고려하여 본인부담금을 부과할

수 있다. 이 경우 본인부담금에 관한 사항은 대통령령으로 정한다(제2항).

2) 비용 수납(제80조)

제34조제1항제1호[39]에 따른 조치에 필요한 비용을 부담한 장애인복지실시기관은 해당 장애인 또는 그 부양의무자로부터 대통령령으로 정하는 바에 따라 장애인복지실시기관이 부담한 비용의 전부 또는 일부를 받을 수 있다.

9. 벌칙 및 과태료

1) 벌 칙

(1) 5년 이하의 징역 또는 3천만 원 이하의 벌금(제86조)

- 제50조의3제6항(금융정보 등의 제공)을 위반하여 금융정보 또는 보험정보를 이 법에서 정한 목적 외의 다른 용도로 사용하거나 다른 사람 또는 기관에 제공 또는 누설한 사람

(2) 3년 이하의 징역 또는 2천만 원 이하의 벌금(제86조)

- 제50조의3제6항을 위반하여 신용정보를 이 법에서 정한 목적 외의 다른 용도로 사용하거나 다른 사람 또는 기관에 제공 또는 누설한 사람

---

39) 제34조(재활상담 등의 조치) ① 보건복지부장관, 특별시장·광역시장·도지사·특별자치도지사 또는 시장·군수·구청장(이하 '장애인복지실시기관'이라 한다)은 장애인에 대한 검진 및 재활상담을 하고, 필요하다고 인정되면 다음 각 호의 조치를 하여야 한다.

1. 국·공립병원, 보건소, 보건지소, 그 밖의 의료기관(이하 '의료기관'이라 한다)에 의뢰하여 의료와 보건지도를 받게 하는 것
2. 국가 또는 지방자치단체가 설치한 장애인복지시설에서 주거편의·상담·치료·훈련 등의 필요한 서비스를 받도록 하는 것
3. 제59조에 따라 설치된 장애인복지시설에 위탁하여 그 시설에서 주거편의·상담·치료·훈련 등의 필요한 서비스를 받도록 하는 것
4. 공공직업능력개발훈련시설이나 사업장 내 직업훈련시설에서 하는 직업훈련 또는 취업알선을 필요로 하는 자를 관련 시설이나 직업안정업무기관에 소개하는 것

(3) 1년 이하의 징역이나 500만 원 이하의 벌금(제87조)

- 장애인을 이용하여 부당한 영리행위를 한 자
- 등록증을 양도 또는 대여하거나 양도 또는 대여를 받은 자 및 유사한 명칭 또는 표시를 사용한 자
- 업무상 알게 된 개인의 신상에 관한 비밀을 누설한 자
- 거짓이나 그 밖의 부정한 방법으로 인증을 받은 자
- 제45조제3항[40]을 위반하여 인증의 표시를 붙이거나 사용한 자
- 신고 또는 변경신고를 하지 아니하고 장애인복지시설을 설치 · 운영한 자
- 시설 이용자의 권익 보호조치를 위반한 시설 운영자
- 정당한 사유 없이 보고를 하지 아니하거나 거짓의 보고를 한 자, 자료를 제출하지 아니하거나 거짓 자료를 제출한 자, 조사 · 검사 · 질문을 거부 · 방해 또는 기피한 자
- 명령 등을 받고 이행하지 아니한 자
- 의지 · 보조기 기사를 두지 아니하고 의지 · 보조기제조업을 한 자
- 폐쇄 명령을 받은 후 6개월이 지나지 아니하였음에도 불구하고 같은 장소에서 같은 제조업을 한 자
- 제조업소 폐쇄 명령을 받고도 영업을 한 자

(4) 300만 원 이하의 벌금(제88조)

- 장애인의 입학 지원을 거부하거나 입학시험 합격자의 입학을 거부하는 등 불리한 조치를 한 자

40) 제45조(생산품 인증) ① 보건복지부장관은 장애인복지시설, 장애인복지단체에서 생산한 물품의 판매촉진 · 품질향상 및 소비자와 구매자 보호를 위하여 인증제도를 실시할 수 있다.
② 제1항에 따른 인증의 신청 · 기준 · 절차 · 표시방법 및 대상품목의 선정 등에 관하여 필요한 사항은 보건복지부령으로 정한다.
③ 제1항 및 제2항에 따라 인증을 받은 경우 외에는 생산한 물품이나 그 물품의 포장 · 용기 또는 홍보물에 제2항에 따라 보건복지부령으로 정한 인증의 표시를 붙이거나 이를 사용하여서는 아니 된다.

- 타인에게 의지 · 보조기 기사자격증을 대여한 자

2) 과태료(제90조)

(1) 1천만 원 이하의 과태료

- 장애인복지시설의 운영자가 해임요구를 정당한 사유 없이 거부하거나 1개월 이내에 이행하지 아니하는 경우

(2) 500만 원 이하의 과태료

- 장애인복지시설의 운영자가 해당 장애인복지시설에 취업 중이거나 사실상 노무를 제공 중인 사람 또는 취업하려 하거나 사실상 노무를 제공하려는 사람에 대하여 성범죄 경력을 확인하지 아니한 경우

(3) 300만 원 이하의 과태료

- 등록증 반환 명령을 거부한 자(제1호)
- 장애인사용자동차등표지를 대여하거나 보건복지부령으로 정하는 자 외의 자에게 양도한 자 또는 부당하게 사용하거나 이와 비슷한 표지 · 명칭 등을 사용한 자(제2호)
- 보조견표지를 붙인 장애인 보조견을 동반한 장애인, 장애인 보조견 훈련자 또는 장애인 보조견 훈련 관련 자원봉사자의 출입을 정당한 사유 없이 거부한 자(제3호)
- 직무상 장애인 대상 성범죄 발생사실을 알고도 수사기관에 신고하지 아니한 장애인복지시설의 운영자와 해당 시설의 종사자(제3호의2)
- 장애인 대상 성범죄 예방 및 신고의무와 관련한 교육을 실시하지 아니한 장애인복지시설의 운영자(제3호의3)
- 직무상 장애인학대의 발생사실을 알고도 수사기관에 신고하지 아니한 장애인복지시설의 운영자와 해당 시설의 종사자(제3호의4)
- 시설 운영 개시 의무를 위반한 자(제4호)

- 시설의 운영 중단 · 재운영 · 시설폐지 등의 신고의무를 위반한 자(제5호)
- 의지 · 보조기 제조업소의 개설 또는 변경 사실을 통보하지 아니한 자(제6호)
- 의사의 처방에 의하지 아니하고 의지 · 보조기를 제조하거나 개조한 의지 · 보조기 제조업자(제7호)

생각해 볼 문제들

1. 사회서비스의 의의에 대해 설명해 보라.

2. 「사회복지사업법」의 역사적 배경과 내용을 설명해 보라.

3. 「영유아보육법」의 역사적 배경과 내용을 설명해 보라.

4. 「아동복지법」의 역사적 배경과 내용을 설명해 보라.

5. 「노인복지법」의 역사적 배경과 내용을 설명해 보라.

6. 「장애인복지법」의 역사적 배경과 내용을 설명해 보라.

제 13 장 사회서비스법 II

SOCIAL WELFARE AND LAW

사회서비스법 I 에서는 「사회복지사업법」을 포함하여 「영유아보육법」, 「아동복지법」, 「노인복지법」, 「장애인복지법」 등을 살펴보았다. 본 장에서는 사회서비스법 II의 내용으로서, 첫째, 「건강가정기본법」, 둘째, 「한부모가족지원법」, 셋째, 「정신보건법」, 넷째, 「다문화가족지원법」, 다섯째, 「가정폭력방지 및 피해자보호 등에 관한 법률」 등에 대한 전반적인 내용을 살펴보고자 한다.

제1절 건강가정기본법

1. 의 의

건강가정은 단어의 구성상 크게 두 가지의 의미로 구분될 수 있다. 우선 '건강'은 사전적으로는 '신체적 · 정신적 · 사회적으로 완전히 안녕한 상태에 놓여 있는 것'을 의미한다. 세계보건기구(WHO)의 헌장에는 '건강이란 질병이 없거나 허약하지 않은 것만 말하는 것이 아니라 신체적, 정신적, 사회적으로 완전히 안녕한 상태에 놓여 있는 것'이라고 정의하고 있다. 사람은 인종 · 종교 · 정치 · 경제 · 사회의 상태 여하를 불문하고 고도의 건강을 누릴 권리가 있다는 것을 명시한 것이다. 즉, 과거에는 건강이란 육체적, 정신적으로 질병이나 이상이 없고, 개인적으로 정상적인 생활을 영위할 수 있는 신체상태를 말하였으나 오늘날에는 개인이 사회생활에 의존하는 경향이 커짐에 따라 사회가 각 개인의 건강에 기대하는 것도 많아졌기 때문에 사회적인 건강이란 면에서 이와 같은 정의가 생겨난 것으로 보인다. 한국의 헌법에는 건강을 '모든 국민이 마땅히 누려야 할 기본적인 권리'라고 규정하고 있어 건강을 하나의 기본권적 개념으로 보고 있다. 또한 질병이 없는 상태라는 수동적 건강에 대한 태도에서, 금주 · 금연 등 생활습관의 변화나 운동 같은 적극적으로 건강해지려는 노력 등 능동적 태도가 강조되고 있다(네이버 지식백과).

이러한 측면에서 건강은 전인적 건강 내지 총체적 건강으로 해석되며, 삶의 질, 행복, 보편적 복지 등과 대체될 수 있는 개념이기도 하다(송혜림, 2005: 20). 특히, 최근에 삶의 질에 대한 관심이 증가하면서 건강이 핵심적 가치로 등장하고 있는데, 이때 신체건강을 의미하는 생리적 · 생물학적 개념에서 사회문화적 · 환경적 맥락의 건강으로 건강의 개념이 확대되는 경향을 보이고 있다(이미숙, 2004).

「건강가정기본법」에서는 제1조(목적), 제2조(기본 이념), 제3조(정의)에서 생활단위인 가정을 강조하고 있다. 구체적으로 「건강가정기본법」은 건강한 가정생활의 영위와 가족의 유지 및 발전을 위한 국민의 권리 · 의무와 국가 및 지방자치단체 등의 책임을 명백히 하고, 가정문제의 적절한 해결방안을 강구하며 가족구성원의 복지증진에 이바지할 수 있는 지원정책을 강화함으로써 건강가정 구현에 기여하는 것을 목적으로 한다(제1조). 또한 이 법의 제2조 기본이념에는 "가정은 개인의 기본적인 욕구를 충족시키고 사회통합을 위하여 기능할 수 있도록 유지 · 발전되어야 한다."라고 규정되어 있다.

이러한 의미에서 「건강가정기본법」은 건강과 가정이 합해진 의미의 건강가정을 가족 모두의 욕구가 충족되고 인간다운 삶이 보장되는 가정(제3조제3항)으로 규정하였다. 따라서 건강가정은 기본적으로, 물적 토대인 가정의 경제적인 안정과 안정적인 의식주 생활을 바탕으로 하고 가족 간에는 민주적이고 양성평등한 관계를 가지며 열린 대화가 가능하고 휴식과 여가를 공유할 수 있을 때, 가정 내적으로는 자녀의 성장발달을 지원하고 합리적인 자원관리가 이루어지며 가족역할을 공유할 때, 그리고 사회적으로는 일과 가정을 조화시키면서 건강한 시민의식과 자원봉사활동에의 참여 등을 통해 지역사회와 연결될 때, 나아가 건강한 가정생활문화를 유지하고 창조할 때, 그 가정이 건강성을 가지고 있다고 말할 수 있다(조희금, 2003: 34).

2. 제정 배경

「건강가정기본법」의 배경은 가족의 문제가 사회적 어젠다로 제기되었던 2000년 초로 거슬러 올라간다. 2002년 당시 출산율 세계 최하(합계 출산율 1.17명), 이혼율 세계 2위(47.4%)라는 국제 간 지표가 발표되면서 한국 사회는 충격에 휩싸였다. 특히 저출산 문제는 미래에 노동인력의 부족을 가져오고 사회보장제도의 유지를 위협하는 핵심 요인으로 간주되면서 문제의 심각성이 언론을 통해 지속적으로 강조되었다. 자녀를 낳고 싶어도 자녀를 기를 수 있는 사회적 지원이 없기 때문에 자연히 출산을 기피하게 되고, 한 명의 자녀라도 낳게 되면 그 자녀를 양육하는 몫과 부담 때문에 부부갈등이 심화되고, 노후를 의지하기 힘들 정도의 소자녀는 다시 노부모의 부양과 돌봄이라는 사회문제를 제기하고, 이러한 복잡한 가족생활의 궁지들은 다시 결혼에 대한 매력 상실을 가져오면서 악순환의 고리가 계속되는 것이다(김인숙, 2007).

따라서 「건강가정기본법」은 건강한 가정생활의 영위와 가족의 유지 및 발전을 위한 국민의 권리·의무와 국가 및 지방자치단체 등의 책임을 명확히 하고, 현대사회에서 제기되는 다양한 가정문제의 적절한 해결 방안을 강구하며, 가족구성원의 복지 증진에 이바지할 수 있는 지원정책을 시행·강화함으로써 건강가정 구현에 기여하고자 제정되었다. 「건강가정기본법」은 2003년 12월 21일 국회 본회를 통과하고, 2004년 2월 9일 제정·공포하였으며, 2005년 1월 1일 전국적으로 실시하게 되었다.

「건강가정기본법」의 제정 의의는 다음과 같이 정리될 수 있다.

1) 가정 단위의 통합적 지원 마련

- 가족구성원을 대상으로 하는 것이 아닌 가정을 단위로 접근
- 아동, 노인, 장애인, 청소년, 여성 등 개별적인 구성원을 대상으로 개입하던 복

지서비스를 가정생활 그 자체를 대상으로 접근

- 「건강가정기본법」을 통해 가정을 하나의 단위로 접근하는 행정적 · 제도적 기틀을 마련하여 가정에 대한 정책 및 제도의 통합성을 꾀함으로써 가정의 문제의 해결과 예방의 효율성을 높일 수 있게 됨

2) 가정문제에 대한 예방적 접근 가능

- 기존에는 국가의 지원이 요보호 대상자에게 국한한 경우가 많았으며, 사후적 서비스를 제공
- 가정을 예방적 차원에서 접근하여 가정의 문제 발생을 사전에 차단시킴으로써 일차적 사회안전망으로서의 역할을 할 수 있으며, 장기적으로는 사회적 비용을 크게 감소시킬 수 있게 됨

3. 권한과 책임

1) 국민의 권리와 의무(제4조)

모든 국민은 가정의 구성원으로서 안정되고 인간다운 삶을 유지할 수 있는 가정생활을 영위할 권리를 가진다(제1항). 모든 국민은 가정의 중요성을 인식하고 그 복지의 향상을 위하여 노력하여야 한다(제2항).

2) 국가 및 지방자치단체의 책임(제5조)

국가 및 지방자치단체는 건강가정을 위하여 필요한 제도와 여건을 조성하고 이를 위한 시책을 강구하여 추진하여야 한다(제1항). 국가 및 지방자치단체는 제1항의 시책을 강구함에 있어 가족구성원의 특성과 가정유형을 고려하여야 한다(제2항). 국가 및 지방자치단체는 민주적인 가정형성, 가정친화적 환경조성, 양성평등한 가족가치 실현 및 가사노동의 정당한 가치평가를 위하여 노력하여야 한다(제3항).

4. 건강가정정책

1) 건강가정기본계획의 수립(제15조)

여성가족부장관은 관계 중앙행정기관의 장과 협의하여 건강가정기본계획을 5년마다 수립하여야 한다(제1항). 기본계획에는 다음 각 호의 사항이 포함되어야 한다(제2항).

- 가족기능의 강화 및 가정의 잠재력개발을 통한 가정의 자립 증진 대책
- 사회통합과 문화계승을 위한 가족공동체문화의 조성
- 다양한 가족의 욕구충족을 통한 건강가정 구현
- 민주적인 가족관계와 양성평등적인 역할분담
- 가정친화적인 사회환경의 조성
- 가족의 양육 · 부양 등의 부담완화와 가족해체예방을 통한 사회비용 절감
- 위기가족에 대한 긴급 지원책
- 가족의 건강증진을 통한 건강사회 구현
- 가족지원정책의 추진과 관련한 재정조달 방안

2) 가정에 대한 지원(제21조)

국가 및 지방자치단체는 가정이 원활한 기능을 수행하도록 지원하여야 한다(제1항). 제1항의 규정에 의하여 지원하여야 할 사항은 다음 각 호와 같다(제2항).

- 가족구성원의 정신적 · 신체적 건강지원
- 소득보장 등 경제생활의 안정
- 안정된 주거생활
- 태아검진 및 출산 · 양육의 지원
- 직장과 가정의 양립
- 음란물 · 유흥가 · 폭력 등 위해환경으로부터의 보호
- 가정폭력으로부터의 보호

- 가정친화적 사회분위기의 조성
- 그 밖에 건강한 가정의 기능을 강화 · 지원할 수 있는 관련 사항

국가 및 지방자치단체는 취업여성의 임신 · 출산 · 수유와 관련된 모성보호 및 부성보호를 위한 유급휴가시책이 확산되도록 노력하여야 한다(제3항). 국가 및 지방자치단체는 한부모가족, 노인단독가정, 장애인가정, 미혼모가정, 공동생활가정, 자활공동체 등 사회적 보호를 필요로 하는 가정에 대하여 적극적으로 지원하여야 한다(제4항).

5. 건강가정전담조직

1) 건강가정사업의 전담수행(제34조)

여성가족부 및 지방자치단체는 건강가정사업에 관한 업무를 전담하여 수행할 수 있도록 하여야 한다.

2) 한국건강가정진흥원의 설립 등(제34조의2)

다양한 가족의 삶의 질 제고 및 가족역량 강화를 위한 가족정책을 효율적이고 체계적으로 지원하기 위하여 한국건강가정진흥원을 설립한다(제1항). 진흥원은 법인으로 한다(제2항). 진흥원은 그 주된 사무소의 소재지에서 설립등기를 함으로써 성립한다(제3항). 진흥원에는 정관으로 정하는 바에 따라 임원과 필요한 직원을 둔다(제4항).

진흥원은 다음 각 호의 사업을 한다(제5항).

- 가족상담 및 가족교육 사업(제1호)
- 가족친화 사회환경 조성사업(제2호)
- 아이돌봄 및 자녀양육지원 사업(제3호)
- 「양육비 이행확보 및 지원에 관한 법률」에 따른 양육비 이행 전담기관 운영(제4호)

- 다문화가족, 한부모가족, 조손가족 등 취약 가족의 역량강화 지원 사업(제5호)
- 다문화가족의 사회통합지원 사업(제6호)
- 건강가정지원센터, 다문화가족지원센터 및 가족친화지원센터의 사업 관리 및 종사자 교육훈련(제7호)
- 가족사업 관련 대내외 교류 및 협력 사업(제8호)
- 가족정책 및 사업개발을 위한 조사, 연구(제9호)
- 제1호부터 제9호까지의 사업에 부수되는 사업 또는 이와 관련하여 국가기관 등으로부터 위탁받은 사업(제10호)
- 그 밖에 진흥원의 목적달성을 위하여 정관으로 정하는 사항(제11항)

3) 건강가정지원센터의 설치(제35조)

국가 및 지방자치단체는 가정문제의 예방·상담 및 치료, 건강가정의 유지를 위한 프로그램의 개발, 가족문화운동의 전개, 가정 관련 정보 및 자료제공 등을 위하여 건강가정지원센터를 설치·운영하여야 한다(제1항). 센터에는 건강가정사업을 수행하기 위하여 관련분야에 대한 학식과 경험을 가진 전문가(건강가정사)를 두어야 한다(제2항). 건강가정사는 대학 또는 이와 동등 이상의 학교에서 사회복지학·가정학·여성학 등 여성가족부령이 정하는 관련교과목을 이수하고 졸업한 자이어야 한다(제3항).

6. 과태료(제37조)

제35조의2[41]를 위반한 자에게는 300만 원 이하의 과태료를 부과한다.

---

41) 제35조의2(유사명칭의 사용금지) 이 법에 따른 센터가 아닌 자는 건강가정지원센터 또는 이와 유사한 명칭을 사용하지 못한다.

제2절 한부모가족지원법

1. 의 의

한부모가족은 18세 미만의 미성년 자녀를 둔 가정에서 부모의 한쪽 또는 양쪽이 사망, 이혼, 별거, 유기, 미혼모 등의 이유로 혼자서 자녀를 키우며 부모 역할을 담당하는 한부모와 자녀로 구성된 가족을 의미한다. 모자가족이란 모(母)가 세대주인 가족을 말하며, 부자가족이란 부(父)가 세대주인 가족을 말한다(네이버 지식백과).

현대사회는 배우자와 사별, 이혼, 유기, 별거 등의 사유로 배우자가 없거나 배우자가 있어도 폐질, 불구 등으로 장기간 근로능력을 상실하여 여성 또는 남성이 생계의 책임을 지는 한부모가족이 날로 증가하고 있다. 한부모가족은 기존에는 모자가정에서 모부자가정으로 불려 왔던 개념을 시대적 · 사회적 환경의 변화로 2007년 10월 한부모가족이라는 명칭으로 개정한 것이다. 이러한 한부모가족은 부부가 함께 살아가는 가정에 비해 경제적으로 어려움을 겪고 있을 뿐만 아니라 가족이나 이웃과의 관계망도 단절되는 경우가 많으며, 자녀교육 등 여러 가지 문제에 직면하는 것이 현실이다.

「한부모가족지원법」은 한부모가족이 건강하고 문화적인 생활을 영위할 수 있도록 함으로써 한부모가족의 생활안정과 복지증진에 이바지함을 목적으로 한다(제1조).

이 법에서의 용어는 다음과 같다(제4조).

- '모' 또는 '부'란 다음 각 목의 어느 하나에 해당하는 자로서 아동인 자녀를 양육하는 자를 말한다(제1호).
  - 배우자와 사별 또는 이혼하거나 배우자로부터 유기(遺棄)된 자(가목)
  - 정신이나 신체의 장애로 장기간 노동능력을 상실한 배우자를 가진 자(나목)
  - 교정시설 · 치료감호시설에 입소한 배우자 또는 병역복무 중인 배우자를 가진 사람(다목)

  - 미혼자(사실혼(事實婚) 관계에 있는 자는 제외한다)(라목)
  - 가목부터 라목까지에 규정된 자에 준하는 자로서 여성가족부령으로 정하는 자(마목)

- '청소년 한부모'란 24세 이하의 모 또는 부를 말한다(제1호의2).
- '한부모가족'이란 모자가족 또는 부자가족을 말한다(제2호).
- '모자가족'이란 모가 세대주인 가족을 말한다(제3호).
- '부자가족'이란 부가 세대주인 가족을 말한다(제4호).
- '아동'이란 18세 미만(취학 중인 경우에는 22세 미만을 말하되, 「병역법」에 따른 병역의무를 이행하고 취학 중인 경우에는 병역의무를 이행한 기간을 가산한 연령 미만을 말한다)의 자를 말한다(제5호).
- '지원기관'이란 이 법에 따른 지원을 행하는 국가나 지방자치단체를 말한다(제6호).
- '한부모가족복지단체'란 한부모가족의 복지 증진을 목적으로 설립된 기관이나 단체를 말한다(제7호).

2. 입법 배경

「모자복지법」 제정 이전의 모자가정에 대한 복지는 「아동복지법」과 「생활복지법」에 의하여 이루어져 왔으나, 1980년대에 들어서면서 학계와 여성단체를 중심으로 모자가족을 위한 독자적인 입법 제정에 대한 논의가 이루어지기 시작하였다. 「모자복지법」은 1989년 4월 1일 제정하여 동년 7월 1일부터 시행하였으며, 2000년 12월 모자가정에서 부자가정에까지 기존의 「모자복지법」과 같은 내용을 적용하도록 확대하는 법률로 개정되었다. 이 법은 2007년 10월 「모・부자복지법」을 「한부모가족지원법」으로 법명을 변경하였다.

3. 권리와 책임

1) 국가 등의 책임(제2조)

국가와 지방자치단체는 한부모가족의 복지를 증진할 책임을 진다(제1항). 국가와 지방자치단체는 한부모가족의 권익을 지원하기 위하여 노력하여야 한다(제2항). 국가와 지방자치단체는 한부모가족에 대한 사회적 편견과 차별을 예방하고, 사회구성원이 한부모가족을 이해하고 존중할 수 있도록 교육 및 홍보 등 필요한 조치를 할 수 있다(제3항). 국가와 지방자치단체는 청소년 한부모가족의 자립을 위하여 노력하여야 한다(제4항). 모든 국민은 한부모가족의 복지 증진에 협력하여야 한다(제5항).

2) 한부모가족의 권리와 책임(제3조)

한부모가족의 모(母) 또는 부(父)는 임신과 출산 및 양육을 사유로 합리적인 이유 없이 교육·고용 등에서 차별을 받지 아니한다(제1항). 한부모가족의 모 또는 부와 아동은 그가 가지고 있는 자산과 노동능력 등을 최대한으로 활용하여 자립과 생활 향상을 위하여 노력하여야 한다(제2항).

4. 복지의 내용과 실시

1) 지원대상자의 범위(제5조)

이 법에 따른 지원대상자는 제4조(용어의 정의)제1호·제1호의2 및 제2호부터 제5호까지의 규정에 해당하는 자로서 여성가족부령으로 정하는 자로 한다(제1항). 제1항에 따른 지원대상자 중 아동의 연령을 초과하는 자녀가 있는 한부모가족의 경우 그 자녀를 제외한 나머지 가족구성원을 지원대상자로 한다(제2항).

2) 복지 급여의 신청(제11조)

지원대상자 또는 그 친족이나 그 밖의 이해관계인은 제12조에 따른 복지 급여를 관할 특별자치시장 · 특별자치도지사 · 시장 · 군수 · 구청장에게 신청할 수 있다(제1항). 제1항에 따라 복지 급여 신청을 할 때에는 다음 각 호에 따른 자료 또는 정보의 제공에 대한 지원대상자의 동의 서면을 제출하여야 한다(제2항).

- 「금융실명거래 및 비밀보장에 관한 법률」에 따른 금융자산 및 금융거래의 내용에 대한 자료 또는 정보 중 예금의 평균잔액과 그 밖에 대통령령으로 정하는 자료 또는 정보(금융정보)
- 「신용정보의 이용 및 보호에 관한 법률」에 따른 신용정보 중 채무액과 그 밖에 대통령령으로 정하는 자료 또는 정보(신용정보)
- 「보험업법」에 따른 보험에 가입하여 납부한 보험료와 그 밖에 대통령령으로 정하는 자료 또는 정보(보험정보)

3) 복지 급여의 내용(제12조)

국가나 지방자치단체는 제11조에 따른 복지 급여의 신청이 있으면 다음 각 호의 복지 급여를 실시하여야 한다. 다만, 이 법에 따른 지원대상자가 「국민기초생활 보장법」 등 다른 법령에 따라 지원을 받고 있는 경우에는 그 범위에서 이 법에 따른 급여를 하지 아니한다(제1항).

- 생계비(제1호)
- 아동교육지원비(제2호)
- 아동양육비(제4호)
- 그 밖에 대통령령으로 정하는 비용(제5호)

제1항제4호의 아동양육비를 지급할 때에 미혼모나 미혼부가 5세 이하의 아동을 양육하거나 청소년 한부모가 아동을 양육하면 예산의 범위에서 추가적인 복지 급여를 실시하여야 한다(제2항). 국가나 지방자치단체는 이 법에 따른 지원대상자의

신청이 있는 경우에는 예산의 범위에서 직업훈련비와 훈련기간 중 생계비를 추가적으로 지급할 수 있다(제3항).

4) 가족지원서비스(제17조)

국가나 지방자치단체는 한부모가족에게 다음 각 호의 가족지원서비스를 제공하도록 노력하여야 한다.

- 아동의 양육 및 교육 서비스
- 장애인, 노인, 만성질환자 등의 부양 서비스
- 취사, 청소, 세탁 등 가사 서비스
- 교육 · 상담 등 가족 관계 증진 서비스
- 인지청구 및 자녀양육비 청구 등을 위한 법률상담, 소송대리 등 법률구조서비스
- 그 밖에 대통령령으로 정하는 한부모가족에 대한 가족지원서비스

5. 한부모가족복지시설

1) 한부모가족복지시설(제19조)

한부모가족복지시설은 다음 각 호의 시설로 한다(제1항).

- 모자가족복지시설 : 모자가족에게 다음 각 목의 어느 하나 이상의 편의를 제공하는 시설(제1호)
  - 기본생활지원 : 생계가 어려운 모자가족에게 일정 기간 동안 주거와 생계를 지원(가목)
  - 공동생활지원 : 독립적인 생활이 어려운 모자가족에게 일정 기간 동안 공동생활을 통하여 자립을 준비할 수 있도록 주거 등을 지원(나목)
  - 자립생활지원 : 자립욕구가 강한 모자가족에게 일정 기간 동안 주거를 지원(다목)

- 부자가족복지시설 : 부자가족에게 다음 각 목의 어느 하나 이상의 편의를 제공하는 시설(제2호)
  - 기본생활지원 : 생계가 어려운 부자가족에게 일정 기간 동안 주거와 생계를 지원(가목)
  - 공동생활지원 : 독립적인 생활이 어려운 부자가족에게 일정 기간 동안 공동생활을 통하여 자립을 준비할 수 있도록 주거 등을 지원(나목)
  - 자립생활지원 : 자립욕구가 강한 부자가족에게 일정 기간 동안 주거를 지원(다목)
- 미혼모자가족복지시설 : 미혼모자가족과 출산 미혼모 등에게 다음 각 목의 어느 하나 이상의 편의를 제공하는 시설(제3호)
  - 기본생활지원 : 미혼 여성의 임신·출산 시 안전 분만 및 심신의 건강 회복과 출산 후의 아동의 양육 지원을 위하여 일정 기간 동안 주거와 생계를 지원(가목)
  - 공동생활지원 : 출산 후 해당 아동을 양육하지 아니하는 미혼모 또는 미혼모와 그 출산 아동으로 구성된 미혼모자가족에게 일정 기간 동안 공동생활을 통하여 자립을 준비할 수 있도록 주거 등을 지원(나목)
- 일시지원복지시설 : 배우자가 있으나 배우자의 물리적·정신적 학대로 아동의 건전한 양육이나 모의 건강에 지장을 초래할 우려가 있을 경우 일시적 또는 일정 기간 동안 모와 아동 또는 모에게 주거와 생계를 지원하는 시설(제4호)
- 한부모가족복지상담소 : 한부모가족에 대한 위기·자립 상담 또는 문제해결 지원 등을 목적으로 하는 시설(제5호)

2) 한부모가족복지시설의 설치(제20조)

국가나 지방자치단체는 한부모가족복지시설을 설치할 수 있다(제1항). 제19조에 따른 한부모가족복지시설의 장은 청소년 한부모가 입소를 요청하는 경우에는 우선 입소를 위한 조치를 취하여야 한다(제2호). 국가나 지방자치단체 외의 자가 한부모가족복지시설을 설치 · 운영하려면 특별자치시장 · 특별자치도지사 · 시장 · 군수 · 구청장에게 신고하여야 한다(제3항). 「입양촉진 및 절차에 관한 특례법」에 따른 입양기관을 운영하는 자는 제19조제1항제3호가목에 해당하는 편의제공시설을 설치 · 운영할 수 없다(제4항).

6. 비 용

1) 비용의 보조(제25조)

국가나 지방자치단체는 대통령령으로 정하는 바에 따라 한부모가족복지사업에 드는 비용을 보조할 수 있다.

2) 부정수급자에 대한 비용의 징수(제25조의2)

거짓이나 그 밖의 부정한 방법으로 복지 급여를 받거나 타인으로 하여금 복지 급여를 받게 한 경우 복지 급여를 지급한 지원기관은 그 비용의 전부 또는 일부를 그 복지 급여를 받은 자 또는 복지 급여를 받게 한 자(부정수급자)로부터 징수할 수 있다(제1항). 제1항에 따라 징수할 금액은 부정수급자에게 통지하여 징수하고, 부정수급자가 이에 응하지 아니하는 경우 국세 또는 지방세 체납처분의 예에 따라 징수한다(제2항).

3) 보조금 등의 반환명령(제26조)

국가나 지방자치단체는 한부모가족복지시설의 장이나 한부모가족복지단체의 장이 다음 각 호의 어느 하나에 해당하면 이미 내준 보조금의 전부 또는 일부의 반환을 명할 수 있다(제1항).

- 보조금의 교부 조건을 위반한 경우
- 거짓이나 그 밖의 부정한 방법으로 보조금을 받은 경우

- 한부모가족복지시설을 경영하면서 개인의 영리를 도모하는 행위를 한 경우
- 이 법 또는 이 법에 따른 명령을 위반한 경우

지원기관은 복지 급여의 변경 또는 복지 급여의 정지 · 중지에 따라 지원대상자에게 이미 지급한 복지 급여 중 과잉지급분이 발생한 경우에는 즉시 지원대상자에 대하여 그 전부 또는 일부의 반환을 명하여야 한다(제2항).

7. 벌칙 및 과태료

1) 벌 칙

(1) 5년 이하의 징역 또는 5천만 원 이하의 벌금(제29조제1항)

- 제12조의3제6항[42]을 위반하여 금융정보 등을 사용 또는 누설한 사람

---

42) 제12조의3(금융정보 등의 제공) ① 여성가족부장관은 제11조에 따라 복지 급여를 신청한 지원대상자의 급여 사유의 발생을 확인하기 위하여 필요하다고 인정하는 경우 「금융실명거래 및 비밀보장에 관한 법률」 제4조제1항과 「신용정보의 이용 및 보호에 관한 법률」 제32조제2항에도 불구하고 지원대상자가 제11조제2항에 따라 제출한 동의 서면을 전자적 형태로 바꾼 문서에 의하여 금융기관 등(「금융실명거래 및 비밀보장에 관한 법률」 제2조제1호에 따른 금융회사 등 및 「신용정보의 이용 및 보호에 관한 법률」 제2조제6호에 따른 신용정보집중기관을 말한다. 이하 같다)의 장에게 금융정보, 신용정보 또는 보험정보(이하 '금융정보 등'이라 한다)의 제공을 요청할 수 있다.
② 여성가족부장관은 제12조에 따라 복지 급여를 받고 있는 지원대상자의 급여 사유의 변경 · 상실을 확인하기 위하여 필요하다고 인정하는 경우 「금융실명거래 및 비밀보장에 관한 법률」 제4조제1항과 「신용정보의 이용 및 보호에 관한 법률」 제32조제2항에도 불구하고 대통령령으로 정하는 기준에 따라 인적사항을 적은 문서 또는 정보통신망으로 금융기관 등의 장에게 금융정보 등을 제공하도록 요청할 수 있다. 〈개정 2014.1.21.〉
③ 제1항 및 제2항에 따라 금융정보 등의 제공을 요청받은 금융기관 등의 장은 「금융실명거래 및 비밀보장에 관한 법률」 제4조제1항과 「신용정보의 이용 및 보호에 관한 법률」 제32조에도 불구하고 명의인의 금융정보 등을 제공하여야 한다.
④ 제3항에 따라 금융정보 등을 제공한 금융기관 등의 장은 금융정보 등의 제공사실을 명의인에게 통보하여야 한다. 다만, 명의인의 동의가 있는 경우에는 「금융실명거래 및 비밀보장에 관한 법률」 제4조의2제1항과 「신용정보의 이용 및 보호에 관한 법률」 제32조제5항에도 불구하고 통보하지 아니할 수 있다.
⑤ 제1항부터 제3항까지의 규정에 따른 금융정보 등의 제공 요청과 제공은 「정보통신망 이용

(2) 3년 이하의 징역 또는 3천만 원 이하의 벌금(제29조제2항)

- 제12조의2제4항[43]을 위반하여 자료 등을 사용 또는 누설한 사람

(3) 1년 이하의 징역 또는 1천만 원 이하의 벌금(제29조제3항)

- 신고를 하지 아니하고 한부모가족복지시설을 설치한 자
- 시설의 폐쇄, 사업의 정지 또는 폐지의 명령을 받고 사업을 계속한 자

(4) 1년 이하의 징역, 1천만 원 이하의 벌금, 구류 또는 과료(제29조제4항)

- 거짓이나 그 밖의 부정한 방법으로 복지 급여를 받거나 타인으로 하여금 복지 급여를 받게 한 자

촉진 및 정보보호 등에 관한 법률」 제2조제1항제1호에 따른 정보통신망을 이용하여야 한다. 다만, 정보통신망의 손상 등 불가피한 경우에는 그러하지 아니하다.
⑥ 제1항부터 제3항까지의 규정에 따른 업무에 종사하거나 종사하였던 사람은 업무를 수행하면서 취득한 금융정보 등을 이 법에서 정한 목적 외의 다른 용도로 사용하거나 다른 사람 또는 기관에 제공하거나 누설하여서는 아니 된다.
⑦ 제1항부터 제3항까지의 규정 및 제5항에 따른 금융정보 등의 제공 요청과 제공 등 필요한 사항은 대통령령으로 정한다.

43) 제12조의2(복지 급여 사유의 확인 등) ① 여성가족부장관 또는 특별자치시장·특별자치도지사·시장·군수·구청장은 제11조에 따라 복지 급여를 신청한 지원대상자 또는 제12조에 따른 복지 급여를 받고 있는 지원대상자에 대하여 급여 사유의 발생·변경 또는 상실을 확인하기 위하여 필요한 소득·재산 등에 관한 자료의 제출을 요구할 수 있으며, 소속 공무원으로 하여금 지원대상자의 주거 등에 출입하여 생활환경 및 소득자료 등을 조사하게 하거나 지원대상자의 고용주 등 관계인에게 필요한 질문을 하게 할 수 있다. 〈개정 2014.1.21.〉
② 여성가족부장관 또는 특별자치시장·특별자치도지사·시장·군수·구청장은 제1항에 따른 확인을 위하여 필요한 국세·지방세, 토지·건물, 건강보험·고용보험·국민연금, 출국·입국, 교정시설·치료감호시설의 입소·출소, 병무, 주민등록·가족관계등록 등에 관한 자료의 제공을 관계 기관의 장에게 요청할 수 있다. 이 경우 자료의 제공을 요청받은 관계 기관의 장은 정당한 사유가 없으면 이에 응하여야 한다. 〈개정 2014.1.21.〉
③ 제1항에 따라 출입·조사·질문을 하는 공무원은 그 권한을 표시하는 증표를 지니고 이를 관계인에게 보여주어야 한다.
④ 제1항 또는 제2항에 따른 업무에 종사하거나 종사하였던 사람은 업무를 수행하면서 받은 자료와 그 밖에 알게 된 사실을 이 법에서 정한 목적과 다르게 사용하거나 누설하여서는 아니 된다.

2) 과태료(제30조의2)

다음 각 호의 어느 하나에 해당하는 자에게는 300만 원 이하의 과태료를 부과할 수 있다.

- 정당한 사유 없이 수탁을 거부한 자
- 정당한 이유 없이 보고를 하지 아니하거나 거짓으로 한 자 또는 조사 · 검사를 거부하거나 기피한 자

제3절 정신보건법

1. 의 의

급속한 산업화, 도시화 및 핵가족화 등으로 인하여 사회적 낙오자가 등장하고 스트레스가 증가하면서 우울증, 알코올 중독 등의 정신질환이 증가하고 있다. 현대사회에서 이러한 정신보건의 문제는 개인 및 가족의 책임이 아니라 국가 사회의 책임으로 간주하는 사회문제로 인식되고 있다.

「정신보건법」은 정신질환자의 인권보장, 만성정신장애인의 원활한 사회복귀, 단기입원, 지역사회정신보건, 정신질환의 재활치료 등을 강조하고 있으며, 정신보건전문인력의 자격과 역할, 의료적 측면을 제외한 정신질환자의 처우 전반에 관한 내용을 규정하고 있어, 사회서비스법으로서의 성격을 갖고 있다(박차상 외, 2006: 609). 또한 최근의 법개정을 통해 「정신보건법」은 정신질환자들이 정신병원을 벗어나 지역사회에서 정상적 삶을 영위해 나갈 수 있도록 지역사회정신보건사업을 보다 중점적 정책으로 정하고 정신질환자의 권익을 중시하는 방향으로 나아가고 있다.

「정신보건법」 제1조는 "정신질환의 예방과 정신질환자의 의료 및 사회복귀에 관하여 필요한 사항을 규정함으로써 국민의 정신건강증진에 이바지함을 목적으로

한다."라로 규정되어 있다.

동법 제2조 기본이념은 다음과 같이 정의되어 있다.

- 모든 정신질환자는 인간으로서의 존엄과 가치를 보장받는다.
- 모든 정신질환자는 최적의 치료와 보호를 받을 권리를 보장받는다.
- 모든 정신질환자는 정신질환이 있다는 이유로 부당한 차별대우를 받지 아니한다.
- 미성년자인 정신질환자에 대하여는 특별히 치료, 보호 및 필요한 교육을 받을 권리가 보장되어야 한다.
- 입원치료가 필요한 정신질환자에 대하여는 항상 자발적 입원이 권장되어야 한다.
- 입원 중인 정신질환자는 가능한 한 자유로운 환경이 보장되어야 하며 다른 사람들과 자유로이 의견교환을 할 수 있도록 보장되어야 한다.

이 법에서의 용어는 다음과 같다(제3조).

- '정신질환자'라 함은 정신병 · 인격장애 · 알코올 및 약물중독 기타 비정신병적 정신장애를 가진 자를 말한다.
- '정신보건시설'이라 함은 이 법에 의한 정신의료기관 · 정신질환자사회복귀시설 및 정신요양시설을 말한다.
- '정신의료기관'이라 함은 의료법에 의한 의료기관 중 주로 정신질환자의 진료를 행할 목적으로 시설기준 등에 적합하게 설치된 병원(정신병원)과 의원 및 병원급 이상의 의료기관에 설치된 정신건강의학과를 말한다.
- '정신질환자사회복귀시설'(사회복귀시설)이라 함은 이 법에 의하여 설치된 시설로서 정신질환자를 정신의료기관에 입원시키거나 정신요양시설에 입소시키지 아니하고 사회복귀촉진을 위한 훈련을 행하는 시설을 말한다.
- '정신요양시설'이라 함은 이 법에 의하여 설치된 시설로서 정신의료기관에서 의뢰된 정신질환자와 만성정신질환자를 입소시켜 요양과 사회복귀촉진을 위

한 훈련을 행하는 시설을 말한다.

2. 입법 배경

1) 정신보건법의 성립 배경과 제정

「정신보건법」은 정신장애를 앓고 있는 많은 사람들에게 복지혜택을 주는 기반을 마련하는 복지보장법의 성격을 지녀야 한다. 그러나 1995년 12월에 입법화된 우리나라의 「정신보건법」은 정신장애인을 통제하고 사회일반을 보호하려는 사회보호 측면이 지나치게 부각되었나. 우리나라에서도 1960년대 이후 「정신보건법」의 제정에 대한 관심과 함께 입법을 꾸준히 시도하여 오다가 1968년 대한신경정신의학회와 대한의학회가 공동심의 채택한 '정신위생법'안을 최초로 정부에 입법건의하였으나 정부는 예산 부족을 이유로 기각하였으며, 1978년과 1980년에 두 번에 걸쳐 이루어졌으나 받아들여지지 않았다.

이후 1984년 〈추적60분〉에서 기도원 사건이 방영되어 정신질환자들의 인권보호란 측면에서 여론이 형성되어 법제정의 필요성이 제기되었다. 이에 1985년 9월 21일에 입법예고를 하고 11월 14일 국무회의에서 법안심의를 통과시킨 뒤 11월 22일 국회에 제출하였으나 야당과 관련 집단들의 반대에 보류되었다. 이 법안의 저지를 위해 '정신보건법 저지 공동대책위원회'가 1986년 8월 23일에 결성되었고, 1990년 9월 25일에 보사부는 종전 법안의 문제점을 보완하여 입법화를 다시 시도하였으나 전문가집단의 반대로 법안의 상정은 유보되었다.

그러나 1991년 대구 나이트클럽 방화사건과 서울 여의도 광장 자동차질주사건이 발생하자 법무부가 정신질환과 연계시켜 범죄예방차원에서 '정신보건법'의 제정에 관여하여 1992년 1월 보사부는 '정신보건법' 입법을 재추진할 계획을 발표하였고, 두 차례의 공청회를 거쳐 제14대 국회에 제출하였으나 반대가 심해 계류되어 있었다. 이후 1995년 민주당안과 정부안을 절충하여 협의를 통하여 법안이 발의된지 10년 만에 「정신보건법」이 제정되었다.

2) 정신보건법, 시행령 및 시행규칙의 개정과정과 그 내용

(1) 제1차 개정 : 1997년 12월 31일 공포

- 정신보건시설에서 정신요양병원을 제외하고 정신요양시설을 포함시켰다.
- 정신요양시설의 설치 · 운영근거가 되는 규정을 신설하였다.
- 입원의 및 퇴원절차의 간소화를 도모하였다.
- 평가입원 폐지 및 시도지사에 의한 입원절차의 간소화를 꾀하였다.
- 정신질환자요양시설에 관한 경과규정을 두었다.
- 정신요양병원에 관한 경과규정을 두었다.
- 정신의료법인에 관한 경과규정을 두었다.
- 기타 개정사항으로는 지역사회정신보건사업지원의 주최를 정신과의원까지 확대하였다. 또한 그동안 근거가 없었던 지역사회정신보건사업에 대한 지원 근거를 마련하였으며, 정신보건시설의 설치운영에 대한 비용을 보조할 수 있는 규정도 마련하였다. 이후 1998년 6월 13일에는 정신보건법 시행규칙을 개정하였다.

(2) 제2차 개정 : 1998년 11월

개정 이유는, 첫째, 정신질환자 관리체계를 개선하고, 둘째, 정신질환자의 인권을 보호하며, 셋째, 정신보건시설의 대형화를 억제하는 것이었다.

- "정신질환자" 정의 조항에서 치매, 알코올 및 약물중독이 추가되었다.
- 국가나 지방자치단체가 보건소와 지역사회정신보건센터를 통하여 지역사회정신보건사업을 수행할 수 있도록 근거를 마련하였다.
- 시 · 도지사가 일정한 경우에 정신요양시설의 개방을 요구하여 시설의 개방을 유도하도록 하였다.
- 사회복귀시설의 종류에서 정신질환자 주거시설과 정신질환자종합훈련시설이

신설되었다.

- 정신의료기관의 수용인원에 대한 상한선을 규정하고, 개방병동, 사법병동의 운영을 규정하였다.
- 응급입원은 의사가 결정하게 하고, 경찰관 및 구급대원의 호송의무를 규정하였다.
- 국가 또는 지방자치단체는 보호의무자에게 구상권을 행사할 수 있게 하였다.
- 정신보건심의위원회 회의를 매 분기마다 1회 이상 개최토록 의무화시켰다.
- 정신보건시설의 장은 퇴원 또는 퇴소자를 보건소장에게 통보하도록 하였다.

(3) 제3차 개정 : 2000년 1월 12일 공포

개정 이유는 현행 제도의 운영상에 나타난 일부 미비점을 개선 · 보완하려는 것이다.

- 시 · 도지사가 정신의료기관을 지정하여 당해 정신의료기관으로 하여금 지역사회정신보건사업을 지원하도록 하는 제도를 폐지하였다.
- 사회복귀시설을 설치한 자가 그 시설의 폐지 · 휴지 또는 재개에 관한 신고의무를 위반한 경우 과태료만 부과하도록 하였다.
- 정신의료기관에 자의로 입원한 정신질환자에 대한 퇴원중지제도를 폐지하여 당해 환자의 퇴원에 대한 자율성을 보장하고 인권침해의 소지를 없애도록 하였다.

3. 책임과 의무

1) 국가 등의 의무(제4조)

국가와 지방자치단체는 국민의 정신건강을 증진시키고, 정신질환을 예방하며, 정신질환자의 치료 · 재활 및 장애극복과 사회복귀촉진을 위한 연구 · 조사와 지도 · 상담 등 필요한 조치를 하여야 한다(제1항). 국가와 지방자치단체는 정신질환의 예방과 치료 및 재활을 위하여 정신보건센터와 정신보건시설을 연계하는 정신보건서비스전달체계를 확립하여야 한다(제2항).

2) 국민의 의무(제5조)

국민은 정신질환의 예방과 정신건강 증진을 위하여 국가 및 지방자치단체가 실시하는 조사 및 관련 정신보건사업에 협력하여야 한다.

3) 정신보건시설의 설치 · 운영자의 의무(제6조)

정신보건시설의 설치 · 운영자는 정신질환자와 그 보호의무자에게 이 법에 의한 권리와 권리의 행사에 관한 사항을 알려야 하며, 입원 및 거주 중인 정신질환자가 인간으로서의 존엄과 가치를 보장받으며 자유롭게 생활할 수 있도록 노력하여야 한다.

4) 실태조사(제4조의2)

보건복지부장관은 이 법의 적절한 시행을 위하여 정신질환자의 실태조사를 5년마다 실시하여야 한다.

5) 정신보건사업계획의 수립(제4조의3)

보건복지부장관은 5년마다 국가정신보건사업계획을 수립하고, 시 · 도지사와 시장 · 군수 · 구청장은 국가정신보건사업계획에 따라 각각 특별시 · 광역시 · 도 · 특별자치도와 시 · 군 · 구 단위의 정신보건사업계획을 수립하여야 한다. 이 경우 「지역보건법」에 따른 지역보건의료계획과 연계되도록 하여야 한다(제1항). 제1항에 따른 국가정신보건사업계획 및 지역정신보건사업계획에는 다음 각 호의 사항이 포함되어야 한다(제2항).

- 생애주기별 정신건강증진사업
- 지역사회 정신보건사업

- 정신질환의 치료 및 정신질환자의 재활사업
- 정신질환에 대한 인식개선사업
- 정신질환자의 권익증진사업
- 정신질환에 대한 지역사회조사 및 사업평가

6) 정신보건전문요원(제7조)

보건복지부장관은 정신보건 분야에 관한 전문지식과 기술을 갖추고 보건복지부령으로 정하는 수련기관에서 수련을 받은 자에게 정신보건전문요원의 자격증을 교부할 수 있다(제1항). 정신보건전문요원은 정신보건임상심리사 · 정신보건간호사 및 정신보건사회복지사로 한다(제2항).

7) 결격사유(제7조의2)

다음 각 호의 1에 해당하는 자는 정신보건전문요원이 될 수 없다.

- 피성년후견인(제1호)
- 「형법」 제233조 · 제234조(작성된 허위진단서 등을 행사한 자) · 제235조(제233조 및 제234조의 미수범) · 허위로 진료비를 청구하여 환자나 진료비를 지급하는 기관 또는 단체를 기망한 경우, 보건범죄단속에관한특별조치법, 지역보건법, 후천성면역결핍증예방법, 의료법, 응급의료에관한법률, 농어촌등보건의료를위한특별조치법, 시체해부및보존에관한법률, 혈액관리법, 마약류관리에관한법률, 약사법, 모자보건법, 「사회복지사업법」, 「사회보장급여의 이용 · 제공 및 수급권자 발굴에 관한 법률」 그 밖에 대통령령이 정하는 의료관계법령을 위반하여 금고 이상의 형의 선고를 받고 그 집행이 종료되지 아니하거나 집행을 받지 아니하기로 확정되지 아니한 자(제3호)

4. 정신보건시설

1) 국 · 공립정신병원의 설치 등(제8조)

보건복지부장관 또는 시 · 도지사는 정신병원을 설치 · 운영하여야 한다(제1항). 보건복지부장관 또는 시 · 도지사는 정신병원을 설치하는 경우 그 병원이 지역적으로 균형 있게 분포되도록 하여야 하며, 정신질환자에 대하여 지역사회관리가 가능하도록 하여야 한다(제3항). 제1항의 규정에 의한 정신병원은 제13조제2항의 규정에 의한 사업을 수행하고 지역사회정신보건사업인력에 대한 교육 · 훈련을 담당한다(제3항).

2) 정신요양시설의 설치 · 운영 등(제10조)

사회복지법인 또는 기타 비영리법인은 보건복지부장관의 허가를 받아 정신요양시설을 설치 · 운영할 수 있다(제1항). 정신요양시설에서의 요양과 사회복귀를 위한 훈련은 보건복지부장관이 정하는 바에 의하여 행하여져야 한다(제2항). 보건복지부장관 또는 시 · 도지사는 정신요양시설의 장에게 정신질환자의 요양과 사회복귀촉진을 위한 훈련에 지장이 없는 범위 안에서 지역주민 · 사회단체 · 언론기관 등이 정신요양시설의 운영상황을 파악할 수 있도록 당해 시설의 개방을 요구할 수 있다(제3항). 정신요양시설에 관하여 이 법에 규정한 것을 제외하고는 사회복지사업법 중 사회복지시설에 관한 규정을 준용한다(제6항). 정신요양시설의 장은 정신요양시설에서 요양과 사회복귀를 위한 훈련을 실시할 때 의료와 관련된 부분은 대통령령으로 정하는 바에 따라 정신건강의학과 의사의 자문을 받아야 한다(제7항).

3) 정신의료기관의 시설기준 등(제12조)

정신의료기관의 시설, 장비의 기준, 의료인 등 종사자의 수 및 자격 등에 관하여 필요한 사항은 정신의료기관의 규모 등을 고려하여 보건복지부령으로 정한다(제1항). 보건복지부장관은 정신질환자에 대한 효율적인 의료의 제공을 위하여 다음 각 호의 1에 해당하는 경우에 정신의료기관의 규모를 제한할 수 있다(제2항).

- 300병상 이상의 정신의료기관을 개설하고자 하는 경우(제1호)
- 정신의료기관의 병상수를 300병상 미만에서 기존의 병상수를 포함하여 300병상 이상으로 증설하고자 하는 경우(제2호)
- 300병상 이상의 정신의료기관을 운영하는 자가 병상수를 증설하고자 하는 경우(제3호)

시 · 도지사 또는 시장 · 군수 · 구청장은 정신의료기관이 다음 각 호의 어느 하나에 해당하는 때에는 당해 정신의료기관에 대하여 개설허가의 취소 또는 폐쇄를 명하거나 보건복지부령이 정하는 바에 의하여 1년의 범위 내에서 기간을 정하여 당해 사업의 정지를 명할 수 있다(제3항).

- 제1항의 규정에 의한 시설, 장비의 기준, 의료인 등 종사자의 수 및 자격 등에 미달하게 된 때(제1호)
- 규정을 위반하여 정신질환자를 퇴원시키지 아니한 때(제1호의2)
- 규정에 의한 명령에 불응한 때(제2호)
- 정당한 사유 없이 규정에 의한 보고를 하지 아니하거나 허위의 보고를 한 때, 관계서류를 제출하지 아니하거나 허위의 서류를 제출한 때 또는 관계공무원, 정신보건심의위원회위원의 검사 · 심사를 거부 · 방해 또는 기피한 때(제3호)
- 정신건강의학과전문의의 진단에 의하지 아니하고 정신질환자를 입원시키거나 입원을 연장시킨 때(제4호)

시 · 도지사 또는 시장 · 군수 · 구청장은 제3항의 규정에 의하여 허가를 취소하거나 시설의 폐쇄 또는 사업의 정지를 명하고자 하는 경우에는 1년의 범위 내에서 기간을 정하여 시정을 명한 후 이에 응하지 아니한 때에 이를 행하여야 한다(제4항). 제3항의 규정에 의한 행정처분의 세부적인 기준은 그 위반행위의 유형과 위반의 정도 등을 참작하여 보건복지부령으로 정한다(제5항). 정신의료기관에 관하여 이 법에 규정된 사항 외에는 「의료법」의 규정을 준용한다(제6항).

4) 지역사회정신보건사업 등(제13조)

국가 및 지방자치단체는 보건소를 통하여 정신보건시설간 연계체계 구축, 정신질환의 예방, 정신질환자의 발견 · 상담 · 진료 · 사회복귀훈련 및 이에 관한 사례관리 등 지역사회정신보건사업을 기획 · 조정 및 수행할 수 있다(제1항). 국가 및 지방자치단체는 국 · 공립정신의료기관을 통하여 제1항의 규정에 의한 지역사회정신보건사업을 지원하고, 시 · 군 · 구 간 연계체계 구축, 응급정신의료서비스 제공 등 광역단위의 사업을 수행하며, 그 밖에 지역사회정신보건사업의 활성화를 위하여 필요한 사업을 수행하여야 한다(제2항). 국가 및 지방자치단체는 제1항 및 제2항의 규정에 의한 지역사회정신보건사업을 전문적으로 수행하게 하기 위하여 보건소 또는 국 · 공립정신의료기관에 정신보건센터를 설치하거나 그 사업을 대통령령이 정하는 기관 또는 단체에 위탁할 수 있다(제3항).

보건소 또는 국 · 공립정신의료기관은 지역사회정신보건사업의 수행을 위하여 정신질환자를 관리하는 경우에는 본인 또는 보호의무자의 동의하에 행하여야 한다(제4항). 보건소에는 대통령령이 정하는 바에 따라 제7조의 규정에 의한 정신보건전문요원을 둘 수 있다(제5항). 제1항 및 제2항의 규정에 의한 지역사회정신보건사업의 집중적이고 전문적인 지원을 위하여 보건복지부장관은 중앙정신보건사업지원단을, 시 · 도지사는 지방정신보건사업지원단을 각각 설치 · 운영할 수 있다(제6항).

5) 정신보건센터의 설치(제13조의2)

국가 및 지방자치단체는 제13조제1항에 따른 지역사회정신보건사업의 실시를 위하여 시 · 군 · 구 단위로 정신질환자의 발견 · 상담 · 진료 · 사회복귀훈련 및 이에 관한 사례 관리 등을 실시하기 위한 정신보건센터를 설치하도록 노력하여야 한다(제1항). 제1항의 정신보건센터의 설치를 위한 재원은 국가와 지방자치단체가 부담한다(제2항).

6) 정신보건연구기관의 설치(제14조)

국가는 정신보건의 향상을 도모하기 위하여 정신보건연구를 위한 기관을 설치하여야 한다.

7) 사회복귀시설의 설치 · 운영(제15조)

국가 또는 지방자치단체는 사회복귀시설을 설치 · 운영할 수 있다(제1항). 제1항에 규정된 자 외의 자가 사회복귀시설을 설치 · 운영하고자 하는 때에는 시설의 소재지를 관할하는 시장 · 군수 · 구청장에게 신고하여야 한다(제2항). 사회복귀시설의 장은 보건복지부장관이 정하는 바에 따라 정신질환자에 대하여 사회복귀를 위한 훈련을 실시하여야 한다(제3항).

8) 사회복귀시설의 종류(제16조)

- 정신질환자생활시설 : 정신질환자가 필요한 기간 동안 생활하면서 재활에 필요한 상담 · 훈련 등의 서비스를 받아 사회복귀를 준비하거나 장애로 인하여 장기간 생활하는 시설
- 정신질환자지역사회재활시설 : 정신질환자복지관, 의료재활시설, 체육시설, 수련시설, 공동생활가정 등 정신질환자에게 전문적인 상담 · 훈련 등을 제공하거나 여가활동 및 사회참여활동 등에 필요한 편의를 제공하는 시설
- 정신질환자직업재활시설 : 일반 고용이 어려운 정신질환자가 특별히 준비된 작업환경에서 직업훈련을 받거나 직업생활을 영위할 수 있도록 하는 시설
- 그 밖에 대통령령으로 정하는 시설

5. 보호 및 치료

1) 보호의무자(제21조)

정신질환자의 민법상 부양의무자 또는 후견인은 정신질환자의 보호의무자가 된다. 다만, 다음 각 호의 1에 해당하는 자는 보호의무자가 될 수 없다(제1항).

- 금치산자 및 한정치산자(제1호)
- 파산선고를 받고 복권되지 아니한 자(제2호)
- 당해 정신질환자를 상대로 한 소송이 계속 중인 자 또는 소송한 사실이 있었던 자와 그 배우자(제3호)
- 미성년자(제4호)
- 행방불명자(제5호)

제1항의 규정에 의한 보호의무자 사이의 보호의무의 순위는 부양의무자 · 후견인의 순위에 의하며 부양의무자가 2인 이상인 경우에는 민법의 규정에 따른다(제2항). 제1항의 규정에 의한 보호의무자가 없거나 보호의무자가 부득이한 사유로 인하여 그 의무를 이행할 수 없는 경우에는 당해 정신질환자의 주소지를 관할하는 시장 · 군수 또는 구청장이 그 보호의무자가 된다(제3항).

2) 보호의무자의 의무(제22조)

보호의무자는 피보호자인 정신질환자로 하여금 적정한 치료를 받도록 노력하여야 하며, 정신건강의학과전문의의 진단에 의하지 아니하고 정신질환자를 입원시키거나 입원을 연장시켜서는 아니 된다(제1항). 보호의무자는 보호하고 있는 정신질환자가 자신 또는 타인을 해치지 아니하도록 유의하여야 하며, 정신건강의학과전문의의 진단에 따라 정신질환자가 입 · 퇴원할 수 있도록 협조하여야 한다(제2항). 보호의무자는 정신질환자의 재산상의 이익 등 권리보호를 위하여 노력하여야 하며 정신질환자를 유기하여서는 아니 된다(제3항).

3) 자의입원(제23조)

정신질환자는 입원 또는 입소신청서를 제출하고 정신의료기관 또는 정신요양시설(정신의료기관 등)에 자의로 입원 등을 할 수 있다(제1항). 정신의료기관의 장 또는 정신요양시설의 장은 제1항에 따라 입원 등을 한 환자로부터 퇴원 등의 신청이 있는 경우에는 지체 없이 퇴원 등을 시켜야 한다(제2항). 정신의료기관 등의 장은 제1항에 따라 입원 등을 한 정신질환자에 대하여 1년에 1회 이상 퇴원 등을 할 의사가 있는지 여부를 파악하여 이를 진료기록부에 기재한 후 환자본인의 확인을 받아야 한다(제3항).

4) 보호의무자에 의한 입원(제24조)

정신의료기관 등의 장은 정신질환자의 보호의무자 2인의 동의가 있고 정신건강의학과전문의가 입원 등이 필요하다고 판단한 경우에 한하여 당해 정신질환자를 입원 등을 시킬 수 있으며, 입원 등을 할 때 당해 보호의무자로부터 보건복지부령으로 정하는 입원 등의 동의서 및 보호의무자임을 확인할 수 있는 서류를 받아야 한다(제1항). 정신건강의학과전문의는 정신질환자가 입원 등이 필요하다고 진단한 때에는 제1항에 따른 입원 등의 동의서에 당해 정신질환자가 다음 각 호의 어느 하나에 정한 경우에 해당된다고 판단한다는 의견을 기재한 입원 등의 권고서를 첨부하여야 한다(제2항).

- 환자가 정신의료기관 등에서 입원 등 치료 또는 요양을 받을 만한 정도 또는 성질의 정신질환에 걸려 있는 경우
- 환자 자신의 건강 또는 안전이나 타인의 안전을 위하여 입원 등을 할 필요가 있는 경우

제1항의 입원 등의 기간은 6개월 이내로 한다(제3항). 정신의료기관 등의 장은 제3항에 따른 심사결과에 따라 퇴원 등의 명령을 받은 때에는 당해 환자를 즉시 퇴원 등을 시켜야 한다(제4항). 정신의료기관 등의 장은 제1항 및 제3항에 따라 정신

질환자를 입원 등을 시키거나 입원 등의 기간을 연장시킨 때에는 지체 없이 본인 및 동의서를 제출한 보호의무자에게 그 사유와 퇴원심사 등의 청구에 관한 사항을 서면 또는 전자문서로 통지하여야 한다(제5항). 정신의료기관 등의 장은 환자 또는 보호의무자로부터 퇴원 등의 신청이 있는 경우에는 지체 없이 당해 환자를 퇴원 등을 시켜야 한다(제6항).

정신의료기관 등의 장은 퇴원 등을 거부하는 경우에는 지체 없이 환자 및 보호의무자에게 그 거부사유 및 퇴원 등의 심사를 청구할 수 있음을 서면 또는 전자문서로 통지하여야 한다(제7항). 정신의료기관 등의 장은 심사결과에 따라 퇴원 등의 명령을 받은 때에는 당해 환자를 즉시 퇴원 등을 시켜야 한다(제8항). 제6항에 따라 환자를 퇴원 등을 시킨 때에는 보호의무자에게 그 사실을 서면 또는 전자문서로 통지하여야 한다(제9항).

5) 시장 · 군수 · 구청장에 의한 입원(제25조)

정신질환으로 자신 또는 타인을 해할 위험이 있다고 의심되는 자를 발견한 정신건강의학과전문의 또는 정신보건전문요원은 시장 · 군수 · 구청장에게 당해인의 진단 및 보호를 신청할 수 있다(제1항). 제1항의 규정에 의하여 신청을 받은 시장 · 군수 · 구청장은 즉시 정신건강의학과전문의에게 당해 정신질환자로 의심되는 자에 대한 진단을 의뢰하여야 한다(제2항). 정신건강의학과전문의가 제2항의 정신질환자로 의심되는 자에 대하여 자신 또는 타인을 해할 위험이 있어 그 증상의 정확한 진단이 필요하다고 인정한 때는 시장 · 군수 · 구청장은 당해인을 국가나 지방자치단체가 설치 또는 운영하는 정신의료기관 또는 종합병원에 2주 이내의 기간을 정하여 입원하게 할 수 있다(제3항). 제3항의 규정에 의한 자신 또는 타인을 해할 위험의 기준은 중앙정신보건심의위원회의 심의를 거쳐 보건복지부장관이 정한다(제4항).

시장 · 군수 · 구청장은 제3항의 규정에 의한 입원을 시킨 때에는 당해 정신질환자의 보호의무자 또는 보호를 하고 있는 자에 대하여 지체 없이 입원사유 · 입원기간 및 장소를 서면 또는 전자문서로 통지하여야 한다(제5항). 시장 · 군수 · 구청장은 제3항의 규정에 의한 진단결과 당해 정신질환자에 대하여 계속입원이 필요하다는 2인 이상의 정신건강의학과전문의의 일치된 소견이 있는 경우 당해 정신질환자에 대하여 국가나 지방자치단체가 설치 또는 운영하는 정신의료기관에 입원치료를 의뢰할 수 있다(제6항). 시장 · 군수 · 구청장은 제6항의 규정에 의한 입원의뢰시 당해 정신질환자 및 보호의무자 또는 보호를 하고 있는 자에 대하여 계속입원이 필요한 사유 및 기간과 퇴원심사 등의 청구에 관한 사항을 지체 없이 서면 또는 전자문서로 통지하여야 한다(제8항).

6) 응급입원(제26조)

정신질환자로 추정되는 자로서 자신 또는 타인을 해할 위험이 큰 자를 발견한 자는 그 상황이 매우 급박하여 제23조 내지 제25조의 규정에 의한 입원을 시킬 수 없는 때에는 의사와 경찰관의 동의를 얻어 정신의료기관에 당해인에 대한 응급입원을 의뢰할 수 있다(제1항). 제1항의 규정에 의하여 입원을 의뢰할 때에는 이에 동의한 경찰관 또는 소방기본법조의 규정에 따른 구급대의 대원은 정신의료기관까지 당해인을 호송한다(제2항). 정신의료기관의 장은 제1항의 규정에 의하여 입원의뢰된 자에 대하여 72시간의 범위 내에서 응급입원을 시킬 수 있다(제3항).

제3항의 규정에 의하여 입원의뢰된 자에 대한 정신건강의학과전문의의 진단결과 자신 또는 타인을 해할 위험으로 인하여 계속입원이 필요한 때에는 규정에 의하여 입원을 시켜야 한다(제4항). 정신의료기관의 장은 제4항의 규정에 의한 정신건강의학과전문의의 진단결과 계속입원이 필요하지 아니하는 경우에는 즉시 퇴원시켜야 한다(제5항). 정신의료기관의 장은 제3항에 따른 응급입원을 시킨 때에는 당해 정신질환자의 보호의무자 또는 보호를 하고 있는 자에 대하여 지체 없이 입원사유 · 기간 및 장소를 서면 또는 전자문서로 통지하여야 한다(제6항).

6. 정신보건심의위원회

1) 정신보건심의위원회의 설치 및 종류(제27조)

정신보건에 관하여 보건복지부장관, 시 · 도시자 및 시장 · 군수 · 구청장의 자문에 응하고 정신보건에 관한 중요한 사항의 심의와 심사를 하기 위하여 보건복지부장관소속하에 중앙정신보건심의위원회를, 시 · 도지사 소속으로 광역정신보건심의위원회를, 시장 · 군수 · 구청장 소속으로 기초정신보건심의위원회를 각각 둔다(제1항). 퇴원 등의 규정에 의한 심사를 하기 위하여 광역정신보건심의위원회 및 기초정신보건심의위원회 안에 정신보건심판위원회를 각각 둔다(제2항).

2) 정신보건심의위원회의 직무(제28조)

중앙정신보건심의위원회는 다음 각 호의 사항을 심의한다(제1항).

- 정신보건복지관련 법령의 제 · 개정 및 정신보건복지정책에 관한 사항
- 정신보건시설기준에 관한 사항
- 정신질환자의 입원 및 진료에 대한 각종 기준
- 치료에 대한 동의에 관한 의학적 견해의 제공

광역정신보건심의위원회는 다음 각 호의 사항을 심의한다(제2항).

- 정신보건시설에 대한 감독과 시정
- 정신보건시설에 대한 평가
- 재심사청구사건

기초정신보건심의위원회는 다음 각 호의 사항을 심사한다(제3항).

- 이의제기된 치료행위의 심사
- 처우개선에 대한 심사
- 퇴원 및 계속입원 여부에 대한 심사
- 외래치료명령에 관한 사항

중앙정신보건심의위원회 · 광역정신보건심의위원회의 위원은 각각 10인 이상 30인 이내로 하고, 기초정신보건심의위원회의 위원은 5인 이상 15인 이내로 하며, 위원의 임기는 각각 2년으로 하되, 연임할 수 있다(제4항). 정신보건심의위원회의 위원은 보건복지부장관, 시 · 도지사 또는 시장 · 군수 · 구청장이 각각 임명 또는 위촉하되 다음 각 호에서 정한 자 중에서 각각 1인 이상을 포함하여야 한다(제5항).

- 정신건강의학과전문의(제1호)
- 판사 · 검사 또는 변호사의 자격이 있는 자(제2호)
- 정신보건전문요원(제3호)
- 정신질환자의 가족(제4호)
- 다음 각 목의 어느 하나에 해당하는 자로서 정신보건에 관한 전문지식과 경험을 가진 자(제5호)
    - 정신보건시설의 운영자(가목)
    - 「고등교육법」에 따른 대학에서 심리학 · 간호학 · 사회복지학 또는 사회사업학을 가르치는 전임강사 이상의 직에 있는 자(나목)
    - 정신보건업무 관계 공무원(다목)
    - 그 밖에 정신보건에 관한 전문지식과 경험이 있다고 인정하는 자(라목)

정신보건심판위원회는 정신보건심의위원회 위원 중에서 시 · 도지사 및 시장 · 군수 · 구청장이 임명한 5인 이상 10인 이내의 위원으로 구성하고 합의체로 안건을 심사하여야 한다. 이 경우 위원은 정신건강의학과전문의, 정신보건전문요원, 판사 · 검사 또는 변호사의 자격이 있는 자 중에서 각각 1인 이상을 포함하여야 한다(제6항). 정신보건심의위원회는 정신질환자에 대한 인권침해행위를 알게 된 때에는 국가인권위원회에 조사를 요청할 수 있다(제7항). 정신보건심의위원회는 심의 또는 심사를 위하여 연 2회 이상 위원회의 회의를 개최하여야 한다(제8항).

7. 비 용

1) 비용의 부담(제50조)

국가와 지방자치단체는 제25조의 규정에 의한 진단 및 치료에 소요되는 비용의 전부 또는 일부를 부담할 수 있다.

2) 비용의 징수(제51조)

사회복귀시설 · 정신요양시설의 설치 · 운영자는 그 시설을 이용하는 자로부터 보건복지부장관이 정하여 고시하는 비용징수한도액의 범위 안에서 그에 소요되는 비용을 징수할 수 있다.

3) 보조금 등(제52조)

국가는 예산의 범위 안에서 지방자치단체가 설치하여 운영하는 정신의료기관, 사회복귀시설에 대하여 설치 · 운영에 필요한 비용을 보조할 수 있다(제1항). 국가 또는 지방자치단체는 지역사회정신보건사업 및 지도 · 감독에 필요한 비용을 보조할 수 있다(제2항). 국가 및 지방자치단체는 제13조제3항의 규정에 의하여 지역사회정신보건사업을 위탁하는 기관 또는 단체에게 그 사업의 수행에 필요한 비용을 보조할 수 있다(제3항). 국가 또는 지방자치단체는 대통령령이 정하는 바에 의하여 영리를 목적으로 하지 아니하는 정신의료기관 · 사회복귀시설 및 정신요양시설의 설치 · 운영자에 대하여 예산의 범위 안에서 그 설치 · 운영에 필요한 비용을 보조할 수 있다(제4항). 제1항 내지 제4항의 규정에 의한 보조금은 그 목적 외에 사용할 수 없다(제5항).

8. 벌칙 및 과태료

1) 벌 칙

(1) 5년 이하의 징역 또는 2천만 원 이하의 벌금(제55조)

- 제22조제3항을 위반하여 정신질환자를 유기한 자(제1호)
- 제23조제2항 또는 제24조제4항 · 제6항 · 제8항을 위반하여 정신질환자를 퇴원 등을 시키지 아니한 자(제2호)
- 제33조제1항[44] 또는 제39조제4항[45]을 위반하여 퇴원 등의 명령 또는 임시퇴원 등의 명령에 응하지 아니한 자(제3호)
- 제36조제1항 후단[46]을 위반하여 정신질환자를 퇴원시키지 아니한 자(제4호)
- 정신건강의학과전문의의 진단 없이 정신질환자를 입원 등을 시키거나 입원 등을 연장한 자(제5호)
- 정신질환자를 이 법 또는 다른 법령에 의한 시설 외의 장소에 수용한 자(제6호)
- 정신보건시설의 장 또는 그 종사자로서 정신보건시설에 입원 등을 하거나 시설을 이용하는 정신질환자에 대하여 폭행을 가하거나 가혹행위를 한 자(제6호의2)
- 협의체의 결정이 없거나 정신질환자 또는 보호의무자의 동의를 얻지 아니하고 특수치료를 행한 자(제7호)

---

44) 제33조(퇴원명령 등) ① 시장 · 군수 · 구청장은 제31조제1항의 규정에 의한 기초정신보건심의위원회로부터 보고받은 심사결과에 따라 필요한 경우 정신의료기관 등의 장에 대하여 당해 정신질환자를 퇴원 등을 시키거나 임시로 퇴원 등을 시키도록 명하거나 처우개선을 위하여 필요한 조치를 취하도록 명하여야 한다.

45) 제39조(보고 · 검사 등)
④ 보건복지부장관, 시 · 도지사 또는 시장 · 군수 · 구청장은 제2항의 규정에 의한 심사결과에 따라 정신보건시설의 장에 대하여 당해 정신질환자를 퇴원 또는 퇴소시키도록 명하거나 처우개선을 위하여 필요한 조치를 취하도록 명할 수 있다.

46) 제36조(시장 · 군수 · 구청장에 의한 입원조치의 해제) ① 시장 · 군수 · 구청장은 제25조의 규정에 의하여 입원한 자가 입원 후 3월이 경과하면 당해 환자에 대한 입원조치를 해제하여야 하며, 이를 환자가 입원하고 있는 정신의료기관의 장에게 서면 또는 전자문서로 통지하여야 한다. 이 경우 당해 정신의료기관의 장은 지체 없이 당해 환자를 퇴원시켜야 한다.

- 보조금을 목적 외에 사용한 자(제8호)

(2) 3년 이하의 징역 또는 1천만 원 이하의 벌금(제56조)

- 사업정지 · 폐쇄명령을 위반한 자(제1호)
- 신고를 하지 아니하고 사회복귀시설을 설치 · 운영한 자(제2호)
- 정신질환자에게 노동을 강요한 자(제2호의2)
- 직무상 알게 된 타인의 비밀을 누설하거나 발표한 자(제3호)
- 정신질환자의 통신 등의 자유를 제한한 자(제4호)

(3) 1년 이하의 징역 또는 500만 원 이하의 벌금(제57조)

- 퇴원할 의사가 있는지 여부를 확인하지 아니하거나 그 사항을 진료기록부에 기재하지 아니한 자
- 입원동의서 또는 보호의무자임을 확인할 수 있는 서류를 받지 아니한 자
- 계속 입원 등의 신청을 하지 아니하거나 지연한 자
- 제26조제5항을 위반하여 즉시 퇴원시키지 아니한 자
- 제26조의2제1항을 위반하여 신상정보의 확인이나 조회 요청을 하지 아니한 자
- 제33조제1항 또는 제39조제4항을 위반하여 처우개선명령에 응하지 아니한 자
- 동의를 받지 아니하고 정신질환자에 대하여 녹음 · 녹화 · 촬영을 한 자
- 행동제한의 이유를 진료기록부에 기재하지 아니하거나 이를 거짓으로 기재한 자
- 정신건강의학과전문의의 지시에 따르지 아니하거나 이를 진료기록부에 기재하지 아니한 자
- 입원환자나 입소자의 신청 또는 동의 없이 작업을 시키거나 정신건강의학과전문의나 정신보건전문요원이 지시한 방법과 다르게 작업을 시킨 자
- 작업에 관한 사항을 진료기록부에 기재하지 아니하거나 이를 거짓으로 기재한 자

(4) 500만 원 이하의 벌금(제57조의2)

- 제10조제3항 후단을 위반하여 시설개방에 응하지 아니한 자

(5) 300만 원 이하의 벌금(제57조의3)

- 기록을 작성 · 보존하지 아니하거나 그 내용확인을 거부한 자

2) 과태료(제59조)

다음 각 호의 어느 하나에 해당하는 자는 100만 원 이하의 과태료에 처한다(제1항).

- 제10조의2의 규정에 의한 신고를 하지 아니하거나 허위의 신고를 한 자
- 제17조[47]의 규정에 의한 신고를 하지 아니하거나 허위의 신고를 한 자
- 제24조제5항 및 제7항을 위반하여 통지를 하지 아니한 자
- 제37조제1항[48]의 규정에 위반하여 통보를 하지 아니한 자
- 제39조의 규정에 위반하여 보고를 하지 아니하거나 허위의 보고를 한 자, 관계 서류를 제출하지 아니하거나 허위의 서류를 제출한 자 또는 관계공무원 · 정신보건심의위원회 위원의 검사 · 심사를 거부 · 방해 또는 기피한 자
- 제41조제1항[49]의 규정에 위반한 자

---

47) 제17조(사회복귀시설의 폐지 · 휴지 · 재개신고) 제15조제2항의 규정에 의하여 사회복귀시설을 설치한 자가 그 시설을 폐지 · 휴지하거나 재개하고자 할 때에는 보건복지부령이 정하는 바에 의하여 미리 시장 · 군수 · 구청장에게 신고하여야 한다.

48) 제37조(임시 퇴원 등) ① 제24조 및 제25조에 따라 정신질환자를 입원 등을 시키고 있는 정신의료기관 등의 장은 2인 이상의 정신건강의학과전문의의 진단 결과 당해 환자의 증상에 비추어 일시적으로 퇴원 등을 시켜 그 회복경과를 관찰하는 것이 필요하다고 인정될 때에는 즉시 퇴원 등을 시키고 그 사실을 입원 등의 치료를 의뢰한 보호의무자 또는 시장 · 군수 · 구청장에게 통보하여야 한다.

49) 제41조(권익제보호) ① 누구든지 정신질환자이었다는 이유로 교육 및 고용의 기회를 박탈하거나 기타 불공평한 대우를 하여서는 아니 된다.

제4절 다문화가족지원법

1. 의 의

결혼이민자 및 그 자녀 등으로 구성되는 다문화가족은 언어 및 문화적 차이로 인하여 사회부적응과 가족구성원 간 갈등 및 자녀교육에 어려움을 겪고 있음에 따라, 국가와 지방자치단체는 다문화가족의 구성원이 우리 사회의 구성원으로 순조롭게 통합되어 안정적인 가족생활을 영위할 수 있도록 하기 위한 가족상담 · 부부교육 · 부모교육 및 가족생활교육 등을 추진하고, 문화의 차이 등을 고려한 언어통역, 법률 상담 및 행정지원 등의 전문적 서비스를 제공하도록 하는 등 다문화가족에 대한 지원정책의 제도적 틀을 마련하였다.

2006년 이후 다문화가정을 지원하기 위한 법률 제정 노력이 활발하게 논의되던 중 국회에서는 2006~2007년도에 걸쳐 다문화 사회와 관련한 법안들을 마련하였다. 결혼이민자 가정을 위한 다문화교육 의무화 등을 골자로 한 '이주민가족의 보호 및 지원 법안', 혼혈인 가족에 대한 정부 차원의 복지 프로그램이나 교육 프로그램 마련과 각급 학교에서의 차별배제와 편견예방 교육을 강조하는 '혼혈인 가족 지원에 관한 법률안'이 국회에 제출되었다. 그러나 이 법안들은 법으로 제정되지 못하였고, '이주민 가족의 보호 및 지원 법안'이 '다문화 가족 지원 법안'과 절충 · 종합하여 2008월 3월 21일 「다문화가족지원법」이란 이름으로 최초로 제정되었다. 이 법은 정책의 주요 대상자를 다문화가족과 결혼이민자로 두고 있으며 다문화가족에 대한 지원 내용이 주를 이루고 있다.

「다문화가족지원법」은 다문화가족 구성원이 안정적인 가족생활을 영위할 수 있도록 함으로써 이들의 삶의 질 향상과 사회통합에 이바지함을 목적으로 한다(제1조).

이 법에서의 용어는 다음과 같다(제2조제1항).

- '다문화가족'이란 다음 각 목의 어느 하나에 해당하는 가족을 말한다(제1호).

- 「재한외국인 처우 기본법」 제2조제3호의 결혼이민자와 「국적법」 제2조부터 제4조까지의 규정에 따라 대한민국 국적을 취득한 자로 이루어진 가족(가목)
- 「국적법」 제3조 및 제4조에 따라 대한민국 국적을 취득한 자와 같은 법 제2조부터 제4조까지의 규정에 따라 대한민국 국적을 취득한 자로 이루어진 가족(나목)

◎ '결혼이민자 등'이란 다문화가족의 구성원으로서 다음 각 목의 어느 하나에 해당하는 자를 말한다(제2호).

- 「재한외국인 처우 기본법」의 결혼이민자(가목)
- 「국적법」에 따라 귀화허가를 받은 자(나목)

2. 입법 배경

다문화가족이 늘어서는 추세에도 불구하고 국제결혼을 통해 형성된 다문화가족을 대하는 우리나라 국민들의 태도는 그다지 긍정적이지 못하였다. 뿌리 깊은 '단일민족 의식' 또는 '순혈주의'가 다문화가족의 생활 전반에서 다양한 편견과 차별을 고착화시켜, 그들이 주류사회에 진입하는 것을 배제하고 있다. 특히, 피부색과 생김새에서 다른 혈통임이 드러나는 외국인과 혼혈인임이 외모에서 드러나는 다문화가족 아동에 대한 사회 일반의 태도는 아직도 배타적이다. 여기에는 국제결혼을 하는 한국인들이 대체로 사회 · 경제적으로 하층에 속한다는 인식도 한몫을 차지하고 있다.

그러나 한국인이 기피하는 일자리를 이주노동자가 대체하거나 한국인이 배우자를 외국에서 구하는 것은 우리 사회 자체의 필요에 의한 것으로 일시적인 현상이라고 볼 수 없다. 필연적으로 증가할 수밖에 없는 다문화가족을 우리 사회의 진정한 구성원으로 통합하는 대책을 마련할 필요가 있다. 그중에도 결혼이민자와 결혼한 한국인, 이주노동자와 결혼한 한국인 및 그 자녀들로 구성되는 다문화가족에게는 적극적인 지원이 필요하다. 그들은 언어문제 및 문화적 차이로 인한 사회부적응과 가족구성원 간 갈등, 자녀교육 곤란 등의 문제에 직면하고 있다. 게다가 이들은 대체적으로 경제적 어려움을 겪는 계층에 속하기 때문에 이러한 문제들을 극복할 수 있는 지원체계가 특별히 마련되어야 한다. 결혼이민자나 이주노동자 본인은 물론 이들의 자녀세대가 우리 사회에 기여하는 훌륭한 인적자원으로 성장할 수 있도록 돌보아야 한다.

이와 같은 많은 문제들을 가족정책차원에서 예방적으로 해결할 수 있는 법적·제도적 기반 마련을 위해 「다문화가족지원법」이 2008년 3월 21일에 제정되어 동년 9월 22일부터 시행되고 있다. 이후 제1차 일부개정이 2010년 1월 18일에, 제2차 일부개정이 2011년 4월 11일에 실시되었다.

그 내용은 다음과 같다.

- 다문화가족의 정의 확대
- 다문화가족 지원 계획 수립 및 다문화가족정책위원회 설치
- 다문화가족 교육 지원 및 다문화가족 내 가정폭력 예방과 피해결혼이민자를 보호·지원할 수 있는 근거 마련
- 결혼이민자 등이 의료서비스를 제공받을 경우 외국어통역서비스 제공 등 복지지원서비스 강화

3. 국가와 지방자치단체의 책무(제3조)

국가와 지방자치단체는 다문화가족 구성원이 안정적인 가족생활을 영위할 수 있도록 필요한 제도와 여건을 조성하고 이를 위한 시책을 수립·시행하여야 한다(제1항). 특별시·광역시·도·특별자치도 및 시·군·구에는 다문화가족 지원을 담당할 기구와 공무원을 두어야 한다(제2항). 국가와 지방자치단체는 이 법에 따른 시책 중 외국인정책 관련 사항에 대하여는 「재한외국인 처우 기본법」의 규정에 따른다(제3항).

4. 다문화가족지원을 위한 정책

1) 다문화가족 지원을 위한 기본계획의 수립(제3조의2)

여성가족부장관은 다문화가족 지원을 위하여 5년마다 다문화가족정책에 관한 기본계획을 수립하여야 한다(제1항). 기본계획에는 다음 각 호의 사항을 포함하여야 한다(제2항).

- 다문화가족 지원 정책의 기본 방향
- 다문화가족 지원을 위한 분야별 발전시책과 평가에 관한 사항
- 다문화가족 지원을 위한 제도 개선에 관한 사항
- 다문화가족 지원을 위한 재원 확보 및 배분에 관한 사항
- 그 밖에 다문화가족 지원을 위하여 필요한 사항

2) 연도별 시행계획의 수립 · 시행(제3조의3)

여성가족부장관, 관계 중앙행정기관의 장과 시 · 도지사는 매년 기본계획에 따라 다문화가족정책에 관한 시행계획을 수립 · 시행하여야 한다(제1항). 관계 중앙행정기관의 장과 시 · 도지사는 전년도의 시행계획에 따른 추진실적 및 다음 연도의 시행계획을 대통령령으로 정하는 바에 따라 매년 여성가족부장관에게 제출하여야 한다(제2항).

3) 다문화가족정책위원회의 설치(제3조의4)

다문화가족의 삶의 질 향상과 사회통합에 관한 중요 사항을 심의 · 조정하기 위하여 국무총리 소속으로 다문화가족정책위원회를 둔다(제1항). 정책위원회는 다음 각 호의 사항을 심의 · 조정한다(제2항).

- 제3조의2에 따른 다문화가족정책에 관한 기본계획의 수립 및 추진에 관한 사항
- 제3조의3에 따른 다문화가족정책의 시행계획의 수립, 추진실적 점검 및 평가에 관한 사항

- 다문화가족과 관련된 각종 조사, 연구 및 정책의 분석 · 평가에 관한 사항
- 각종 다문화가족 지원 관련 사업의 조정 및 협력에 관한 사항
- 다문화가족정책과 관련된 국가 간 협력에 관한 사항
- 그 밖에 다문화가족의 사회통합에 관한 중요 사항으로 위원장이 필요하다고 인정하는 사항

정책위원회는 위원장 1명을 포함한 20명 이내의 위원으로 구성하고, 위원장은 국무총리가 되며, 위원은 다음 각 호의 사람이 된다(제3항).

- 대통령령으로 정하는 중앙행정기관의 장
- 다문화가족정책에 관하여 학식과 경험이 풍부한 사람 중에서 위원장이 위촉하는 사람

4) 다문화가족 종합정보 전화센터의 설치 · 운영 등(제11조의2)

여성가족부장관은 다국어에 의한 상담 · 통역 서비스 등을 결혼이민자 등에게 제공하기 위하여 다문화가족 종합정보 전화센터를 설치 · 운영할 수 있다. 이 경우 「가정폭력방지 및 피해자보호 등에 관한 법률」에 따른 외국어 서비스를 제공하는 긴급전화센터와 통합하여 운영할 수 있다.

5) 다문화가족지원센터의 설치 · 운영 등(제12조)

국가와 지방자치단체는 다문화가족지원센터를 설치 · 운영할 수 있다(제1항). 국가 또는 지방자치단체는 지원센터의 설치 · 운영을 대통령령으로 정하는 법인이나 단체에 위탁할 수 있다(제2항). 국가 또는 지방자치단체 아닌 자가 지원센터를 설치 · 운영하고자 할 때에는 미리 시 · 도지사 또는 시장 · 군수 · 구청장(자치구의 구청장을 말한다. 이하 같다)의 지정을 받아야 한다(제3항).

지원센터는 다음 각 호의 업무를 수행한다(제4항).

- 다문화가족을 위한 교육 · 상담 등 지원사업의 실시

- 결혼이민자 등에 대한 한국어교육
- 다문화가족 지원서비스 정보제공 및 홍보
- 다문화가족 지원 관련 기관 · 단체와의 서비스 연계
- 일자리에 관한 정보제공 및 일자리의 알선
- 다문화가족을 위한 통역 · 번역 지원사업
- 그 밖에 다문화가족 지원을 위하여 필요한 사업

5. 과태료

- 제12조의3[50]을 위반한 자에게는 300만 원 이하의 과태료를 부과한다(제17조).

제5절 가정폭력방지 및 피해자보호 등에 관한 법률

1. 의 의

가정폭력이라 함은 가정구성원 사이의 신체적, 정신적 또는 재산상 피해를 수반하는 행위를 말한다. 남편이 아내에게, 아내가 남편에게, 부모가 자식에게, 자식이 부모에게 또는 동거하는 친족에게 가하는 폭력으로, 최근 현대사회에서는 부모나 영유아에게까지 폭력을 휘두르는 사람이 급격히 증가하고 있어 심각한 사회문제가 되고 있다.

우리는 사회구성의 기본이 되는 가정의 테두리 안에서 성장 · 발달하게 되고 가정구성원들이 공동생활을 영위하면서 기본적인 인성을 형성하면서 사회가 요구하는 사고와 행동유형을 습득하여 사회구성원으로 성장하게 된다. 그런데 이들 가정

50) 제12조의3(유사명칭 사용 금지) 이 법에 따른 지원센터가 아니면 다문화가족지원센터 또는 이와 유사한 명칭을 사용하지 못한다.

구성원 간의 폭력은 가해자나 피해자 모두에게 자신감 · 자존심 · 신뢰성의 상실로 인한 인간의 존엄성의 붕괴를 초래하면서 결국은 가족이 해체되는 지경까지 이르기도 한다.

가족해체로 인한 가정의 붕괴되는 숫자가 증가하면 할수록 사회적 공동체의 건전한 유지가 어렵기 때문에 그에 대한 대응책으로 가정폭력의 가해자를 처벌하고, 피해자의 피난 보호 및 생계보장과 함께 신체적 · 정신적 치료 등을 시행하여 건강한 가정을 가꾸기 위한 제도를 마련하는 것이다.

또한 가정 내 폭력으로 인하여 가정이 파탄되고 가정구성원이 신체적 · 정신적 피해를 당하고 있어 가정폭력을 예방하고 가정폭력으로 인한 피해자를 보호함으로써 건전한 가정을 육성하려는 것이다.

「가정폭력방지 및 피해자보호 등에 관한 법률의 목적」은 "가정폭력을 예방하고 가정폭력의 피해자를 보호 · 지원함을 목적으로 한다."고 규정되어 있다(제1조).

이 법에서의 용어는 다음과 같다.

- '가정폭력'이란 「가정폭력범죄의 처벌 등에 관한 특례법」 제2조제1호[51]의 행위를 말한다.
- '가정폭력행위자'란 「가정폭력범죄의 처벌 등에 관한 특례법」 제2조제4호[52]의 자를 말한다.
- '피해자'란 가정폭력으로 인하여 직접적으로 피해를 입은 자를 말한다.
- '아동'이란 18세 미만인 자를 말한다.

51) 1. '가정폭력'이란 가정구성원 사이의 신체적, 정신적 또는 재산상 피해를 수반하는 행위를 말한다.

52) 4. '가정폭력행위자'란 가정폭력범죄를 범한 사람 및 가정구성원인 공범을 말한다.

2. 입법 배경 및 연혁

1) 입법 배경

가정폭력에 대한 법적 대응의 필요성은 1970년대 이후 세계 각국에서 활발해졌는데, 1990년대에는 UN차원에서의 각종 보고가 있었고 권고가 행해졌다. 특히, 1996년 UN인권위원회에서 가정폭력을 다루는 특별한 법적 조치의 필요성을 강조하면서 입법모델을 제안하였고, 이 모델은 다른 국가의 입법례와 함께 우리나라의 특별법 제정에 많은 부분 참고되었다.

그 당시 법 제정을 위한 국내의 움직임을 살펴보면, 한국여성단체가 1994년 5월 세계가정의 해를 맞아 여성·아동문제를 상담하고 일시보호시설을 운영하던 단체들이 모여 '가정폭력방지법 제정을 위한 전국연대'를 결성하여 1995년 가족폭력방지에 관한 외국의 입법사례 조사, 가정폭력방지법 전문가 워크숍 등을 통해 가정폭력방지법 제정 방향에 관한 각계각층의 의견을 수렴하였다. 1996년에는 한국여성단체연합 내에 '가정폭력방지법 제정추진 특별위원회'가 결성되어 가정폭력 관련 소책자를 발간하는 등 가정폭력방지법의 필요성에 대한 대 국민 홍보를 강화하였으며, 1996년 8월에는 '가정폭력방지법 제정추진 범국민운동본부'를 결성하고 각 지역 운동본부와 함께 가정폭력방지법 제정을 위한 서명운동과 법안 작업에 박차를 가하였다. 1997년 10월 30일에는 8만 5천여 명의 서명으로 '가정폭력방지법안'을 국회에 청원하고, 국회 법사위의 조정을 거쳐 1997년 11월 17일 '가정폭력처벌법'과 '가정폭력방지법'으로 나뉘어 '가정폭력특별법'이 국회법사위를 통과하게 되었다. 이후 1997년 11월 국회에서 법제사법위원회의 대안으로 입안된 가정폭력범죄의 처벌 등에 관한 특례법과 의원발의로 제출된 '가정폭력방지 및 피해자보호 등에 관한 법률의 목적'을 통과시켰으며, 이로 인해 가정폭력에 대한 국가의 소극적인 대응은 더 이상 타당하지 않게 되었다.

1997년 12월에는 「가정폭력범죄의 처벌 등에 관한 특례법」, 「가정폭력방지 및 피해자보호 등에 관한 법률」이 제정됨으로써 가정폭력에 대한 국가적 개입의 근거가 마련되었으며, 1998년 1월에 「가정폭력특별법」의 시행으로 가정폭력에 대한 제지와 피해자가 실질적인 보호를 받을 수 있도록 하는 가정폭력 종합대책이 수립되었다. 2000년 이후부터는 가정폭력범죄의 처벌 및 피해자 보호를 위한 다양한 인프라가 구축되기 시작하였고, 2001년에 여성부가 신설되면서 가정폭력 관련 업무가 보건복지부에서 여성부로 옮겨지게 되었으며, 치료 및 법률지원, 장애인과 외국이민여성 등 다양한 유형의 피해자 지원, 중장기 쉼터 지원 등의 신규 사업들이 추진되었다.

2002년에는 가정폭력근절 종합대책이 수립되어 가정폭력 관련 법 · 제도의 정비, 여성긴급전화 1366의 운영, 가정폭력 상담소 및 보호시설의 확충 등 가정폭력 피해자 보호 및 서비스 제공에 대한 사회적 지원이 다각적으로 마련되었으며, 2003년에는 행위자의 폭력성행교정을 위한 표준화된 지침인 가정폭력 행위자 교정 · 치료프로그램의 개발과 보급 등이 마련되었다. 2005년에는 가정폭력 피해자의 의료지원을 확대하기 위한 전국지방공사의료원연합회와의 협력하의 one-stop지원 서비스 등의 인프라가 구축되었다.

2006년에는 「가정폭력방지 및 피해자보호 등에 관한 법률」이 개정되었다. 그 내용으로는 법의 목적을 '가정폭력예방 및 피해자 보호와 지원'으로 변경함으로써 피해자 보호 정책이 본격적으로 추진할 수 있는 제도적 기반을 마련하였고, 피해자들에 대한 일시보호뿐만 아니라 피해자의 심리적 치료, 의료 및 법률 관련 지원과 함께 자립자활교육과 취업지원에 대한 내용을 포함하는 피해자들의 욕구를 반영하는 방향으로 개선되었다.

이 법은 가정폭력에 대한 국가의 개입이 필요하다는 인식하에 가정폭력행위를 교정 치료하고 궁극적으로 건강한 가정을 보호하고 육성하자는 취지하에 특별법으로 제정되었다. 이로 인해 가정 내의 폭력을 사회적인 문제로 법에서 명문화하여 종래에 사적인 영역으로 취급되어 「형법」의 보충성의 원칙과 가정사 형사불개입의 원칙에 따라 자제되어 법 적용이 제외되어 왔던 부분에까지 법적인 관여의 범위가 확장되었다. 또한 가정폭력특별법의 제정은 가정폭력을 개인적인 문제가 아니라 사회적인 문제임을 분명히 한 것이며, 가정폭력특별법의 제정이 가정폭력에 대한 국민의식을 제고하는 데 기여한다는 점에서 그 의의가 있다.

3) 연 혁

〈표 12-2〉「가정폭력방지 및 피해자보호 등에 관한 법률」의 연혁

[시행1998.7.1.] [법률 제5487호, 1997.12.31., 제정]	가정 내 폭력으로 인하여 가정이 파산되고 가정구성원이 신체적·정신적 피해를 당하고 있어 가정폭력을 예방하고 가정폭력으로 인한 피해자를 보호함으로써 건전한 가정을 육성하려는 것임. – 국가 등의 책무(법 제4조) – 상담소, 보호시설의 설치(법 제5조 및 제7조) – 치료보호(법 제18조) – 벌칙(법 제20조)
[시행2004.1.20.] [법률 제7099호, 2004.1.20., 일부개정]	종전 시·도지사가 관장하던 가정폭력관련상담소 및 가정폭력 피해자보호시설의 관리업무를 시장·군수·구청장의 사무로 이관하는 한편, 국가 또는 지방자치단체가 가정폭력피해자의 치료비를 부담한 경우 중에서 가정폭력행위자가 「국민기초생활 보장법」에 의한 수급권자인 경우 등에는 구상권 행사를 아니할 수 있도록 하여 가정폭력피해자에 대한 치료보호제도를 활성화하려는 것임.
[시행2006.10.29.] [법률 제7952호, 2006.4.28., 일부개정]	현행법은 건전한 가정의 육성 및 가정의 보호와 유지를 그 기본으로 하고 있어 피해자의 관점에서 실질적인 지원은 미흡한 실정인 바, 피해자에 대한 보호와 지원을 이 법의 궁극적인 목적으로 하는 한편, 피해자에 대한 신속하고 적절한 보호와 지원을 통하여 피해자가 가정폭력의 위험으로부터 벗어나 주체적인 삶을 영위할 수 있도록 보호 및 지원체계를 정비하고, 피해자가 동반한 가정구성원에 대한 보호의 내용을 구체적으로 명시하려는 것임. – 가정폭력 실태조사(법 제4조의2 신설) – 가정폭력 예방교육의 실시(법 제4조의3 신설) – 아동의 취학지원(법 제4조의4 신설)
[시행2007.10.17.] [법률 제8653호, 2007.10.17., 일부개정]	법 문장을 원칙적으로 한글로 적고, 어려운 용어를 쉬운 용어로 바꾸며, 길고 복잡한 문장은 체계 등을 정비하여 간결하게 하는 등 국민이 법 문장을 이해하기 쉽게 정비하려는 것임.
[시행2009.11.9.] [법률 제9668호, 2009.5.8., 일부개정]	가정폭력피해자들이 폭력 피해로부터 벗어나기 위해 기존에 살던 집을 떠나는 경우 경제적 자립을 위한 안정적인 기반을 제공하기 위해 가정폭력피해자에게 임대주택에 대한 우선입주권을 부여하도록 하는 한편, 가정폭력피해자를 즉각적으로 보호하기 위하여 여성부장관 또는 시·도지사는 가정폭력피해자의 신고접수, 상담, 관련 기관·시설로의 연계 및 긴급한 구조를 위한 긴급전화센터를 설치·운영하도록 하고, 긴급전화센터·상담

[시행2009.11.9.] [법률 제9668호, 2009.5.8., 일부개정]	소 및 보호시설 종사자의 자질향상을 위하여 교육을 실시하도록 하는 등 현행 제도의 운영상 나타난 일부 미비점을 개선·보완하려는 것임. - 임대주택에 대한 우선입주권 부여(안 제4조제1항) - 긴급전화센터의 설치·운영(안 제4조의6 신설) - 보호시설의 입소대상 등(안 제7조의3 및 제7조의4 신설) - 보수교육의 실시(안 제8조의4 신설)
[시행2010.11.18.] [법률 제10300호, 2010.5.17., 일부개정]	가정폭력의 근절을 위하여 국가기관, 공공기관 및 초·중등학교에서 가정폭력 예방과 방지 교육을 실시하도록 의무화하도록 하고 있으나, 각종 개별법에 의무화 또는 권고사항으로 규정된 예방교육이 현재 40여 가지에 달하는 등 종류가 너무 많아 학교 현장에서는 교육시간 확보가 어려워 성폭력 및 성희롱에 관한 교육이 각각 일회성 교육으로 그치게 되어 교육의 효과를 기대하기 어려운 실정임. 따라서 각종 예방교육이 과다한 학교현장에서 가정폭력 예방교육을 성교육, 성폭력, 성희롱 예방교육과 통합하여 실시할 수 있도록 하여 예방교육의 실효성을 증진시키고, 관련 시설 운영의 효율화 및 책임성을 확보하고 서비스 수준을 높이기 위하여 시설평가와 국고지원을 연계하며, 상담소나 보호시설의 장이 가정폭력피해자를 긴급히 구조할 필요가 있을 경우 경찰관의 동행을 요청할 수 있도록 하여 피해자에 대한 지원서비스를 강화하려는 것임. - 가정폭력 예방교육의 실시(법 제4조의3제2항 신설) - 홍보영상의 제작·배포 등(법 제9조의3 신설) - 긴급전화센터 등의 평가(법 제13조의2 신설)
[시행2011.2.5.] [법률 제10038호, 2010.2.4., 일부개정]	가정폭력피해자들은 거의 맨몸으로 집을 나오는 등 폭력 경험 이전의 생활정도와는 무관하게 경제적 어려움에 처해 있는 바, 특히 학령기 성장아동을 동반한 경우에는 아동의 성장에 따른 양육비, 학비 등 최소한의 생활 여건을 갖추기도 어려움. 가정폭력피해자 보호시설에서는 입소 피해자들에게 상담, 치료, 법률지원 등을 제공하고 있지만 생계비는 기초생활수급자가 아닐 경우 별도의 지원이 없으며, 특히 동반 아동의 보육비, 학비, 급식비 등은 지원의 사각지대에 있는 상태이므로 이에 대한 국가와 지방자치단체의 지원 근거를 마련하여 동반 아동의 정상적인 성장·교육을 지원하는 등 피해자에 대한 지원서비스를 강화하려는 것임.
[시행2012.5.2.] [법률 제11280호, 2012.2.1., 일부개정]	경찰관이 가정폭력 사건 신고를 받고 출동하여도 가정폭력을 가정 내 문제로 치부하는 의식이 높고 경찰관이 보다 적극적으로 개입할 수 있는 제도적 뒷받침이 부족하다는 지적이 많으므로 가정폭력범죄 신고를 받고 출동한 사법경찰관리가 행위자의 말에 의존하지 않고 직접 피해자의 안전 여부 등을 확인하기 위하여 신고된 현장에 출입하여 조사할 수 있도록 함으로써 가정폭력 피해자 보호를 강화하려는 것임.

3. 국가 등의 책무(제4조)

국가와 지방자치단체는 가정폭력의 예방 · 방지와 피해자의 보호 · 지원을 위하여 다음 각 호의 조치를 취하여야 한다(제1항).

- 가정폭력 신고체계의 구축 및 운영
- 가정폭력의 예방과 방지를 위한 조사 · 연구 · 교육 및 홍보
- 피해자를 위한 보호시설의 설치 · 운영, 임대주택의 우선 입주권 부여와 그 밖에 피해자에 대한 지원 서비스의 제공
- 피해자의 보호와 지원을 원활히 하기 위한 관련 기관 간의 협력 체계 구축 및 운영
- 가정폭력의 예방 · 방지와 피해자의 보호 · 지원을 위한 관계 법령의 정비와 각종 정책의 수립 · 시행 및 평가
- 피해자와 긴급전화센터, 가정폭력 관련 상담소, 가정폭력피해자 보호시설의 상담원 등 종사자의 신변보호를 위한 안전대책 마련

4. 전달체계

1) 긴급전화센터의 설치 · 운영 등(제4조의6)

여성가족부장관 또는 시 · 도지사는 다음 각 호의 업무 등을 수행하기 위하여 긴급전화센터를 설치 · 운영하여야 한다(제1항).

- 피해자의 신고접수 및 상담
- 관련 기관 · 시설과의 연계
- 피해자에 대한 긴급한 구조의 지원

2) 상담소의 설치 · 운영(제5조)

국가나 지방자치단체는 가정폭력 관련 상담소를 설치 · 운영할 수 있다(제1항).

국가나 지방자치단체 외의 자가 상담소를 설치 · 운영하려면 특별자치도지사 · 시장 · 군수 · 구청장에게 신고하여야 한다(제2항).

3) 상담소의 업무(제6조)

상담소의 업무는 다음 각 호와 같다(제1항).

- 가정폭력을 신고받거나 이에 관한 상담에 응하는 일(제1호)
- 가정폭력을 신고하거나 이에 관한 상담을 요청한 사람과 그 가족에 대한 상담(제1호의2)
- 가정폭력으로 정상적인 가정생활과 사회생활이 어렵거나 그 밖에 긴급히 보호를 필요로 하는 피해자 및 피해자가 동반한 가정구성원(피해자 등)을 임시로 보호하거나 의료기관 또는 가정폭력피해자 보호시설로 인도(引渡)하는 일(제2호)
- 행위자에 대한 고발 등 법률적 사항에 관하여 자문하기 위한 대한변호사협회 또는 지방변호사회 및 「법률구조법」에 따른 법률 구조법인(법률구조법인) 등에 대한 필요한 협조와 지원의 요청(제3호)
- 경찰관서 등으로부터 인도받은 피해자 등의 임시 보호(제4호)
- 가정폭력의 예방과 방지에 관한 교육 및 홍보(제5호)
- 그 밖에 가정폭력과 그 피해에 관한 조사 · 연구(제6호)

4) 보호시설의 설치(제7조)

국가나 지방자치단체는 가정폭력피해자 보호시설을 설치 · 운영할 수 있다(제1항). 「사회복지사업법」에 따른 사회복지법인과 그 밖의 비영리법인은 시장 · 군수 · 구청장의 인가(認可)를 받아 보호시설을 설치 · 운영할 수 있다(제2항). 보호시설에는 상담원을 두어야 하고, 보호시설의 규모에 따라 생활지도원, 취사원, 관리원 등의 종사자를 둘 수 있다(제3항).

5. 보호시설

1) 보호시설의 종류(제7조의2)

보호시설의 종류는 다음 각 호와 같다(제1항).

- 단기보호시설 : 피해자 등을 6개월의 범위에서 보호하는 시설
- 장기보호시설 : 피해자 등에 대하여 2년의 범위에서 자립을 위한 주거편의(住居便宜) 등을 제공하는 시설
- 외국인보호시설 : 배우자가 대한민국 국민인 외국인 피해자 등을 2년의 범위에서 보호하는 시설
- 장애인보호시설 : 「장애인복지법」의 적용을 받는 장애인인 피해자 등을 2년의 범위에서 보호하는 시설

2) 보호시설의 입소대상 등(제7조의3)

보호시설의 입소대상은 피해자 등으로서 다음 각 호의 어느 하나에 해당하는 경우로 한다(제1항).

- 본인이 입소를 희망하거나 입소에 동의하는 경우(제1호)
- 「장애인복지법」에 따른 지적장애인이나 정신장애인, 그 밖에 의사능력이 불완전한 자로서 가정폭력행위자가 아닌 보호자가 입소에 동의하는 경우(제2호)
- 「장애인복지법」에 따른 지적장애인이나 정신장애인, 그 밖에 의사능력이 불완전한 자로서 상담원의 상담 결과 입소가 필요하나 보호자의 입소 동의를 받는 것이 적절하지 못하다고 인정되는 경우(제3호)

제7조제2항에 따라 인가받은 보호시설의 장은 제1항에 따라 보호시설에 입소한 입소자의 인적사항 및 입소 사유 등을 시장 · 군수 · 구청장에게 지체 없이 보고하여야 하며, 제1항제3호에 해당하는 자를 입소시킨 경우에는 지체 없이 관할 시장 · 군수 · 구청장의 승인을 받아야 한다(제2항).

3) 보호시설에 대한 보호비용 지원(제7조의5)

국가나 지방자치단체는 보호시설에 입소한 피해자나 피해자가 동반한 가정 구성원의 보호를 위하여 필요한 경우 다음 각 호의 보호비용을 보호시설의 장 또는 피해자에게 지원할 수 있다(제1항).

- 생계비
- 아동교육지원비
- 아동양육비
- 직업훈련비
- 그 밖에 대통령령령으로 정하는 비용

4) 보호시설의 업무(제8조)

보호시설은 피해자 등에 대하여 다음 각 호의 업무를 행한다. 다만, 피해자가 동반한 가정 구성원에게는 제1호 외의 업무 일부를 하지 아니할 수 있고, 장기보호시설은 피해자 등에 대하여 제1호부터 제5호까지에 규정된 업무를 하지 아니할 수 있다(제1항).

- 숙식의 제공(제1호)
- 심리적 안정과 사회적응을 위한 상담 및 치료(제2호)
- 질병치료와 건강관리(입소 후 1개월 이내의 건강검진을 포함한다)를 위한 의료기관에의 인도 등 의료지원(제3호)
- 수사기관의 조사와 법원의 증인신문(證人訊問)에의 동행(제4호)
- 법률구조기관 등에 필요한 협조와 지원의 요청(제5호)
- 자립자활교육의 실시와 취업정보의 제공(제6호)
- 다른 법률에 따라 보호시설에 위탁된 사항(제7호)
- 그 밖에 피해자 등의 보호를 위하여 필요한 일(제8호)

5) 치료보호(제18조)

의료기관은 피해자 본인, 가족, 친지나 긴급전화센터, 상담소 또는 보호시설의 장 등이 요청하면 피해자에 대하여 다음 각 호의 치료보호를 실시하여야 한다(제1항).

- 보건에 관한 상담 및 지도
- 신체적 · 정신적 피해에 대한 치료
- 그 밖에 대통령령으로 정하는 의료에 관한 사항

제1항의 치료보호에 필요한 일체의 비용은 가정폭력행위자가 부담한다(제2항). 제2항에도 불구하고 피해자가 치료보호비를 신청하는 경우에는 국가나 지방자치단체는 가정폭력행위자를 대신하여 제1항의 치료보호에 필요한 비용을 의료기관에 지급하여야 한다(제3항). 국가나 지방자치단체가 제3항에 따라 비용을 지급한 경우에는 가정폭력행위자에 대하여 구상권(求償權)을 행사할 수 있다. 다만, 피해자가 보호시설 입소 중에 제1항의 치료보호를 받은 경우나 가정폭력행위자가 다음 각 호의 어느 하나에 해당하는 경우에는 그러하지 아니하다(제4항).

- 「국민기초생활 보장법」 제2조에 따른 수급자(受給者)
- 「장애인복지법」 제32조에 따라 등록된 장애인

[별표 2] 〈개정 2014.12.12.〉

보호시설 설치 · 운영기준 및 종사자 수(제6조 관련)

1. 입지조건

보호시설은 시설의 적정한 분포와 보건 · 위생 · 급수 · 안전 · 환경 및 교통편의 등을 충분히 고려하여 쾌적한 환경에 설치하여야 한다.

2. 규모

가. 보호시설은 입소정원 1인당 연면적 6.6㎡ 이상의 공간을 갖추어야 한다.

나. 보호 대상자의 보호가 시간적으로 긴급하거나 그 밖에 이에 준하는 부득이한 사유로 입소정원을 초과하여 피해자 또는 그 가정구성원을 보호할 필요가 있는 경우에는 입소정원의 30퍼센트를 초과하지 아니하는 범위에서 시설면적 기준을 적용하지 아니한다.

3. 구조 및 설비

가. 보호시설의 구조 및 설비는 그 시설을 이용하는 사람의 연령별 특성에 맞도록 하고, 일

조・채광・환기 등 이용자의 보건위생 및 재해 방지 등을 고려하여야 한다.

나. 보호시설은 다음의 설비를 갖추어야 한다. 다만, 시설의 형편에 따라 2), 3) 및 4)의 시설을 겸용하거나 6), 7) 및 9)의 시설을 겸용할 수 있다.

1) 거실

가) 적당한 난방 및 통풍시설을 하고 상당시간의 일조량을 확보할 수 있도록 하여야 한다.

나) 출입구는 비상재해 시 대피하기 쉽도록 복도 또는 넓은 공간을 향하도록 하여야 한다.

2) 사무실

사무를 위한 적절한 설비를 갖추어야 한다.

3) 상담실

공개되지 아니하고 편안한 분위기에서 상담할 수 있도록 적절한 설비를 갖추어야 한다.

4) 숙직실

숙직을 위한 적절한 설비를 갖추어야 한다.

5) 식당 및 조리실

가) 채광 및 환기가 잘 되도록 한다.

나) 식기를 소독하고 위생적으로 취사 및 조리할 수 있는 설비를 갖추어야 한다.

6) 목욕실

욕탕, 샤워설비 및 세면설비를 갖춰야 한다.

7) 세탁장

세탁에 필요한 기계 및 기구 등 설비를 갖추어야 한다.

8) 건조장

세탁물을 건조할 수 있는 설비를 갖추어야 한다.

9) 화장실

수세식 화장실을 갖추어야 한다.

10) 급수・배수 시설

가) 급수시설은 상수도에 의한다. 다만, 상수도를 이용할 수 없는 경우에는 「먹는물관리법」 제5조에 따른 먹는 물의 수질기준에 적합한 지하수 등을 공급할 수 있는 시설을 갖추어야 한다.

나) 지하수 등을 사용하는 경우 그 취수원은 화장실 등 지하수가 오염될 우려가 있는 장소로부터 20미터 이상 떨어진 곳에 위치하여야 한다.

다) 빗물, 더러운 물 등의 배수에 지장이 없도록 배수설비를 하여야 한다.

11) 비상재해대비시설

「소방시설설치유지 및 안전관리에 관한 법률」에서 정하는 바에 따라 소화기 및 피난기구를 갖추는 등 시설 실정에 맞도록 비상재해대비시설을 갖추어야 한다.

4. 운영기준

가. 건강 및 생활 관리

1) 보호시설의 장은 입소자의 나이, 성격, 심신의 건강 상태 등을 고려하여 관찰・지도하여야 하며, 보호의 경과에 따라 귀가조치 또는 다른 보호시설로의 전원 등 필요한

조치를 하여야 한다.

2) 보호시설의 장은 입소자의 생활환경을 항상 청결하게 하고 그 위생관리에 유의하면서 입소자의 건강 상태에 따라 적절한 훈련과 휴식을 하도록 하여야 한다.

3) 보호시설의 장은 입소자의 사생활을 침해하지 않는 범위에서 보호시설의 종사자가 입소자와 함께 기거하도록 조치하여야 하며, 보호시설에는 입소자(입소자의 자녀인 영유아로서 보호시설의 장이 인정하는 사람을 포함한다)와 보호시설의 종사자 외의 사람이 거주하여서는 아니 된다.

4) 보호시설의 장은 입소자의 인권을 보호하고 입소자들이 지역사회에 적응하여 지역사회와 원활한 관계를 정립하고 유지할 수 있도록 입소자들이 원하는 지역사회활동에 자유롭게 참여할 수 있는 기회를 제공하여야 한다.

5) 보호시설은 입소자가 사회경제활동에 참여하도록 하기 위하여 필요한 직업훈련을 실시하되, 그 훈련효과를 높이기 위하여 시설 외의 훈련기관에 의뢰하여 실시할 수 있다.

나. 관리규정

보호시설의 장은 다음 사항에 관한 규정을 제정하여 효율적으로 보호시설을 운영하여야 한다.

1) 보호시설의 운영방침
2) 정원 및 직원의 업무 분장
3) 보호시설의 입소요령
4) 보호시설의 이용수칙
5) 그 밖에 보호시설 프로그램 운영 등에 관한 내용

다. 장부 등의 비치

보호시설의 장은 다음의 장부 및 서류를 갖춰 두어야 한다.

1) 관리에 관한 장부
   가) 보호시설의 연혁에 관한 기록부
   나) 직원 관계철(인사기록카드 · 이력서 · 사진을 포함한다)
   다) 회의록
   라) 소속 법인의 정관 및 관계결의에 관한 서류
   마) 문서철(보고서 및 관계 행정기관과 송신 또는 수신한 문서를 포함한다)
   바) 문서접수 · 발송대장
2) 사업에 관한 장부
   가) 보호시설의 입소자 관계 서류(신상조사서, 건강기록부, 입소자 · 퇴소자 명단, 보호의 경과, 지도 · 상담, 법률 지원의 내용 등)
   나) 운영일지 및 상담일지
   다) 운영프로그램 관리대장(프로그램 운영일지 및 평가 관련 서류)
   라) 종사자 교육 · 훈련 관계 서류
3) 재무 · 회계에 관한 장부
   가) 총계정원장 및 수입 · 지출보조부
   나) 금전출납부 및 그 증명서류
   다) 예산서 및 결산서
   라) 비품수불대장

마) 비품관리대장
바) 재산대장 · 재산목록과 그 소유 또는 사용을 증명할 수 있는 서류
사) 입소자의 비용부담 관계 서류
아) 각종 증명서류
5. 종사자의 수
가. 보호시설에는 보호시설의 장 1명과 상담원 등 그 밖의 종사자를 다음과 같이 두어야 한다. 다만, 보호시설의 재정 여건 등 불가피한 사유가 있는 경우 보호시설의 장과 상담원은 겸임할 수 있다.
나. 보호시설의 장은 전임이어야 하며, 다른 기관의 업무를 겸임할 수 없다.

구분	단기/장기/외국인 보호시설			장애인 보호시설
	5명 이상 10명 이하	11명 이상 30명 이하	31명 이상	
보호시설의 장	1	1	1	1
상담원	2	3	4	1
총계	3	4	5	2

※ 다만, 장애인보호시설은 입소정원 10명당 보조인력 1명을 증원하여 배치하여야 한다.

6. 벌칙 및 과태료

1) 벌 칙

(1) 1년 이하의 징역 또는 1천만 원 이하의 벌금(제20조)

- 제5조제2항 · 제7조제2항 또는 제8조의3제2항[53)]에 따른 신고를 하지 아니하거나 인가를 받지 아니하고 상담소 · 보호시설 또는 교육훈련시설을 설치 · 운영한 자

53) 제8조의3(가정폭력 관련 상담원 교육훈련시설) ① 국가나 지방자치단체는 상담원(상담원이 되려는 자를 포함한다)에 대하여 교육 · 훈련을 실시하기 위하여 가정폭력 관련 상담원 교육훈련시설(이하 '교육훈련시설'이라 한다)을 설치 · 운영할 수 있다.
② 다음 각 호의 자로서 교육훈련시설을 설치하려는 자는 시장 · 군수 · 구청장에게 신고하여야 한다.
1. 「고등교육법」에 따른 학교를 설립 · 운영하는 학교법인, 2. 법률구조법인, 3. 사회복지법인, 4. 그 밖의 비영리법인

- 제12조[54]에 따른 업무의 정지 · 폐지 또는 시설의 폐쇄 명령을 받고도 상담소 · 보호시설 또는 교육훈련시설을 계속 운영한 자
- 제16조[55]에 따른 비밀 엄수의 의무를 위반한 자

2) 과태료(제22조)

정당한 사유 없이 제9조의4제3항을 위반하여 현장조사를 거부 · 기피하는 등 업무 수행을 방해한 가정폭력행위자에게는 500만 원 이하의 과태료를 부과한다.

다음 각 호의 어느 하나에 해당하는 자에게는 300만 원 이하의 과태료를 부과한다.

- 정당한 사유 없이 제11조제1항에 따른 보고를 하지 아니하거나 거짓으로 보고한 자 또는 조사 · 검사를 거부하거나 기피한 자
- 제17조[56]에 따른 유사 명칭 사용 금지를 위반한 자

---

54) 제12조(인가의 취소 등) ① 시장 · 군수 · 구청장은 상담소 · 보호시설 또는 교육훈련시설이 다음 각 호의 어느 하나에 해당하면 시설의 폐쇄, 업무의 폐지 또는 6개월의 범위에서 업무의 정지를 명하거나 인가를 취소할 수 있다.

1. 제5조제3항, 제7조제4항 또는 제8조의3제3항에 따른 설치기준이나 운영기준에 미달하게 된 경우
2. 제5조제3항, 제7조제4항, 제8조의2 또는 제8조의3제3항에 따른 상담원이나 강사의 수가 부족하거나 자격이 없는 자를 채용한 경우
3. 정당한 사유 없이 제11조제1항에 따른 보고를 하지 아니하거나 거짓으로 보고를 한 경우 또는 관계 공무원의 조사 · 검사를 거부하거나 기피한 경우
4. 제15조를 위반하여 영리를 목적으로 상담소 · 보호시설 또는 교육 훈련시설을 설치 · 운영한 경우

55) 제16조(비밀 엄수의 의무) 긴급전화센터, 상담소 또는 보호시설의 장이나 이를 보조하는 자 또는 그 직에 있었던 자는 그 직무상 알게 된 비밀을 누설하여서는 아니 된다.

56) 제17조(유사 명칭의 사용 금지) 이 법에 따른 긴급전화센터 · 상담소 · 보호시설 또는 교육훈련시설이 아니면 가정폭력 관련 긴급전화센터, 상담소, 가정폭력피해자 보호시설 또는 가정폭력 관련 상담원 교육훈련시설이나 그 밖에 이와 유사한 명칭을 사용하지 못한다.

생각해 볼 문제들

1. 「건강가정기본법」 역사적 배경과 내용을 설명해 보라.

2. 「한부모가족지원법」의 역사적 배경과 내용을 설명해 보라.

3. 「정신보건법」의 역사적 배경과 내용을 설명해 보라.

4. 「다문화가족지원법」의 역사적 배경과 내용을 설명해 보라.

5. 「가정폭력방지 및 피해자보호 등에 관한 법률」의 역사적 배경과 내용을 설명해 보라.

참고문헌

권영성(2006). 헌법학원론. 법무사.

김수신 · 정홍익(1997). 사회복지행정론. 한국방송대학교 출판부.

김인숙(2007). 가족정책의 개념과 범주. 가족복지의 정책과 실천. 공동체.

김 훈(2004). 사회복지법제론. 학지사.

남기민(2004). 사회복지법제론. 학지사.

박석돈(2005). 핵심사회복지법제론. 삼영사.

박차상 외(2006). 사회복지법제론. 학지사.

송진영(2011). 노인복지론. 나눔의집.

송혜림(2005). 생활과학에서 '건강'이라는 코드(Code)의 재해석과 전망. 대한가정학회 추계학술대회, 제58차, 19-40.

신윤희(1999). 「한국노인복지제도에 관한 시대사적 연구」. 동국대학교 석사학위논문.

윤찬영(2001). 사회복지법제론. 나남출판.

윤찬영(2004). 사회복지법제론. 나남출판.

이미숙(2004). 생활양식으로서의 웰빙(Well-Being): 이론과 적용의 뿌리찾기. 한국생활과학회지, 13(1), 477-484.

이용환 외(2008). 최신사회복지법제론. 대왕사.

장동일(2006). 한국사회복지법의 이해. 학문사.

장동일(2008). 한국사회복지법제론. 동문사.

장인협(1986). 사회복지개론. 서울대학교 출판부.

조선대학교 법학연구소편(2009). 법학개론. 형설출판사.

조희금(2003). 가족자원경영 측면에서 본 건강가정 육성. 한국가족자원경영학회 추계학술대회논문집, 1, 33-56.

최정섭(2010). **사회복지법제론**. 양서원.
현외성(2005). **한국사회복지법제론**. 양서원.
홍성찬(2002). **법학개론**. 박영사.

Gilbert, N., & Specht, H.(1986). *Dimensions of Social Welfare policy* (2nd ed.). Englewood Cliffs, N.J.: Prentice-Hall, Inc.
Wilensky, H., & Lebeaux, C.(1965). *Industrial Society and Social Welfare*. N.Y.: The Free Press.

한국사회복지사협회(www.welfare.net).

찾아보기

ㄱ

가정폭력 391
가족수당법 49
간주 98
강제규범 14, 16
강행법 100
개정 구빈법(신 구빈법) 48
건강가정 349
건강보험 175
경제법 89
고용보험 183
공공부조 44, 141, 213
공공부조법 247
공적부조 214
관습법 38
구법 102
구빈법(Poor Law Act) 45
국민건강보험 49
국민기초생활 보장법 216
국민보험법 48
국민부조법 49
국민연금법 157
규칙 35, 37
근로3권 128, 129
급여청구권 103
기본권 26, 105
기초노령연금법 240
기초연금법 240
길버트법 47

ㄴ

노동법 44, 82, 86
노령연금 113, 165, 168
노령연금법 48
노인복지법 315
노인장기요양보험법 200
뉴딜정책 55

ㄷ

다문화가족 386

ㄹ

로마법 15

ㅁ

명령 35
무갹출 48
무권해석 94
문화규범 17
민법 88

ㅂ

바이마르 헌법 81, 106
법률 35
법률문제 97
법원 33
법의 적용 97
법의식 15

법적 권리설 ······ 28
법적 안정성 ······ 21
법철학 ······ 91
법해석학 ······ 92
보장시설 ······ 230
복지병 ······ 72
부의 소득세제도(NIT) ······ 87
불문법 ······ 38

ㅅ

사실문제 ······ 97
사회권 ······ 106
사회규범 ······ 13, 16
사회법 ······ 81
사회보상법 ······ 78
사회보장 ······ 54, 141
사회보장기본법 ······ 137
사회보장법 ······ 44
사회보험 ······ 44, 141
사회보험법 ······ 78, 155, 247
사회복지사 ······ 119
사회복지사업법 ······ 249
사회복지수급권 ······ 103
사회복지협의회 ······ 258
사회서비스 ······ 44, 141
사회서비스법 ······ 247
사회원호법 ······ 78
사회참여 ······ 141, 147
산재보험 ······ 191
상위법 ······ 99
생존권 ······ 26, 30, 35, 81, 106, 137
성문법 ······ 34, 98
스테이크 홀더 ······ 50
스핀햄랜드 ······ 47
시민사회 ······ 44, 104
시행규칙 ······ 36
시행령 ······ 36
신법 ······ 102
신청주의 ······ 222
실업보험 ······ 49
실정법 ······ 81

ㅇ

어린이집 ······ 280
예외법 ······ 101
원칙법 ······ 101
유권해석 ······ 94
유족연금 ······ 113, 165, 171
일반법 ······ 100
임의법 ······ 100

ㅈ

자아실현 ······ 141, 147
자연법 ······ 15, 81
자유권 ······ 26, 105
자치법규 ······ 37
작업장선서법(나치블법) ······ 47
장기요양급여 ······ 200
장애연금 ······ 165, 170
재가복지서비스 ······ 269
재판규범 ······ 18, 29, 36
정신보건법 ······ 365
정의 ······ 19
정주법(The Settlement Act of Charles II) ······ 47
제3의 길 ······ 75
조례 ······ 37
조리 ······ 40
조세법 ······ 87
조직규범 ······ 17
지역사회복지협의체 ······ 257
진대법 ······ 60
질병보험법 ······ 51

ㅊ

추정 ······ 98

ㅌ

특별법 ······ 100

ㅍ

판례법 ······ 39
프로그램 규정설 ······ 28

ㅎ

하위법 ······ 99
학리해석 ······ 94
한국형 복지모형 ······ 72
한부모가족 ······ 356
합목적성 ······ 20
행복추구권 ······ 27, 30, 35, 105
행위규범 ······ 17, 22
행정규칙 ······ 36
행정법 ······ 86
헌법 ······ 34, 85, 99

영문

ADA ······ 56
ADEA ······ 56
AFDC ······ 56
PRWORA ······ 56
Social Worker ······ 119
SSA ······ 56
TANF ······ 56

인명

길버트(Gilbert) ······ 25
라드브루흐(Radburch) ······ 18
루즈벨트(Roosevelt) ······ 54
르보(Lebeaux) ······ 25
벤담(Bentham) ······ 18
비스마르크(Bismarck) ······ 51
스펙트(Specht) ······ 25
아리스토텔레스(Aistoteles) ······ 19
예링(Jhering) ······ 16
윌렌스키(Wilensky) ······ 25
칸트(Kant) ······ 19

저자 소개

박 용 순(朴容淳)

성결대학교 사회복지학과 졸업
숭실대학교 대학원 사회사업학과 졸업(문학석사)
숭실대학교 대학원 사회사업학과 졸업(문학박사)
현재 성결대학교 사회복지대학원장
성결대학교 사회복지학부 교수

<저서 및 논문>

『사회복지수험서』(서현사, 2003)
『사회복지학의 이해』(학지사, 2008)
『사회복지개론』(학지사, 2008)
『빈곤과 자립』(학지사, 2001)
『사회복지행정론』(창지사, 2010)
『사회복지시설운영론』(창지사, 2012)
『지역사회복지론』(학지사, 2012)
『자원봉사론』(창지사, 2013)
「중년여성의 문제음주수준이 생활만족도에 미치는 영향: 우울과 자아존중감의 다중매개효과를 중심으로」(2014) 외 다수

송 진 영(宋真影)

서울과학기술대학교 전산학과 졸업(공학학사)
KAIST 일반대학원 정보 및 통신공학과 졸업(공학석사)
경기대학교 사회복지대학원 졸업(사회복지학 석사)
서울기독대학교 일반대학원 사회복지학과 졸업(문학박사)
현재 반석재가복지원 시설장
　　성결대학교 사회복지학부 조교수

<저서 및 논문>

『노인복지학』(나눔의집, 2011)
『지역사회복지론』(학지사, 2012)
『사회복지시설운영론』(창지사, 2012)
『자원봉사론』(창지사, 2013)
『사회복지조사론』(문예미디어, 2014)
「임금근로장애인의 차별경험이 직무만족도에 미치는 영향: 고용안정성과 근무환경안전성의 다중매개효과를 중심으로」(2014) 외 다수

김 화 영(金华英)

성결대학교 신학과(사회복지학부전공) 졸업(문학학사)
한양대학교 이노베이션대학원 사회복지학과 졸업(사회복지학 석사)
대한신학대학교 일반대학원 사회복지학 박사과정
현재 성결대학교 사회복지학부 겸임교수

사회복지법제론

초판 1쇄 발행 2015년 3월 6일
초판 2쇄 발행 2017년 1월 6일

지 은 이 | 박용순 · 송진영 · 김화영
펴 낸 이 | 김기섭
책임편집 | 이지혜
펴 낸 곳 | 창지사 www.changjisa.com
08589 서울시 금천구 가산디지털 1로 83 파트너스타워 1차 9층
전화 (02) 719-2211~3
팩스 (02) 701-9386
등 록 | 1977년 4월 28일 · 제1-421호

ISBN 978-89-426-2294-8 (93330)

값 20,000원

이 도서의 국립중앙도서관 출판예정도서목록(CIP)은 서지정보유통지원시스템 홈페이지(http://seoji.nl.go.kr)와 국가자료공동목록시스템(http://www.nl.go.kr/kolisnet)에서 이용하실 수 있습니다.(CIP제어번호: 2015007307)